Meine Rezeptebibliothek 6

von Ute Marion Wilkesmann

Dies ist der sechste Band einer mehr als 20-teiligen Reihe, in die ich meine gesamten Rezepte einarbeite. Dieser Band umfasst die Zeit August 2009 bis Dezember 2010, insgesamt sind das mehr als 700 Rezepte.

Meine Rezeptebibliothek 6

August 2009 bis Dezember 2010

Von Ute Marion Wilkesmann

Bibliografische Information der Deutschen Nationalbibliothek:
Die Deutsche Nationalbibliothek verzeichnet diese Publikation in der Deutschen Nationalbibliografie; detaillierte bibliografische Daten sind im Internet über dnb.dnb.de abrufbar.

Verlag: BoD • Books on Demand GmbH, In de Tarpen 42, 22848 Norderstedt
Druck: Libri Plureos GmbH, Friedensallee 273, 22763 Hamburg

ISBN: 978-3-7597-6089-0

Vorwort

Die Reihenfolge dieser Bände bzw. Rezepte ist rein chronologisch, statt eines Inhaltsverzeichnisses gibt es daher ein ausführliches Stichwortverzeichnis am Ende. Alle Bilder – bis auf etwa 30 Ausnahmen, bei denen ich kein Foto gemacht habe – sind von mir selbst aufgenommen. Wer das hier nachkocht, erhält auch das, was auf dem Foto zu sehen ist. Wenn ich kein Foto hatte, bat ich eine KI um ein entsprechendes Foto. Alle Aufnahmen sind aus Kostengründen (Buchpreis) schwarzweiß.

Entschuldigen möchte ich mich für eventuell vorhandene Tipp- und/oder andere Fehler. Auch bei sorgfältiger Arbeit lassen sie sich nicht immer komplett vermeiden. Hier sei auch mein Dank an diejenigen gerichtet, die mir über die Jahre Fehler auf der Webseite gemeldet haben.

Das Stichwortverzeichnis am Ende kann von Band zu Band variieren, weil sich meine Küchenschwerpunkte über die Jahre verändert haben. Was ich 2003 noch in eine Rubrik fassen konnte, ist 2016 vielleicht besser in einer Oberkategorie und mehrere Unterkategorien aufgeteilt.

Persönliche Anmerkungen habe ich kursiv vom restlichen Text abgehoben. Es sind Texte, die beim Originalrezept stehen. Wenn ich heute etwas hinzufüge, ergänze ich das Datum.

Bei manchen Zutaten verweise ich auf einen älteren Band. Meist lässt sich diese Zutat einfach durch etwas anderes ersetzen. Wenn ich aber alles, was ich vorher aufgeschrieben habe, auch in jeden Band neu aufnehmen will, nimmt das wertvollen Platz für neue Rezepte weg, so meine Überlegung.

Eines kann ich garantieren: Meine Bücher enthalten ausnahmslos Alltagsrezepte, es wurden nicht nur die besten Dinge ausgesucht. Ich wünsche allen Lesern viel Spaß beim Durchblättern und Ausprobieren!

August 2024

Ute-Marion Wilkesmann

Allgemeines:

Ich verwende stets einen *Heißluftofen*. Wer nach einem *Salat* sucht, schaue doch bitte auch beim Stichwort „Rohkost – Hauptspeise". – Im Laufe der Zeit bin ich dazu übergegangen, *Gewicht* nur noch in netto anzugeben, das heißt, nach Vorbereiten, Schälen, Entkernen usw. Ebenso wiege ich später Flüssigkeiten in Gramm ab.

Auch wenn ich vielleicht in zehn Rezepten *gleichartige Arbeitsvorgänge* vorgenommen habe, beschreibe ich sie jedes Mal neu. Wer will beim Kochen blättern? Es gibt zwei Ausnahmen: Stehen identische Anweisungen auf einer Doppelseite, verweise ich – wenn der Platz sonst verschwendet würde – auf das erste Rezept.

Kartoffeln, Möhren, Äpfel usw. schäle ich nicht.

Bei den Rezepten für diesen Band habe ich mein *Getreide* selbst gemahlen. Das geht nicht nur mit der Mühle, sondern auch z. B. mit einem Thermomix. Wer beides nicht hat, dem empfehle ich gekauftes Mehl (Vollkornmehl oder Typ 1050). Es verbackt sich sogar etwas leichter als Mehl aus der *eigenen Mühle*, es kann aber zu leichten Unterschieden bei der Menge der Flüssigkeit kommen, die zugegeben wird. *Nackthafer* bedeutet keimfähiger Hafer. Wer weder auf Rohkost noch auf Vollwerternährung nach Dr. Bruker besonderen Wert legt, nimmt einfach „normalen" Hafer. Die Angaben von *Zubereitungszeiten* sind immer relativ. Dennoch habe ich sie häufig notiert. Wer ein- oder zweimal ein Rezept ausprobiert hat, weiß dann wahrscheinlich, ob er schneller oder langsamer ist. Ab diesem Band schreibe ich die Zeiten ohne den Vorsatz „Zubereitung" an den Anfang des Rezepts. In manchen Fällen habe ich die Zeit vergessen zu notieren. Genauso relativ sind *Mengenangaben:* Was für einen als Hauptspeise reicht, ist für den anderen nicht genug. Dennoch ist es ein Hinweis.

Abkürzungen:

EL = EL

TL = TL

LS = LS

MS = MS

Pr = Pr.

Min. = Min.(n); Sek. = Sekunde(n), Std. = Std.(n)

P = Pr.

fr. = fr.

geh. = gehäuft (vor der Einheit) bzw. gehackt (nach der Einheit)

gem. = gemahlen / ger. = gerieben / getr. = getrocknet

kl. = klein

FKG = Abkürzung für Frischkorngericht nach Bruker oder einfach für Frühstück.

TM = Thermomix

Evtl. unbekannte Begriffe: *Garam Masala* ist eine indische Gewürzmischung (s. auch 6/4361), ebenso *Tandoori; Sumach,* ein säuerliches orientalisches Gewürz, lässt sich durch Zitronensaft ersetzen. *Tahin* ist eine Sesampaste oder Sesammus (s. auch Bd. 3/1985) und *Bertram* ist ein Universalgewürz, das den Speisen eine milde Würze verleiht. Es gehört neben Galgant und Quendel zu den wichtigsten Zutaten in der Hildegard-Küche. *Asafoetida* ist ein indisches Gewürz, ersetzen durch Knoblauch. *Ajowan* kann man ersetzen durch eine Kümmel-Thymian-Mischung. *Pipali* (indischer schwarzer Pfeffer) = schwarzer Pfeffer. *Cumin* und *Kreuzkümmel* sind Synonyme, dasselbe gilt für *Bataten* und *Süßkartoffeln. Salish-Räuchersalz:* Dies ist von der Firma Orlando; ein anderes Räuchersalz tut's auch, oder einfach normales Salz.

Gelegentlich beziehe ich mich auf ältere Rezepte und verweise auf Band und Nummer (3/2008 bedeutet Band 3, Nr. 2008). *Mr. Magic, Magic Maxx und Powerblender* sind Markennamen für kleine starke Mixer. Den Markennamen *Vitamix* verwende ich synonym für Hochleistungsmixer. *Peng-Schüsseln* sind Plastikschüsseln, deren Deckel mit „Peng" aufspringt, wenn die Hefe ausreichend gegangen ist.

Standardsalatsoße: s. Rezept 3895 in diesem Band.

Sauerteigansatz:
- 70 g Roggen/110 g Wasser
- 70 g Roggen/110 g Wasser
- 70 g Roggen/ 70 g Wasser

Ein schmales hohes Glasgefäß suchen. Schmal im Durchmesser sollte es sein, damit die Kontaktfläche mit der Luft nicht so groß ist. Die Höhe ist erforderlich, weil der Teig enorm geht. Locker das Sechsfache des ersten Ansatzes muss es fassen. 70 g Roggen fein mahlen und in dem Glasgefäß mit 110 g Wasser verrühren. Auf ein Fensterbrett über der Heizung stellen und mit einem Geschirrtuch abdecken. Nach 24 Std. 70 g Roggen mahlen und mit weiteren 110 g Wasser zu dem Ansatz geben und verrühren. Wieder abdecken. Nach weiteren 24 Std. nochmals 70 g Roggen mahlen und mit 70 g Wasser zu dem Ansatz geben, verrühren und abdecken. Nach weiteren 24 Std. ist der Sauerteig fertig.

Das Prinzip der Gemüsepfanne

Pfanne lieber zu groß als zu klein wählen. Angegebene Flüssigkeitsmenge in die Pfanne geben. Darauf die anderen Zutaten wie klein geschnittenes Gemüse usw. Deckel auflegen und auf höchster Einstellung zum Kochen bringen, bis Dampf unter dem Deckel austritt. Auf kleinste Einstellung bringen und 15 Min. dünsten. Dies ist eine durchschnittliche Zeitangabe. Je nach Rezept kann diese Zeit anders aussehen.

3677. Tomatenpfanne mit Pseudoparmesan, August 2009

Vegan; Zubereitung 30-35 Min.; 1 Hauptspeise.

Pseudoparmesan:
- 20 g Mandeln
- 20 g Sonnenblumenkerne
- 30 g Nackthafer
- 1 EL Olivenöl
- 100 g Wasser
- 1 gestr. TL Ingwer-Petersilien-Salz (3404)
- 1 gestr. TL Schabziegerklee

Gemüse:
- 3 EL Olivenöl
- 3 EL Wasser
- 1 TL Gemüsebrühextrakt
- 3 Tomaten (350 g)
- 1 Stange Porree (200 g)
- 1 große Knoblauchzehe

Öl und Wasser in eine ofenfeste Pfanne geben und mit Gemüsebrühextrakt verrühren. Tomate vierteln, in die Pfanne legen. Knoblauch schälen, kleinschneiden und über die Tomaten streuen. Porree gut waschen, in Scheiben schneiden und ebenfalls in die Pfanne geben. Als Gemüsepfanne 12 Min. dünsten.

Für den Belag: Mandeln fein hacken. Sonnenblumenkerne mit dem Hafer mischen und flocken. Mit Mandeln, Salz, 1 EL Öl und Wasser verrühren. In den letzten 5 Min. den Ofen auf 230°C „Infrabraten" (oder Grill) vorheizen. Deckel abnehmen, Belag auf dem Gemüse verteilen und offen in den Ofen schieben. 15 Min. grillen und in der Pfanne servieren.

Tipp: *Eine Scheibe Brot schmeckt gut dazu. – Mit anderem Gemüse Flüssigkeitsmenge anpassen.*

3678. Tomaten-Chinasalat, August 2009

Vegane Rohkost; 36 Std. Keimzeit + ca. 10 Min.; 1 Hauptspeise.

Dressing:
- 3 EL Standardsalatsoße (3895)
- 2 EL Traubenkernöl (oder ein anderes Öl)

Feste Zutaten:
- 1 Tomate (100 g)
- 30 g Linsensprossen
- 100 g Chinakohl

Standardsalatsoße und Öl mit einer Gabel verquirlen. Tomaten und Chinakohl waschen und kleinschneiden. Mit den Linsensprossen unter das Dressing rühren und 30 Min. durchziehen lassen.

3679. Spitzkräuterpesto, August 2009

Vegane Rohkost; auch als Aufstrich möglich.

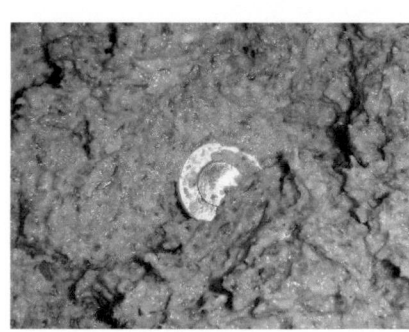

- 45 g Mandeln
- 155 g Sonnenblumenkerne
- 50 g Leinsamen
- 185 g Kräuter, 4 Sorten (hier je ein Bund Petersilie, Schnittlauch, Knoblauchschnittlauch, Dill)
- 185 g Spitzkohl
- 20 g Salz
- 160 g Öl

Herstellung beschrieben im TM: Kräuter waschen und ca. 24 Std. trocknen lassen.

Nüsse und Saaten fein mahlen (10 Sek./Stufe 10), in eine Schüssel umfüllen. Kräuter und Spitzkohl grob zerschneiden, dann fein hacken (4 Sek./Stufe 10; 20 Sek./Stufe 6). Gemahlene Nüsse, Salz und Öl hinzugeben, auf der Knetstufe 2-3 Min. verkneten.

Zwei leere Honiggläser mit kochendem Wasser füllen. Auf den Deckel das Datum notieren. Gläser leeren, die Masse einfüllen, gut mit dem Deckel verschließen und 1 Std. auf den Kopf stellen. Im Kühlschrank aufbewahren.

3680. Christianes Hefebrot Nr. 2, August 2009

Ergibt 2 Brote: eins zu 2300 g und eins zu 600 g Teiggewicht.

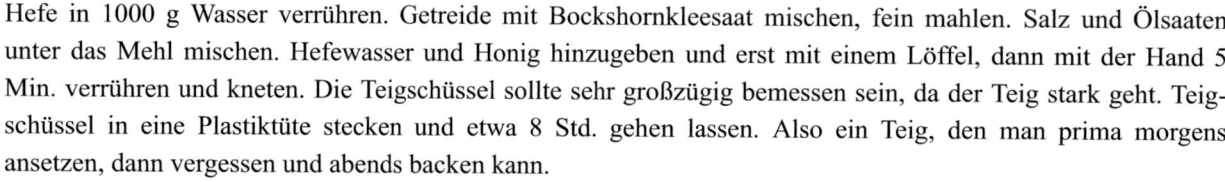

- 10 g Hefe
- 1050 g Wasser
- 900 g Weizen
- 300 g Roggen
- 200 g Buchweizen
- 1 EL Salz
- 1 EL Bockshornkleesaatsamen
- 1 EL Honig (30 g)
- 200 g Sonnenblumenkerne
- 200 g Sesam

Hefe in 1000 g Wasser verrühren. Getreide mit Bockshornkleesaat mischen, fein mahlen. Salz und Ölsaaten unter das Mehl mischen. Hefewasser und Honig hinzugeben und erst mit einem Löffel, dann mit der Hand 5 Min. verrühren und kneten. Die Teigschüssel sollte sehr großzügig bemessen sein, da der Teig stark geht. Teigschüssel in eine Plastiktüte stecken und etwa 8 Std. gehen lassen. Also ein Teig, den man prima morgens ansetzen, dann vergessen und abends backen kann.

Zwei Brotbackformen (1 Emailbrotform 35 cm und 1 Kastenform 25 cm) mit Butter einfetten. Die große Form mit 2300 g, die kleine mit 600 g Teig füllen. 30 Min. unter einer großen Plastiktüte gehen lassen. Ofen auf 250 °C (Umluft) vorheizen, auf den Boden eine feuerfeste Form mit Wasser stellen. In dieser Zeit geht das Brot noch. Brote oben mit einem scharfen Messer einschneiden, mit Wasser einsprühen. Brote einschieben, 20 Min. bei 250 °C und 30 Min. bei 200 °C backen lassen. Klopfprobe machen (wenn man unten gegen das Brot (natürlich nicht mehr in der Form) klopft, muss es hohl klingen). Aus den Formen kippen, mit Wasser einsprühen und auf einem Gitterrost auskühlen lassen.

3681. Bohnenpizza Schärfer, August 2009

Vegan; 4 Std. vorher Teig auftauen (siehe Bd. 5/3580); Zubereitung: ca. 40 Min. (inkl. Backen); 1 Hauptspeise.

Teig:
- Etwa 220 g Pizzateig
- Etwas Mehl oder Paniermehl

Gemüse:
- 60 ml Wasser
- 2 TL eingelegtes Bohnenkraut (3/1809)
- 250 g Brechbohnen

Guss:
- 15 g Sonnenblumenkerne
- 10 g Hirse
- 1 TL Zitronenschaum (5/3586)
- 1 Tomate (150 g)
- 1 gestr. TL Gemüsesalz (3/1509)
- 1 MS Chili harissariri (3777)
- 45 ml Sonnenblumenöl
- 30 g Wasser

Bohnen waschen, Enden abzupfen und Bohnen in 6-7 cm lange Stücke schneiden. 60 ml Wasser und Bohnenkraut in einer Pfanne verrühren. Deckel auflegen. Bei höchster Einstellung zum Kochen bringen, bis Dampf unter dem Deckel entweicht. Auf kleinste Einstellung drehen und, ohne den Deckel anzuheben, 12 Min. dünsten lassen.

Sonnenblumenkerne und Hirse in einem kleinen Mixer fein mahlen. Restliche Zutaten hinzugeben und gut verquirlen. Eine Profi-Email-Pizzaform mit Öl einpinseln. Den Teig mit Mehl durchkneten und mit Hilfe von Mehl in Größe der Pizzaform dünn ausrollen. In die Form geben. Die Bohnen auf den Teig geben, den Guss mit einem Löffel gut auf den Bohnen verteilen. Ofen 5 Min. auf 225 °C vorheizen, unten im Ofen steht eine feuerfeste Form mit Wasser. Pizza auf dem Gitterrost einschieben und 20 Min. backen.

3682. Spitzkohl pur in Tomatendressing, August 2009

Vegane Rohkost; ca. 10 Min.; 1 Hauptspeise.

Dressing:

- 1 EL Zitronenschaum (5/3586)
- 3 EL Sonnenblumenöl
- 1 EL Einlage aus „Scharfes Pfefferöl" (5/3373 o. Ä.)
- 1 TL Gemüsesalz (3/1509)
- 1 Tomate (65 g)
- 5-6 g Mandeln
- 290 g Spitzkohl
- 2 TL Leinsamen

Dressingzutaten in einem kleinen Mixer zu einer homogenen Soße schlagen. Kohl raffeln (z. B. im TM 20 Sek./Stufe 4), dann mit dem Dressing gründlich vermixen (Linkslauf 10 Sek./Stufe 2). In eine Schüssel umfüllen, am Rand Leinsamen verteilen.

3683. Mittelmeerische Bohnen, August 2009

25 Min.; 1 Beilage.

- 5 EL Olivenöl
- 1 rote Zwiebel (100 g netto)
- 2 Tomaten (185 g)
- 250 g Brechbohnen (235 netto)
- 1 TL Bohnenkraut, eingelegt (3/1809)
- 1 gestr. TL Salz

Öl in eine beschichtete oder gusseiserne Pfanne geben. Zwiebel in Ringe schneiden, in die Pfanne geben. Tomate in Scheiben schneiden, auf die Zwiebeln legen. Von den Bohnen die Enden abknipsen, Bohnen in 5-6 cm lange Stücke schneiden und auf die Tomaten geben. Das Bohnenkraut an die Seite „gießen". Als Gemüsepfanne 13 Min. dünsten lassen. Salz unter das Gemüse rühren.

Tipp: *Mir hat das mit etwas Brot sehr lecker geschmeckt. Nudeln kann ich mir dazu auch sehr gut vorstellen.*

3684. Zweierlei Pilze auf dreierlei Salat, August 2009

Ca. 20 Min.; 1 Hauptspeise.

Dressing:

- 25 g Sahne
- 2 kl. Aprikosen (40 g netto)
- 1 TL Gemüsesalz (3/1509)
- 20 g Sonnenblumenöl
- 1 TL Zitronenschaum (5/3586)
- 20 g Wasser

Salat:

- 70 g krauser Kopfsalat
- 70 g Neuseeländer Spinat (o. Ä.)
- 60 g Radicchio

Pilze:

- 150 g Pfifferlinge
- 150 g Champignons
- 1 Knoblauchzehe
- 15 g Butter
- 2 EL ÖL
- 1 TL Gemüsesalz (s. o.)
- etwas frisch gem. Pfeffer
-

Die Dressingzutaten in einem kleinen Mixer sehr gut miteinander verschlagen. Salate in feine Streifen schneiden, mit dem Dressing mit den Händen gut vermischen und ziehen lassen, bis die Pilze fertig sind.

Pfifferling mit etwas Mehl überschütten und dann waschen (danke Petra für den Tipp!). Gut trocknen (in einem Handtuch). Champignons wenn nötig sauber bürsten und in Scheiben schneiden. Knoblauch schälen, in Scheiben schneiden. Butter mit Öl auf höchster Einstellung in einer Pfanne heiß werden lassen. Pilze hinzugeben, Deckel auflegen und auf mittelhoher Einstellung 5 Min. garen lassen. Deckel abnehmen und auf hoher Einstellung 5 Min. köcheln lassen, dann ist fast die ganze Flüssigkeit verdampft.

Salat auf dem Rand eines großen Esstellers verteilen. Pfifferlinge in die Mitte geben.

3685. Neuseeländischer Rahmspinat, August 2009

Ca. 25 Min.; 1 Hauptspeise.

- 50 g Wasser
- 1 TL Gemüsebrühextrakt (2/1288)
- 475 g Neuseeländer Spinat (s. Hinweis)
- 30 g Sahne
- 1 LS Chili harrissari (3777)
- 2 TL Dinkelmehl
- 1 TL Gemüsesalz (3/1509)

Spinat gut waschen und abtropfen lassen.

Wasser mit Gemüsebrühextrakt in einer Pfanne verrühren. Spinat hinzugeben. Deckel auflegen und auf höchster

Einstellung zum Kochen bringen. Sobald Dampf unter dem Deckel entweicht, auf kleinste Einstellung drehen und 15 Min. dünsten lassen.

Sahne, Chili, Mehl und Salz verquirlen, einige EL Kochwasser unterrühren. Unter das Gemüse rühren und einmal aufkochen lassen.

Hinweis: Neuseeländer Spinat ist von der Struktur her kräftiger als der Spinat, den wir sonst kennen. (Kein Import, wird auch hier angebaut.) Die Stängel sind dicker. Geschmacklich kommt er dem normalen Spinat gekocht recht nahe.

3686. Bohnenkraut eingelegt, August 2009

- 3 x Bohnenkraut (=125 g)
- ca. 12 g Salz
- ca. 180 g Öl

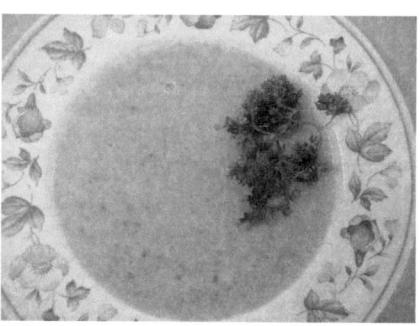

Bohnenkraut wenn nötig waschen und gut trocknen lassen. Im Zerkleinerer fein hacken, aber nicht pürieren. In einem leeren Honigglas Bohnenkraut, Salz und Öl übereinanderschichten.

Das Öl sollte reichlich über den Kräutern stehen. Mit dem Schraubdeckel gut verschließen (vorher beschriften) und im Kühlschrank aufbewahren.

Tipp: Diese Art Kräuter einzulegen, lohnt sich immer, wenn man aus dem eigenen Garten Überstände hat oder wenn es Kräuter - wie das Bohnenkraut - nicht das ganze Jahr über gibt. Ist auch schön zum Verschenken.

3687. Zucchinicremesuppe, August 2009

20-25 Min.; 2-3 Hauptspeisen; TM.

- 660 g Zucchini (3 Stück; netto)
- 1 große Knoblauchzehe
- 1 TL Gemüsebrühextrakt (2/1288)
- 600 g Wasser
- 1/2 TL Kardamom in Schale ungemahlen
- 1/2 TL Koriander ungemahlen
- 2 TL Gemüsesalz (3/1509)
- 15 g Dinkelmehl
- 100 g Sahne
- 1 MS Chili harrissari (3777 o. Ä.)
- Petersilie

Zucchini in Scheiben schneiden, Knoblauch schälen und würfeln. Mit Wasser und Gemüsebrühextrakt in den TM gebe und garen (19 Min./100 °C/Stufe 1; sobald es kocht, auf 90 °C stellen). 10-14 Sek./Stufe 10 pürieren.

Kardamom und Koriander in einem kleinen Mixer fein mahlen, dann eventuell sieben. Mit Salz, Mehl und Sahne verrühren. 1-2 Kellen von der heißen Kochflüssigkeit unterrühren. Mit dem Chili unter die Suppe geben, TM schließen und auf Stufe 2 erneut zum Kochen (3 Min./100 °C) bringen.

Auf dem Teller mit etwas Petersilie bestreuen.

3688. Flüssigbrot, August 2009

Ergibt 2 Brote, eins zu 2150 g, eins zu 600 g Teiggewicht.

- 5 g Hefe
- 1300 g Wasser
- 900 g Weizen
- 300 g Roggen
- 100 g Hirse
- 1 geh. EL Salz
- 1 EL Brotgewürz geschrotet
- 1 EL Honig (ca. 40 g)
- 35 g Sesam ungeschält
- 145 g Leinsamen

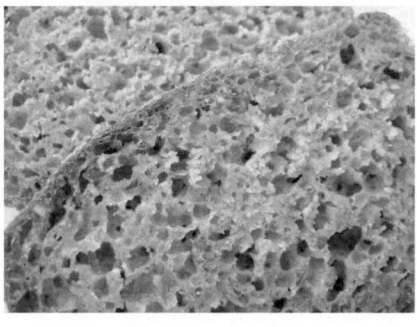

Hefe in 1300 g Wasser verrühren. Getreide mischen, fein mahlen. Salz und Brotgewürz unter das Mehl mischen. Hefewasser, Ölsaaten und Honig hinzugeben und mit einem großen Löffel gut verrühren. Die Teigschüssel sollte sehr großzügig bemessen sein, da der Teig stark geht. Teigschüssel in eine Plastiktüte stecken und etwa 8 Std. gehen lassen.

Nochmals gut durchrühren. Zwei Brotbackformen (große Profiemail-Kastenform und kleine Kastenform) mit Butter einfetten. Teig wie oben angegeben einwiegen. 30 Min. unter einer großen Plastiktüte gehen lassen (bei mir war der Teig wenig, aber deutlich gegangen). Ofen auf 250 °C (Umluft) vorheizen, auf den Boden eine feuerfeste Form mit Wasser stellen. In dieser Zeit geht das Brot noch. Brote oben mit einem scharfen Messer einschneiden, mit Wasser einsprühen.

Brote einschieben, 20 Min. bei 250 °C und 30 Min. bei 200 °C backen lassen. Klopfprobe machen (wenn man unten gegen das Brot (natürlich nicht mehr in der Form) klopft, muss es hohl klingen). Aus den Formen kippen, das große Brot ohne Form noch 15 Min. backen, mit Wasser einsprühen und auf einem Gitterrost auskühlen lassen.

3689. Flüssigbrot Nr. 2, August 2009

Ergibt 2 Brote, eins zu 2350 g, eins zu 700 g Teiggewicht.

- 5 g Hefe
- 1400 g Wasser
- 900 g Weizen
- 300 g Roggen
- 200 g Nackthafer
- 1 geh. EL Salz
- 1 EL pikante Saatmischung
- 1 EL Honig (ca. 40 g)
- 150 g Sesam ungeschält
- 150 g Sonnenblumenkerne

Weiter wie bei 3688 besrühen, allerdings ist das Brot zum Einschneiden zu flüssig. Die Backzeiten hier: 20 Min. bei 250 °C und 45 Min. bei 200 °C backen lassen. Klopfprobe machen (wenn man unten gegen das Brot (natürlich nicht mehr in der Form) klopft, muss es hohl klingen). Das kleine Brot aus der Form kippen, das große Brot noch 35 Min. backen, mit Wasser einsprühen und auf einem Gitterrost auskühlen lassen.

Tipp: *Die Backzeit, habe ich festgestellt, ist in den Manz-Backformen, die ich sonst benutze, deutlich kürzer!*

„Flüssigbrot" habe ich dieses Brot genannte, weil ich genauso viel Flüssigkeit wie Getreide nehme, und daher einen fast flüssigen Teig habe.

3690. Hutzelaugustbrot, August 2009

Vorbereitung: Sauerteig am Vorabend auffüttern und Trockenfrüchte einweichen; traditionell sind Hutzelbrote ja eher ein Weihnachtsgebäck. Aber so in kleinen Stücken zum Nachmittagskaffee schmeckt es auch im Sommer.

- 500 g Roggensauerteig (zum Auffüttern)
- 500 g Weinbeeren
- 500 g Trockenpflaumen
- 500 g Datteln
- 125 ml Rum
- 520 ml Wasser
- 500 g Roggen
- 1 TL ger. Zitronenschale
- 1 gestr. TL Zitronensalz
- 1 gestr. TL gem. Spekulatiusgewürz (o. Ä.)
- 2 TL Zimt
- 1/2 gestr. TL Sternanis
- 150 g Walnüsse
- 250 g Mandeln

Sauerteig abends so auffüttern, dass am nächsten Morgen 500 g zur Verfügung stehen. Trockenfrüchte mischen, mit Rum und Wasser übergießen. Schüssel in eine Plastiktüte stecken und über Nacht quellen lassen. Am nächsten Morgen die Flüssigkeit von den Trockenfrüchten auffangen (= 280 g) und die Früchte grob hacken (z. B. im TM in zwei Portionen, je 15 Sek./Stufe 4).

Nüsse als Ganzes hinzugeben. Getreide fein mahlen, mit Gewürzen, Zitronenschale und Salz verrühren. Alles zusammen gut verkneten, bis kein Mehl mehr „zu sehen" ist. Teigschüssel in eine Plastiktüte geben und 6 Std. ruhen lassen. Der Teig geht nicht. Den Ofen (Umluft) etwa 20 Min auf 200 °C vorheizen. Teig zu zwei gleichschweren Broten formen (je ca. 1400 g). Oben einschneiden, gut mit Wasser besprühen und auf einem mit Dauerbackfolie ausgelegten Backblech in den Ofen schieben. Backen: 40 Min bei 200 °C und 25 Min bei 175 °C (der Teig geht auch beim Backen nicht). Die fertigen Brote in Aluminiumfolie wickeln, gut durchziehen lassen und kühl aufbewahren (oder einfrieren).

3691. Grobe Tomatenbohnenpfanne, August 2009

Vegan; 30 Min.; 1 Hauptspeise.

- 200 g Wasser
- 1 TL Gemüsebrühextrakt (2/1288)
- 3 große Tomaten (385 g)
- 1 rote Zwiebel (80 g netto)
- 3 Knoblauchzehen
- 55 g Hirse
- 125 g Bohnen (brutto)
- 1 TL Gemüsesalz (3/1509)
- 2 EL Sonnenblumenöl

Wasser mit Gemüsebrühextrakt in einer Pfanne verrühren. Tomaten hineinsetzen, oben kreuzweise einschneiden. Zwiebel schälen und vierteln, in der Pfanne verteilen. Knoblauchzehen schälen, neben die Tomaten legen. Hirse in die Zwischenräume streuen. Von den Bohnen die Enden abknipsen, wenn nötig, die Bohnen in Stücke schneiden und zwischen die Tomaten legen.

Deckel auflegen und auf höchster Einstellung zum Kochen bringen. Sobald Dampf unter dem Deckel entweicht, auf kleinste Einstellung drehen und 25 Min. dünsten lassen (die Tomaten sind dann je nach Größe noch bissfest). Mit Salz bestreuen und Öl darüber träufeln.

Tipp: Statt des Öls schmeckt auch ein bisschen Crème fraîche gut dazu.

3692. Tomatenhaferpfanne, August 2009

Vegan; 23-25 Min.; 1 Hauptspeise.

- 3 Tomaten (235 g)
- 1 rote Zwiebel (75 g netto)
- 2 Knoblauchzehen
- 100 g Bohnen (netto)
- 2 TL Bohnenkraut eingelegt (3686 oder getr.)
- 50 g Nackthafer
- 150 ml Wasser
- 1 TL Gemüsesalz (3/1509)

Tomaten vierteln. Zwiebel schälen und kleinschneiden. Knoblauchzehen schälen. Von den Bohnen die Enden abknipsen, wenn nötig, Bohnen in Stücke schneiden. Nackthafer flocken. Außer dem Gemüsesalz alle Zutaten in eine Pfanne geben. Deckel auflegen und auf höchster Einstellung zum Kochen bringen. Sobald Dampf unter dem Deckel entweicht, auf kleinste Einstellung drehen und 15 Min. dünsten lassen. Salzen und einmal durchrühren.

3693. Spitze Bohnenpfanne, August 2009

23-25 Min.; 1 Hauptspeise.

- 200 g Wasser
- 2 TL Bohnenkraut eingelegt (3686 oder getr.)
- 225 g Bohnen (brutto)
- 130 g Spitzkohl
- 3 Knoblauchzehen
- 1 rote Zwiebel (70 g netto)
- 55 g Dinkel
- 1-2 TL Gemüsesalz (3/1509)
- 35 g Crème fraîche
- etwas Petersilie

Wasser und Bohnenkraut in einer Pfanne verrühren. Von den Bohnen die Enden abknipsen, wenn nötig, die Bohnen in Stücke schneiden. Spitzkohl in Streifen schneiden. Zwiebel schälen und in feine Scheiben, Knoblauchzehen schälen und in Scheiben schneiden. Das Gemüse in die Pfanne geben. Dinkel flocken und am Rand der Pfanne ausstreuen.

Deckel auflegen und auf höchster Einstellung zum Kochen bringen. Sobald Dampf unter dem Deckel entweicht, auf kleinste Einstellung drehen und 15 Min. dünsten lassen. Salzen, Crème fraîche hinzugeben und einmal durchrühren. Einen Teller füllen und mit etwas Petersilie bestreuen.

Tipp: *Ich habe in den letzten 3 Tagen sehr ähnliche Gerichte gekocht, das lag einmal daran, dass ich eine ordentliche Portion leckerste frischer Gartenbohnen vom Bioladen in der Biotüte letzte Woche bekommen hatte - und auch daran, dass es mir so gut geschmeckt hat. Wenn ich ähnliche Dinge zubereite mit kleinen Variationen, bin ich immer wieder erstaunt, wie unterschiedlich das doch schmeckt!*

3694. Karibischer Mangold mit grüner Soße, August 2009

Vegan; 23-25 Min.; 1 Hauptspeise.

Gemüse:
- 200 g Wasser
- 2 TL Gemüsebrühextrakt (2/1288)
- 1 TL Karibikgewürz
- 400 g Mangold (netto)
- 55 g Nackthafer
- 1 TL Gemüsesalz (3/1509)

Soße:
- 50 g Trauben
- 2 EL scharfes Pfefferöl (5/3373 mit Pfeffer)
- 10 g Sonnenblumenkerne
- 30 g Wasser
- 10 g Petersilie
- 1 TL Zitronenschaum (5/3586)

Wasser, Karibikgewürz und Gemüsebrühextrakt in einer Pfanne verrühren. Mangold waschen, gut abtropfen lassen, Endstück abtrennen, die Blätter in Streifen schneiden. Das Gemüse in die Pfanne geben. Hafer flocken und über das Gemüse streuen. Als Gemüsepfanne 15 Min. dünsten. In dieser Zeit die Soße zubereiten: Alle Zutaten in einem kleinen Mixer bis zur homogenen Soße verquirlen. Gemüse salzen, alles gut verrühren. Einen Teller füllen und mit etwas Soße begießen.

3695. Marmorkuchen ohne Tiereiweiß

Das Rezept ist angelehnt an http://www.vgt.ch, wo es zwar vegan, aber nicht vollwertig ist [Juli 2024 dort nicht mehr gefunden]. Zum Süßen habe ich Honig genommen.

Teig:
- 50 g Cashewnüsse
- 150 g Mineralwasser
- 250 g Weizenmehl
- 1/2 gestr. TL Salz
- 2 TL Weinsteinbackpulver
- 1/2 gestr. TL Vanille
- 60 g Sonnenblumenöl
- 125 g Honig
- 25 g Kakao
- 50 g Honig
- 40 g Öl

Überzug:
- 30 g Kakaobutter
- 30 g Honig
- 2 g Johannisbrotkernmehl
- 1 geh. TL Kakao
- 1 MS Zimt

Cashewnüsse in einem kleinen Mixer fein mahlen, bis sie eine Paste sind. Erst 50 g Mineralwasser damit verquirlen, dann den Rest Wasser gut untermischen. Weizen fein mahlen, mit Salz, Backpulver und Vanille verrühren. Öl und Honig in der Küchenmaschine gut verschlagen. Cashewmilch hinzugeben und insgesamt 2 Min. auf Stufe 2 laufen lassen. Eine 25 cm Kastenform mit Öl einfetten, mit Mehl ausstreuen. Den Ofen auf 175 °C (Umluft) stellen. Mehl zu der Masse geben und wieder sehr gut durchschlagen lassen. Etwa 2/3 des Teigs in die Form füllen. Den Rest des Teigs mit Kakao, 40 g Öl und 50 g Honig vermischen. Auf den hellen Teig geben, mit einer Gabel spiralförmig leicht einziehen. In den auf 175 °C vorgeheizten Ofen (Umluft) geben und bei dieser Temperatur 40 Min. backen (in den letzten 5 Min. den Ofen ausstellen).

Stäbchenprobe machen: An einem Holzstäbchen, dass man in den Teig steckt, darf beim Herausziehen nichts hängenbleiben. Nach einer Weile Kuchen aus der Form stürzen, auf einem Gitterrost abkühlen lassen. Mir ist der Teig hängen geblieben, das passiert mir leider beim Auspinseln von Backformen mit Öl immer wieder.

Kakaobutter und Honig zerlassen. Carob und Zimt gut unterquirlen. Auf den Kuchen pinseln und im Kühlschrank erkalten lassen. Erst am nächsten Teig anschneiden.

3696. Kohlrabipizza Margaflocke, August 2009

Vegan; ca. 35 Min.; 1 Hauptspeise.

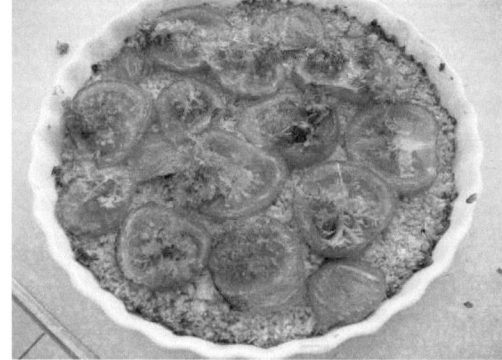

- 1 Kohlrabi (brutto 250 g, netto 200 g)
- 100 g Nackthafer
- 1 TL Gemüsesalz (3/1509)
- 3 EL Sonnenblumenöl
- 1 TL Zitronenschaum (5/3592)
- 15 g Sonnenblumenkerne
- Frisch gem. schwarzer Pfeffer
- 50 g Wasser
- 2 Tomaten (210 g)
- etwas Salz
- 2 TL Öl
- etwas Petersilie

Kohlrabi schälen und im Zerkleinerer raffeln. Hafer flocken und mit Kohlrabi, 1 TL Salz, 3 EL Öl, Zitronenschaum, Sonnenblumenkernen. Pfeffer und Wasser gut verrühren. Eine Quicheform (24 cm) mit Öl einpinseln, die Masse darin verteilen und mit einem Löffel glattstreichen. Die Tomaten in Scheiben schneiden und als oberste Schicht legen. Mit Salz bestreuen und Öl beträufeln. In den kalten Ofen schieben, auf dem Boden steht eine feuerfeste Form mit Wasser. Bei 225 °C (Umluft) 25-30 Min. backen. Mit Petersilie bestreuen und aus der Form essen.

Tipp: *Diese Art der Zubereitung eignet sich auch für Gemüse, dass wir „loswerden" möchten, weil wir einen Überschuss haben. Eventuell bei anderem Gemüse Vorsicht bei der Wasserzugabe, es kann mehr oder auch weniger nötig werden. Die Masse soll zusammen"pappen", aber nicht tropfen.*

3697. Zwiebelfladen, August 2009

Vegan; 8 Fladen je 110-115 g Teiggewicht.

- 100 g Wasser
- 1/2 P Biohefe (20 g)
- 400 g Dinkel
- 100 g Roggen
- 1 TL Kümmel ungemahlen
- 2 TL Salz
- 190 g Zwiebeln (brutto)
- 3 EL Olivenöl
- 125 g Wasser

Zubereitung beschrieben im TM: Hefe in 100 g Wasser verrühren und auflösen. Zwiebeln schälen und halbieren, im Thermomix hacken (20 Sek./Stufe 4). 3 EL Öl hinzugeben und 10 Min/100 °C/Stufe 2 garen (nach 5 Min auf 90 °C herunterschalten).

Getreide mit Kümmel mischen und fein schroten (Stufe 2/9, Hawoss Novum). Mit dem Salz verrühren. Mehl, Hefewasser, Salz und 125 g Wasser in den Thermomix geben. Auf der Knetstufe 2 Min. 30 Sek. kneten lassen. In eine Schüssel umfüllen, mit der nassen Hand kurz nachkneten und zu einer Kugel unter Spannung formen. Schüssel in eine Plastiktüte stecken und 30 Min. auf der Fensterbank stehen lassen.

Nochmal kurz durchkneten. Mit Hilfe von etwas Wasser Stücke zu 110-115 g abnehmen und zwischen den Händen zu Fladen formen. Der Teig klebt ein wenig. Die Fladen nebeneinander auf ein mit Dauerbackfolie ausgelegtes Backblech legen und die Oberfläche kreuzweise einschneiden. Das ganze Blech in eine große Plastiktüte schieben. Ofen auf 250 °C (Umluft) vorheizen, auf dem Boden des Ofens steht eine feuerfeste Form mit Wasser. In dieser Zeit gehen die Fladen.

Fladen einsprühen, und einschieben. Temperatur auf 200 °C drehen und 20 Min. backen. Ofen ausstellen und noch 5 Min. nachbacken. Klopfprobe machen: Beim Klopfen gegen die Unterseite müssen die Brötchen hohl klingen. Auf ein Kuchengitter setzen, einsprühen und abkühlen lassen.

3698. Marokkanische Bohnenpfanne, August 2009

23-25 Min.; 1 Hauptspeise.

- 200 g Brechbohnen (netto)
- 85 g Möhren
- 1 Tomate (90 g)
- 1 TL Bohnenkraut eingelegt (3686)
- 20 g marokkanische Salzzitronen (3653)
- 80 g Hirse
- 220 g Wasser
- 1 TL Gemüsesalz (3/1509)
- 15 g Butter

Von den Bohnen die Enden abknipsen, längere Bohnen in zwei Stücke brechen. Möhre und Tomaten in Scheiben schneiden. Gemüse in eine Pfanne geben, Bohnenkraut, kleingeschnittene Salzzitronen, Hirse und Wasser hinzufügen, einmal durchrühren.

Als Gemüsepfanne 15 Min. dünsten. Salzen, Butter hinzugeben und einmal durchrühren.

Tipp: *Wer statt Butter 1-2 EL Öl nimmt, erhält eine vegane Bohnenpfanne.*

3699. Tandoori-Möhren, August 2009

30 Min.; 1 Hauptspeise.

- 285 g Möhren (netto)
- 230 g Wasser
- 1 TL Gemüsebrühextrakt (2/1288)
- 1 TL Tandoorigewürz
- 25 g Zwiebel netto
- 2 Knoblauchzehen
- 20 g marokkanische Salzzitronen (5/3653)
- 75 g Hirse
- 35 g Cashewnüsse
- 1 TL Gemüsesalz (3/1509)
- 2 EL Olivenöl

Wasser, Tandoorigewürz und Gemüsebrühextrakt in einer Pfanne verrühren. Möhren in dickere Scheiben schneiden (ca. 1 cm), Knoblauch schälen, würfeln, Zwiebel in Ringe schneiden und alles in die Pfanne geben. Hirse und Cashewnüsse drüber streuen, Salzzitronen zerkleinern und hinzufügen.

Als Gemüsepfanne 22 Min. dünsten. Salzen, Öl hinzugeben und einmal durchrühren.

3700. Muskatkuchen mit Aprikosen, August 2009

Angelehnt an ein Rezept aus dem Buch „Gewürze und Kräuter"
von Petra Kühne.

- 300 g Dinkel
- 100 g Honig
- 1 gestr. TL Zitronensalz (3/1859)
- 200 g Butter
- 280 g Aprikosen (brutto)
- 1 TL Weinsteinbackpulver
- 1 TL gem. Muskatnuss
- 80 g Honig
- 250 g saure Sahne
- 90 g Walnusskerne

Dinkel fein mahlen. Mit Salz, 100 g Honig und Butter gut verrühren (mit einem Handrührgerät).

Boden einer Springform mit Backpapier überspannen, Rand aufsetzen und festspannen. Die Hälfte des Teiges (ca. 300 g) auf dem Boden mit einem nassen Teigschaber verteilen und glattstreichen. Einen kleinen Rand hochziehen. Aprikosen entkernen, halbieren und auf dem Teig verteilen (sie liegen nicht dicht!).

Den Rest des Teigs mit Backpulver, Muskatnuss, Honig und saurer Sahne sehr gut verrühren. Auf Boden und Obst verteilen. Die Walnusshälften zwischen den Fingern zerbrechen oder Walnussbruch nehmen. Auf den Kuchen streuen.

Mit Dauerbackfolie abdecken. In den kalten Ofen stellen, auf 175 °C 20 Min. backen, dann die Folie wegnehmen und nochmals 20 Min. backen. Auf einem Kuchengitter abkühlen lassen.

Tipp: Jedes andere Obst oder etwas mehr Obst eignet sich natürlich ebenso.

3701. Frischhirse, August 2009

Ca. 30 Min.; 1 Hauptspeise (süßlich)

Hirse:	Obst & Gemüse:
- 80 g Hirse	- 1 Möhre (110 g)
- 240 g Wasser	- 1 Apfel (140 g)
- 1 Prise Salz	- 1 Banane (200 g mit
- 1/2 TL gerl Zitronenschale	Schale)
- 10 g Butter	- 60 g Trauben (kernlos)

Hirse mit Wasser und Salz zum Kochen bringen. Auf kleinste Einstellung drehen und 25 Min. dünsten lassen. Butter hinzugeben und einmal durchrühren.

Möhre und Apfel raffeln (z. B. in einer Küchenmaschine mit dem Hackmesser). Banane in Scheiben schneiden. Alles gut unter die Hirse rühren. Auf dem Teller mit den Trauben dekorieren.

Tipp: Wer statt Butter einen TL Nussöl nimmt, hat ein veganes Gericht.

3702. Bohnenpfanne mit Buchweizen, August 2009

Ca. 30 Min.; 1 Hauptspeise.

- 230 g Brechbohnen (netto)
- 110 g Möhren
- 1 Zwiebel (60 g netto)
- 2 TL Bohnenkraut eingelegt (3686)
- 75 g Buchweizen
- 240 g Wasser
- 1 TL Gemüsesalz (3/1509)
- 20 g marokkanische Salzzitronen (5/3653)
- frisch gem. Pfeffer

Enden der Bohnen abknipsen, längere Bohnen in zwei Stücke brechen. Möhre in dickere Scheiben schneiden, Zwiebel schälen und würfeln. Gemüse in eine Pfanne geben, Bohnenkraut, Buchweizen und Wasser hinzufügen. Als Gemüsepfanne 20 Min. dünsten. Salzen, fein gewürfelte Salzzitronen hinzugeben und durchrühren.

3703. Ganzheitsmethode für Pilze, August 2009

Vegan; ca. 30 Min.; 1 Hauptspeise.

- 65 g Hirse
- 15 g Buchweizen
- 1 TL Gemüsebrühextrakt (2/1288)
- 240 g Wasser
- 3 kleine Tomaten (140 g)
- 1 Zwiebel (40 g netto)
- 140 g Champignons
- 1/2 Paprikaschote (40 g)
- 1 TL Gemüsesalz (2/1288)
- 2 EL Olivenöl

Hirse, Buchweizen, Wasser und Extrakt in einer Pfanne verrühren. Tomaten halbieren, in einem Kreis darauf legen. Zwiebel schälen, vierteln, dazwischen legen. Stiele aus den Champignons drehen, erst die „Hüte", dann die Siele in die Pfanne geben. Deckel auflegen und auf höchster Einstellung zum Kochen bringen. Sobald Dampf unter dem Deckel entweicht, auf kleinste Einstellung drehen und 25 Min. dünsten lassen. Salzen, Öl darüber träufeln und in der Pfanne servieren.

Tipp: Anderes Öl schmeckt genauso gut. Wer möchte, kann auch Butter nehmen.

3704. Tomatenschnittchen, August 2009

Ca. 10 Min.; 2 Scheiben = 1 Hauptspeise. – Vielleicht dient diese Kindheitserinnerung es dem einen oder anderen dazu, wieder „ein Schnittchen" zu essen. Gerade jetzt, wo die Tomaten Saison haben, schmeckte das extrem gut! Ich habe mir dann gleich noch ein zweites Schnittchen hinterher gemacht.

- 1 Scheibe selbstgebackenes, mildes Vollkornbrot
- 10-20 g Butter
- 2 kleine Tomaten (zusammen etwa 100-120 g)
- 1 Stück Salatgurke (ca. 50 g)
- 2 große Salatblätter
- Salz nach Geschmack
- frisch gem. Pfeffer

Butter auf das Brot streichen. Tomaten jeweils in 5 Scheiben schneiden. Die „Kuppen zur Seite legen" und je 3 Scheiben dachziegelartig übereinander schräg auf das Brot legen. Salzen und pfeffern.

Salat waschen, trockenschwenken und auf einen Teller legen. Brot schräg durchschneiden, auf den Salat legen. Mit Tomatenkuppen und Gurkenscheiben dekorieren.

3705. Zimtzitronat, August 2009

- 115 g Zitronenschale (Bio, ungespritzt)
- Einige Stücke zerbröselte Zimtstange (oder etwas gem. Zimt)
- 135 g Honig

Zitronen waschen und schälen. Mit dem Messer in grobe Stücke schneiden. Im Zerkleinerer (oder TM) klein schlagen lassen und mit so viel Honig verrühren (Verhältnis mindestens 1:1), dass alles damit gut benetzt ist. Ein bisschen Zimt unterrühren.

Ein Honig- oder Marmeladenglas mit kochendem Wasser ausspülen, Masse hineinfüllen. Einige Tage auf den Kopf stellen. Hält sich im Kühlschrank locker mehrere Monate (auf 18 Monate bin ich schon gekommen).

Interessante Varianten lassen sich herstellen durch Zugabe von Ingwer, Pfefferminz, Anis u. Ä.

3706. Gemüseflockenpizza, August 2009

Ca. 45 Min. (inkl. Backzeit); 1 Hauptspeise.

Teig:
- 1/2 P Biohefe (20 g)
- 75 g Wasser
- 100 g Nackthafer
- 125 g Möhre
- 200 g Zucchini
- 60 g rote Paprika
- 2 EL Olivenöl
- 1 TL Gemüsesalz (3/1509)

Belag:
- 1 Tomate (100 g)
- 40 g Weintrauben kernlos
- 1 TL Gemüsesalz (s. o.)
- 20 g Sonnenblumenkerne
- 2 EL scharfes Pfefferöl (5/3373 o. Ä.)
- 1 Knoblauchzehe
- 1 MS Chili harrissari (3777) (oder ohne)
- 1 Zwiebel (netto 40 g)

Hefe im Wasser auflösen. Ofen auf 225 °C (Umluft) stellen, auf dem Boden steht eine feuerfeste Form mit Wasser. Hafer flocken. Möhre, Zucchini und Paprika grob vorschneiden und dann in der Küchenmaschine raffeln. Mit Hefewasser, Öl und Salz verrühren. Eine 24-cm-Quicheform mit etwas Öl auspinseln. Die Gemüsemasse gleichmäßig darauf verteilen. Die Zutaten für den Belag (Tomate vorher vierteln) zusammen in einem kleinen Mixer zu einer glatten Soße schlagen und auf dem Gemüse verstreichen. Zwiebel in Scheiben schneiden und in Ringen auf den Belag legen. In den Ofen schieben und 25 Min. backen.

Tipp: *Das ist eine phantastische Resteverwertung für Gemüse!*

3707. Gefüllte Honigmelone, August 2009

Vegane Rohkost; Einweichzeit + 10-15 Min.; 1 Frühstück.

- 3 EL Sechskorngetreide
- 60 g Wasser
- 10 g Walnüsse
- 1/2 kleine Melone (340 g brutto)
- 1 Apfel (140 g)
- 2 TL Zitronenschaum (5(3586)
- 4 Pflaumen

Abends: Getreide grob schroten, mit 60 g Wasser verrühren und über Nacht stehen lassen (nicht im Kühlschrank). Walnüsse getrennt in Wasser einweichen.

Morgens: Kerne aus der Melone nehmen. Fruchtfleisch mit einem Löffel auskratzen und in Stücke schneiden. Apfel mit dem Zitronenschaum zu feinem Mus schlagen (in einem kleinen Mixer). Mit den Melonenstücken unter das Getreide rühren und die Melonenhälfte damit füllen. Pflaumen halbieren, entsteinen und am Rand des Müslis auf den „Berg" legen, dazwischen die Walnussstückchen setzen.

3708. Veganer Sonntagskakao, August 2009

Vegane Rohkost; Zubereitung ca. 5 Min.

- 10 g Kakaobohnen (Rohkostqualität)
- 20 g Mandeln
- 10 g Buchweizen
- 30 g roher Agavennektar
- 400 ml Wasser

Kakaobohnen, Mandeln und Buchweizen fein mahlen. Agavennektar und etwa 150 ml Wasser hinzugeben und sehr gut verschlagen. Dann mit Wasser auffüllen und nochmals mixen.

3709. Salat in Walnussdressing, August 2009

Vegane Rohkost; ca. 10 Min.; 1 Hauptspeise.

Dressing:
- 10 g Walnüsse
- 2 EL Walnussöl (Rohkostqualität)
- 1 TL Zitronenschaum (5/3586)
- 1 gestr. TL Salz
- 2 EL Wasser
- 30 g reife Birne

Gemüse:
- 50 g Kopfsalat
- 1 Tomate (150 g)
- 50 g Gurke

Dressing: Walnüsse fein mahlen und mit den anderen Dressingzutaten in einem kleinen Mixer zu einer homogenen Soße schlagen.

Salat: Salat waschen, trockenschleudern und in Streifen schneiden. In eine Schüssel geben. Tomaten und Gurken in Scheiben schneiden, obenauf legen und mit Dressing übergießen.

3710. Knusperbären, August 2009

Vegane Rohkost; Einweichen + 10-15 Min.; 1 Frühstück.

- 2 EL Nackthafer
- 1 EL Buchweizen
- 1 EL Sonnenblumenkerne
- 65 g Wasser
- 1 Apfel (130 g)
- 2 TL Zitronenschaum (5/3586)
- 1 Banane (160 g brutto)
- 235 g Heidelbeeren
- 3 Mandeln

Abends: Getreide und Sonnenblumenkerne mit 65 g Wasser verrühren und über Nacht stehen lassen (nicht im Kühlschrank).

Morgens: Apfel mit der geschälten Banane (grob zerkleinern; von der Banane drei Scheiben zurückhalten) und dem Zitronenschaum zu feinem Mus schlagen (in einem kleinen Mixer wie z. B. dem Magic Maxx). Mit den Heidelbeeren unter das Getreide rühren. Die Oberfläche mit den Bananenscheiben und den Mandeln dekorieren.

3711. Liebstöckel-Rohbrot, August 2009

Vegane Rohkost. Einweichen + 20 Min. Beschrieben für TM.

- 100 g Nackthafer
- 100 g Wasser
- 200 g Sonnenblumenkerne
- 50 g Leinsamen
- 1 gestr. TL Salz
- 12 Blätter Liebstöckel frisch
- 1 EL Sonnenblumenöl

Hafer flocken, mit dem Wasser übergießen und 10-14 Std. quellen lassen.

Sonnenblumenkerne fein mahlen (30 Sek./Stufe 6; 10 Sek. Stufe 8). Salz und Liebstöckel hinzugeben, miteinander zerkleinern (10 Sek./Stufe 10). Öl und Leinsamen hinzufügen, 1 Min. auf der Knetstufe kneten.

Auf einem Brettchen aus dem Großteil des Teigs einen kleinen Leib formen, oben 3- bis 4-mal schräg in zwei Richtungen einschneiden (ergibt ein Rautenmuster). Den Restteig zwischen den Händen zu kleinen, flachen, runden Fladen drücken (ca. 4 cm Durchmesser) und im Dörrapparat 12 Std. bei 40 °C trocknen.

Den Rest in Pergamentpapier (oder Folie) einwickeln und über Nacht im Kühlschrank kalt stehen lassen.

Tipps: *Andere frische Kräuter sind ebenfalls möglich. – Wer den Laib nicht innerhalb von 3-4 Tagen aufisst, kann ihn vorher in Scheiben schneiden und zwecks Haltbarkeit 12 Std. bei 40 °C trocknen lassen.*

3712. Dinkelsauer, August 2009

4 Brote zu je 2 x 750, 1 x 800 und 1 x 1000 g Teiggewicht.

Ansatz:

- Sauerteig (ca. 150 g)
- 200 g Roggen
- 200 g Wasser

Vorteig:

- 500 Roggen
- 500 g Dinkel
- 1000 g Wasser

Hauptteig:

- 150 g Roggen
- 530 g Dinkel
- 140 g Nackthafer
- 1 EL geschrotetes Brotgewürz (4126)
- 2 gestr. EL Salz
- 50 g Sonnenblumenöl
- 250 g Wasser

(24 Std. vorher = am Morgen vorher): Roggen fein mahlen, mit Wasser und Sauerteig mischen. Schüssel in eine Plastiktüte stecken und auf der Fensterbank 10-12 Std. stehen lassen.

(Am Vorabend): 500 g Roggen und 500 g Dinkel mischen und fein schroten (Stufe 3/9, Hawos Novum). Vom Sauerteig 400 g abwiegen, den Rest in einem Schraubglas in den Kühlschrank geben. Mehl, Sauerteig und 1000 g Wasser gut verrühren, in eine Plastiktüte stecken und auf der Fensterbank über Nacht (10-12) Std. stehen lassen (= Vorteig).

Am Backmorgen: Roggen, Dinkel und Hafer mischen und fein schroten (s.o.). Mit Salz, Brotgewürz, Öl und 250 g Wasser gründlich 10 Min. (Kurzzeitwecker stellen!) in den Vorteig einkneten. Vier Kastenformen (eine Profiform Edelstahl 20,5 x 11 x 10,5 cm, Kastenformen zu je 18, 25 und 30 cm) mit Butter einfetten. Den Teig hineinfüllen (1000, 750, 750 und 800 g), mit den nassen Händen glattstreichen.

Formen in einen großen Plastikbeutel schieben, Plastikbeutel so schließen, dass er oben Luft hat und 60 Min. gehen lassen. Der Teig geht stark! Unten in den Ofen eine feuerfeste Form mit Wasser stellen und Ofen 20 Min. auf 250 °C (Umluft) vorheizen. In dieser Zeit gehen die Brote noch.

Brote einschneiden, einsprühen und in den Ofen schieben. 15 Min. bei 250 °C und 45 Min. bei 200 °C backen. Aus der Form stürzen und Klopfprobe machen (das Brot muss hohl klingen, wenn man mit dem Knöchel auf die Unterseite klopft). Eventuell ohne Form nochmals 10 Min. backen. Auf ein Kuchengitter setzen, einsprühen und abkühlen lassen. Erst am nächsten Tag anschneiden.

3713. Liebes Pesto, August 2009

Vegane Rohkost. Im TM.

- 200 g Sonnenblumenkerne
- 2 TL Salz
- 35 g Liebstöckel
- 200 g Sonnenblumenöl kaltgepresst

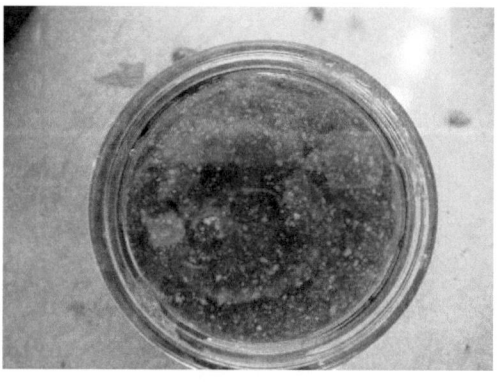

Sonnenblumenkerne fein mahlen: 10 Sek./Stufe 8. Liebstöckel grob vorschneiden, mit dem Salz zu den Kernen geben und nochmals 10 Sek./Stufe 8 mahlen. Öl hinzugießen und 1 Min. auf der Knetstufe verkneten.

Ein Honigglas oder Gläser ähnlicher Größe mit heißem Wasser ausspülen. Pesto hineinfüllen und oben großzügig mit Öl übergießen, damit die Oberfläche nicht schimmelt oder hart wird. Im Kühlschrank aufbewahren. Hält erfahrungsgemäß mindestens ein halbes Jahr.

Tipp: Ohne Thermomix geht das sicher auch im Zerkleinerer. – wer gleich noch Liebstöckelöl zubereiten möchte, macht den Thermomix nicht supersauber, sondern lässt etwa 50 g drin (etwa 1 gut gehäufter EL).

3714. Liebesöl, August 2009

Vegane Rohkost. Im TM.

- 50 g Liebes Pesto (3713)
- 365 g Sonnenblumenöl kaltgepresst

Pesto und Öl im M sehr gut verquirlen (10 Sek./Stufe 10). Eine Flasche von 500 ml Volumen (z. B. eine leere Sahneflasche) mit dem Öl durch einen Trichter füllen. Im Kühlschrank aufbewahren. Hält erfahrungsgemäß mindestens ein halbes Jahr.

Tipp: Ohne Thermomix geht das sicher auch im Mixer oder mit einer Küchenmaschine. – Der Rest im TM, der sich nicht so leicht herausgießen lässt, kann dann gut als Salatdressing dienen.

3715. Geliebstöckelte Kohlrabirohkost, August 2009

Vegane Rohkost; 5-8 Min. im TM; 1 Hauptspeise.

- 1-2 EL Liebesöl (3714)
- 90 g Möhre
- 210 g Kohlrabi (netto)
- 4 Walnusskerne

Möhre und Kohlrabi grob zerkleinern, alles in den Mixtopf geben und 10-20 Sek./Stufe 4 raffeln. Die Zeit richtet sich danach, wie fein man das Gemüse gerne isst. In eine kleine Schüssel umfüllen. Die Walnusshälften jeweils durchbrechen und als Dekoration auf die Rohkost legen.

Tipp: *Ohne Thermomix raffelt man das Gemüse mit der Handraffel oder der Küchenmaschine und verrührt gründlich mit dem Liebesöl. Bei der manuellen Zerkleinerung braucht man vermutlich etwas mehr Öl.*

3716. Scharfe Sonne, August 2009

Vegane Rohkost; 5-8 Min.; 1 Hauptspeise.

Dressing:

- 1 Tomate (60 g)
- 1 Knoblauchzehe
- 6 g Ingwer
- 2 EL Kürbiskernöl Rohkostqualität
- 2 EL Wasser
- 1 gestr. TL Salz
- 30 g reife Birne

Gemüse:

- 70 g Paprika
- 60 g Möhre
- 160 g Kohlrabi
- 40 g Salat

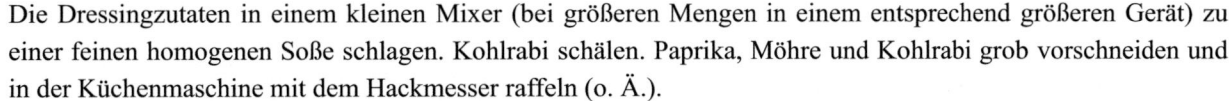

Die Dressingzutaten in einem kleinen Mixer (bei größeren Mengen in einem entsprechend größeren Gerät) zu einer feinen homogenen Soße schlagen. Kohlrabi schälen. Paprika, Möhre und Kohlrabi grob vorschneiden und in der Küchenmaschine mit dem Hackmesser raffeln (o. Ä.).

Salat waschen und trockenschleudern, in Streifen schneiden. In einem Ring auf einen großen Teller legen. In die Mitte das geraffelte Gemüse geben, die Soße darüber in die Mitte gießen.

3717. Paprika mit Bananendressing, September 2009

Vegane Rohkost; Vorbereitung 4 Tage Sprosszeit; + ca. 10 Min.;
1 Hauptspeise.

Dressing:
- 20 g Mandeln
- 1/2 TL Salz
- 1 TL Zitronenschaum (5)3596=
- 1/2 Banane (50 g netto)
- 2 EL Walnussöl aus ungerösteten Walnüssen, kaltgepresst (sonst: Sonnenblumenöl Rohkostqualität)
- 4 EL Wasser

Gemüse:
- 50 g Kopfsalat
- 1 rote Paprikaschote (150 g netto)
- 80 g Linsensprossen

Mandeln in einem kleinen Mixer fein mahlen. Die anderen Dressingzutaten hinzugeben und zu einer feinen homogenen Soße schlagen.

Salat waschen und trockenschleudern, in Streifen schneiden. Auf einem großen flachen Teller ausbreiten. Paprika „entkernen", in Streifen schneiden und in der Mitte verteilen. Mit dem Dressing übergießen, den Rand mit Sprossen bestreuen.

3718. Ananas on the Roggs, September 2009

Vegane Rohkost; 3-4 Tage Sprosszeit ü 10-15 Min. im TM;
2 x Frühstück.

- Roggensprossen von 3 EL Roggen
- 1 großer Apfel (190 g)
- 1 Banane (155 g brutto)
- 335 g Ananas (brutto)
- 1 EL Zitronenschaum (5/3586)
- 30 g Kokosstreifen Rohkostqualität
- 4 Weintrauben

Apfel grob zerteilen, Banane schälen, Ananas ebenfalls schälen und grob vorschneiden. Apfel, Banane, Ananas, Zitronenschaum und Roggen miteinander pürieren (1 Min./Stufe 4; 14 Sek./Stufe 8). Auf 2 Schüsselchen verteilen. Mit Kokosstreifen bestreuen. Weintrauben halbieren und je vier auf ein Schüsselchen geben.

3719. Pilzmischsalat in Cremedressing, September 2009

Vegane Rohkost; ca. 10 Min.; 1 Hauptspeise.

Dressing:
- 40 g süße Trauben, kernlos
- 1 TL Zitronenschaum (5/3586)
- 1 Knoblauchzehe
- 1/2 TL Salz
- 2 EL Sonnenblumenöl
- 5-6 EL Wasser

Gemüse:
- 100 g Kopfsalat
- 110 g Champignons
- 1 Tomate (95 g)
- 60 g Salatgurke

Dressingzutaten in einem kleinen Mixer zu einer feinen homogenen Soße schlagen. In die Salatschüssel umfüllen. Salat waschen und trockenschleudern, in Streifen schneiden. Champignons, Tomate und Gurke in Scheiben schneiden. Mit dem Dressing vermischen.

Hinweis: *Mit weniger Wasser wird die Soße cremiger.*

3720. Zucchinisuppe mit Blumenkohlröschen, Sep. 2009

Rohkost; ca. 10 Min. im TM; 1 Hauptspeise.

- 30 g Sonnenblumenkerne
- 1 EL Zitronenschaum (5/3586)
- 1 LS Chilipaste harrissari (3777)
- 1/2 TL Salz
- 1 EL Kürbiskernöl aus ungerösteten Kernen, kaltgepresst (oder Sonnenblumenkernöl Rohkostqualität)
- 250 g Zucchini (netto)
- 150 g Wasser
- ca. 100 g Blumenkohlröschen

Sonnenblumenkerne in einem kleinen Mixer fein mahlen. Mit Zitronenschaum, Öl, in grobe Scheiben geschnittener Zucchini und Chilipaste in den Thermomix geben. Gemüse auf 1 Min./Stufe 4 zerkleinern. 100 g Wasser hinzufügen, plus 10 Sek./Stufe 10. Nach Hinzufügen des restlichen Wassers nochmal 10 Sek./Stufe 10 mixen. Einen Teller füllen, mit der Hälfte der Blumenkohlröschen dekorieren.

Hinweis: Wer eine andere Chilizubereitung nimmt, hat auch ein veganes Gericht, meine Chilipaste ist mit etwas Honig abgeschmeckt.

3721. Blumenkohl mit Currycreme, September 2009

Vegane Rohkost; ca. 10 Min.; 1 Hauptspeise.

Dressing:

- 50 g Banane (ca. 1/2)
- 3 EL Sonnenblumenöl
- 1/2 TL Salz
- 1/2 TL Currypulver
- 2 g Chilipaste harrissari (3777)
- 3 EL Wasser
- ca. 12 g gelbe Paprika

Feste Zutaten:

- 40 g Kopfsalat
- 265 g Blumenkohl (netto)

Die Soßenzutaten gut miteinander verquirlen (z. B. in einem kleinen Mixer). Salatblätter waschen, trockenschleudern und an den Rand eines Suppentellers legen. Blumenkohl in dünne Streifchen schneiden, in die Mitte häufeln. Blumenkohl mit der Soße übergießen. Restliche Paprika in Streifen schneiden und im Kreis um den Blumenkohl legen.

Hinweis für Veganer: In der Chilipaste 3777 ist eine Spur Honig. Also evtl. ersetzen.

3722. Haferduett, September 2009

Vegane Rohkost; Einweichen + 10-15 Min.; 2 x Frühstück.

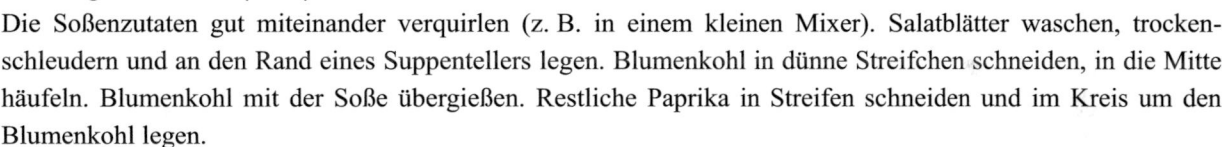

- 6 EL Nackthafer
- 50 g Wasser
- 20 g Mandeln
- 1 Birne (140 g)
- 1 Banane (145 g brutto)
- 2 Äpfel (280 g)
- 1 EL Zitronenschaum (5/3586)
- 1 Scheibe Ananas (125 g brutto)

Abends: 3 EL Hafer unzerkleinert in 50 g Wasser über Nacht einweichen (nicht in den Kühlschrank stellen). Mandeln getrennt in Wasser einweichen.

Morgens: 3 EL Hafer flocken, zu dem eingeweichten Hafer geben. Banane schälen. Birne, Banane, Äpfel grob zerkleinern und mit dem Zitronenschaum sowie den abgetropften Mandeln (8 beiseitelegen) raffeln. Mit dem Hafer verrühren. Auf 2 Schüsselchen verteilen, die Oberfläche glatt streichen. Die Ananasscheibe achteln, je 4 Stücke auf das Müsli legen, die Mandeln jeweils dazwischen.

3723. Kohlrabistäbchen in Tomatensoße, September 2009

Vegane Rohkost. Ca. 10 Min.; 1 Hauptspeise.

Tomatensoße:

- 25 g Mandeln
- 2 Eiertomaten (210 g)
- 1 EL Kürbiskernöl Rohkostqualität (o. Ä.)
- 1 gestr. TL Salz
- 4-5 Blätter frischer Liebstöckel (o. Ä.)
- 40 g reife Birne
- 1 TL Zitronenschaum (5/3586)

Gemüse:

- 340 g Kohlrabi brutto
- 1 kleine Tomate
- 2 Blätter Liebstöckel

Mandeln mit einem kleinen Mixer fein mahlen. Tomaten und Birne in Stücke schneiden. Alle Soßenzutaten in den Becher des Mixers geben (500 ml) und zu einer feinen Soße schlagen. Die Hälfte in einen Suppenteller geben.

Kohlrabi schälen und in Streifen schneiden. Die Hälfte in die Soße geben. Die kleine Tomate in Scheiben schneiden, 3 Scheiben abwechselnd mit Liebstöckelblättern fächerartig auf den Rand legen. Etwas Soße oben auf die Kohlrabistäbchen geben.

3724. Herbsthafer, September 2009

Vegane Rohkost. Einweichen + ca. 10 Min.; 1 Frühstück.

- 3 EL Nackthafer
- 1 EL Sonnenblumenkerne
- 45 g Wasser
- 2 TL Zitronenschaum (5/3586)
- 120 g Möhre
- 135 g Apfel
- 1 EL Sonnenblumenöl
- 2 Blätter Spitzkohl (50 g)
- 4 Mandeln

Abends: 2 EL Hafer unzerkleinert mit den Sonnenblumenkernen in 45 g Wasser über Nacht einweichen (nicht in den Kühlschrank stellen).

Morgens: 1 EL Hafer flocken, zu dem eingeweichten Hafer geben. Zitronenschaum mit grob zerkleinerter Möhre und Apfel im Zerkleinerer fein raffeln. Mit dem Öl und dem Hafer mischen. Spitzkohlblätter auf einen Teller legen, sodass sie wie Flügel überlappen. Möhrengemisch in die Mitte geben, mit Mandeln dekorieren.

3725. Roher Samstagskakao, September 2009

Rohkost; ca. 5 Min.

- 10 Kakaobohnen (Rohkostqualität)
- 1 geh. EL Leinsamen
- 20-40 g Honig
- 400 ml Wasser

Kakaobohnen und Leinsamen fein mahlen (z. B. in einem kleinen Mixer). Honig und etwa 150 ml Wasser hinzugeben und sehr gut verschlagen. Dann mit Wasser auffüllen und nochmals mixen.

Tipp: *Am Besten erst einmal mit 20 g Honig beginnen, denn das ist ja doch Geschmackssache, wie viel man möchte. – Wer statt Honig rohen Agavennektar nimmt, hat einen veganen Drink.*

3726. Möhren-Rohkost im Ingwerkleid, September 2009

Vegane Rohkost; ca. 10 Min.; 1 Hauptspeise.

Dressing:
- 20 g Trauben
- 2 g frischer Ingwer
- 2 EL Liebesöl (3714 o. Ä.)
- 1/2 TL Salz
- 2 TL Zitronenschaum (5/3586)
- 20 g gelbe Paprika
- 3 EL Wasser

Feste Zutaten:
- 225 g Möhren
- 50 g Salat

Die Soßenzutaten gut miteinander verquirlen, sodass sich eine glatte Soße ergibt (z. B. in einem kleinen Mixer wie dem Magic Maxx). Salatblätter waschen, trockenschleudern und in Streifen schneiden. Möhren in Stücke schneiden und im Zerkleinerer fein raffeln. Mit Salat und Dressing gut verrühren.

3727. Rundliches Obstfrühstück, September 2009

Vegane Rohkost; 10-15 Min.; 1 Frühstück.

- 1 EL Zitronenschaum (5/3586)
- 1 Banane (155 g brutto)
- 1 Apfel (135 g)
- 100 g Blaubeeren
- 100 g Weintrauben
- 1 EL Sonnenblumenkerne
- 4 Mandeln

Zitronenschaum mit geschälter Banane und grob gevierteltem Apfel gut mixen (in einem Mixer). Mit Blaubeeren und Weintrauben vermischen. Sonnenblumenkerne vorsichtig flocken, auf den Rand verteilen. In die Mitte die Mandeln legen.

Tipp: Beim Flocken von Sonnenblumenkernen ist Vorsicht geboten: Nicht jeder Flocker packt das! Beim Jupiter z. B. hat das bei mir nicht funktioniert. Wer sie nicht flockt, gibt sie eben ungeflockt auf das Frühstück.

3728. Kerbelwürze, September 2009

Vegane Rohkost

- 35 g Kerbel
- 30 g Salz
- ca. 200-300 ml Sonnenblumenöl

Kerbel kleinschneiden (nicht zu fein). Schichtweise mit dem Salz in ein leeres Honigglas geben. Vorsichtig mit Öl aufgießen. Im Kühlschrank aufbewahren.

Hinweis: In Öl aufbewahrte Kräuter finde ich im Geschmack „echter" als Trockenkräuter.

3729. Banana delikata, September 2009

Vegane Rohkost; ca. 5 Min.

- 30 g Mandeln
- 30 g Kokosstreifen (Rohkostqualität)
- 1 kleine Banane (130 g brutto; 80 g netto)
- evtl. 10 g roher Agavennektar
- 400 ml Wasser

Mandeln und Kokosstreifen fein mahlen (z. B. in einem kleinen Mixer). Agavennektar und etwa 150 ml Wasser hinzugeben und sehr gut mixen. Mit Wasser auffüllen und nochmals mixen.

3730. Kohlrabi-Rohkost mit Pflaumensoße, September 2009

Rohkost; ca. 10 Min.; 1 Hauptspeise.

Dressing:
- 25 g Sonnenblumenkerne
- 15 g Sonnenblumenöl
- 10 g Kürbiskernöl (o. Ä.) nativ
- 1/2 TL Salz
- 1 Knoblauchzehe
- 3 Pflaumen (115 g netto)
- 3 EL Wasser

Feste Zutaten:
- 50 g Salat
- 300 g Kohlrabi (netto)
- 1 kleine Tomate

Die Soßenzutaten gut miteinander verquirlen, sodass sich eine glatte Soße ergibt (z. B. in einem kleinen Mixer wie dem Magic Maxx). Salatblätter waschen, trockenschleudern und in Streifen schneiden, an den Rand eines Esstellers legen. Kohlrabi schälen, in Scheiben schneiden, eine Scheibe beiseitelegen. Den Rest in einer Küchenmaschine raffeln. In die Mitte des Salats legen, das Dressing darüber geben. Die Kohlrabischeibe in Streifen schneiden, als Dekoration auflegen. Die Tomate vierteln und auf die „Uhrzeiten" legen.

3731. Tomatensalat, September 2009

Rohkost; ca. 10 Min.; 1 Hauptspeise.

Dressing:
- 20 g Mandeln
- 2 TL eingelegter Bärlauch (gekauft)
- eine Prise Salz
- 6 g Honig
- 2 TL Zitronenschaum (5/3586)
- 5 EL Wasser

Feste Zutaten:
- 65 g Salat
- 300 g Tomaten
- 1-2 TL Sonnenblumenkerne

Die Soßenzutaten gut miteinander verquirlen, sodass sich eine glatte Soße ergibt(z. B. in einem kleinen Mixer wie dem Mr. Magic). Salatblätter waschen, trockenschleudern und in Streifen schneiden, auf einem Essteller verteilen. Mit dem Dressing begießen. Tomaten in Scheiben schneiden, auf den Salat legen und mit Sonnenblumenkernen bestreuen.

Tipp: *Vorsicht bei Verwendung von fertig eingelegten Kräutern - der Salzanteil kann heftig sein!*

3732. Noch'n Champöhren-Salat, September 2009

Rohkost; ca. 10 Min.; 1 Hauptspeise.

Dressing:
- 3 Pflaumen (50 g entsteint)
- 8-10 g frischer Dill
- 1/2 TL Salz
- 2 TL Zitronenschaum (5/3586)
- 1 EL Walnussöl Rohkost (o. Ä.)
- 2 EL Sonnenblumenöl
- 4 EL Wasser

Feste Zutaten:
- 100 g Salat
- 90 g Champignons
- 150 g Möhren
- etwas Dill

Die Soßenzutaten gut miteinander verquirlen, sodass sich eine glatte Soße ergibt. Salatblätter waschen, trocken schleudern und in Streifen schneiden, auf einem Essteller verteilen. Champignons in Scheiben schneiden, in die Mitte legen. Möhren raffeln, nicht zu fein. Im Kreis um die Pilze legen. Etwas von der Soße darüber verteilen, in die Mitte etwas Dill legen. Rest der Soße getrennt dazu servieren.

3733. Kohlrabi-Petersilien-Teller, September 2009

Rohkost; ca. 10 Min.; 1 Hauptspeise.

Dressing:

- 50 g Trauben
- 1/2 TL Salz
- 3 EL Sonnenblumenöl
- 1 EL Walnussöl nativ o. Ä.
- 1-2 TL Zitronenschaum (5/3586)
- 1 Knoblauchzehe
- 4 EL Wasser

Feste Zutaten:

- 10 g Salat
- 270 g Kohlrabi (netto)
- 20 g Petersilie
- 12 Möhrenscheiben

Die Soßenzutaten gut miteinander verquirlen, sodass sich eine glatte Soße ergibt, etwa 30 Sek. laufen lassen. Salatblätter waschen, trockenschleudern und in Streifen schneiden, auf einen Essteller legen. Petersilie fein hacken (z. B. im TM 6 Sek./Stufe 6). Kohlrabi schälen, in Scheiben schneiden. Zu der Petersilie geben und 30 Sek. auf Stufe 4 laufen lassen. Salat mit der Hälfte des Dressings übergießen, Kohlrabi in die Mitte des Salats legen, das Dressing darüber geben. Mit den Möhrenscheiben dekorieren..

Hinweis: *Die Soße macht einen sehr sahnigen Eindruck.*

3734. Dicke Bohnen, September 2009

Ca. 30-35 Min.; 1 Hauptmahlzeit. – Roggenflocken geben einem Gericht Hackfleischhaptik.

- 900 g dicke Bohnen (= 300 g netto)
- 70 g Roggen
- 220 g Wasser
- 1 TL Gemüsebrühextrakt (2/1288)
- 40 g Zwiebelringe (netto)
- 1 gestr. TL Salz
- etwas gem. Kümmel
- 1 EL Olivenöl (oder anderes Öl)
- etwas Schnittlauch
- ein kleines Stück rote Paprika

Bohnen auspuhlen, die Hülsen auf den Kompost geben. Roggen flocken. Wasser und Gemüsebrühextrakt in einer Pfanne miteinander verrühren, Roggen und dann Bohnen hineingeben. Mit Zwiebelringen bestreuen. Deckel auflegen und auf größter Hitze zum Kochen bringen. Auf kleinste Einstellung drehen und 16 Min. dünsten. Mit Salz, Kümmel und Olivenöl bestreuen, mit einem Kochlöffel verrühren.

Einen Teller mit der Hälfte des Gemüses füllen, mit Paprikastreifchen belegen und etwas gehacktem Schnittlauch bestreuen.

3735. Opaquer Drink, September 2009

Rohkost; 5 Min.

- 1 geh. EL Sonnenblumenkerne
- 1 gestr. EL Nackthafer
- 1 EL Zitronenschaum (5/3586)
- 1 EL Sonnenblumenöl
- ca. 100+300 ml Wasser
- 20 g Honig

Kerne und Hafer mit dem flachen Messer eines kleinen Mixers fein mahlen. Zitronenschaum, Öl, 100 ml Wasser und Honig hinzugeben, 35 Sek. lang schlagen. Mit Wasser auffüllen und nochmals 20 Sek. mixen.

3736. Rote Bete in China, September 2009

Rohkost; ca. 10 Min.; 1 Hauptspeise.
Dressing:
- 35 g Trauben
- 1/2 TL Salz
- 3 EL Sonnenblumenöl
- 1 dünne Scheibe Ingwer
- 10 g Leinsamen
- 1 TL Zitronenschaum (5/3856)
- 3 EL Wasser

Feste Zutaten:
- 185 g Chinakohl
- 1 Rote Bete (125 g)
- 4 Trauben

Die Soßenzutaten gut miteinander verquirlen, sodass sich eine glatte Soße ergibt, in einem kleinen Mixer etwa 40 Sek. laufen lassen.

Chinakohlblätter waschen, trockenschleudern und in Streifen schneiden. Gut mit dem Dressing verrühren. In eine Schüssel geben, in die Mitte eine Kuhle drücken. Rote Beete waschen, Wurzelende abschneiden und die Rote Bete in feine Stücke schneiden. In die Kuhle füllen. Trauben halbieren und die 8 Stücke gleichzeitig an den Rand der Roten Bete legen.

3737. Tomaten-Basilikum-Teller, September 2009

Rohkost; Einweichen 3-4 Std. + ca. 10 Min.; 1 Hauptspeise.
Creme (Dressing):
- 20 g Sonnenblumenkerne
- 50 g Wasser
- 2 TL Zitronenschaum (5/3856)
- 3 EL Öl, Rohkostqualität
- 1/2 TL Salz
- 1 kleine Knoblauchzehe

Feste Zutaten:
- 35 g grüner Salat
- 3 Tomaten (340 g)
- 8-10 Basilikumblätter

Sonnenblumenkerne 3-4 Std. in einem Mixbecher in dem Wasser quellen lassen. Die anderen Zutaten der Creme hinzugeben und 30 Sek. in einem kleinen Mixer laufen lassen. Salatblätter waschen, trockenschleudern und in Streifen schneiden, auf den Rand eines Esstellers legen. Die Tomaten in Scheiben schneiden. Jeweils eine Tomate „gefächert" nehmen und auf den Teller legen. Es liegen dann drei Reihen nebeneinander. Basilikum nach Bedarf kleinschneiden und darüber streuen. Die Creme in 6-8 Klecksen auf den Tomaten verteilen.

3738. Sonnenträubledrink, September 2009

Rohkost; Einweichen über Nacht + 5 Min.
- 30 g Sonnenblumenkerne
- 40 g Wasser
- 55-60 g kernlose Trauben
- 1 TL Zitronenschaum (5/3586 oder 2 TL Zitronensaft)
- 1 TL Sonnenblumenöl
- 1 MS gem. Vanille
- 10 g Honig
- ca. 100 + 300 ml Wasser

Sonnenblumenkerne in 40 g Wasser über Nacht quellen lassen. Morgens alle Zutaten bis auf das Wasser hinzugeben, 40 Sek. mixen. 100 ml Wasser hinzugeben, nochmals 20 Sek. mixen. Mmit Wasser auffüllen und nochmals 20 Sek. mixen.

Tipp: *Statt Honig kann man auch rohen Agavennektar nehmen.*

3739. Zitronenschnitten prestopresto, September 2009

- 1 P Biohefe (42 g)
- 100 g Wasser
- 200 g Mandeln
- 1 Zitrone (ca. 100 g)
- 125 g Butter
- 1/2 TL OP-Salz (4/2653 o. Ä.)
- 1 Banane (netto 85 g)
- 300 g Dinkel
- 100 g Nackthafer
- 200 g Honig
- 50 g Wasser

Herstellung beschrieben im TM. – Hefe in Wasser auflösen. Mandeln fein mahlen (10 Sek./Stufe 10) und umfüllen. Zitrone vierteln und zerkleinern (1 Min./Stufe 4). Mandeln, Butter und Salz hinzugeben und nochmals 1 Min/Stufe 4 laufen lassen. Getreide mischen und fein mahlen. Mit Honig, Wasser und Hefewasser in den Mixtopf geben. 5 Min./Knetstufe, dann noch 20 Sek./Stufe 4-5.

Ein Backblech mit Dauerbackfolie auslegen. Mit einem Teigschaber den Teig möglichst gleichmäßig darauf verteilen und mit einer nassen Teigkarte glattstreichen. Blech in eine große Plastiktüte stecken. In den Ofen eine kleine feuerfeste Form mit Wasser auf den Boden stellen. Ofen (Heißluft) auf 250 °C vorheizen, in dieser Zeit ruht der Teig. Blech einschieben und auf 175 °C drehen. 25 Min. backen.

Mit einem scharfen Messer in Stücke schneiden und auf einem Kuchengitter abkühlen lassen.

Hinweise: Bei der Honigmenge bin ich mir nicht ganz sicher, da ich mich mit der Waage vertan habe. Es ist halb geschätzt. – Geht schnell! – Der Kuchen hat innen eine saftige Schicht, ähnlich wie Lebkuchen.

3740. Korianderkonzentrat, September 2009

Rohkost.

- 42 g Koriander
- 10 g Salz
- 35 g Sonnenblumenöl

Koriander mit Stängeln grob vorschneiden. Mit Salz und Öl in einem kleinen Mixer 50 Sek. lang mixen. In ein kleines, mit heißem Wasser ausgespültes Gläschen mit Schraubdeckel geben, zuschrauben und im Kühlschrank aufbewahren.

3741. Koriöl, September 2009

Rohkost.

Rest (oder 1 TL) Korianderkonzentrat (3740)

250 g Sonnenblumenöl

Korianderkonzentrat und Öl im kleinen Mixer 20 Sek. verquirlen. Umfüllen. Anfangs milchig, wird später klar.

3742. Basiliumkonzentrat, September 2009

Rohkost.

- 25 g Basilikum
- 5 g Salz
- 25 g Sonnenblumenöl

Basilikum inklusive Stängeln mit Salz und Öl in einem kleinen Mixer 50 Sek. mixen. In ein kleines, mit heißem Wasser ausgespültes Gläschen mit Schraubdeckel geben, zuschrauben und im Kühlschrank aufbewahren.

3743. Chinakohl mit 1 Tomate, September 2009

Rohkost; ca. 10 Min.; 1 Hauptspeise.

Dressing:
- 1/2 TL Basilikumkonzentrat (3742)
- 3 EL Sonnenblumenöl
- 30 g Trauben
- 1 Prise Salz
- 3 EL Wasser
- 2 TL Zitronenschaum (5/3586)

Feste Zutaten:
- 155 g Chinakohl
- 1 Tomate (115 g)
- etwas frischer Basilikum

Dressingzutaten in einem kleinen Mixer ca. 40 Sek. fein zerhacken. Chinakohl waschen, trockenschleudern und in Streifen schneiden, auf einem Essteller verteilen. Dressing darübergießen. Tomate in Scheiben schneiden und in die Mitte des Chinakohls legen, Basilikumblättchen dazwischenstecken.

3744. Gefüllte Zucchini mit Feuersoße, September 2009

Rohkost; 8 Std. einweichen + 10-20 Min.; 1 Hauptspeise.

Soße:
- 30 g Mandeln
- 40 g Wasser
- 1/2 TL Chili harrissari (3777) (oder Knoblauch)
- 1 sehr dünne Scheibe Ingwer
- 2 EL Öl
- 1 Tomate (95 g)
- 1/2 TL Salz
- 2 EL Wasser

Zucchini + Füllung:
- 1 Zucchini (240 g)
- 30 g Nackthafer
- 50 g Möhre
- 1 Prise Salz
- 1 EL Öl
- 2-3 Basilikumblätter

Mandeln etwa 8 Std. in 40 g Wasser quellen lassen. Mandeln, Chili und Ingwer in einem kleinen Mixer 20 Sek. zerkleinern. Öl, Tomate und Salz hinzugeben, nochmals 20 Sek. schlagen lassen. 2 EL Wasser hinzugeben und nochmals kurz durchmischen. Zucchini längs durchschneiden. Die beiden Hälften nebeneinanderlegen, mit der Schnittfläche nach oben, und mit einem TL aushöhlen. Hafer flocken. Die herausgehobene Zucchinimasse im Zerkleiner schlagen, Hafer, Salz und Öl hinzugeben und gut durchmixen. Die Zucchini damit füllen, glatt streichen. Mit Basilikumblättchen belegen. Die Soße um und über die Zucchini gießen.

3745. Kopfsalat mit Exotik on Top, September 2009

Rohkost; 10 Min.; 1 Hauptspeise.

Vinaigrette:
- 1/2 TL Senfkörner ungemahlen
- 3 EL Sonnenblumenöl
- 1 Prise Salz
- 5 EL Wasser
- 10 g Schnittlauch
- 2 TL Zitronenschaum (5/3586)

Feste Zutaten:
- 175 g Kopfsalat
- 1/2 kleine Avocado
- 1 Tomaten (65 g)
- 1 kleine frische Feige

Senfkörner fein mahlen. Die übrigen Vinaigrette-Zutaten zugeben und mixen..

Salat waschen, trockenschleudern und in Streifen schneiden, in einer Schüssel gründlich mit der Soße vermischen (am besten mit den Händen). Auf einen Teller legen. Die anderen Zutaten in Streifen schneiden oder vierteln und dekorativ auf dem Salat verteilen.

Tipp: Vorsicht mit dem Salz! Lieber erst einmal ohne Salz anfangen.

3746. Kohlrabi-Bananenschluchten, September 2009

Rohkost; ca. 10 Min.; 1 Hauptspeise.

Dressing:
- 5 g Basilikumkonzentrat (3742 o. Ä.)
- 15 g marokkanische Salzzitronen (3777)
- 30 g Trauben
- 3 EL Sonnenblumenöl
- Feste Zutaten:
- 40 g Römersalat (Kopfsalat)
- 220 g Kohlrabi (brutto)
- 160 g Banane (brutto)

Dressingzutaten zusammen 50 Sek. gründlich mixen (z. B. in einem kleinen Mixer wie dem Mr. Magic). Salat waschen, trockenschleudern und gewölbt am Rand eines Esstellers auslegen. Kohlrabi schälen, in dünne Streifen schneiden (habe ich mit der Hand gemacht), in die Mitte legen und an den Rand drücken, sodass quasi zwei Kreise entstanden sind. Banane schälen, in Scheiben schneiden und in die Mitte legen. Einen Teil des Dressings zwischen Salatblätter und Kohlrabi verteilen, den Rest im Mixbecher dazu reichen. Kohlrabi mit Petersilie bestreuen.

Tipp: *Da Basilikumkonzentrat und Salzzitronen bereits Salz enthalten, war meiner Ansicht nach zusätzliches Salz nicht erforderlich.*

3747. Marinierte Champs auf Salat, September 2009

Rohkost; ca. 15 Min.; 1 Hauptspeise.

Marinade:
- 2 EL Sonnenblumenöl
- 2 TL Zitronenschaum
- 1 Prise Salz

Feste Zutaten:
- 215 g Champignons
- 50 g Porree
- 100 g Römersalat (Kopfsalat)
- etwas gehackte Petersilie

Dressing:
- 20 g Mandeln
- 1 EL Öl
- 3 EL Wasser
- 1 gute Prise Salz
- 40 g süße Trauben
- 4 g Basilikumkonzentrat (3742 o. Ä.)

Marinadezutaten in einer Schüssel mit der Gabel verschlagen. Champignons ggf. mit einem Pinsel säubern, in feine Scheiben schneiden (z. B. in einer Küchenmaschine). Porree (weißer Anteil) in sehr feine Scheiben schneiden, die zu Ringen zerfallen. Beides zusammen gründlich mit der Marinade vermischen, am besten geht das mit den Händen. Dressingzutaten zusammen 40 Sek. gründlich mixen (z. B. in einem kleinen Mixer wie dem Mr. Magic). Salat waschen, trockenschleudern und in Streifen schneiden. In die Mitte eines großen Tellers legen, Dressing darüber gießen. Die marinierten Gemüse an den Rand legen und mit etwas Petersilie bestreuen.

3748. Mandelkakao roh, September 2009

Rohkost; ca. 5 Min.
- 40 g Mandeln
- 15 g Kakaobohnen (ca. 10 Stück)
- 1 TL Sonnenblumenöl
- 20 g Honig
- ca. 100 ml + 300 ml Wasser

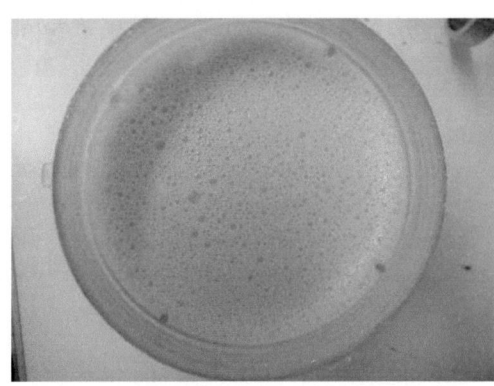

Mandeln und Kakaobohnen im großen Becher eines kleinen Mixers fein mahlen. Öl, Honig und 100 ml Wasser hinzufügen, 30-40 Sek. mixen. Das restliche Wasser hinzugeben und nochmals 10-15 Sek. durchmischen.

3749. Möhren-Porreesalat, September 2009

Rohkost; 4-5 Std. einweichen + ca. 10 Min.; 1 Hauptspeise.

Dressing:

- 30 g Sonnenblumenkerne
- 50 g Wasser
- eine kl. Prise Salz
- 1,5 TL Zitronenschaum (5/3586)
- 6 g Basilikumkonzentrat (3742 o. Ä.
- 2 EL Sonnenblumenöl
- 4 EL Wasser

Feste Zutaten:

- 30 g Porree (weißer Teil)
- 280 g Möhren
- 75 g Kopfsalat
- ein paar Petersilienbüschel

Sonnenblumenkerne in 50 g Wasser 4-5 Std. quellen lassen. Zusammen mit den anderen Dressingzutaten 45 Sek. gründlich mixen (z. B. in einem kleinen Mixer wie dem Mr. Magic).

Porree in sehr feine Scheiben schneiden. Möhren in Scheiben raspeln (z. B. mit einer Küchenmaschine). Salat waschen, trockenschleudern und in Streifen schneiden. In einer Schüssel mit dem Dressing gründlich vermischen. Mit etwas Petersilie dekorieren.

3750. Pflaumentorte, September 2009

- 250 g Dinkel
- 50 g Nackthafer
- 1 TL Anis ungemahlen
- 1 gestr. TL Zitronensalz
- 2 TL Weinsteinbackpulver
- 60 g Butter
- 150 g Crème fraîche
- 150 g Honig
- 600 g Pflaumen (brutto)
- 1/2 TL Zimt
- 50 g Honig

Getreide und Anis mischen, fein mahlen. Mit Salz und Backpulver verrühren. Butter, Crème fraîche und Honig mit den Rührhaken des Handrührgeräts gründlich einarbeiten.

Boden einer 26-cm-Springform mit Backpapier überspannen, Rand aufsetzen und festspannen. Teig auf dem Boden mit den nassen Händen verteilen und glattstreichen. Einen kleinen Rand hochziehen. Die Pflaumen in Kreisen auf den Teig legen, anfangen mit einem Kreis mit der Schnittfläche nach unten, dann nach oben usw. Mit Zimt vorsichtig bestreuen, Honig drauftröpfeln lassen.

Ofen auf 175 °C stellen. Nach 5 Min. Kuchen in den Ofen geben und ca. 40 Min. backen. Springformrand entfernen und auf einem Kuchengitter abkühlen lassen.

Tipp: *Wer Anis nicht mag, ersetzt ihn durch 1-2 EL Rosenwasser oder 1/2 gestr. TL Vanille im Teig.*

3751. Spätsommersalat, September 2009

Rohkost, ca. 10-15 Min.; 1 Hauptspeise.

Dressing:

- 2 TL Zitronenschaum (5/3586)
- 6 g Basilikumkonzentrat (3742)
- 3 EL Sonnenblumenöl
- 3 EL Wasser
- 1 Prise Salz

Feste Zutaten:

- 100 g grüner Salat
- 2 Tomaten (180 g)
- 60 g Salatgurke
- 2 TL Sonnenblumenkerne

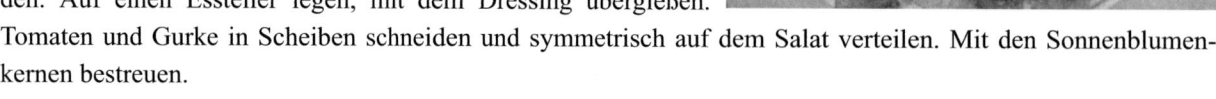

Dressingzutaten in einem kleinen Mixer einige wenige Sek. verquirlen. Salat waschen, trockenschleudern und in Streifen schneiden. Auf einen Essteller legen, mit dem Dressing übergießen.

Tomaten und Gurke in Scheiben schneiden und symmetrisch auf dem Salat verteilen. Mit den Sonnenblumenkernen bestreuen.

3752. Chinabasis mit Pflaumendressing, September 2009

Rohkost; ca. 10-15 Min.; 1 Hauptspeise.

Dressing:
- 3 Pflaumen (60 g netto)
- 2 TL Kerbelwürze (3728 o. Ä.)
- 2 TL Zitronenschaum (5/3586)
- 3 EL Sonnenblumenöl
- 3 EL Wasser
- 1 Prise Salz

Feste Zutaten:
- 120 g Chinakohl
- 60 g Möhre
- 85 g Salatgurke
- 1 Tomate (ca. 60 g)
- etwas Petersilie

Dressingzutaten in einem kleinen Mixer (z. B. Mr. Magic) 45 Sek. mixen und in eine Salatschüssel geben. Chinakohl in feine Streifen, Möhre und Gurke in Scheiben schneiden. Unter das Dressing ziehen. Die Tomate in acht Stücke schneiden, am Rand verteilen und dazwischen etwas Petersilie legen.

3753. Frischkorn-Bärlauch-Suppe, September 2009

Rohkost; 5-6 Std. einweichen + 10-15 Min.; 1 Frühstück.

- 3 EL Sechskorngetreide
- ca. 60 ml Wasser
- 40 g Trauben kernlos
- 2 TL Zitronenschaum (5/3586)
- 15 g eingelegter Bärlauch (gekauft)
- 3 EL Sonnenblumenöl
- 45 g Porree (grüne Teile)
- 20 g Sonnenblumenkerne
- 45 + 60 ml Wasser
- 1-2 Prisen Salz
- 60 ml Wasser
- etwas Petersilie

Abends oder 5-6 Std. vorher: Getreide grob schroten, mit 60 ml Wasser verrühren und 5-6 Std. stehen lassen (nicht im Kühlschrank).

Morgens: Porree waschen und in Streifen schneiden. Mit den restlichen Zutaten (außer Salz und 60 ml Wasser) in einem kleinen Mixer 45 Sek. lang sehr gut mixen. (Den Mixer dann 2 Min. unbenutzt stehen lassen!). Salz und restliches Wasser hinzufügen und nochmals 15 Sek. mixen. In einer Schüssel mit dem Getreideschrot mischen (gut verrühren) und mit etwas Petersilie bestreuen.

3754. Süße Mandelmilch Nr. 2, September 2009

Rohkost; ca. 5 Min.

- 40 g Mandeln
- 30 g roher Agavennektar
- ca. 100 + 300 ml Wasser

Mandeln in einem großen Becher des Mr. Magic fein mahlen. Agavennektar und 100 ml Wasser hinzufügen, 30-40 Sek. mixen. Das restliche Wasser hinzugeben und nochmals 10-15 Sek. durchmischen.

Tipp: *Statt Agavennektar kann man natürlich auch nicht erhitzten Honig nehmen.*

3755. Sahnebrot, September 2009

3 Brote zu je 1250 g Teiggewicht

Ansatz:
- Sauerteig (ca. 150 g)
- 200 g Roggen
- 200 g Wasser

Hauptteig:
- 1100 g Roggen
- 700 g Dinkel
- 1 EL getr. Brotkräuter
- 2 gestr. EL Salz
- 235 g Sahne
- 50 g Honig
- 1290 g Wasser

(Am Vorabend): Roggen fein mahlen, mit Wasser und Sauerteig mischen. Schüssel in eine Plastiktüte stecken und auf der Fensterbank 10-12 Std. stehen lassen.

(Am Backmorgen): 1100 g Roggen und 700 g Dinkel mischen und fein schroten (Stufe 2/9, Hawos Novum). Vom Sauerteig 400 g abwiegen, den Rest in einem Schraubglas in den Kühlschrank geben. Mit Salz, Brotkräutern, Sahne, Honig und Wasser gründlich verkneten. Das Wasser habe ich in etwa drei Portionen hinzugegeben. Gut verkneten, die Schüssel in einen großen Plastikbeutel schieben, Plastikbeutel so schließen, dass er oben Luft hat und 3,5 Std. gehen lassen. Der Teig ist nicht viel gegangen.

Teig nochmals kurz durchkneten (3-4 Min.). Drei Kastenformen (Profiform Edelstahl 20,5 x 11 x 10,5 cm) mit Butter einfetten. Jeweils ca. 1250 g Teig hineinfüllen mit den nassen Händen glattstreichen. Formen in einen großen Plastikbeutel schieben, Plastikbeutel so schließen, dass er oben Luft hat, und 60 Min. gehen lassen.

Unten in den Ofen eine feuerfeste Form mit Wasser stellen und Ofen auf 250 °C (Umluft) vorheizen. In dieser Zeit gehen die Brote noch. Brote einsprühen und in den Ofen schieben. 15 Min. bei 250 °C und 45 Min. bei 200 °C backen. Aus der Form stürzen und die Klopfprobe machen (das Brot muss hohl klingen, wenn man mit dem Knöchel auf die Unterseite klopft). Auf ein Kuchengitter setzen, einsprühen und abkühlen lassen. Erst am nächsten Tag anschneiden.

Hinweis:Die Flüssigkeitsmenge erschien mir, als der Teig das erste Mal ging, irgendwie sehr viel & ich dachte schon, ich hätte mich verschrieben. Aber die Summe kommt hin. Offensichtlich „zählt" Sahne nicht wie Wasser.

3756. Feuriger Fenchel, September 2009

Rohkost; 10-15 Min.; 1 Hauptspeise.

Dressing:
- 3 Pflaumen (55 g netto)
- 1 TL Basilikumkonzentrat (3742)
- 1 TL Zitronenschaum (5/3586)
- 1 TL Chili harrissari (3777)
- 3 EL Olivenöl
- 1 Knoblauchzehe
- 3 EL Wasser
- 1 Prise Salz

Feste Zutaten:
- 65 g Kopfsalat
- 115 g Fenchel
- 1 Tomate (65 g)
- 70 g Salatgurke

Dressingzutaten in einem kleinen Mixer 45 Sek. mixen. Salat waschen und in feine Streifen schneiden. Auf einem Essteller verteilen. Fenchel kleinschneiden, in die Mitte geben. Tomaten und Gurkenstück in Scheiben schneiden, am Rand verteilen. Dressing über den Rand und die Mitte verteilen. Mit etwas Petersilie dekorieren.

3757. Tabbouleh, September 2009

Vegane Rohkost; ca. 75 Min. (60 Min. warten); 1 Hauptspeise. –
Ein Salat aus dem Libanon, angelehnt an ein Rezept aus dem
Buch „Köstliche Zwiebelküche" von Sofie Meys.

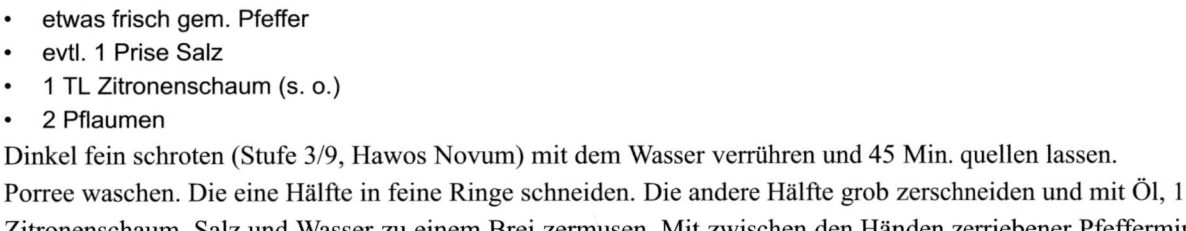

Dinkel:
- 50 g Dinkel
- 50 ml Wasser

Porreemasse:
- 75 g Porree
- 2 EL Olivenöl
- 1 EL Zitronenschaum (5/3586)
- 2 EL Wasser
- 1 TL getr. Pfefferminze
- 2 EL geh. Petersilie (8 g)
- 1/2 TL Salz

Salat:
- 35 g Kopfsalat
- 85 g Salatgurke
- etwas frisch gem. Pfeffer
- evtl. 1 Prise Salz
- 1 TL Zitronenschaum (s. o.)
- 2 Pflaumen

Dinkel fein schroten (Stufe 3/9, Hawos Novum) mit dem Wasser verrühren und 45 Min. quellen lassen.
Porree waschen. Die eine Hälfte in feine Ringe schneiden. Die andere Hälfte grob zerschneiden und mit Öl, 1 EL Zitronenschaum, Salz und Wasser zu einem Brei zermusen. Mit zwischen den Händen zerriebener Pfefferminze, Salz und gehackter Petersilie und den Porreeringen unter den Getreideschrot mischen. 15 Min. ziehen lassen.
Salat waschen, kleinzupfen und auf einem Teller verteilen. Getreide-Porreemischung nochmals nachsalzen und erneut mit Zitronenschaum abschmecken. Pfeffer hinzufügen, Gurke längs halbieren, in Scheiben schneiden und gut unter das Getreide mischen. In die Mitte des Tellers legen, mit Pflaumenvierteln dekorieren.

3758. Scheiterhaufen, September 2009

Vegane Rohkost; 10-15 Min.; 1 Hauptspeise.

Dressing:
- 3 große Pflaumen (100 g netto)
- 1 kleine Knoblauchzehe
- 1 dünne Scheibe Ingwer (2 g)
- 10 g halbmarokkanische Salzzitrone (5/3653)
- 10 g Sonnenblumenkerne
- 3 EL Olivenöl
- 3 EL Wasser

Feste Zutaten:
- 65-75 g Eisbergsalat
- 190 g Zucchini
- 110 g Möhren
- 20 g Mandeln

Dressingzutaten in einem kleinen Mixer (z. B. Mr. Magic) 45 Sek. mixen. Salat waschen und zusammen wie eine Schale (Wölbungen nach unten) auf einem Essteller verteilen. Zucchini und Möhren in Scheiben schneiden (z. B. mit der Küchenmaschine), in die Mitte häufeln. Das Dressing vorwiegend am Rand verteilen, einen Teil auch auf die Mitte „tröpfeln". Mandeln hacken (Zerkleinerer) und obenauf streuen.

3759. Herbstliches Frühstück, September 2009

Einweichen + ca. 10 Min.; 1 Frühstück.

- 3 EL Sechskorngetreide
- 80 g Wasser
- 2 EL Sonnenblumenkerne
- 185 g Pflaumen (netto)
- 1 Banane (100 g netto)
- 115 g Blaubeeren
- 25 g Sahne

Abends: Getreide grob schroten, mit Kernen und Wasser verrühren und über Nacht stehen lassen (nicht im Kühlschrank).

Morgens: Pflaumen entkernen, Banane schälen und zusammen gut mixen (in einem kleinen Mixer). Unter das Getreide rühren, mit Blaubeeren bestreuen und Sahne darüber gießen.

3760. Korianderschüssel, September 2009

Vegane Rohkost; ca. 10-15 Min.; 1 Hauptspeise.

Dressing:
- 3 große Pflaumen (90 g netto)
- 1 kleine Knoblauchzehe
- 4 EL Olivenöl
- 1-2 Prisen Salz
- 5 EL Wasser
- 12 g Petersilie (inkl. Stängel)
- 1/2 gestr. TL Korianderkonzentrat (3740 o. Ä.)

Feste Zutaten:
- 110 g Chinakohl
- 105 g Zucchini
- 40 g Möhren
- 75 g Tomaten

Dressingzutaten in einem kleinen Mixer 45 Sek. mixen. Chinakohl waschen, kleinschneiden. Zucchini, Möhren und Tomaten in Scheiben schneiden und mit dem Dressing in einer Schüssel mixen. Das war's auch schon. :-)

3761. Hildegards Bananenmilch, September 2009

Vegane Rohkost; ca. 5 Min.

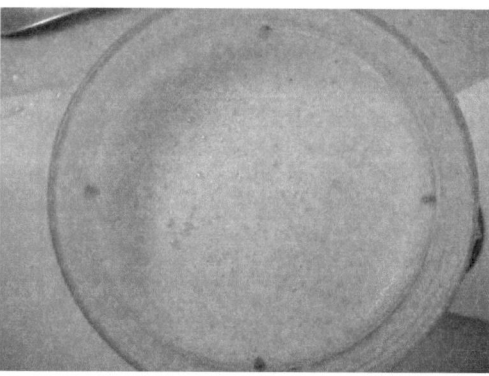

- 30 g Mandeln
- 1 kleine Banane (100 g netto)
- ca. 100 + 300 ml Wasser
- 1 Prise Zimt
- 1 kleine Prise Muskatnuss gem.

Mandeln im großen Becher eines kleinen Mixers fein mahlen. Banane, Gewürze und 100 ml Wasser hinzufügen, 30-40 Sek. mixen. Das restliche Wasser hinzugeben und nochmals 10-15 Sek. durchmischen.

3762. Champ-Nekt-Salat, September 2009

Vegane Rohkost; 10-15 Min.; 1 Hauptspeise.

Dressing:
- 30 g kernlose Trauben
- 1 kleine Knoblauchzehe
- 3 EL Basilikumöl
- 1-2 Prisen Salz
- 3 EL Wasser

Feste Zutaten:
- 75 g grüner Salat
- 1 Nektarine (brutto 120 g)
- 150 g Champignons
- 1 kleiner Chicorée (40 g)
- 5 Cocktail-Tomaten

Dressingzutaten in einem kleinen Mixer (z. B. Mr. Magic) 45 Sek. mixen. Salat waschen, trockenschleudern, kleinschneiden. Pilze in Scheiben, Nektarine in Spalten, Chicorée in feine Streifen schneiden. Salatblätter auf einem Essteller auslegen, Dressing halb in die Mitte gießen. Chicorée in die Mitte häufeln, drum herum im Kreis die Champignons. Nektarinenspalten zwischen die Pilze stecken, eine Tomate in die Mitte, die anderen an den 4 „Uhrzeiten" auslegen. Rest Dressing an den Rand legen.

3763. Gemüsenockerl mit scharfer Soße, September 2009

Vegane Rohkost; ca. 10-15 Min.; 1 Hauptspeise.

Scharfe Soße:

- 1 EL Zitronenschaum (5/3586)
- 2 EL Basilikumöl
- 1-2 Prisen Salz
- 1 MS Chili harrissari (3777)
- 6 EL Wasser
- 15 g Sonnenblumenkerne
- 50 g Apfel

Nockerl:

- 80 g Möhre
- 80 g Kohlrabi (netto)
- 35 g Petersilienwurzel
- 10 g Mandeln
- 1 EL Sonnenblumenöl

Salat:

- 2 große Blätter Salat

Dressingzutaten in einem kleinen Mixer 45 Sek. mixen. Salat waschen, trockenschleudern und auf einen Teller legen. Möhre, Kohlrabi und Petersilienwurzel grob vorschneiden, mit den Mandeln zusammen raffeln (z. B. im Zerkleinerer). In einer Schüssel mit dem Öl verrühren, zwischen den Händen zu kleinen Klößen formen (gibt 5-6) und auf die Salatblätter legen. Soße möglichst dekorativ darüber gießen.

3764. Sprossen und Keime ohne Geräte, September 2009

Sprossen / keimen lassen sich Ölsaaten (z. B. Sonnenblumenkerne), Hülsenfrüchte (Linsen, Erbsen, Bohnen) und Getreide. Es gibt noch mehr, aber dies sind die Dinge, mit denen ich persönlich Erfahrungen gesammelt habe. Hülsenfrüchte sind nicht alle gekeimt roh genießbar, aber eine Erbsensuppe aus Erbsensprossen ist in einer halben Std. fertig und schmeckt köstlich.

Sprossen geht auch ohne komplizierte Geräte. Die einfachste Methode ist (demonstriert an Dinkel):

- o In einer kleinen Schüssel drei EL Dinkel gut mit Wasser bedecken und über Nacht einweichen.
- o Morgens die Körner in einem Sieb abspülen und ohne Wasser in der Schüssel stehen lassen.
- o Abends nochmal 1-2 Std. einweichen, dann abspülen und wieder bis zum nächsten Tag stehen lassen.
- o Dann immer abends und morgens in einem Sieb gut durchspülen, bis die Keime lang genug sind.

Gerne nehme ich zum Keimen auch die Biosnacky-Gläser, dann muss ich nicht immer mit einem Sieb hantieren.

Die Methode ist prinzipiell dieselbe:

- o Im Biosnacky-Glas 3 EL Dinkel gut mit Wasser bedecken und über Nacht einweichen (Glas steht senkrecht).
- o Morgens das Wasser abgießen, durchspülen und Glas schräg stellen.
- o Abends und morgens jeweils durchspülen und Glas wieder schräg stellen.
- o Nach 48 bis 60 Std. sind Dinkelkeime genug entwickelt.

3765. Mischsalat mit Peters Apfeldressing, September 2009

Vegane Rohkost; 10-15 Min.; 1 Hauptspeise.

Dressing:

- 40 g Apfel
- 10 g Petersilienstängel
- 30 g Basilikumöl
- 1-2 Prisen Salz
- 45 g Wasser
- 1 TL Zitronenschaum (5/3586)

Feste Zutaten:

- 60 g Chicorée
- 80 g Tomate
- 40 g Möhre
- 85 g Salatgurke
- 65 g grüner Salat
- 20 g Sonnenblumenkerne
- 1-2 TL Linsensprossen

Apfel und Basilikumstängel vorschneiden und mit den anderen Dressingzutaten in einem kleinen Mixer 45 Sek. mixen. Gemüse wenn nötig waschen und kleinschneiden. In eine Schüssel geben, Dressing darübergießen und mit Sonnenblumenkernen bestreuen. In die Mitte die Sprossen setzen.

Tipps: Die Sprossen dienen mehr zur Dekoration, ein paar Cocktailtomaten sehen auch hübsch aus. – Den Chicorée habe ich als Einziges sehr fein geschnitten, dann ist er nicht so bitter.

3766. Weißkohl-Apfel-Rohkost, September 2009

Vegane Rohkost, ca. 10 Min.; 1 Hauptspeise.

Dressing:

- 1/2 TL Zitronenschaum (5/3586)
- 3 EL Basilikumöl
- 2 EL Wasser

Feste Zutaten:

- 200 g Weißkohl
- 115 g Apfel
- 15 g Mandeln
- 45 g grüner Salat

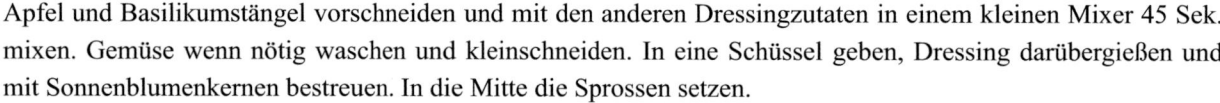

Dressingzutaten mit einer Gabel gut verschlagen. Weißkohl und
Apfel in feine Streifen schneiden (Hand oder Maschine). Mit den Mandeln gut unter das Dressing rühren. Salat waschen, trockenschleudern und auf dem Teller ausbreiten. In die Mitte den Weißkohlsalat setzen.

3767. Herzhafte Weißkohl-Möhrenrohkost, September 2009

Vegane Rohkost; ca. 10 Min.; 1 Hauptspeise.

Dressing:

- 1/2 TL Zitronenschaum (5/3586)
- 3 EL Basilikumöl
- 3 EL Wasser
- 2 TL Bärlauchcreme (gekauft; oder Knoblauch)
- 1 Prise Salz

Feste Zutaten:

- 210 g Weißkohl
- 100 g Möhre
- etwas Petersilie
- 1 EL Linsensprossen

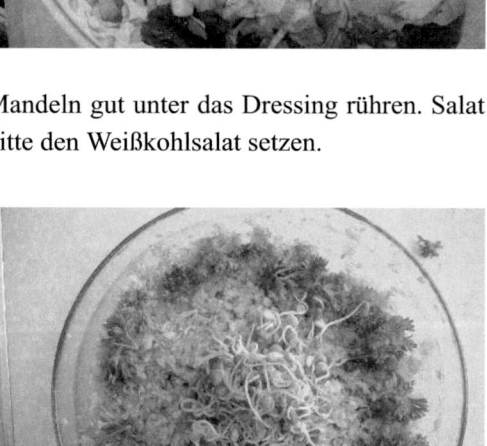

Dressingzutaten 10-15 Sek. in einem kleinen Mixer miteinander vermixen und in eine Schüssel umfüllen.
Weißkohl und Möhren fein raffeln (Zerkleinerer oder Küchenmaschine). Gründlich mit dem Dressing mischen. Die Oberfläche glattstreichen. Petersilie am Rand entlang legen, in die Mitte die Linsensprossen häufeln.

3768. ABS-Schnitten, September 2009

ABS = Apfel-Birne-Schmand; Blechkuchen.

Teig:
- 35g Biohefe frisch
- 100 g Wasser
- 100 g Mandeln
- 450 g Dinkel
- 1 getr. TL Rosensalz (4/2789)
- 50 g Honig
- 50 g Sonnenblumenöl
- 150 g Wasser

Belag:
- 200 g Birnen (1 größere)
- 300 g Äpfel (3 Stück)
- 400 g Schmand
- 150 g Honig
- 100 g Nackthafer
- 2 TL Zitronenschaum (5/3586)

Herstellung beschrieben im TM. – Hefe in Wasser auflösen. Mandeln fein mahlen (20 Sek./Stufe 10). Dinkel fein mahlen (Getreidemühle) und mit dem Hefewasser und den restlichen Teigzutaten in den Thermomix geben. 3 Min. Knetstufe laufen lassen. Auf eine glatte Fläche kippen und mit der Hand nochmals 5 Min. kneten, dabei eventuell noch Wasser einkneten. Der Teig muss sich von der Hand lösen, darf aber ein ganz wenig klebrig sein. Eine Kugel unter Spannung formen, in die Teigschüssel legen, mit Wasser bestreichen und in eine Plastiktüte stecken. An einem nicht zu kühlen Platz 45-60 Min. gehen lassen.

Für den Belag Birnen und Äpfel vierteln und grob raffeln (10 Sek./Stufe 4). Hafer fein mahlen und mit den übrigen Belagzutaten zu dem Obst geben und verrühren (Linkslauf, 10 Sek./Stufe 3).

Den Teig auf einer Dauerbackfolie in Größe des tiefen Backblechs gleichmäßig ausrollen, sodass er am Rand ein paar Millimeter übersteht. Das ging bei mir ohne Hilfe von Wasser oder Mehl mit einer Siliconteigrolle. Mit einer Gabel mehrmals einstechen. Die Ränder nach innen ein wenig einrollen. Den Belag darauf gießen.

In den Ofen eine feuerfeste Form mit Wasser auf den Boden stellen. Auf 250 °C (Umluft) vorheizen, in dieser Zeit ruht der Teig. Blech einschieben und auf 175 °C drehen. 30 Min. backen, Ofen ausschalten und noch weitere 5 Min. nachbacken.

Auf dem Blech auf einem Gitter abkühlen lassen. Mit einer Haushaltsschere in Streifen und Stücke schneiden. Das ist bei diesem feuchten Teig mit einer Schere viel einfacher als mit einem Messer, vor allem bleibt dadurch auch die Folie unbeschädigt.

Tipps: *Die Hefe war von außen etwas angeschimmelt. Da ich gerade bei Bruker gelesen habe, dass dieses Aufheben um den Schimmel meist Hysterie ist, habe ich den Schimmel weggeschnitten und: Die (Rest-)Hefe ging prima, wie immer. – Bei der Wassermenge sollte man wie bei allen Backrezepten vorsichtig sein. Erst einmal nur 100-120 g nehmen, lieber nachher mit der Hand noch einkneten.*

3769. Roher Kakao, September 2009

Vegane Rohkost; ca. 5 Min.
- 10 g Kakaobohnen (ca. 10 Stück)
- 10 g Nackthafer
- 10 g Sonnenblumenkerne
- 20 g Agavennektar roh
- ca. 100 + 300 ml Wasser

Hafer, Sonnenblumenkerne und Kakaobohnen im großen Becher eines kleinen Mixers fein mahlen (ca. 20 Sek.). Agavennektar und 100 ml Wasser hinzufügen, 20 Sek. mixen. Das restliche Wasser hinzugeben und nochmals 10 Sek. durchmischen.

3770. Zucchini-Lasagne roh - Vorstufe, September 2009

Vegane Rohkost; 4-6 Std. Einweichen + ca. 10 Min.;
1 Hauptspeise.

- 3 EL Sechskorngetreide
- 50 g Wasser
- 1 Zucchini (200 g)
- 60 g Salat

Tomatensoße:
- 1 Tomate (80 g)
- 1 EL Basilikumöl
- 1 Prise Salz

Weiße Soße:
- 20 g Sonnenblumenkerne
- 1 EL Basilikumöl
- 1 Prise Salz
- 1 kleine Knoblauchzehe
- 5 EL Wasser

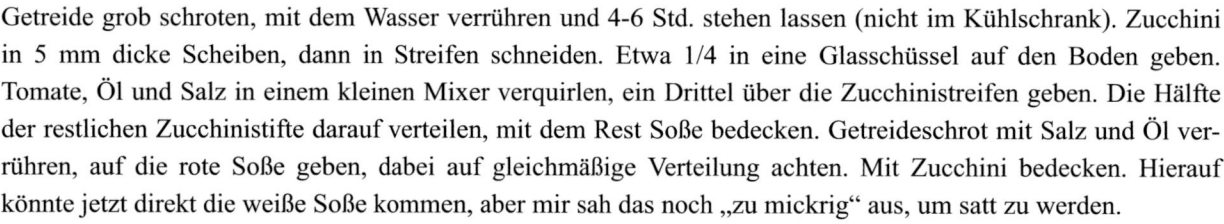

Getreide grob schroten, mit dem Wasser verrühren und 4-6 Std. stehen lassen (nicht im Kühlschrank). Zucchini in 5 mm dicke Scheiben, dann in Streifen schneiden. Etwa 1/4 in eine Glasschüssel auf den Boden geben. Tomate, Öl und Salz in einem kleinen Mixer verquirlen, ein Drittel über die Zucchinistreifen geben. Die Hälfte der restlichen Zucchinistifte darauf verteilen, mit dem Rest Soße bedecken. Getreideschrot mit Salz und Öl verrühren, auf die rote Soße geben, dabei auf gleichmäßige Verteilung achten. Mit Zucchini bedecken. Hierauf könnte jetzt direkt die weiße Soße kommen, aber mir sah das noch „zu mickrig" aus, um satt zu werden.

Salat waschen, in Streifen schneiden, auf den Zucchini verteilen. Zutaten für die weiße Soße 30 Sek. in einem kleinen Mixer verrühren, auf den Salat verteilen.

Hinweis: Der Salat ist natürlich für die Titulierung „Lasagne" fehl am Platze. Auch wäre eine Schicht Tomaten zusätzlich gut gewesen. Die weiße Soße war für eine Lasagne für meinen Geschmack auch nicht genug. Der nächste Versuch folgt.

3771. Weißkohl auf Apfelpetersilienremoulade, Sep. 2009

Rohkost; 10 Min.; 1 Hauptspeise.
Dressing:
- 1 TL Zitronenschaum (5/3586)
- 45 g Apfel
- 15 g Petersilie
- 3 EL Sonnenblumenöl
- 1 TL Bärlauchcreme (gekauft)
- 1-2 Prisen Salz
- 60 g Wasser
- 20 g Mandeln

Feste Zutaten:
- 50 g Salat
- 150 g Weißkohl
- 115 g Tomaten (2 Stück)

Dressingzutaten 50-55 Sek. in einem kleinen Mixer vermixen und in eine Schüssel umfüllen.

Salat waschen, kleinzupfen und auf einem Essteller verteilen. Dressing darüber gießen. Weißkohl in Streifen schneiden, in die Mittel legen. Tomaten vierteln oder in Scheiben schneiden, auf dem Weißkohl verteilen.

Tipps: *Mit 35 g Wasser bekommt die Remoulade echte „Remouladenkonsistenz".*

3772. Fenchel auf Salatbett mit Kerbeldressing, Sep. 2009

Rohkost; ca. 10 Min.; 1 Hauptspeise.

Dressing:
- 2 TL Zitronenschaum (5/3586)
- 3 EL Olivenöl
- 1 TL Kerbelwürze (3728 o. Ä.)
- 1 kleine Prise Salz
- 5 EL Wasser

Feste Zutaten:
- 100 g Salat
- 120 g Fenchel
- 1 Tomate (100 g)
- 15 g Sonnenblumenkerne

Die Dressingzutaten 30 Sek. in einem kleinen Mixer miteinander vermixen. Salat waschen, kleinzupfen und auf einem Essteller verteilen. Großteil des Dressings darüber gießen. Fenchel kleinschneiden, in die Mitte geben. Tomate in Scheiben schneiden, fächerartig auf zwei Seiten legen. Am Rand mit Sonnenblumenkernen bestreuen.

3773. Gurkenknäcke (roh), September 2009

Rohkost; ca. 10 Min. + trocknen; angelehnt an ein Rezept von Karen Knowler (YouTube).

- 100 g Leinsamen
- 125 g Sonnenblumenkerne
- 225 g Salatgurke
- 1 EL Petersilie
- 80 g Möhre
- 1 kleine Knoblauchzehe
- 2 TL Zitronenschaum (5/3586)
- 1 gestr. TL Salz

Beschrieben für den TM: Knoblauchzehe schälen. Gemüse grob in Stücke vorschneiden. Alles in den Mixtopf geben und 30 Sek./Stufe 4; 20 Sek./Stufe 6 mixen. (Zwischendurch die Masse an den Seiten herunterschieben.) Die Masse fällt nicht mehr auseinander, die Sonnenblumenkerne sind nicht mehr sichtbar, der Leinsamen schon noch teilweise.

Backpapier in Größe der Trockensiebe ausschneiden. Mit einem Teigschaber gleichmäßig verteilen. Mit einem scharfen Messer Stücke vorschneiden. Bei 40-42 °C etwa 8 Std. trocknen. Vorsichtig vom Backpapier lösen, umdrehen und trocknen, bis sie wirklich knusprig sind.

3774. Leichtsalat mit Mandelhagel, September 2009

Rohkost, ca. 10 Min., 1 Hauptspeise.

Dressing:
- 2 TL Zitronenschaum (5/3586)
- 3 EL Sonnenblumenöl
- frisch gem. Pfeffer
- 1 gestr. TL Salz
- 3 EL Wasser

Feste Zutaten:
- 100 g Salat
- 80 g Cocktailtomaten
- 80 g Champignons
- 20 g Mandeln

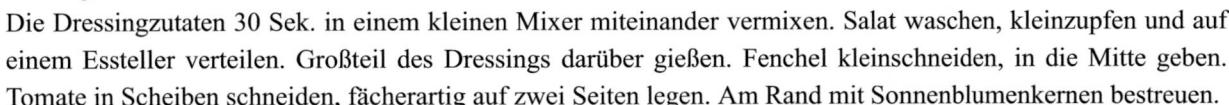

Dressingzutaten in einer Schüssel gut mit einer Gabel verquirlen. Champignons in Scheiben schneiden, Tomaten halbieren. Salat waschen, kleinzupfen (oder schneiden) und mit dem anderen Gemüse gründlich unter das Dressing heben. Mandeln hacken und oben drüber streuen. Eine Cocktailtomate in die Mitte setzen.

Tipp: *Ich empfehle das einmal auszuprobieren! Die Mandeln auf dem Salat machen aus einem „hundsgemeinen" Mischsalat etwas Besonderes.*

3775. Schokomarzipan roh, Oktober 2009

Rohkost; ca. 10 Min.; etwa 20 Pralinen. – Alle Zutaten müssen Rohkostqualität haben; die Kakaobohnen müssen außerdem aus biologischem Anbau stammen, da sie sonst stark mit Pestiziden verseucht sein können.

- 30 g Kakaobohnen
- 200 g Mandeln
- 1/2 TL gem. Vanille (dann keine Rohkost)
- 85 g Honig
- 20 geschälte Pistazien

Kakaobohnen in einem kleinen Mixer fein mahlen. Im TM: Mandeln 40 Sek./Stufe; 10 Sek./Stufe 10 mahlen. Auf Stufe 4 die anderen trockenen Zutaten unterrühren. Honig hinzugeben und 1 Min. auf der Knetstufe verkneten.

Zwischen den Händen Kugeln rollen und in Papierförmchen setzen. Jeweils eine geschälte Pistazie hineindrücken. In eine Plastikdose mit Deckel füllen und im Kühlschrank aufbewahren.

3776. Blattsalat mit Kakaodressing, Oktober 2009

Rohkost; 2 Tage Keimzeit + ca. 10 Min.; 1 Hauptspeise.
Dressing:

- 10 g Kakaobohnen
- 1 TL Zitronenschaum (5/3586)
- 3 EL Sonnenblumenöl
- 1 gestr. TL Salz
- 6 EL Wasser
- 5 g Honig (1/2 TL)
- 1 MS Chili harrissari (3777)
- 1 kleine Knoblauchzehe, geschält

Feste Zutaten:

- 110 g Salat
- 55 g Champignons
- 70 g Mungbohnensprossen
- 1 größeres Radieschen

Kakaobohnen in einem kleinen Mixer fein mahlen. Die anderen Dressingzutaten hinzugeben und 20 Sek. lang mixen. Salat waschen, trockenschleudern und kleinzupfen (oder schneiden). Auf einem Essteller verteilen. Champignons in Scheiben schneiden, in die Mitte häufeln. Mungbohnen im Kreis um die Pilze legen. Mit Dressing übergießen. Radieschen in Spalten schneiden und mit der „Farbe" nach oben symmetrisch in die Mungbohnen drücken.

3777. Chilipaste Harrissari, Oktober 2009

Rohkost

- 1 TL Kümmel ungemahlen
- 75 g frische Chilischoten (brutto; netto = 35 g)
- 3 Knoblauchzehen (12 g)
- 2 TL Salz (15 g)
- 3 EL Sonnenblumenöl (30 g)
- 1/2 TL Honig (5 g)

Wegen der geringen Menge im kleinen Mixer zubereitet. – Kümmel sehr fein schroten. Chilischoten aufschneiden, Kerne entfernen und Stiele abschneiden, den Rest grob zerkleinern und zu dem Kümmel geben. Knoblauchzehen schälen, dritteln und mit den restlichen Zutaten in den Mixbecher geben. Sehr gut durchmixen.

Ein kleines Glas mit heißem Wasser ausspülen, Chilipaste hineingeben. Sie ist sehr scharf! Oberfläche mit Öl begießen, damit die Paste nicht schimmeln kann.

3778. Bananen-Brokkoli-Rohkost, Oktober 2009

Vegane Rohkost; 12-24 Std. einweichen + ca. 10 Min.;
1 Hauptspeise.

Dressing:
- 10 g Mandeln
- 40 g kernlose Weintrauben
- 1/2 TL Zitronenschaum (5/3586)
- 2 EL Sonnenblumenöl
- 1/2 gestr. TL Salz
- 4 EL Wasser
- 10 g Petersilienstängel

Feste Zutaten:
- 75 g Salat
- 125 g Brokkoli
- 160 g Banane (220 g brutto)

Mandeln 12-24 Std. in Wasser einweichen. – Mandeln abtropfen lassen und mit den anderen Dressingzutaten in einem kleinen Mixer fein schlagen (30 Sek.). Salat waschen, trockenschleudern und kleinzupfen (oder schneiden). Auf einem Essteller verteilen und die Hälfte des Dressings darüber verteilen. Brokkoli putzen, kleinschneiden. Banane schälen und in Scheiben schneiden, mit dem Brokkoli mischen und in die Mitte des Tellers häufeln. Restliches Dressing darüber gießen.

Tipp: *Statt Brokkoli eignen sich auch reife, feste Tomaten sehr gut für diesen Salat.*

3779. Feigen mit Füllung, Oktober 2009

Rohkost; 3 Desserts.
- 3 frische Feigen
- (1/2 TL gem. Vanille)
- 1 TL Zitronenschaum (5/3586)
- 100 g Banane (netto)

Soße:
- 20 g Möhre
- 1 TL Honig (10 g)
- 50 g Wasser

Den kleinen Stiel von den Feigen abschneiden, dann oben einen Deckel abschneiden. Das Innere der Feige vorsichtig herauslöffeln (auch aus dem Deckel) und mit Vanille, Zitronenschaum und Banane im großen Becher eines kleinen Mixers gut vermischen (30 Sek.). Das ausgeschabte Feigeninnere ebenfalls hinzugeben. Alles gut im Mixer vermischen. Die Feigen füllen, Deckel aufsetzen. Von der Füllung bleibt einiges über.

Möhre in feine Scheiben schneiden, mit Honig und Wasser zum Rest Füllung geben und nochmals 30 Sek. mischen. Deckel aufsetzen und alles im Kühlschrank aufbewahren (bei mir ging das 5 Std. ohne Probleme).

Jede Feige auf eine eigene Untertasse setzen, mit Soße dekorativ übergießen und servieren.

Tipp: Wer eine Süßspeise ganz ohne Tierprodukte möchte, ersetzt den Honig entweder durch rohen Agavennektar oder lässt ihn ganz weg.

3780. Salatbüffet mit 3 Dressings, Oktober 2009

Ca. 40 Min.; 3 Hauptspeisen. – Ich habe die Zutaten um ca. 8-9 Uhr vorbereitet, gegessen haben wir 12.30 Uhr. Solange hat sich alles im Kühlschrank bestens gehalten und die Salatsoßen haben sich nicht „abgesetzt".

Feste Zutaten:

- Jeweils ca. 150 g:
  - Möhre
  - Weißkohl
  - Brokkoli
  - Rote Bete
  - Chinakohl
  - kleine feste Tomaten
- 100 g schwarze Oliven

Dressing 1:

- 180 g Standardsalatsoße (s. Vorwort)

Süßscharfes Dressing (Dressing 2):

- 70 g kernlose Trauben
- 35 g Rote Bete
- 20 g Sonnenblumenkerne
- 1/2 gestr. TL Chili harrissari (3777)
- 1 gestr. TL Salz
- 1 geh. TL Zitronenschaum (5/3586)
- 3 EL Sonnenblumenöl
- 2 g Ingwer frisch
- 50 g Wasser

Sechs-Kräuterdressing (Dressing 3):

- 1 TL Kerbelwürze (3728) o. Ä.
- 1 TL Kori-Öl (3741) o. Ä.
- 1 TL Bärlauchcreme (fertig gekauft)
- 1 TL Liebespesto (3713) o. Ä.
- 10 g frische Petersilie
- 10 g frischer Schnittlauch
- 10 g Mandeln
- 20 g kernlose Trauben
- 1 TL Zitronenschaum (s. o.)
- 2 EL Sonnenblumenöl
- 50 g Wasser

Dressing 1 in einen kleinen Mixbecher füllen.

Die Zutaten für **Dressing 2** in einen Mixbecher geben (Rote Bete vorher stifteln) und 45 Sek. mixen.

Die Zutaten für **Dressing 3** in einen Mixbecher geben (Petersilie vorschneiden) und 45 Sek. mixen. Bei Dressing 2 und 3 Deckel aufdrehen und in den Kühlschrank stellen.

Die einzelnen festen Zutaten ggf. waschen und klein schneiden, die Tomaten vierteln. Jeweils in eine kleine viereckige Plastikdose geben, Deckel aufsetzen und im Kühlschrank aufbewahren.

Zum Essen: Plastikdosen offen nebeneinanderstellen, Löffel dazu reichen. Die Mixbecher öffnen, je einen EL hineinstecken und daneben stellen. Wem das nicht elegant genug ist, der kann die Salate natürlich in Keramikschüsseln geben.

Tipp: Gut dazu passen auch noch Sonnenblumenkerne, Oliven oder gehackte Petersilie. – Die Auswahl der Salatgemüse ist beliebig austauschbar.

3781. Paprika-Pizza (roh), Oktober 2009

Vegane Rohkost; 24 Std. Quellzeit + 24 Std. Trocknen + 45 Min;
3 Hauptspeisen.

Boden („Teig"):
- 525 g Kohlrabi netto
- 75 g Weißkohl
- 2 TL Zitronenschaum (5/3586)
- 50 g Sonnenblumenöl
- 60 g Wasser
- 150 g Sechskorngetreide
- 50 g Leinsamen
- 1 TL Salz

Belag 1:
- 3 EL Öl
- 350 g rote Paprika (2 Stück netto)
- etwas Salz
- 3 TL Pizzagewürz

Guss:
- 100 g Mandeln
- 2 TL Zitronenschaum (5/3586)
- 3 EL Sonnenblumenöl
- 100 ml Wasser
- 1 gestr. TL Salz
- 1 Knoblauchzehe

Belag 2:
- 500 g Tomaten
- 90 g Zwiebel (netto)
- 35 g Pistazien (Rohkostqualität)

2 Abende vorher: 100 g Mandeln in Wasser einweichen. 1 Abend vorher: Mandeln abtropfen lassen, schälen (mit einem spitzen Messer die Haut anschneiden und abziehen). Auf einem Küchentuch ausbreiten und trocknen lassen.

Am Morgen vorher: Kohlrabi und Weißkohl fein raffeln (z. B. TM 1 Min./Stufe 4; 10 Sek./Stufe 6). Getreide zusammen mit dem Leinsamen flocken und mit den anderen „Teigzutaten" kneten (2 Min. Knetstufe). In eine Schüssel geben, abdecken und stehen lassen. Da ich mir nicht sicher war, ob das Gemüse es verträgt, außerhalb des Kühlschranks zu stehen, habe ich es 8 Std. in den Kühlschrank gestellt. Wer den Teig später zubereitet, kann das auch ohne Kühlschrank quellen lassen.

Abends: Die Teigmasse gleichmäßig auf drei Quicheformen (Durchmesser 24 cm) verteilen und mit der Hand glatt drücken. Mit je 1 EL Öl beträufeln. Paprika in feine Streifen schneiden, gleichmäßig auf die drei Formen verteilen. Salzen, mit Pizzagewürz bestreuen.

Von den Mandeln 100 g abwiegen. Die Knoblauchzehe schälen. Die Gusszutaten in einem kleinen Mixer miteinander verquirlen (etwa 45 Sek.). Die Konsistenz muss dickflüssiger sein als Sahne, evtl. mit weniger Wasser beginnen oder noch etwas mehr hinzufügen. Über die Paprika verteilen. Tomaten in Scheiben, Zwiebeln in Ringe schneiden, auf dem Guss verteilen. Pistazien drüber streuen. Servieren.

Tipps: Lässt sich sehr schön morgens schon für abends vorbereiten, abends ist dann nur noch wenig Arbeit erforderlich. Eventuell lässt sich die Soße auch schon morgens vorbereiten, aber ich hatte Bedenken, dass der Knoblauch dann zu scharf oder bitter wird.

Wer keine Mandeln vorbereiten will, muss eine bräunliche Soße in Kauf nehmen oder Macadamia-Nüsse in Rohkostqualität nehmen.

Eigentlich sollte Belag 2 (ohne Pistazien) direkt auf die Paprika kommen, und der Guss oben drauf. Ich hab's durch Schwätzen mit den Gästen versäumt. Es hat auch so lecker geschmeckt und die Pistazien haben das quasi ausgeglichen.

Im Übrigen kann ich mir vorstellen, dass diese Zusammenstellung auch gebacken köstlich ist: 25 Min. bei 200 °C.

3782. Apfelbrot, Oktober 2009

3 Brote zu je 1500 g Teiggewicht.

Ansatz:
- Sauerteig (ca. 150 g)
- 150 g Roggen
- 150 g Wasser

Hauptteig:
- 350 g Nackthafer
- 1000 g Roggen
- 1000 g Dinkel
- 1 EL Brotkräuter
- 2 gestr. EL Salz
- 1 großer Apfel (385 g)
- 2 EL Sekowa Backferment
- 1480 g Wasser

(Am Vorabend): Roggen fein mahlen, mit Wasser und Sauerteig mischen. Schüssel in eine Plastiktüte stecken und auf der Fensterbank 10-12 Std. stehen lassen.

(Am Backmorgen): 350 g Hafer flocken, auf zwei Backbleche verteilen und 10 Min. bei 200 °C (Umluft) rösten. Je 1000 g Roggen und Dinkel mischen und schroten (Stufe 3 von 9, Hawos Novum). Mit Brotgewürz und Salz mischen. Vom Sauerteig 300 g abwiegen, den Rest in einem Schraubglas in den Kühlschrank geben. Apfel pürieren (z. B. im Thermomix oder einem Mixer). Fermentgetreide mit einem Teil des Wassers verrühren und mit Getreide, Sauerteig, Apfel und Wasser (portionsweise hinzu-geben) gründlich verkneten. Die Schüssel in einen großen Plastikbeutel schieben, Plastikbeutel so schließen, dass er oben Luft hat und 2 Std. gehen lassen.

Teig nochmals kurz durchkneten (3-4 Min.). Drei Kastenformen (Profiform Edelstahl 20,5 x 11 x 10,5 cm) mit Butter einfetten. Jeweils ca. 1500 g Teig hineinfüllen mit den nassen Händen glattstreichen. Formen in einen großen Plastikbeutel schieben, Plastikbeutel so schließen, dass er oben Luft hat und 60 Min. gehen lassen.

Unten in den Ofen eine feuerfeste Form mit Wasser stellen und Ofen auf 250 °C (Umluft) vorheizen. In dieser Zeit gehen die Brote noch. Brote längs einschneiden, mit Wasser einsprühen und in den Ofen schieben. 15 Min. bei 250 °C und 55 Min. bei 200 °C backen. Aus der Form stürzen und die Klopfprobe machen (das Brot muss hohl klingen, wenn man mit dem Knöchel auf die Unterseite klopft). Auf ein Kuchengitter setzen, einsprühen und abkühlen lassen. Erst am nächsten Tag anschneiden.

Hinweis: Vielleicht habe ich momentan sehr „saugfähiges" Getreide. Ich empfehle unbedingt, mit weniger Flüssigkeit zu beginnen: Das Verhältnis Wasser:Getreide ist mit fast 1:1 meiner Erfahrung entsprechend viel zu hoch.

3783. Haltbarer Gartenmix, Oktober 2009

Vegane Rohkost. – Gestern bekam zwei dicke Sträuße gemischte Kräuter geschenkt. Zu schade, um es zu trocknen oder vergammeln zu lassen. Ich habe die Mischung mit Petersilie und Schnittlauch auf etwa 450 g Nettogewicht aufgestockt und mit Öl und Salz haltbar gemacht – Herstellung beschrieben im TM.

- 400 g (netto) gemischte ganz frische Kräuter
- 400 g Öl
- 20 g Salz

Kräuter waschen und gut trocknen lassen. Harte Stängelstücke abschneiden. Rosmarin von den Stängeln abstreifen. Grob vor-schneiden. Dann im Thermomix 1 Min. auf Stufe 4 laufen lassen. Öl und Salz hinzugeben und dann auf höchster Stufe (10) so lange schlagen lassen, bis die Masse nicht nur fein ist, sondern auch alle fasrigen Zutaten zerschlagen sind. In Honiggläser umfüllen, mit Datum versehen und im Kühlschrank aufbewahren.

Tipp: Alles lässt sich ja immer schlecht aus den Geräten herausholen. Ich habe heute 150 g Möhren in den „leeren" Thermomix gegeben und 1 Min./Stufe 4 zerkleinert. Damit hatte ich auch den Rest der Kräutermischung genutzt. Eine leckere kleine Vorspeise!

3784. Sonnenblumenkäse, Oktober 2009

Vegane Rohkost.

- 40 g Sonnenblumenkerne
- 1 kleine Knoblauchzehe
- 1/2 TL Zitronenschaum (5/3586)
- 1/2 TL Salz
- 2-3 TL Sonnenblumenöl
- 40 g Wasser

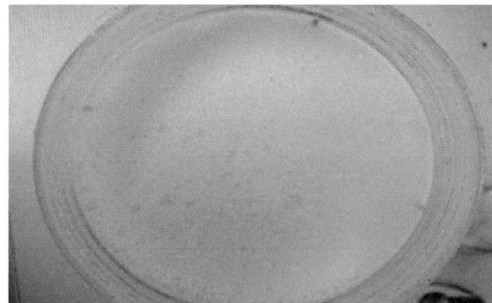

Herstellung in einem kleinen Mixer beschrieben: Alle Zutaten im kleinen Messbecher 40 Sek. durchmixen.

Tipp: Mir war es noch etwas zu körnig. – Wer den käsigen Charakter verstärken möchte, gibt etwas Schabziegerklee hinzu. – wer etwas mehr Wasser nimmt, bekommt eine schöne Soße zum Überbacken, vegan.

3785. Vanillemandelmilch, Oktober 2009

Rohkost; 5 Min.

- 25 g Mandeln
- 20 g rohen Agavennektar
- ca. 75 ml + 325 Wasser
- 1 LS gem. Vanille

Mandeln im großen Becher eines kleinen Mixers fein mahlen. Agavennektar und 100 ml Wasser hinzufügen, 30-40 Sek. mixen. Vanille und restliches Wasser hinzugeben, nochmals mixen.

3786. Stuffed Cucumber, Oktober 2009

3-4 Tage Keimzeit + ca. 10 Min.; 1 Hauptspeise.

- 1 kleine Salatgurke (255 g)
- 50 g gekeimte Mungbohnen
- 15 g Petersilienwurzel
- 20 g Mandeln
- 2 TL Bärlauchcreme (gekauft)
- 70 g grüner Salat

Dressing:
- 20 g Olivenöl
- 1/2 TL Kräutersalz
- 40 g kernlose Trauben
- 1 TL Zitronenschaum (5/3586)
- 1 kleine Tomate (35 g)

Salatgurke längs durchschneiden, mit einem Löffel aushöhlen. Gurkeninneres mit Mungbohnen, Petersilienwurzel (grob vorgeschnitten), Mandeln und Bärlauchcreme im Zerkleinerer hacken. In die Gurkenhälften füllen.

Salat waschen, trockenschleudern und kleinzupfen (oder schneiden). Auf einem Essteller verteilen und Gurken nebeneinander darauf setzen. Dressingzutaten in einem kleinen Mixer 30 Sek. mixen. An die Gurkenränder und über den Salat gießen.

3787. Lindenmilch, Oktober 2009

Rohkost; ca. 5 Min.

- 10 g Leinsamen
- 10 g Nackthafer
- 20 g Sonnenblumenkerne
- 20 g Lindenhonig
- ca. 75 + 325 ml Wasser

Saaten und Hafer fein mahlen. Honig und 75 ml Wasser hinzufügen, 30-40 Sek. mixen. Das restliche Wasser hinzugeben und nochmals 10-15 Sek. durchmischen.

Tipp: Jede andere Honigsorte gibt dem Drink einen neuen Geschmack.

3788. Mungbohnen auf Blattsalat, Oktober 2009

Vegane Rohkost; 3-4 Tage Keimzeit; ca. 10 Min.; 1 Hauptspeise.

Dressing:

- 25 g kernlose Weintrauben
- 1 TL Zitronenschaum (5/3586)
- 2 EL Sonnenblumenöl
- 1 gestr. TL Kräutersalz
- 45 g Wasser
- 1 kl. Knoblauchzehe, geschält (6 g)
- 1 geh. TL haltbarer Gartenmix (3783)
- 6 g Mandeln

Feste Zutaten:

- 110 g Salat
- 60 g Mungbohnensprossen
- 3 kleine Tomaten (120 g)
- 1 TL Leinsamen

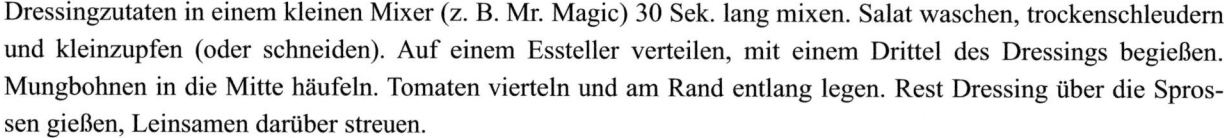

Dressingzutaten in einem kleinen Mixer (z. B. Mr. Magic) 30 Sek. lang mixen. Salat waschen, trockenschleudern und kleinzupfen (oder schneiden). Auf einem Essteller verteilen, mit einem Drittel des Dressings begießen. Mungbohnen in die Mitte häufeln. Tomaten vierteln und am Rand entlang legen. Rest Dressing über die Sprossen gießen, Leinsamen darüber streuen.

Tipp: Ich habe diesen „Haltbaren Gartenmix" jetzt mittags schon zweimal für ein Dressing benutzt - genial! Den Spendern sei hier nochmal herzlichst für den riesigen Kräuterstrauß gedankt. Selbst wer nicht so nette Gäste hat, kann ja probieren, biologisch angebaute Kräuter zu bekommen, darunter vor allem auch ein paar nicht so bekannte wie Sauerampfer, große Kresse usw.

3789. Gefüllte Champignons auf Feldsalat, Oktober 2009

Vegane Rohkost; ca. 20 Min.; 1 Hauptspeise.

Dressing:

- 1 TL Zitronenschaum (5/3586)
- 1 TL „Haltbarer Gartenmix" (3783)
- 1/2 TL Kräutersalz (3/2008)
- 3 EL Sonnenblumenöl
- 3 EL Wasser

Feste Zutaten:

- 100 g Feldsalat
- 6 große Champignons (210 g)
- 25 g Mandeln
- 1 kleine Möhre (70 g)
- 1/2 kleiner Apfel (52 g)
- 1/2 TL Kräutersalz
- 1 EL Sonnenblumenöl
- 6 Cocktailtomaten

Feldsalat gut waschen, abtropfen lassen und trockenschleudern. Kleinschneiden oder -zupfen. Auf einem Essteller verteilen. Die Dressingzutaten mit einer Gabel verquirlen und über dem Salat verteilen.

Stiele aus den Champignons drehen. Mandeln hacken, Champignonstiele, grob zerkleinerte Möhre und Apfel hinzugeben und kleinhacken. Mit Salz und Öl vermischen. Die Champignons damit füllen (die Masse ist reichlich). Champignons auf den Salat setzen, oben jeweils eine kleine Tomate in die Füllung drücken.

3790. Kohlrabi-Kaki mit Walnussdressing, Oktober 2009

Vegane Rohkost; ca. 15 Min.; 1 Hauptspeise.

Dressing:

- 1 TL Zitronenschaum (5/3586)
- 1 TL Kerbelwürze (3728 o. Ä.)
- 1/2 TL Kräutersalz (3/2008)
- 1 EL Walnussöl, Rohkostqualität
- 20 g Walnüsse
- 2 EL Sonnenblumenöl
- 6 EL Wasser

Feste Zutaten:

- 110 g Römersalat
- 1 Kaki (195 g)
- 1 kleine Kohlrabi
  (netto 175 g)

Salat gut waschen, abtropfen lasse und trockenschleudern. Klein-schneiden oder -zupfen. Auf einem Essteller verteilen. Von der Kaki 45 g abschneiden und mit den Dressing-zutaten in einem kleinen Mixer (z. B. Mr. Magic oder Power Blender) 30 Sek. lang mixen. Etwa die Hälfte am Rand auf den Salat geben.

Kohlrabi raffeln (z. B. mit einem Pürierstab mit Zerkleinerereinheit), in die Mitte häufeln. Kaki kleinschneiden und dekorativ um die Kohlrabi verteilen. Restliches Dressing über die Kohlrabi geben.

3791. Herbstsalat mit Walnussdressing, Oktober 2009

Vegane Rohkost, ca. 15 Min., 1 Hauptspeise.

Dressing:

- 1 TL Zitronenschaum (5/3586)
- 1 TL eingelegter Bärlauch
  (2/1463 o. Ä.)
- 1/2 TL Kräutersalz (3/2008)
- 1 EL Walnussöl, Rohkostqualität
- 15 g Walnüsse
- 1 EL Sonnenblumenöl
- 5 EL Wasser
- 40 g Apfelsine (netto)

Feste Zutaten:

- 150 g Chinakohl
- 120 g Salatgurke
- 60 g Apfelsine
- Petersilie

Dressingzutaten in einem kleinen Mixer (z. B. Mr. Magic oder Power Blender) 30 Sek. lang mixen. In eine Schüssel geben. Gemüse ggf. waschen und klein schneiden, 60 g Apfelsine würfeln und alles unter das Dressing mischen. Am Rand entlang Petersilie streuen.

***Tipp**: Der 1 EL Walnussöl reicht völlig aus - mehr würde das zarte Aroma verderben.*

3792. Pflaumentorte roh, Oktober 2009

Vegane Rohkost; ca. 30 Min.

Boden:

- 50 g Buchweizen
- 20 g Leinsamen
- 2 EL Sonnenblumenöl
- 2 EL + 3 TL Wasser
- 1 TL Honig (ca. 10 g)
- eine sehr kleine Prise Salz

Belag:

- 125 g Pflaumen (5 Stück)

Guss:

- 50 g Kokosstreifen
  Rohkostqualität
- 40 g Wasser
- 50 g Honig
- 2 TL Zitronenschaum
  (3586)

Deko:

- Einige Walnusshälften

Eine kleine Springform (18 cm) mit Backpapier überspannen. Buchweizen und Leinsamen in einem kleinen Mixer fein mahlen. In eine kleine Schüssel umfüllen und mit den anderen Bodenzutaten verkneten. Gleichmäßig in der Springform verteilen. Pflaumen halbieren, entsteinen und in Streifen schneiden. In nettem Muster auf den Boden legen. Für den Guss die Kokosstreifen im kleinen Mixer fein mahlen und mit den restlichen Gusszutaten gut verquirlen. Gleichmäßig über den Pflaumen verteilen. Am Rand mit Walnüssen dekorieren. Im Kühlschrank mindestens 2 Std. fest werden lassen.

3793. Radieschensalat mit scharfer Soße, Oktober 2009

Vegane Rohkost, ca. 15 Min.; 1 Hauptspeise.

Dressing:

- 1 Stück Apfelsine (50 g netto)
- 1 TL Liebes Pesto (15 g) (6/3713 o. Ä.)
- 1 TL Zitronenschaum (3/3586)
- 1 MS Chili harrissari (3777 o. Ä.)
- 1/2 TL Kräutersalz (3/2008)
- 2 EL Sonnenblumenöl
- 4 EL Wasser

Feste Zutaten:

- 100 g Radieschen
- 120 g Chinakohl (oder Blattsalat)
- 80 g Salatgurke
- 1 kleines Radieschen (Dekor)

Dressingzutaten in einem kleinen Mixer (z. B. Mr. Magic oder Power Blender) 30 Sek. lang mixen. In eine Schüssel geben. Gemüse ggf. waschen und kleinschneiden, alles unter das Dressing mischen. In die Mitte ein kleines Radieschen setzen.

3794. Frischkornsuppe herzhaft, Oktober 2009

Vegane Rohkost; 5-8 Std. Einweichen + 15 Min.; 1 Hauptspeise.

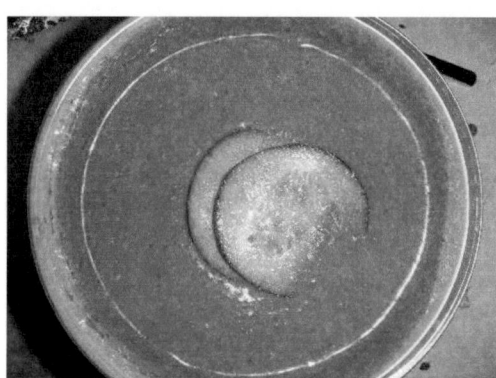

- 3 EL Sechskorngetreide
- 60 g Wasser
- 40 g kernlose Trauben
- 40 g Rote Bete
- 1 EL Sonnenblumenkerne
- 1/2 TL Kräutersalz
- 2 Prisen ger. Orangenschale
- 1 TL Zitronenschaum (3/3586)
- 1 geh. TL Haltbarer Gartenmix (3783 o. Ä.)
- 2 EL Sonnenblumenöl
- 4 EL Wasser
- 2 dünne Scheiben Salatgurke

5-8 Std. vor dem Essen das Getreide schroten, mit Wasser verrühren und stehen lassen. Die restlichen Zutaten zusammen in einem Mixer (z. B. Mr. Magic) 30-40 Sek. lang mixen. Mit dem eingeweichten Schrot verrühren und in eine kleine Schüssel geben. Mit der Gurke dekorieren.

Tipp: Die Suppe ist recht dickflüssig. Eventuell mit der Wassermenge experimentieren.

3795. Butterkürbis, Oktober 2009

Ca. 20 Min.; 1 Hauptspeise.

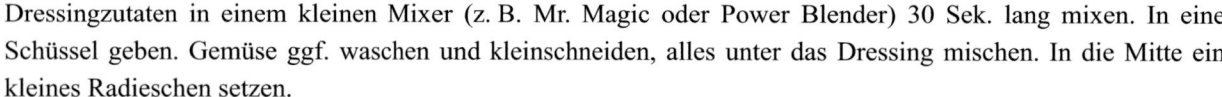

- 5 EL Wasser
- 300 g Butterkürbis (netto)
- 1 große Knoblauchzehe
- 2 Prisen Salz
- etwas frisch gem. Pfeffer
- 1 TL Butter (8 g)
- 1-2 EL geh. Petersilie

Wasser in eine kleine Pfanne geben. Kerngehäuse aus dem Kürbis entfernen, nicht schälen. Kürbis in kleine Stücke oder Scheiben schneiden und in die Pfanne geben.

Deckel auflegen und auf höchster Einstellung zum Kochen bringen. Sobald Dampf unter dem Deckel entweicht, auf kleinste Einstellung drehen und 13 Min. dünsten lassen. Salzen, pfeffern und Butter hinzufügen.

Tipp: Lecker dazu schmeckt eine selbstgemachte Kräuterbutter.

3796. Tomaten-Chinasalat, Oktober 2009

Vegane Rohkost, ca. 15 Min., 1 Hauptspeise.

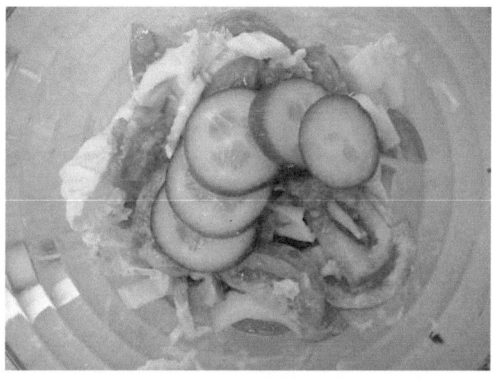

Dressing:
- 30 g kernlose Trauben
- 1/2 TL Kräutersalz
- 2 EL Liebesöl (3714 o. Ä.)
- 4 EL Wasser
- 1 TL Zitronenschaum (3/3586)

Feste Zutaten:
- 120 g Tomate
- 100 g Chinakohl (oder Kopfsalat)
- 30 g Salatgurke

Dressingzutaten in einem kleinen Mixer 30 Sek. lang mixen. In eine Schüssel geben. Tomaten und Chinakohl ggf. waschen und kleinschneiden, alles unter das Dressing mischen. Die Gurke in Scheiben schneiden und versetzt oben auf den Salat legen.

3797. Kürbissuppe hoch zwei, Oktober 2009

Ca. 30 Min.; 3-4 Portionen.

- 190 g Butterkürbis (netto)
- 360 g Hokkaido (netto)
- 2 große Knoblauchzehen
- 170 g Apfel (hier Boskop)
- 2 TL Curry
- 1 EL Gemüsebrühextrakt (2/1288)
- 1 Liter Wasser
- 70 g Sahne
- 3 EL Liebesöl (3714 o. Ä.)
- 3 gestr. TL Salz
- 2-3 TL Dinkelmehl
- 3 EL Wasser

Kerne aus den Kürbis nehmen, nicht schälen. In Stücke schneiden. Knoblauchzehen schälen und in Scheiben schneiden. Apfel ohne Kerngehäuse, aber ungeschält grob würfeln. In einen Topf geben, Curry, Gemüsebrühextrakt und Wasser hinzugeben und auf höchster Stufe zum Kochen bringen. Sobald Dampf unter dem Deckelrand austritt, auf kleinste Einstellung drehen und 16 Min. köcheln lassen.

Vom Herd nehmen. Salz, Sahne und Öl hinzufügen und mit einem Pürierstab pürieren. Dinkelmehl mit Wasser verrühren, unter die Suppe rühren und nochmals aufkochen.

Tipp: Hübscher ist: vor dem Servieren gehackte Petersilie oder gehackte Walnüsse darüber streuen.

3798. Hokkaido-Weizen-Speise, Oktober 2009

3 Tage Keimzeit + ca. 15 Min.; 1 Hauptspeise.

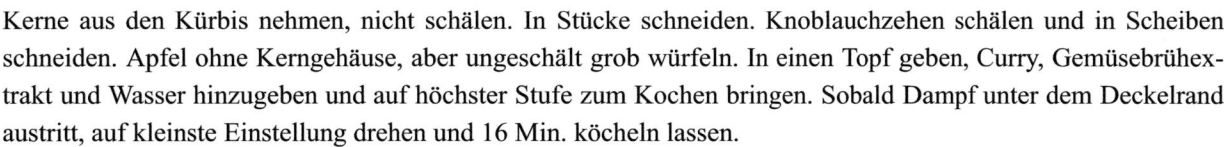

Zum Keimen:
- 3 EL Weizen

Dressing:
- 1 TL Zitronenschaum (3/3586)
- 80 g Banane (netto)
- 1/2 TL Kräutersalz
- 1/2 TL Curry
- 2 EL Sonnenblumenöl
- 1 EL Walnussöl
- 50 ml Wasser

Feste Zutaten:
- 40 g Salat
- 230 g Hokkaidokürbis (netto)
- 90 g Weizenkeime
- 10 g Walnüsse

Weizen keimen lassen. Hokkaido nicht schälen. Kerne und Stiel entfernen, grob vorschneiden und fein raffeln (TM 1 Min./Stufe 4; 2 Sek./Stufe 6).

Dressingzutaten in einem kleinen Mixer 30 Sek. lang mixen. In den Thermomix umfüllen. Weizensprossen hinzugeben, 1 Min. auf Stufe 2, Rückwärtseinstellung mischen. Salat waschen, trockenschleudern und klein schneiden, auf den Rand eines Esstellers legen. Hokkaidomasse in die Mitte geben und mit Walnusskernen belegen..

Tipp: Wer diesen Salat für mehrere Personen zubereitet, kann auch das Dressing im Thermomix zubereiten. Für 1 Person ist die Menge aber zu klein.

3799. Blumige Feldwiese, Oktober 2009

Vegane Rohkost; ca. 15 Min.; 1 Hauptspeise.

Dressing:
- 30 g Weintrauben, kernlos
- 60 g Clementine (netto)
- 1 kleine Knoblauchzehe
- 35 g Liebesöl (3714 o. Ä.)
- 1 TL Liebes Pesto (3713 o. Ä.)
- 1/2 TL Kräutersalz (3/2008)
- 20 ml Wasser

Feste Zutaten:
- 250 g Blumenkohl netto
- 2 EL Nackthafer
- 1 EL Sonnenblumenkerne
- 80 g Feldsalat
- 1 Radieschen

Knoblauchzehe schälen. Dressingzutaten in einem kleinen Mixer 30 Sek. lang mixen. Feldsalat gut waschen, abtropfen lassen und trockenschleudern. Kleinschneiden oder rupfen, auf einem Essteller verteilen.

Hafer mit den Sonnenblumenkernen vorsichtig flocken. Mit dem Blumenkohl zerkleinern (z. B. in einem Zerkleinerer), Größe nach Wunsch. Einen Teil des Dressings auf den Rand des Feldsalats gießen. Blumenkohlmasse in die Mitte schütten, restliches Dressing darüber verteilen. Radieschen vierteln, symmetrisch oben verteilen.

Tipp: *Wer Liebesöl und Liebes Pesto nicht hat, ersetzt es einfach mit frischen Kräutern und Sonnenblumenöl. – Vorsicht beim Flocken von Sonnenblumenkernen! Nicht alle Flocker verkraften das.*

3800. Feldsalat zum Röcheln, Oktober 2009

Vegane Rohkost; ca. 15 Min.; 1 Hauptspeise.

Dressing:
- 1 TL gelbe Senfsamen
- 1 kleine Knoblauchzehe
- 3 EL Liebesöl (3714 o. Ä.)
- 1/2 TL Kräutersalz (3/2008)
- 50-60 ml Wasser

Feste Zutaten:
- 100 g Feldsalat (90 g netto)
- 190 g Tomaten (3 nicht zu große)
- 20 g Chicorée
- 30 g Blumenkohl (Dekoration)

Senfsamen in einem kleinen Mixer mit dem flachen Messer etwa 20 Sek. mahlen. Knoblauchzehe schälen und mit den anderen Dressingzutaten in den Mixbecher geben. 30 Sek. gut schlagen.

Feldsalat gut waschen, abtropfen lassen und trockenschleudern. Kleinschneiden oder rupfen. In eine Schüssel geben. Tomaten in Scheiben, Chicorée in feine Streifen schneiden und mit dem Dressing unter den Feldsalat heben. Blumenkohl in Röschen teilen und in die Mitte legen.

Tipp: *Das Dressing ist sehr scharf. Wer da etwas empfindlich ist, sollte mit 10 Senfsamen beginnen.*

3801. Zucchinipaprikastreich, Oktober 2009

- 30 g Sonnenblumenkerne
- 1 geh. TL Chilipaste (gekauft, o. Ä.)
- 50 g gelbe Paprika
- 85 g Zucchini
- 50 g Öl
- 1 TL Salz

Sonnenblumenkerne im kleinen Mixer fein mahlen. Paprika und Zucchini würfeln, mit den anderen Zutaten hinzugeben und sehr gut durchmixen. Ein Glas mit heißem Wasser ausspielen, Streich hineingeben. Oberfläche mit Öl begießen, damit sie nicht schimmeln kann. Datum auf den Deckel schreiben und im Kühlschrank aufbewahren.

3802. Möhren-Blumenkohl-Tarte, Oktober 2009

Vegane Rohkost; ca. 15 Min. mit TM, 1 Hauptspeise.

Boden:
- 130 g Möhren
- 120 g Blumenkohl
- 2 EL Liebesöl (3714 o. Ä.)
- 1/2 TL Kräutersalz (3/2008)

Belag:
- 50 g Spitzkohl

Deko:
- etwas Petersilie

Guss:
- 1 Knoblauchzehe
- 20 g Mandeln
- 1 TL Zitronenschaum (5/3586)
- 1/2 TL Kräutersalz
- 1 MS Chili harrissari (3777 o. Ä.)
- 1 EL Liebesöl (s. o.)
- 3 EL Wasser

Möhren und Blumenkohl fein raffeln (20 Sek./Stufe 4; 1 Sek./Stufe 6). In einer kleinen Schüssel gut mit Öl und Salz vermengen. In einer runden Form mit etwa 18-20 cm Durchmesser gleichmäßig verteilen. Spitzkohl in feine Streifen schneiden, auf den Boden streuen.

Knoblauchzehe schälen und mit den anderen Gusszutaten in einem kleinen Mixer 30 Sek. schlagen. Mit einem Löffel gleichmäßig über den Spitzkohl verteilen. An vier „Ecken" und in der Mitte etwas Petersilie auslegen.

Tipps: *Statt des Liebesöls - das ja nicht jeder vorrätig hat - geht auch einfach Sonnenblumenöl. – Die Chilipaste lässt sich hier auch sehr gut durch eine Prise Chilipulver oder Cayennepfeffer ersetzen.*

3803. Feiner Kohlsalat, Oktober 2009

Vegane Rohkost; ca. 15 Min.; 1 Hauptspeise.

Dressing:
- 1 kleine Knoblauchzehe
- 2 EL Liebesöl (3714 o. Ä.)
- 1/2 TL Kräutersalz (3/2008)
- 1 Mandarine (netto 60 g)
- 6 g marokkanische Salz-Zitrone (5/3653)
- 3 EL Wasser

Feste Zutaten:
- 70 g Endiviensalat
- 80 g Rotkohl
- 40 g Spitzkohl
- 100 g Blumenkohl
- 2 EL gehackte Petersilie

Knoblauchzehe und Mandarine schälen, mit den anderen Dressingzutaten in den Mixbecher geben. 30 Sek. gut schlagen und in eine Schüssel geben. Endiviensalat gut waschen, abtropfen lassen und trockenschleudern. Kleinschneiden oder rupfen. In eine Schüssel geben. Rotkohl sehr fein mahlen, Blumenkohl und Spitzkohl kleinschneiden und alles zum Dressing geben, gut verrühren. Am Rand mit Petersilie dekorieren.

3804. Fenchouleh, Oktober 2009

Vegane Rohkost; 4-5 Std. einweichen + 15 Min.; 1 Hauptspeise.

- 50 g Weizen (3 EL)
- 50 g Wasser
- 195 g Fenchel
- 1 Mandarine (60 g netto)
- 2 EL Liebesöl (3714 o. Ä.)
- 1 gestr. TL Kräutersalz (3/2008)
- 1 Knoblauchzehe
- 1 große Tomate (140 g)
- 35 g Chicorée

Weizen grob schroten (Stufe 5/9, Hawos Novum) mit dem Wasser verrühren und 4-5 Std. quellen lassen. Fenchel grob vorschneiden. Mandarine und Knoblauchzehe schälen. Alles zusammen ganz fein raffeln, eventuell nachsalzen. In die Mitte eines großen flachen Tellers legen. Tomate in 12-15 Spalten schneiden und am Rand entlang legen. Chicorée in feine Ringe schneiden und darüberstreuen.

3805. Schrotbrot, Oktober 2009

3 Brote

Ansatz:	Hauptteig:
• Sauerteig (ca. 150 g)	• 1/2 P Biohefe (21 g)
• 270 g Roggen	• 100 g Wasser
• 300 g Wasser	• 300 g Weizen
Vorteig:	• 400 g Roggen
• 560 g Sauerteig	• 1 EL Rotklee (o. Ä.)
• 800 g Roggen	• 1 EL Anis ungemahlen
• 400 g Weizen	• 2 EL Salz
• 1200 g Wasser	• 65 g Liebesöl (3714)
	• 200 g Sonnenblumenkerne

(24 Std. vorher = am Morgen vorher): Roggen fein mahlen, mit Wasser und Sauerteig mischen. Schüssel in eine Plastiktüte stecken und auf der Fensterbank 10-12 Std. stehen lassen.

(Am Abend vorher): 800 g Roggen und 400 g Weizen grob schroten (Stufe 6, Hawos Novum). Mit Wasser und 560 g Sauerteigansatz (den Rest Sauerteig in einem Glas mit Schraubdeckel im Kühlschrank als neuen „Starter" aufbewahren) und gut verrühren, Teigschüssel in eine große Plastiktüte stecken und über Nacht stehen lassen.

(Am Morgen): Hefe im Wasser auflösen. 300 g Weizen und 400 g Roggen mit Klee und Anis mischen und fein mahlen, Salz unterrühren. Sauerteig und die restlichen Zutaten gut verrühren bzw. verkneten (etwa 10 Min.). Ergibt einen weichen Teig. Die Schüssel mit Gärfolie abdecken und auf der Fensterbank 1 Std. gehen lassen.

Drei Kastenformen (drei Profiformen Edelstahl 20,5 x 11 x 10,5 cm) mit Butter einfetten oder mit Öl einsprühen. Den Teig hineinfüllen (etwa 3 x 1300 g), mit den nassen Händen glattstreichen. Formen mit Gärfolie abdecken und 30 Min. gehen lassen. Ofen auf 250 °C (Umluft) vorheizen (die Brote gehen in dieser Zeit noch). Auf dem Boden steht eine feuerfeste Form mit Wasser. Brote einschieben, 10 Min. bei 250 °C und 60 Min. bei 200 °C backen. Aus der Form stürzen, Klopfprobe machen.

Auf ein Kuchengitter setzen, einsprühen und abkühlen lassen. Erst am nächsten Tag anschneiden.

Tipps: Wer nur gemahlenen Anis hat, mahlt ihn nicht mit, sondern gibt das Gewürz anschließend zu. – Ergibt ein lockeres-löchriges, aber dennoch angenehm feuchtes Brot. – Gärfolie war eine Neuentdeckung, meine bisherigen Erfahrungen sind fantastisch! Sie soll sich sogar in der Waschmaschine waschen lassen, was ich mich aber noch nicht getraut habe. Zu finden bei: http://www.backdorf.de.

3806. Annas Bananendoppeldecker, Oktober 2009

Vegane Rohkost; geht schnell; 1-2 Desserts.

• 20 g Sonnenblumenkerne
• 20 g Nackthafer
• 2 TL Walnussöl
• 10 g Vanillezimthonig
• 1 Banane (160 g brutto)

Kerne und Hafer in einem kleinen Mixer 30 Sek. mahlen. In einer Schüssel mit 1 TL Walnussöl und Honig verrühren. Banane in 5-7 mm dicke Scheiben schneiden. Auf die Hälfte der Scheiben die Sonnenblumenmasse geben, jeweils eine Scheibe Banane obendrauf setzen. Doppeldecker in einem Kreis auf einen Dessertteller setzen. Wer mag, kann sie noch mit etwas geriebener Orangenschale bestreuen.

3807. Mungäne Spitzkohlrouladen, Oktober 2009

Vegane Rohkost; 48 Std. Keimzeit (s. 3765); ca. 20 Min.; 1 Hauptspeise.

Füllung:

- 3 EL Nackthafer
- 60 g Möhre
- 1 Clementine (netto 60 g)
- 1 Knoblauchzehe
- 140 g Kohlrabi (netto)
- 2 EL Sonnenblumenöl
- 10 Mandeln
- 1 TL haltbarer Gartenmix (3783 o. Ä.)
- 1 TL Kräutersalz (3/2008)
- 150 g Mungbohnensprossen

Gemüse:

- 2 Blätter Spitzkohl (100 g)
- etwas Petersilie
- 4 kleine Kleckse Chili harrissari (3777 o. Ä.)
- 4 kleine Kleckse Bärlauch in Öl (oder anderes Pesto)

Hafer flocken, Knoblauchzehe schälen. Gemüse in Stücke schneiden. Alle Füllungszutaten sehr fein raffeln bzw. pürieren. Mungbohnensprossen unterrühren..

Spitzkohlblätter mit je der Hälfte der Füllung belegen, die Blätter „schließen" und die Rouladen umdrehen, sodass sie oben rund sind. Wenn sie an der einen oder anderen Seite aufbrechen, ist das nicht schlimm. Die Rouladen in der Mitte vorsichtig durchschneiden, sodass die Füllung sichtbar ist. Oben mit etwas Petersilie und jeweils einem roten und einem grünen Klecks dekorieren.

Tipp: Chili und Bärlauchcreme sind nur Dekoration, jedes Pesto mit ein bisschen Farbwechslung erfüllt denselben Zweck.

3808. Weißkohlquiche roh, Oktober 2009

Vegane Rohkost; ca. 15 Min.; 1 Hauptspeise.

Boden:

- 210 g Weißkohl
- 10 g Mandeln
- 1/2 TL Kräutersalz (3/2008)
- 1 Öl Thymianöl (3/2068)

Belag:

- 1 große Tomate (130 g)

Guss:

- 1 Knoblauchzehe
- 15 g Mandeln
- 1/2 kleine Apfelsine (55 g netto)
- 1/2 TL Kräutersalz
- 1 MS Chili harrissari (3777)
- 20 ml (= 2 EL) Thymianöl (3/2068)
- 50 ml Wasser
- 2 EL geh. Petersilie

Weißkohl grob vorschneiden und mit den anderen Bodenzutaten fein raffeln (z. B. im TM 30 Sek./Stufe 4;, 4 Sek./Stufe 6). In einer runden Form mit etwa 18-20 cm Durchmesser gleichmäßig verteilen. Tomaten in Scheiben schneiden, auf den Boden legen. Knoblauchzehe und Orange schälen und mit den anderen Gusszutaten in einem kleinen Mixer 30 Sek. schlagen. Mit einem Löffel gleichmäßig über die Tomate gießen.

Am Rand mit Petersilie bestreuen.

Tipp: Statt des Thymianöls - das ja nicht jeder vorrätig hat - geht auch einfach Sonnenblumenöl. – Die Chilipaste lässt sich hier auch sehr gut durch eine Prise Chilipulver oder Cayennepfeffer ersetzen. Wer nicht gerne scharf isst, lässt sie ganz weg.

3809. Gemüsehaschee roh, Oktober 2009

Vegane Rohkost; 4-5 Std. einweichen; ca. 15 Min.; 1 Hauptspeise.

Getreide
- 3 EL Sechskorngetreide
- 50-60 ml Wasser

Gemüse:
- 115 g Weißkohl
- 65 g Möhre
- 55 g Endiviensalat
- 1-2 EL gehackte Petersilie

Soße:
- 20 g Sonnenblumenkerne
- 1 Knoblauchzehe geschält
- 1 TL Kräutersalz (3/2008)
- 1 TL Zitronenschaum (5/3856)
- 2 g Ingwer frisch
- 35 g geschälte Apfelsine
- 15 g Sonnenblumenöl

Getreide grob schroten (Stufe 5/9, Hawos Novum) und in möglichst wenig Wasser einweichen. Wenn es sich mit 50 ml gut glattrühren lässt, sollte das reichen. Die Soßenzutaten in einem kleinen Mixer 30 Sek. schlagen.

Weißkohl und Möhre grob zerkleinern und sehr fein raffeln (z. B. in einem Zerkleinerer oder Chopper). Mit der Soße und dem eingeweichten Schrot verrühren. Salat waschen, trockenschleudern, kleinschneiden. Auf einem Essteller verteilen. In die Mitte die Hascheemasse häufeln (sie ist richtig, wenn sie nicht zerläuft). Am Rand mit Petersilie bestreuen.

Tipp: *Dies schmeckt sicher auch mit anderen Kohlsorten, Topinambur, Pastinake, Fenchel usw.*

3810. Pizza Funghi (roh), Oktober 2009

Vegane Rohkost; 30 Min., teils im TM; 2 Hauptspeisen.

Boden:
- 50 g Roggen
- 30 g Leinsamen
- 200 g Chinakohl
- 50 g Weißkohl
- 1 TL Zitronenschaum (5/3586)
- 3 EL Sonnenblumenöl
- 1 TL Kräutersalz (3/2008)
- 2 TL haltbarer Gartenmix (3783 o. Ä.)
- Belag:
- 2 Tomaten (210 g)
- 100 g Champignons
- 2 TL Pizzagewürz

- Guss:
- 50 g Mandeln
- 3 TL Zitronenschaum (s. o.)
- 3 EL Sonnenblumenöl
- 50 kernlose Trauben
- 40 ml Wasser
- 1/2 TL Salz
- 1 kleine Knoblauchzehe

Dekoration:
- 16 schwarze Oliven
- 4 kleine Champignons

Morgens: Kohlrabi und Weißkohl fein raffeln (z. B. TM 1 Min./Stufe 4; 10 Sek./Stufe 6). Getreide mit dem Leinsamen zusammen flocken und mit den anderen „Teigzutaten" kneten (2 Min./Knetstufe). In eine Schüssel geben, abdecken und stehen lassen. Da ich mir nicht sicher war, ob das Gemüse es verträgt, außerhalb des Kühlschranks zu stehen, habe ich es 8 Std. in den Kühlschrank gestellt. Wer den Teig später zubereitet, kann das auch ohne Kühlschrank quellen lassen.

Abends: Die Teigmasse gleichmäßig auf zwei Quicheformen (Durchmesser 20 cm) verteilen und mit der Hand glatt drücken. Mit je 1 EL Öl beträufeln. Tomaten und Champignons in feine Scheiben schneiden, gleichmäßig (zuerst die Tomaten) auf die Formen verteilen. Salzen, mit Pizzagewürz bestreuen.

Knoblauchzehe schälen und mit den anderen Gusszutaten in einem kleinen Mixer miteinander verquirlen (etwa 45 Sek.). Die Konsistenz muss dickflüssiger sein als Sahne, evtl. mit weniger Wasser beginnen oder noch etwas mehr hinzufügen. Über die Champignons gießen. Mit Oliven und Champignons dekorieren.

Tipps: *Lässt sich sehr schön vorbereiten, bevor Besuch kommt; wenn er etwas später kommt (oder man schneller ist), können die Pizzen auch noch ein wenig im Kühlschrank stehen. – Einige Rohköstler sagen, dass „normale" Oliven aus dem Bioladen keine Rohkostqualität haben, andere verwenden sie. Ich verwende sie vor allem dann, wenn ich Gäste habe, die Rohkost nicht gewöhnt sind. Das wirkt dann gefälliger.*

3811. Weißkohlfrikadellen mit roter Gurkensoße, Okt. 2009

Vegane Rohkost; ca. 15 Min.; 1 Hauptspeise.

Frikadellen:
- 190 g Weißkohl
- 60 g Pastinake
- 1 geh. TL Bärlauchcreme (2/1461)
- 1 TL Kräutersalz (3/2008)
- 30 g Sonnenblumenkerne
- 1 EL Sonnenblumenöl

Dekoration:
- Etwas Endiviensalat

Soße:
- 1 Knoblauchzehe
- 8 g Mandeln
- 45 g Rote Bete netto
- 1 EL Sonnenblumenöl
- 1 TL Zitronenschaum (5/3586)
- 1/2 TL Salz
- 100 g Salatgurke
- 10 g Wasser

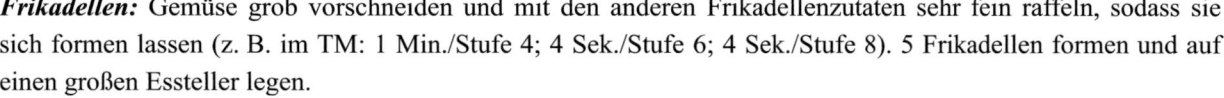

Frikadellen: Gemüse grob vorschneiden und mit den anderen Frikadellenzutaten sehr fein raffeln, sodass sie sich formen lassen (z. B. im TM: 1 Min./Stufe 4; 4 Sek./Stufe 6; 4 Sek./Stufe 8). 5 Frikadellen formen und auf einen großen Essteller legen.

Soße: Die Soßenzutaten in einem kleinen Mixer (z. B. Mr. Magic, Magic Maxx oder Personal Blender) 30 Sek. schlagen. Einen Teil der Soße über die Frikadellen gießen, mit ein wenig Endiviensalat dekorieren.

Tipp: *Statt Pastinaken schmecken auch Petersilienwurzel oder Möhren. Oder einfach nur Weißkohl.*

3812. Haferröstroggenbrot, Oktober 2009

Das Ferment gibt's von http://www.backferment.de. – Einen Teil des Getreides (Hafer) zu rösten, war ein Tipp von der Birlin-Mühle. Ergibt zwei Brote zu 2450 und 700 g Teiggewicht.

Vorteig:
- 60 g Ferment
- 600 g Roggen
- 660 g handwarmes Wasser

Hauptteig:
- 250 g Nackthafer
- 500 g Roggen
- 150 g Nackthafer
- 1 TL Kümmel ungemahlen
- 1 EL Brotgewürz
- 2 gestr. EL Salz
- 200 g Leinsamen
- 750 g handwarmes Wasser

9-13 Std. vor dem Backen (abends): Ferment in 660 g handwarmem Wasser auflösen. Roggen fein mahlen und mit dem Fermentwasser verrühren. Schüssel in eine Plastiktüte stecken, mit einem Tuch abdecken und über Nacht stehen lassen (Vorgabe: 25-28 °C, ich habe es einfach auf der Fensterbank in der Küche stehen lassen). Morgens war die Masse ähnlich wie ein Sauerteigç

Backtag morgens: 250 g Hafer auf einem Backblech verteilen, in den kalten Ofen schieben und bei 225 °C (Umluft) 10-15 Min. rösten. 150 g Hafer und 500 g Roggen mischen und mit dem Kümmel (im ersten Getreideschub) fein mahlen. Dann den gerösteten Hafer fein mahlen. Salz, Leinsamen und 750 g Wasser hinzugeben und mindestens 15 Min. verkneten. Soweit es geht, zu einer Kugel unter Spannung formen, Schüssel wieder gut einpacken und 80 Min. (1 Std. 20 Min) auf der Fensterbank stehen lassen.

Nochmal kurz durchkneten. Zwei Kastenformen (Dr. Oetker Profiemail-Brotbackform, 35 cm, und eine kleine Kastenform) mit Butter einfetten und mit kaltem Wasser ausspülen. Den Teig hineinfüllen, mit den nassen Händen glattstreichen und einsprühen. Form in eine Plastiktüte schieben und 60 Min. gehen lassen. In den letzten 15-20 Min. den Ofen (Umluft) auf 250°C vorheizen, unten in den Ofen eine feuerfeste Form mit Wasser stellen. Brote einschieben und mit einer Dauerbackfolie abdecken. Nach 15 Min. auf 200°C herunterstellen, nach 30 Min. die Folie entfernen, die kleine Form noch insgesamt 60 Min. backen, die große 80 Min.. Klopfprobe machen: Beim Klopfen gegen die Unterseite muss das Brot hohl klingen. Auf ein Kuchengitter setzen, einsprühen und abkühlen lassen.

3813. Spitz gefüllte Paprika, Oktober 2009

Vegane Rohkost; ca. 20 Min.; 1 Hauptspeise.

Gemüse:
- 2 kleinere rote Paprikaschoten (210 g brutto)

Füllung:
- 200 g Spitzkohl
- 20 g grüner Porree
- 2 EL Sonnenblumenöl
- 10 g Mandeln
- 1 gestr. TL Kräutersalz (3/2008)

Unterlage:
- 120 g grüner Salat
- 3 EL Sonnenblumenöl
- 2 TL Zitronenschaum (5/3586)
- 1 TL Kräutersalz
- etwas frisch gem. Pfeffer

Soße:
- 1 Knoblauchzehe
- 15 g Sonnenblumenkerne
- 1 Mandarine (60 g netto)
- 1 TL Liebespesto (3713 o. Ä.)
- 3 EL Sonnenblumenöl
- 1 TL Kräutersalz
- 1 MS Chili harrissari (3777 o. Ä.)
- 50 g Wasser

Paprikaschoten halbieren, weiße Wände, Stiele und Kerne entfernen. Die Zutaten für die Füllung miteinander fein raffeln. Salat waschen, trockenschleudern und in feine Streifen schneiden. Auf zwei Esstellern verteilen.

3 EL Öl, 2 TL Zitronenschaum, Salz und Pfeffer mit einer Gabel verquirlen und gleichmäßig über den Salat verteilen. Je zwei Paprikahälften auf den Salat setzen und die Füllung darin verteilen.

Mandarine und Knoblauchzehe schälen, mit den anderen Soßenzutaten in einem kleinen Mixer 30 Sek. schlagen. Den Großteil der Soße über die Paprikaschoten geben, den Rest so dazu reichen.

Tipp: Das Essen lässt sich gut vorbereiten: Paprika entkernen, Füllung herstellen. Der Rest geht dann kurz vor dem Essen in wenigen Min..

3814. Manganentraum, Oktober 2009

Vegan; 2 Desserts.
- 1 kleine Banane (140 g brutto)
- 1 Kaki (280 g brutto)
- 1 TL Zitronenschaum (5/3586)
- 2 TL Walnussöl
- 1 MS gem. Vanille
- 1/2 TL Zimt

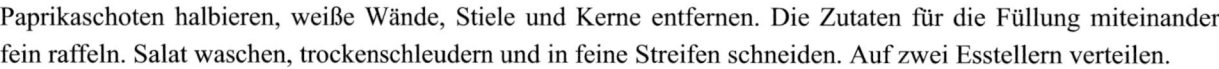

Banane schälen. Kaki längs halbieren. Banane und eine halbe Kaki mit Zitronenschaum, Öl und Vanille in einem kleinen Mixer 30-40 Sek. schlagen. Das ergibt eine schaumige glatte Masse.

Auf zwei Schüsselchen verteilen. Die zweite Kakihälfte einmal längs durchschneiden und dann quer in Scheiben schneiden, es ergeben sich leicht gebogene Dreiecke. Diese Dreiecke leicht versetzt an den Rand der Schüssel geben. Zimt in der Mitte verteilen: Löffel über die Creme halten und mit dem Zeigefinger leicht gegen den Löffel klopfen (oder durch ein Sieb geben).

Tipp: Wir haben den Nachtisch sofort gegessen. Wer ihn noch eine Std. in den Kühlschrank stellt, erhält sicher eine etwas puddingartigere Konsistenz. Allerdings könnte dann auch die Farbe weniger schön sein, weil Bananen schnell nachdunkeln.

3815. Korianderianischer Salat, Oktober 2009

Vegane Rohkost, ca. 10 Min.; 1 Hauptspeise.

Dressing:
- 1 Mandarine (45 g netto)
- 10 g Petersilie (mit Stängel)
- 1 TL Kräutersalz (3/2008)
- 1 TL Zitronenschaum (5/3586)
- 1/2 TL Korianderkonzentrat (3740 o. Ä.)
- 1 EL Sonnenblumenöl
- 30 g Wasser

Feste Zutaten:
- 10 g Mandeln
- 20 g Porree (grün)
- 125 g Spitzkohl
- 85 g Eisbergsalat

Als Dekoration:
- 20 g Möhrenscheiben

Mandarine schälen, Petersilie grob vorschneiden und alle Soßenzutaten in einem kleinen Mixer (z. B. Mr. Magic, Magic Maxx oder Personal Blender) 30 Sek. schlagen. Mandeln, Porree (grob vorgeschnitten) und Spitzkohl (ebenfalls grob vorgeschnitten) miteinander fein raffeln (z. B. in einem Zerkleinerer). Eisbergsalat in Streifen schneiden und alles miteinander verrühren. Möhrenscheiben in einem Ring auf den Salat legen.

3816. Haselnussweizenbrot „alpha Premiere", Okt. 2009

Mit Backferment von http://www.backferment.de; ergibt drei Brote zu je 1359 g Teiggewicht. – Ich bin seit wenigen Tagen die stolze Besitzerin einer Teigknetmaschine von der Firma Häussler, die „alpha". Heute habe ich sie eingeweiht, und ich bin begeistert.

Vorteig:
- 90 g Ferment
- 800 g Weizen
- 800 g handwarmes Wasser

Hauptteig:
- 1265 g Weizen
- 2 EL Brotgewürz geschrotet
- 1 EL gem. Orangenschale
- 2 EL Salz
- 250 g Haselnüsse
- 700 g handwarmes Wasser
- 50 g Sonnenblumenöl
- 50 g Honig (ca. 1 EL)

9-13 Std. vor dem Backen (abends): Ferment in 800 g handwarmem Wasser auflösen. Weizen fein mahlen und mit dem Fermentwasser verrühren. Schüssel in eine Plastiktüte stecken, mit einem Tuch abdecken und über Nacht stehen lassen (Vorgabe: 25-28 °C, ich habe es einfach auf der Fensterbank in der Küche stehen lassen). Morgens hatte die Masse leichte Blasen.

Backtag morgens: 1265 g Weizen fein mahlen. Die restlichen trockenen Zutaten unter das Mehl rühren. Alle Zutaten des Hauptteigs zum Vorteig geben und mit einer Teigknetmaschine 12 Min. lang kneten lassen (mit der Hand mindestens 15 Min. verkneten. Schüssel mit Gärfolie abdecken oder in eine Plastiktüte stecken und 90 Min. stehen lassen. Nochmal 3 Min. durchkneten lassen. Drei Kastenformen (Manz Profi-Backformen) mit Butter einfetten. Jeweils 1350 g Teig hineinfüllen, mit den nassen Händen glattstreichen. Formen mit Gärfolie abdecken und 60 Min. gehen lassen. Ofen (Umluft) auf 250°C vorheizen, unten in den Ofen eine feuerfeste Form mit Wasser stellen. Brotformen mit Backfolie gut abdecken und einschieben. Nach 10 Min. auf 200°C herunterstel-

len, nach 30 Min. die Folie entfernen, dann noch 30 Min. backen. Klopfprobe machen: Beim Klopfen gegen die Unterseite muss das Brot hohl klingen. Auf ein Kuchengitter setzen, einsprühen und abkühlen lassen.

3817. Spekulatiuskekse, Oktober 2009

Für 2 Backbleche.

- 500 g Dinkel
- 1 P Weinsteinbackpulver
- 2 Gewürznelken
- 16 Kügelchen Koriander
- 1/2 TL Rosensalz (4/2789 o. Ä.)
- 1 TL Zimt
- 1/2 TL gem. Vanille
- 2 MS gem. Kardamom
- 2 MS gem. Muskatnuss
- 1 TL ger. Orangenschale
- 100 g Mandeln
- 200 g Honig
- 250 g Butter
- 80 g Sahne

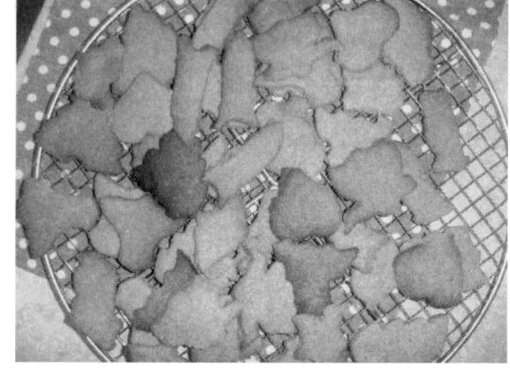

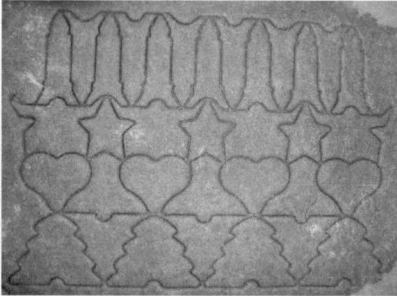
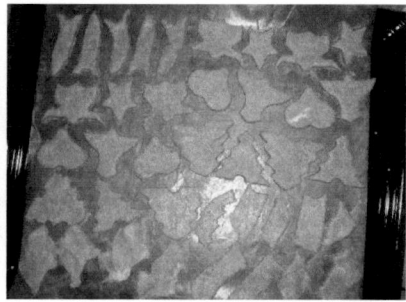

2-3 Std. vor dem Backen Butter aus dem Kühlschrank nehmen. Dinkel mit Gewürznelken und Koriandersamen mischen und fein mahlen. Salz, Backpulver und gem. Gewürze unterrühren. Mandeln fein mahlen (z. B. 30 Sek. in einem kleinen Mixer). Alle Zutaten in eine Teigknetmaschine geben und 5 Min. kneten lassen. In eine Teigschüssel geben und die Schüssel in eine Plastiktüte stecken. Mehrere Std. in den Kühlschrank stellen (wer kalte Butter nimmt und mit der Hand knetet, braucht nur 1 Std. in den Kühlschrank zu stellen).

Teig auf Mehl ausrollen, evtl. auch mit Hilfe von Streumehl. Plätzchen ausstechen; ich habe die Form genommen, die dem Buch beiliegt. Mit einem Messer vorsichtig vom Hintergrund abheben und auf mit Dauerbackfolie ausgelegte Backbleche legen. 25 Min bei 150 °C backen. Zwischendurch schauen, ob die Kekse schon hellbraun sind - dann sind sie nämlich fertig.

Auf ein Kuchengitter geben, auskühlen lassen und in einer gut schließenden Metalldose aufbewahren.

Tipp: *Statt Gewürznelken und Koriander mitzumahlen, kann man auch je 1/2 TL gemahlen unter das fertige Mehl mischen.*

3818. Vier-Kräutermischung, Oktober 2009

Hier meine Variante eines Rezepts aus der Fünf-Elemente-Küche.

- 1 TL ungem. Koriander
- 1 TL ungem: Kümmel
- 1 TL Kardamom-Samen in der Schote
- 1/2 TL Kurkuma gemahlen
- 1/2 TL Paprika edelsüß
- 1 Messerspitze Zimt

Die Kardamomsamen aus der Schale puhlen und mit Koriander und Kümmel in einem kleinen Mixer (z. B. Magic Maxx oder Mr. Magic) 40 Sek. mahlen. Die anderen Zutaten hinzugeben, 2 Min. warten und nochmals 30 Sek. mahlen. Sehr lecker und vor allem in der Rohkost ein schöner Ersatz für Curry, wer die Rohkost ganz besonders streng nehmen möchte.

3819. Spitzkohl in extravanter Soße, Oktober 2009

Vegane Rohkost; ca. 10 Min.; 1 Hauptspeise.

Dressing:

- 1 Mandarine (55 g netto)
- 10 g Salbei in Öl eingelegt
- 1 TL Kräutersalz (3/2008)
- 1 TL Zitronenschaum (5/3586)
- 2 EL Sonnenblumenöl
- 4 EL Wasser
- 2 MS Vier-Kräutermischung (3818)

Feste Zutaten:

- 185 g Weißkohl
- 1 Tomate (85 g)
- 3 dünne Scheiben Gurke

Dressingzutaten in einem kleinen Mixer (z. B. Mr. Magic, Magic Maxx oder Personal Blender) 30 Sek. schlagen. Weißkohl in feine Streifen, halbierte Tomate in dünne Scheiben schneiden. Mit dem Dressing mischen. Gurkenscheiben bis zur Hälfte einschneiden, dann „gegeneinander" verdrehen und an den Rand legen.

Tipp: Da die Gurke nur zur Dekoration dient, geht auch jedes andere farblich kontrastierende Gemüse.

3820. Gurken-Lasagne roh, Versuch 1, Oktober 2009

Vegane Rohkost; 4-6 Std. Einweichen + ca. 15 Min.; 1 Hauptspeise.

Teig:

- 1 gestr. TL Kräutersalz (3/2008)
- 2 TL Sonnenblumenöl
- 50 g Sechskorngetreide
- 20 g Leinsamen
- 70 g Wasser
- 150 g Salatgurke

Dunkle Soße:

- 1 Tomate (90 g)
- 55 g Möhre
- 1 TL Kräutersalz
- 1 TL Zitronenschaum (5/3586)
- 45 g Porree (grün)

Weiße Soße:

- 25 g Sonnenblumenkerne
- 2 EL Sonnenblumenöl
- 2 TL Zitronenschaum (s. o.)
- 1/2 TL Kräutersalz (s. o.)
- 1 kleine Knoblauchzehe
- 5 EL Wasser

Getreide grob schroten, mit dem Wasser verrühren und 4-6 Std. stehen lassen (nicht im Kühlschrank). Gurke in dünne Scheiben schneiden. Eine kleine Glasauflaufform mit der Hälfte der Gurkenscheiben auslegen.

Für die dunkle Soße Porree gut waschen, grob vorschneiden und mit den anderen Zutaten in einem kleinen Mixer pürieren. Auf die Gurkenschicht streichen. Für den Teig das geschrotete eingeweichte Getreide mit Salz und Öl verrühren. In Portionen zwischen den Händen zu dünnen Scheiben drücken und als nächste Schicht auflegen. Darauf nochmals Gurkenscheiben legen.

Knoblauchzehe schälen und mit den anderen Weiße-Soße-Zutaten zu einer feinen Creme schlagen. Auf die Gurkenschicht streichen.

Tipp: Dies war jetzt schon ein wenig besser, daher darf das auch schon den Namen „1. Versuch" tragen. Diesmal mangelte es einfach an frischen Tomaten. Und die Form war auch zu breit, daher wurde das insgesamt sehr viel. Ich arbeite weiter daran.

3821. Kohlrabi-Pastinaken-Frikassee, Oktober 2009

Vegane Rohkost; 4-6 Std. einweichen + ca. 15 Min.; 1 Haupt-speise.

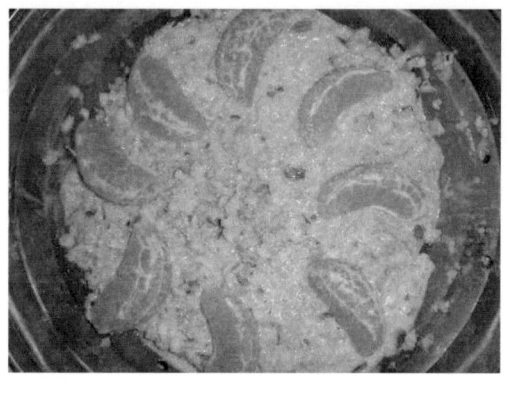

Getreide:
- 50 g Weizen
- 60 g Wasser

Gemüse:
- 150 g Kohlrabi netto
- 15 g Porree (grün)
- 100 g Pastinake netto
- 15 g Mandeln
- 1 gestr. TL Kräutersalz (3/2008)

Dressing:
- 1/2 TL Salz
- 1 kl. Knoblauchzehe
- 1 TL Zitronenschaum (5/3586)
- 1/2 TL Vier-Kräutermischung (3818)
- 130 g Banane (Bruttogewicht)
- 1 Ast Salbei (z. B. in Öl eingelegt)
- 2 EL Sonnenblumenöl
- 55 g Wasser

Dekoration:
- 1 Mandarine (70 g brutto)

Weizen grob schroten, mit dem Wasser verrühren und 4-6 Std. stehen lassen (nicht im Kühlschrank). Gemüse grob vorschneiden, mit Mandeln und Salz fein raffeln. Dressingzutaten in einem kleinen Mixer pürieren. Weizen, Gemüse und Dressing in einer Salatschüssel gut mischen. Die Mandarine schälen und als Dekoration auflegen.

3822. Reste-Nett-Serviert, Oktober 2009

Rohkost; ca. 15 Min.; 1 Hauptspeise.

Dressing:
- 15 g Petersilie (mit Stängel)
- 1 kleine Apfelsine (90 g netto)
- 20 g Sonnenblumenkerne
- 1 TL Zitronenschaum (5/3586)
- 1 geh. TL Kerbelwürze (3728)
- 10 g Walnussöl 100 % Rohkost
- 20 g Sonnenblumenöl
- 1/2 TL Salz
- 40 g Wasser

Feste Zutaten:
- 120 g Eisbergsalat
- 250-300 g gemischtes Gemüse, hier:
  - 100 g Kohlrabi (netto)
  - 50 g Porree
  - 100 g Pastinake
  - 30 g Möhre

Die Dressingzutaten in einem kleinen Mixer pürieren. Gemüse grob vorschneiden, fein raffeln. Salat in Streifen schneiden, auf einem großen Essteller verteilen. Das geraffelte Gemüse in die Mitte schütten, am Rand das Dressing (relativ dicklich) verteilen.

Tipp: *Es ist für die Optik sehr wichtig, dass nicht nur grünes Gemüse verwendet wird, also z. B. eine Möhre oder Tomate dabei ist (die dann in Scheiben schneiden).*

3823. Salat mit Champagnerbirne, Oktober 2009

Rohkost; ca. 15 Min.; 1 Hauptspeise.

Dressing:

- 40 g süße kernlose Weintrauben
- 20 g Sonnenblumenkerne
- 1 TL Zitronenschaum (5/3586)
- 1/2 TL Salz
- 3 EL Salbeiöl (2/937)
- 15 g Salbei aus dem Salbeiöl
- 4 EL Wasser

Feste Zutaten:

- 70 g Kopfsalat
- 1 große Tomate (135 g)
- 45 g Zucchini
- 45 g Champagnerbirne

Dressingzutaten in einem kleinen Mixer. Salat waschen, trockenschleudern (z. B. in einem Geschirrtuch), in Streifen schneiden und auf einem großen Essteller verteilen. Tomaten, Zucchini und Birne in Scheiben schneiden und „in Ringen" auf den Salat legen. Am Rand das Dressing verteilen.

Tipp: *Jede andere Birnensorte oder ein anderes Obst geht natürlich auch.*

3824. Kohlrabi mit Träuble, Oktober 2009

Rohkost; ca. 15 Min.; 1 Hauptspeise.

Dressing:

- 65 g süße kernlose Weintrauben
- 20 g Sonnenblumenkerne
- 1 Knoblauchzehe
- 2 TL Zitronenschaum (5/3586)
- 1/2 TL Salz
- 3 EL Salbeiöl (2/9379
- 3 EL Wasser

Feste Zutaten:

- 80 g Kopfsalat
- 230 g Kohlrabi netto
- 1 kleine Tomate (50 g)

Die Dressingzutaten in einem kleinen Mixer fein mixen. Salat waschen, trockenschleudern (z. B. in einem Geschirrtuch). Kohlrabi schälen und in feine Streifen schneiden. Mit dem gerupften oder geschnittenen Salat und dem Dressing in einer Schüssel mischen. Tomate in 8 Spalten schneiden und am Rand auslegen.

Tipp: *Wer keine Weintrauben hat, kann auch einen kleinen Apfel nehmen.*

3825. Gemüsebrühextrakt 2009, Oktober 2009

Ca. 20 Min.; hier Herstellung im TM.

- 1000 g Gemüsereste: wie Strunk vom Kohl, Kartoffel- und Möhrenschalen, Grün von den Kohlrabi usw. Alles, was nicht schlecht ist, aber nicht für den Verzehr erwünscht.
- 125 g Vollmeersalz

Tiefgefrorenes Gemüse 2-3 Std. auftauen lassen. In den Mixtopf geben und 1 Min./Stufe 4 zerkleinern. Bei allen Vorgängen den Thermomix gut festhalten, er neigt hier zum Hüpfen. 10 Sek./Stufe 10. Salz hinzugeben, das 10/10 mehrmals wiederholen. Gelegentlich musste ich das Gemüse nach unten „stupsen", weil die Messer leer liefen. In leere Honiggläser füllen (ergibt bei dieser Menge drei Honiggläser). Verwendung wie jeder andere Gemüsebrühwürfel oder -extrakt.

3826. Mitbringselweizenbrot, Oktober 2009

Ergibt 2 Brote: eins zu 2300 g und eins zu 600 g Teiggewicht.

- 10 g Hefe
- 1050 g Wasser
- 1080 g Weizen
- 320 g Sechskorngetreide
- 1 EL Salz
- 2 EL Kressesamen (o. Ä.)
- 1 EL Honig (35 g)
- 300 g Sonnenblumenkerne

Hefe in 1050 g Wasser verrühren. Getreide mit Kressesamen mischen, fein mahlen. Salz unter das Mehl mischen. Alle Zutaten in die Teigschüssel einer Knetmaschine geben und 6 Min. kneten lassen. Teigschüssel mit Gärfolie abdecken und etwa 8 Std. gehen lassen.

Teig nochmals kurz durchkneten lassen (1 Min.). Zwei Brotbackformen (1 Zenker-Brotbackform 35 cm und 1 Kastenform 25 cm) mit Butter einfetten. Die große Form mit 2300 g, die kleine mit 600 g Teig füllen. 30 Min. unter einer großen Plastiktüte gehen lassen. Ofen auf 250 °C (Umluft) vorheizen, auf den Boden eine feuerfeste Form mit Wasser stellen. In dieser Zeit geht das Brot noch.

Brote oben mit einem scharfen Messer einschneiden, mit Wasser einsprühen. Brote einschieben, 15 Min. bei 250 °C und 35 Min. bei 200 °C backen lassen. Klopfprobe machen (wenn man unten gegen das Brot (natürlich nicht mehr in der Form) klopft, muss es hohl klingen). Aus den Formen kippen, mit Wasser einsprühen und auf einem Gitterrost auskühlen lassen.

Tipp: *Diese Brote sind nicht nur lecker, sondern auch herrliche Mitbringsel, die sich gut vorbereiten lassen und dann am Tag selbst nicht mehr wirklich Arbeit machen, vorausgesetzt, ich setze den Teig abends an.*

3827. Mitbringselweizenbrot mit Grünkern, Oktober 2009

Ergibt 2 Brote: eins zu 2350 g und eins zu 900 g Teiggewicht.

- 10 g Hefe
- 1500 g Wasser
- 1200 g Weizen
- 250 g Grünkern
- 1 geh. EL Salz
- 1 EL ger. Orangenschale
- 1 EL geschrotetes Brotgewürz
- 1 EL Honig (30 g)
- 300 g Sonnenblumenkerne

Hefe in 1500 g Wasser verrühren. Getreide mischen, fein mahlen. Salz, Brotgewürz und Schale unter das Mehl mischen. Alle Zutaten in die Teigschüssel einer Knetmaschine geben und 6 Min. kneten lassen. Teigschüssel mit einer großen Plastiktüte abdecken und etwa 8 Std. gehen lassen.

Teig nochmals kurz durchkneten lassen (1 Min.). Zwei Brotbackformen (1 Zenker Brotbackform 35 cm und 1 Kastenform 30 cm) mit Butter einfetten. Die große Form mit 2350 g, die kleinere mit 900 g Teig füllen. 25 Min. unter einer großen Plastiktüte gehen lassen. Ofen auf 250 °C (Umluft) vorheizen, auf den Boden eine feuerfeste Form mit Wasser stellen. In dieser Zeit geht das Brot noch.

Brote oben mit einem scharfen Messer einschneiden und einschieben, 15 Min. bei 250 °C und 45 Min. bei 200 °C backen lassen. Klopfprobe machen (wenn man unten gegen das Brot (natürlich nicht mehr in der Form) klopft, muss es hohl klingen). Aus den Formen kippen, mit Wasser einsprühen und auf einem Gitterrost auskühlen lassen.

Tipp: Wieder so ein Brot, bei dem ich auf einmal viel mehr Wasser brauche als noch am Tag vorher. Ich habe einen neuen Sack Weizen angebrochen. Kann das auf 1200 g Getreide wirklich einen Unterschied von mehr als 300 g Flüssigkeit ausmachen? Da bin ich wirklich überrascht, das ist auch relativ neu in meiner Erfahrung.

3828. Saures Haferbrot, November 2009

Backen geplant für einen Sonntagvormittag; 3 Brote.

Ansatz:
- Sauerteig (ca. 150 g)
- 200 g Roggen
- 200 g Wasser

Vorteig:
- 400 g Sauerteigansatz
- 1200 g kaltes Wasser
- 1200 g Roggen

Hauptteig:
- 250 g Wasser
- 700 g Nackthafer
- 300 g Roggen
- 2 geh. EL Salz
- 1 EL (fränkisches) Brotgewürz
- 1 EL Honig (30 g)
- 60 g Öl
- 200 g Leinsamen
- 100 g Sonnenblumenkerne

(Samstagmorgen): Roggen fein mahlen, mit Wasser und Sauerteig mischen. Schüssel in eine Plastiktüte stecken und auf der Fensterbank 10-12 Std. stehen lassen.

(Samstagabend): 1,2 kg Roggen mittelfein schroten (Stufe 3/9, Hawos Novum). 400 g Sauerteig (den Rest Sauerteig in einem Glas mit Schraubdeckel im Kühlschrank als neuen „Starter" aufbewahren), Wasser und Roggenmehl in der Knetmaschine gut verrühren (6 Min). Eine Plastiktüte über die Teigschüssel ziehen und etwa 10-12 Std., also über Nacht, stehen lassen.

(Sonntagmorgen): Hafer grob schroten (Stufe 7,5/9), Roggen fein mahlen. Mit den anderen trockenen Zutaten mischen. Das Gemisch mit Honig und Öl sowie den Saaten und Wasser, zum Vorteig geben. 10 Min. kneten lassen.   Drei Kastenformen (drei Profiformen Edelstahl 20,5 x 11 x 10,5 cm) mit Butter einfetten und den Teig hineinfüllen (4 x 1450 g), mit der nassen Hand glattstreichen. Mit Gärfolie abdecken und 45 Min. gehen lassen. Mit einem nassen Messer oben einschneiden, mit Wasser einsprühen.

Eine feuerfeste Form mit Wasser auf den Boden des Ofens stellen. Auf 250 °C vorheizen, die Brote einschieben. 15 Min. bei 250 °C und 60 Min. bei 175 °C backen. Etwas abkühlen lassen, aus den Formen auf ein Kuchengitter stürzen, einsprühen und abkühlen lassen. Erst am nächsten Tag anschneiden.

Hinweis: *Wer mit der Hand knetet, muss nicht nur länger kneten (etwa 3-4 Mal so lang), sondern auch deutlich längere Gehzeiten beachten. Ich traute meinen Augen heute selbst nicht, als der Teig nach nur 40 Min. schon die Formkante erreicht hatte – ein Teig, der sonst Std. braucht.*

3829. Weißkohl-Saisonsalat, November 2009

Rohkost; ca. 15 Min.; 1 Hauptspeise + etwas mehr.

Dressing:
- 15 g Petersilie (mit Stängel)
- 8 g Knoblauchzehe
- 35 g Sonnenblumenöl
- 1/2 TL Salz
- 2 TL Zitronenschaum (5/3586)
- 80 g Wasser

Gemüsezutaten:
- 235 g Weißkohl
- 20 g Mandeln
- 95 g Möhren
- eine Prise Salz
- 105 g Eisbergsalat
- 1 große Tomate (120 g)

Dressingzutaten in einem kleinen Mixer fein mixen. (Alle Zutaten im Verhältnis 1:2 aufteilen.) Salat waschen, trockenschleudern und in eine Schüssel geben. Weißkohl grob zerkleinern, mit Mandeln und zerteilter Möhre in einem Zerkleinerer fein raffeln. Auf den Salat schütten. Tomate in Scheiben schneiden, darauf verteilen. Dressing darüber gießen.

3830. Vorweihnachtsrolle, November 2009

Teig:

- 20 g Biohefe frisch
- 50 g Wasser
- 450 g Dinkel
- 50 g Weizen
- 1 getr. TL Rosensalz (4/2789)
- 1 TL ger. Orangenschale
- 130 g Honig
- 60 g Sahne
- 1 Prise Pfeffer
- 1 gestr. EL Lebkuchengewürz
- 115 g Wasser

Füllung:

- 250 g Mandeln
- 110 g Apfelsine (netto)
- 100 g Honig

Herstellung in der Knetmaschine. Sonst Gehzeit verlängern.

Hefe in Wasser auflösen. Dinkel und Weizen fein mahlen und mit Salz und Orangenschale mischen. Eine Mulde hineindrücken, Hefewasser hineingießen und mit etwas Mehl zu einem dicklichen Brei rühren. 20 Min. abgedeckt gehen lassen.

Alle Teigzutaten inklusive des Vorteigs in die Teigknetmaschine geben und 10 Min. kneten. Mit der Hand zu einer Kugel unter Spannung formen und in einer Schüssel, abgedeckt mit Gärfolie, 1 Std. gehen lassen. Füllung im TM (oder Mixer) herstellen: Mandeln fein mahlen (10 Sek./Stufe 10). Apfelsine schälen, klein schneiden und mit dem Honig zu den Mandeln geben. 10 Sek./Stufe 6 zerkleinern.

Teig auf einer Dauerbackfolie in Größe des Backblechs gleichmäßig ausrollen. Die Füllung gleichmäßig darauf streichen, von der Längsseite her aufrollen. Zu einem Hufeisen formen, mit der Schere oben mehrmals einschneiden. Zwei Zahnstocher oder Grillhölzchen in die Enden stecken (als Abstandshalter) und 15 Min unter Gärfolie gehen lassen. In dieser Zeit den Ofen (Umluft) auf 250 °C vorheizen, auf dem Boden steht eine kleine feuerfeste Form mit Wasser. Blech einschieben, auf 175 °C drehen. 40 Min. backen. Auf ein Kuchengitter geben, mit Wasser einsprühen.

Tipps: *Dieser Teig war ziemlich fest. Nach dem Backen war er herrlich locker. Ergebnis des Knetgeräts?*

3831. Tomatenbananensalat Nr. 2, November 2009

Rohkost, 8-10 Min.; 1 Hauptspeise.

Dressing:

- 30 g Olivenöl
- 1 flacher TL Salz
- 2 TL Zitronenschaum (5/3586)
- 1 kleine Orange (115 g netto)
- 30 g Sonnenblumenkerne

Feste Zutaten:

- 100 g Eisbergsalat
- 1 Tomate (80 g)
- 1 Banane (120 g netto)
- etwas Petersilie

Apfelsine schälen, in Stücke schneiden. Mit den anderen Zutaten im kleinen Mixer 30 Sek. mixen. Eisbergsalat in Streifen schneiden, als Kranz auf einen Essteller legen. Das Dressing an vier Stellen „ausklecksen". Tomate in Streifen schneiden, in die Mitte legen. Banane in Scheiben schneiden, an vier Stellen zwischen dem Dressing auslegen. Etwas Petersilie auf das Dressing legen.

3832. Pink auf Grün, November 2009

Rohkost; ca. 15 Min.; 1 Hauptspeise.

Dressing:

- 30 g Olivenöl
- 1 flacher TL Salz
- 2 TL Zitronenschaum (5/3586)
- 1 Clementine (45 g netto)
- 30 g Haselnusskerne
- 6 g Petersilie
- 1 Knoblauchzehe
- 85 g Wasser
- 1/2 TL Vier-Kräutermischung (3818)

Gemüse:

- 175 g Weißkohl
- 110 g Rote Bete
- 20 g Haselnusskerne
- 1 Prise Salz
- 1 EL Olivenöl
- 45 g Eisbergsalat

Clementine und Knoblauchzehe schälen, in Stücke teilen. Mit den anderen Zutaten kleinen Mixer 30 Sek. mixen und auf einen Suppenteller geben. Die anderen Zutaten miteinander raffeln und in die Mitte der Soße schütten. Eisbergsalat in Streifen schneiden und an einer Seite verteilen.

3833. Rotkohlnocken an Chinakohl

Vegane Rohkost; 4 Std. einweichen + ca. 15 Min.; 1 Hauptspeise.

Nocken:

- 3 EL Weizen
- 50 g Wasser
- 200 g Rotkohl
- 1/2 TL Salz
- 1 EL Olivenöl

Chinakohl:

- 100 g Chinakohl
- 1/2 flacher TL Salz
- 1 TL Zitronenschaum (5/3586)
- 1 EL Olivenöl
- 2 EL Wasser

Soße:

- 1 Tomate 105 g
- 1 kleine Knoblauchzehe
- 20 g Sonnenblumenkerne
- 1/2 TL Multigewürz (3834)
- 1 gestr. TL Salz
- 2 TL Zitronenschaum (s. o.)
- 2 EL Olivenöl
- 50 g Wasser

Weizen flocken, mit Wasser vermischt 4 Std. quellen lassen. Rotkohl vorschneiden, im Zerkleinerer fein raffeln und mit den übrigen Nockenzutaten verrühren. Mit Löffeln Nocken abstechen und nebeneinander auf die Hälfte eines großen Esstellers setzen, nicht die ganze Masse nehmen.

Chinakohl waschen und in Streifen schneiden. Salz, Zitronenschaum, Öl und Wasser mit einer Gabel verschlagen, mit dem Chinakohl mischen. Neben die Nocken setzen.

Knoblauchzehe schälen, Tomate grob kleinschneiden und mit den anderen Zutaten n kleinen Mixer 30 Sek. verquirlen. Etwas über Nocken und Chinakohl geben, den Rest so mit dem restlichen Rotkohl dazu servieren.

3834. Multigewürz, November 2009

Dieses Mal habe ich gem. Gewürze verwendet:

- 4 TL Koriander
- 4 TL Kümmel
- 2 TL Kurkuma
- 2 TL Kardamom
- 2 TL Safranwurzel (s. Hinweis)
- 1 TL Ingwer
- 1/2 TL Zimt

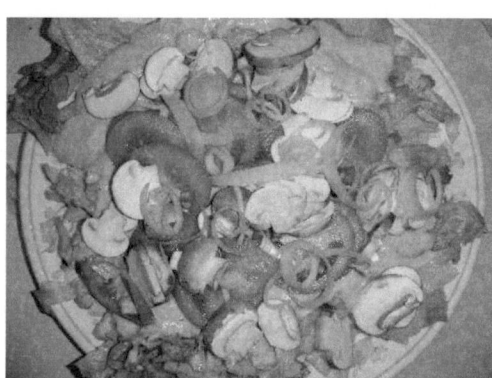

Alle gemahlenen Gewürze in einen Becher geben. Mit einem Deckel verschließen und gut durchschütteln.

Hinweis: *Eine aufmerksame Leserin (danke schön!) machte mich darauf aufmerksam, dass Safranwurzel laut Wikipedia dasselbe ist wie Kurkuma. Hmmm. Also in Lahnstein wurde das als etwas Besonderes verkauft, von derselben Pflanze wie die feinen Safranfäden, aber eben von der Wurzel und somit preiswerter. Mein Mitbringsel aus Lahnstein ist auch grober und dunkler, als ich Kurkuma kenne. Ich kann nur sagen: Ich weiß es nicht. Im Zweifelsfalle kann man die Safranwurzel weglassen, durch Kurkuma oder halb durch Kurkuma ersetzen.*

3835. Birnendressing auf Salat, November 2009

Vegane Rohkost; ca. 15 Min.; 1 Hauptspeise.
Dressing:

- 1 TL Zitronenschaum (5/3586)
- 1 gestr. TL Salz
- 90 g Birne
- 3 EL Walnussöl (Rohkost)
- 1/2 TL Multigewürz (3834)
- 15 g Porree (grüner Anteil)
- 60 g Wasser
- 1 kleine Knoblauchzehe
- 15 g Haselnüsse

Salat:

- 150 g Eisbergsalat
- 2 Tomaten (125 g)
- 70 g Champignons
- 10 g Porree (weißer Anteil)

Knoblauchzehe schälen, mit den anderen Zutaten in einem kleinen Mixer (z. B. Mr. Magic) 30 Sek. verquirlen. Eisbergsalat waschen, trockenschleudern und in Streifen schneiden. Auf einem flachen Teller verteilen, Dressing darüber geben. Tomaten und Champignons in Scheiben schneiden, leicht angehäufelt auf dem Salat verteilen und mit Porreestreifen bestreuen.

3836. Möhrensuppe mit Kerbel, November 2009

Vegane Rohkost; ca. 10 Min. im TM; 1 Hauptspeise.

- 30 g Sonnenblumenkerne
- 1 EL Zitronenschaum (5/3586)
- 1 knapper TL Salz
- 2 EL Sonnenblumenöl
- 260 g Möhren
- 1 Stück gelbe Paprika (20 g)
- 2 EL gehackter Kerbel
- 250 g Wasser

Möhren in dicke Scheiben schneiden, Enden abschneiden. Sonnenblumenkerne in einem kleinen Mixer fein mahlen. Mit Möhren, Paprika, Zitronenschaum, Salz und Öl in den Thermomix geben. Gemüse auf 30 Sek./Stufe 4 zerkleinern. Ca. 75 g Wasser hinzufügen, 10 Sek./Stufe 10 laufen lassen. Nach Hinzufügen des restlichen Wassers nochmal 10 Sek./Stufe 10. Einen Teller füllen, mit der Hälfte des Kerbels bestreuen.

3837. Kohlrabifrische, November 2009

Vegane Rohkost, ca. 15 Min.; 1 Hauptspeise.

Dressing:
- 2 TL Zitronenschaum (5/3586)
- 1 gestr. TL Salz
- 1 kleine Apfelsine (115 netto)
- 15 g Kerbelwürze (3728)
- 2 EL Olivenöl
- 35 g Wasser
- 20 g Sonnenblumenkerne
- 1/2 TL Multigewürz (3834)

Salat:
- 250 g Kohlrabi netto
- 150 g Eisbergsalat
- 1 Tomaten (60-70 g)

Apfelsine schälen, in Scheiben schneiden, evtl. Kerne entfernen. Mit den anderen Zutaten in einem kleinen Mixer (z. B. Mr. Magic) 30 Sek. verquirlen. In eine Schüssel geben. Kohlrabi grob vorschneiden und fein raffeln. Eisbergsalat in Streifen schneiden, beides zum Dressing geben und durchmischen. Tomate in 8 Spalten schneiden und am Rand verteilen.

3838. Butterkürbisbrot, November 2009

Ergibt 3 Brote zu je 2 x 1350 und 1 x 200 g Teiggewicht.

(1)
- 1/2 P Biohefe (22 g)
- 125 g Wasser

(2)
- 500 g Weizen
- 375 g Wasser

(3)
- 750 g Weizen
- 250 g Roggen
- 900 g Wasser
- 500 g Butterkürbis
- 250 g Wasser
- 1 TL Salz
- 3 EL Olivenöl

(4)
- 500 g Weizen
- 250 g Roggen
- 250 g Nackthafer
- 2 EL Salz
- 1 EL Brotgewürz

(1) Hefe in 125 g Wasser auflösen. *(2)* 500 g Weizen mahlen. In die Mitte eine Kuhle drücken, das Hefewasser hineingeben und mit so viel Mehl verrühren, dass sich eine dickliche Flüssigkeit ergibt. Mit einem Tuch abdecken und 15-20 Min. stehen lassen. 375 g Wasser hinzugeben, alles gründlich in der Knetteigmaschine 5 Min kneten lassen. Mit Gärfolie abdecken und 30 Min. gehen lassen. *(3)* 750 g Weizen und 250 g Roggen mahlen. Mit 900 g Wasser unter Ansatz (2) 5 min kneten lassen. Mit Gärfolie abdecken und 1 Std. gehen lassen. Butterkürbis klein schneiden, mit Wasser, Salz und Olivenöl zum Kochen bringen, 5 Min. köcheln und pürieren (TM: Raffeln 20 Sek/Stufe 4; 6 Sek./Stufe 6; Kochen 10 Min. /100 °CStufe 1). Abkühlen lassen.

(4) 500 g Weizen, 250 g Roggen und 250 g Hafer mischen und mahlen. Mit Salz und Brotgewürz verrühren und mit dem abgekühlten Kürbispüree zu Ansatz (3) geben. 10 Min. kneten lassen. Wieder abdecken und 1 Std. gehen lassen.

Nochmals gut durchkneten lassen (1 Min). Eine Zenker-Brotform (30 x11 cm) und zwei Profibackformen (20,5 x 11 x 10,5 cm) gut mit Butter einfetten. Spieße als Abstandshalter in die Ecken stecken und 30 Min. unter Gärfolie gehen lassen.

Ofen auf 250 °C (Umluft) vorheizen, auf den Boden eine feuerfeste Form mit Wasser stellen. In dieser Zeit gehen die Brote noch, also insgesamt 50 Min.. Blech einschieben, 15 Min. bei 250 °C und 45 Min. bei 200 °C Min. backen lassen. Aus den Formen kippen - mit einem Messer gründlich am Rand entlang fahren. Ohne Form nochmals 10 Min. backen lassen. Gut mit Wasser einsprühen und auf einem Gitterrost auskühlen lassen.

3839. Butterkürbissuppe, November 2009

Vegane Rohkost; ca. 25 Min. im TM; 3-4 Portionen.

- 225 g Porree (netto)
- 750 g Butterkürbis (netto)
- 1-2 in Öl eingelegte/getr. Salbeiblätter (2/937)
- 2 geh. TL Salz
- 50 g Salbeiöl (2/937)
- 510 g Wasser
- 100 g Sahne
- 100 g Wasser
- 1 TL Multigewürz (3834)

Kerne aus dem Kürbis nehmen, nicht schälen. In Stücke schneiden. Porree ebenfalls in Stücke schneiden. Beides zusammen zerkleinern (1 Min./Stufe 4; 6 Sek./Stufe 6). Salbeiblätter, Salz, Öl und Wasser hinzugeben und garen (20 Min./100 °C/Stufe 1).

Pürieren (10 Sek./Stufe 10), Sahne, Gewürz und Wasser untermischen (10 Sek./Stufe 6). Ich habe dann in 7 Portionen eingefroren. Die Suppe ist ziemlich dickflüssig und sollte nach dem Auftauen beim Erwärmen mit ca. 50 ml Wasser verdünnt werden.

Tipp*: Lecker schmecken Stückchen von älterem Brot darin, wie auf dem Foto zu sehen.*

3840. Weißkohlknäcke (roh), November 2009

Vegane Rohkost; ca. 10 Min. im TM + Trockenzeit.

- 150 g Leinsamen
- 200 g Sonnenblumenkerne
- 350 g Weißkohl
- 2 Knoblauchzehen
- 4 TL Zitronenschaum (5/3586)
- 1 gestr. TL Salz
- 1 TL Multigewürz (3834)
- 2 EL Kerbelwürze (3728)

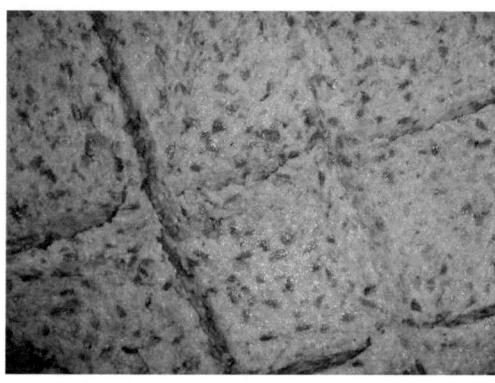

Knoblauchzehe schälen. Gemüse grob in Stücke vorschneiden.
Alles in den Mixtopf geben und wie folgt mixen: 30 Sek./Stufe 4; 20 Sek./Stufe 6 (zwischendurch die Masse an den Seiten herunterschieben). Eventuell solange weitermixen, bis es eine ziemlich homogene Masse ist, die nicht mehr auseinanderfällt, die Sonnenblumenkerne sind nicht mehr sichtbar, der Leinsamen noch teilweise.

Backpapier in Größe der Trockensiebe ausschneiden. Mit einem immer wieder nass gemachten Teigschaber gleichmäßig verteilen. Mit einem scharfen Messer Stücke vorschneiden. Bei 40-42 °C etwa 8 Std. trocknen. Vorsichtig vom Backpapier lösen, umdrehen und trocknen, bis sie wirklich knusprig sind.

Tipp: *Achtung: Der Weißkohl riecht beim Trocknen recht stark. Der Geschmack ist okay.*

3841. Butterkürbissalat, November 2009

Vegane Rohkost; 6 Std. einweichen + ca. 15 Min.; 1 Hauptspeise.

Dressing:
- 1 TL Zitronenschaum (5/3586)
- 1 Knoblauchzehe
- 1 TL Rosensalz (4/2789)
- 1 kleiner Apfel (ca. 80-90 g)
- 1 TL Korianderkonzentrat (3740 o. Ä.)
- 2 EL Olivenöl
- 75 g Wasser
- 20 g Mandeln
- 1 MS Chili harrissari (3777 o. Ä.)

Feste Zutaten:
- 250 g Butterkürbis
- 100 g Eisbergsalat
- einige Ringe Porree

Knoblauchzehe schälen. Mit den anderen Zutaten in einem kleinen Mixer 30 Sek. mixen. In eine Schüssel geben. Butterkürbis entkernen, grob vorschneiden und fein raffeln. Eisbergsalat in Streifen schneiden, beides zum Dressing geben und durchmischen. Porreeringe in die Mitte legen.

3842. Eisbergige Mungbohnen mit Ananasdressing, Nov. 2009

Vegane Rohkost; 48 Std. Keimzeit + ca. 15 Min.; 1 Hauptspeise.

Dressing:
- 2 TL Zitronenschaum (5/3586)
- 1 kleine Knoblauchzehe
- 1 gestr. TL Salz
- 40 g Ananas netto
- 1 TL Gartenmix (3783 o. Ä.)
- 2 EL Walnussöl (Rohkost)
- 60 g Wasser
- 10 g Sonnenblumenkerne

Feste Zutaten:
- 100 g gekeimte Mungbohnen (ca. 2-3 EL ungekeimt)
- 165 g Eisbergsalat
- 1 Tomate (125 g)
- einige Ringe Porree als Dekoration

Knoblauchzehe schälen. Mit den anderen Dressingzutaten in einem kleinen Mixer (z. B. Mr. Magic) 30 Sek. mixen. In eine Schüssel geben. Eisbergsalat in Streifen und Tomate in Spalten schneiden, mit den abgetropften Mungbohnensprossen zum Dressing geben und durchmischen. Porreeringe in die Mitte legen.

3843. Weizenmöhradellen auf eisigem Berg, November 2009

Vegane Rohkost; 4 Std. einweichen + ca. 15 Min.; 1 Hauptspeise.

Dressing:
- 1 TL marokkanische Salzzitronen (5/3653)
- 1 gute Prise Salz
- 1 Knoblauchzehe
- 2 EL Walnussöl (Rohkost)
- 50 g Wasser

Möhradellen:
- 125 g Möhre
- 100 g Kohlrabi netto
- 1 TL Zitronenschaum (5/3586)
- 1/2 TL Salz
- 3 EL Weizen
- ca. 50 g Wasser

Salatzutaten:
- 110 g Eisbergsalat
- 6 g Porreeringe
- 4 g Mungbohnenkeimlinge

3 EL Weizen nicht zu grob schroten (Stufe 3/9, Hawos Novum), mit so viel Wasser verrühren, dass sich ein Brei ergibt. Abgedeckt 4 Std. stehen lassen (nicht im Kühlschrank). Die Dressingzutaten in einem kleinen Mixer 30 Sek. lang gut verquirlen.

Kohlrabi schälen, Kohlrabi und Möhre grob zerkleinern und dann z. B. in einer Küchenmaschine in Streifchen raffeln. Mit eingeweichtem Weizen, Zitronenschaum und Salz gut verkneten.

Eisbergsalat in Streifen schneiden, auf einem Essteller ausbreiten. Mit dem Dressing übergießen. Aus der Gemüse-Weizenmasse vier „Frikadellen" formen und auf den Salat legen. Mit Porreeringen und einigen Sprossen dekorieren.

Tipp: *Porreeringe und Mungbohnensprossen dienen lediglich der Dekoration; Tomatenscheiben, Cocktailtomaten, Petersilie, Schnittlauch usw. eignen sich genauso gut. – Ich habe diesmal die Knoblauchzehe nicht geschält, ging problemlos.*

3844. Orange mit Apfelsinencreme, November 2009

Rohkost; 1-2 Desserts.

- 1 kleine Orange (110 g netto)
- 25 g Mandeln
- 1 TL Engelshaar (25 g) (4/2392)
- 10 g roher Agavennektar
- 1 Prise Multigewürz (3834)

Apfelsine schälen. 25 g Mandeln fein mahlen. 50 g Orange, Engelshaar, Agavennektar und Gewürzmischung hinzugeben, ca. 30-40 Sek. schlagen. Restliche Orange in Stücke schneiden, auf einen kleinen Glasteller geben und mit der Creme beträufeln.

Tipp: *Die Soße ist relativ herb. Wer das nicht mag, nimmt weniger „Engelshaar" oder ersetzt es durch Honig. – Geschmacklich und optisch gut dazu passt als Dekoration ein bisschen getr. oder frische Minze.*

3845. Winterlingsrollen, November 2009

Vegane Rohkost; ca. 15 Min.; 1 Hauptspeise.

Kohl:
- 4 mittelgroße Blätter Chinakohl, je 25-35 g

Füllung:
- 130 g Champignons
- 20 g Haselnüsse
- 80 g Salatgurke
- 15 g Porreeringe
- 1 gute Prise Salz

Dekoration:
- 1/2 Mandarine (netto 40 g; 4 Stück)
- etwas Petersilie

Soße:
- 1 TL Zitronenschaum (5/3586)
- 1 kleine Knoblauchzehe
- 1 gestr. TL Salz
- 1/2 Mandarine (40 g netto)
- 30 g Banane
- 2 g Ingwer frisch
- 2 EL Macadamianussöl (Rohkostqualität)
- 1 gestr. TL Salz
- 60 ml Wasser
- 1 MS Chili harrissari (3777 o. Ä.)

Chinakohlblätter ausbreiten. Die Füllungszutaten ggf. grob vorschneiden. Zusammen fein raffeln. Jeweils einen gehäuften EL auf ein Chinakohlblatt geben, aufrollen (mit der „Wurzelseite" anfangen) und nebeneinander auf einen Essteller legen. Knoblauchzehe schälen. Mit den anderen Dressingzutaten in einem kleinen Mixer 30 Sek. mixen. Einen Teil über die Rollen gießen. Den Rand des Tellers mit den übrig gebliebenen Mandarinenspalten und Petersilie dekorieren, auch in die Mitte etwas Petersilie geben.

Tipp: *Es geht sicher auch mit einem anderen kaltgepressten Öl.*

3846. Blumenkohlcremesuppe, November 2009

Vegane Rohkost; ca. 15 Min.; 1 Hauptspeise.

- 20 g Sonnenblumenkerne
- 3 TL Zitronenschaum (5/3586)
- 1 geh. TL Salz
- 25 g Sonnenblumenöl
- 5 g Walnussöl (Rohkost)
- 50 g Wasser
- 210 g Blumenkohl netto
- 70 g Avocado netto
- 275 g Wasser

Deko:
- 35 g Möhre
- etwas Petersilie

Kerne, Zitronenschaum, Salz, Öl und 50 g Wasser in einem kleinen Mixer 30 Sek. mixen. Blumenkohl und Avocado grob zerkleinern. Mit dem Pürierstab pürieren, dabei das Wasser und die obige Creme nach und nach hinzugeben. Einen Suppenteller füllen, etwas Petersilie in die Mitte streuen. Möhre in dünne Scheiben schneiden, an einer Seite des Tellers auslegen.

3847. Avocado-Dressing auf Raffelgemüse, November 2009

Vegane Rohkost; ca. 15 Min.; 1 Hauptspeise.

Dressing:
- 2 TL Zitronenschaum (5/3586)
- 1 gestr. TL Salz
- Innere von 1/2 Avocado (netto 60 g)
- 1 EL Öl (Rohkostqualität)
- 60 g Wasser
- 1 Mandarine (75 g netto)

Salat:
- 125 g Eisbergsalat
- 80 g Blumenkohl
- 85 g Möhren
- 100 g Weißkohl

Deko:
- 2 TL Sesamkörner

Dressingzutaten in einem kleinen Mixer 30 Sek. mixen. Eisbergsalat in Streifen schneiden, auf einem Essteller außen zum Ring legen. Das andere Gemüse grob vorschneiden und fein raffeln, in die Mitte geben. Dressing auf dem Eisbergsalat verteilen, mit Sesam bestreuen.

Tipp: *Statt Sesam eignen sich zur Dekoration auch Cocktailtomaten halbiert oder Petersilie, oder auch einfach Sonnenblumenkerne.*

3848. Scharfe Dauerpflaumen, November 2009

Vegane Rohkost.

- 78 g getr. Pflaumen
- 3 Peperoni
- 3 Knoblauchzehen
- 9 Walnüsse
- 225 g Öl, Rohkostqualität

Knoblauchzehen schälen, Walnüsse knacken. Ein Drittel der Pflaumen in ein leeres Honigglas drücken. 1 Peperoni und eine Knoblauchzehe in Scheiben schneiden, mit drei der Walnusskerne auf die Pflaumen geben. Diese Schichten noch zweimal darüber geben. Etwas zusammendrücken, Öl langsam in das Glas geben, bis alle Lücken geschlossen sind. Schraubverschluss fest drehen, Datum auf den Deckel schreiben und im Kühlschrank aufbewahren.

Tipp: *Eignet sich prima, vor allem auch in einem hübschen Glasgefäß, als gesundes Mitbringsel. Die Zutaten sind natürlich austauschbar, statt Peperoni eignen sich auch Chili. Wenn es nicht unbedingt Rohkost sein muss, kann man auch getr. Chili oder getrockneten grünen Pfeffer nehmen.*

3849. China-Eisberg-Treffen, November 2009

Vegane Rohkost; 4-6 Std. einweichen + ca. 10 Min.; 1 Hauptspeise.

Dressing:
- 70 g Orange (netto)
- 20 g Sonnenblumenkerne
- 30 g Sonnenblumenöl
- 1 TL Salz
- 1 groß Knoblauchzehe (10 g netto)
- 50 g Wasser
- 1 TL Haltbarer Garten-Mix (3783)

Gemüse:
- 110 g rote Paprika (netto)
- 100 g Salatgurke
- 95 g Möhren
- 180 g Eisbergsalat
- 100 g Chinakohl

Dressingzutaten in einem kleinen Mixer gut miteinander verquirlen. Gemüse klein schneiden und auf zwei Schüsseln verteilen. Soße zum Gemüse geben.

3850. Schwarzes Brot mit Hafer, November 2009

Ergibt 2 Brote zu je ca. 1100-1150 g.

- Vorteig:
- Sauerteig (100-130 g)
- 250 g kaltes Wasser
- 250 g Roggen

Hauptteig:

- 1000 g Roggen
- 100 g Nackthafer
- 1 geh. EL Salz
- 1 EL Brotgewürz
- 50 g Honig
- 600 g Wasser

Vorabend: Roggen fein mahlen. Für den Vorteig Sauerteigansatz, Wasser und Roggen in einer größeren Schüssel gut verrühren. Schüssel in eine Plastiktüte stecken und auf der Fensterbank etwa 10-12 Std. stehen lassen.

Morgens: Roggen und Hafer zusammen fein schroten (Stufe 2/9, Hawos Novum). 500 g vom Sauerteig abnehmen (den Rest im Kühlschrank in einem Schraubglas aufbewahren) und mit Mehl und den anderen Zutaten verkneten (z. B. 15 Min. in der Teigknetmaschine alpha von Häussler; dabei ab und zu den „hochlaufenden" Rand herunterdrücken).

Mit Gärfolie abdecken und 2-3 Std. (bei mir waren es 2 1/4 Std.) gehen lassen. Teig kurz und gründlich durchkneten (1 Min. in der Maschine kneten lassen). Teig halbieren (jeweils ca. 1150 g), zu zwei länglichen Broten formen und auf ein mit Dauerbackfolie ausgelegtes Backblech setzen und oben längs und quer schräg einschneiden. Mit Wasser besprühen, Zahnstocher oder Grillhölzer als Abstandshalter in die Brote stecken und mit Gärfolie abdecken. An einem warmen Ort 1 Std. gehen lassen.

In den letzten 20 Min. den Ofen auf 250 °C (Umluft) vorheizen, auf den Boden eine feuerfeste Form mit Wasser stellen. Brote mit feuchten Händen nochmals in Form drücken. Bleche einschieben, und wie folgt backen: 15 Min. bei 250 °C, 20 Min. bei 200 °C und 20 Min. bei 150 °C.

Mit Wasser einsprühen und auf einem Kuchengitter auskühlen lassen. Erst am nächsten Tag anschneiden.

3851. Leichter Wintersalat, November 2009

Rohkost; ca. 10 Min.; 1 Haupt- + 1 Vorspeise.

- 1 Orange, 210 g netto

Dressing:

- 50 g Orange
- 25 g Sonnenblumenkerne
- 20 g Olivenöl
- 1 TL Salz
- 1 keine Knoblauchzehe (2 g netto)
- 50 g Wasser
- 1/2 TL Haltbarer Garten-Mix (3783)

Gemüse:

- 145 g Möhren
- 230 g Chinakohl
- etwas Petersilie

Die Dressingzutaten ggf. grob zerkleinern und in einem kleinen Mixer gut miteinander verquirlen (ca. 30 Sek.). Chinakohl in feine Streifen schneiden, Möhren fein raffeln und restliche Orange würfeln. Zwei Drittel als Hauptspeise nehmen, ein Drittel als Vorspeise. Für die Hauptspeise den Chinakohl in eine Schüssel geben, in die Mitte die Möhren schütten und die Orangenwürfel an den Rand geben. Dressing (2/3) in die Mitte gießen und mit etwas Petersilie garnieren.

3852. Bengalischer Grünkohlsalat, November 2009

Vegane Rohkost; ca. 10 Min.; 1 Hauptspeise.

Dressing:
- 1 EL Macadamianussöl (Rohkost)
- 2 EL Sonnenblumenöl
- 1 gestr. TL Salz
- 2 TL Zitronenschaum (5/3586)
- 1 MS Pfeffer
- 3 EL Wasser

Gemüse:
- 70 g Grünkohl
- 140 g Weißkohl
- 2 weiche große Datteln (oder 4 kleine), entkernt
- 1/2 Apfelsine netto 110 g
- 20 g Sonnenblumenkerne

Dressingzutaten in einer Schüssel mit der Gabel gut verschlagen. Grünkohl sehr fein, Weißkohl in Streifen, Orange in Würfel, halbierte Datteln in Halbringe schneiden. Mit den Sonnenblumenkernen zum Dressing geben und gut verrühren.

Tipps: *Wer kein Macadamianussöl hat, sollte ein anderes gutes Nussöl nehmen, denn das Nussaroma ist für diesen Salat sehr wichtig.*

3853. Pizza Kohlrabi, November 2009

Vegane Rohkost; 10 Std. Einweichzeit + 30 Min.; 2 Hauptspeisen.

Boden:
- 100 g Sechskorngetreide
- 110 g Wasser
- 500 g Kohlrabi netto
- 1 TL Salz
- 1 LS Pfeffer
- 2 EL Olivenöl
- 30 g Leinsamen

Belag:
- 2 Tomaten (150 g)
- 50 g Salatgurke
- etwas Salz
- 1 TL Pizzagewürz

Guss:
- 55 g Sonnenblumenkerne
- 3 TL Zitronenschaum (5/3586)
- 3 EL Sonnenblumenöl
- 1 EL Walnussöl kaltgepresst
- 85 g Mandarine netto
- 75 ml Wasser
- 1/2 TL Salz

Dekoration:
- etwas Petersilie

Tipps: *Lässt sich sehr schön vorbereiten, bevor Besuch kommt; wenn er etwas später kommt (oder man schneller arbeitet), können die Pizzen auch noch ein wenig im Kühlschrank stehen, es tut dem Gesamtgeschmack sehr gut!*

Am Morgen: Getreide grob schroten und mit dem Wasser verrühren. Abgedeckt bis abends stehen lassen (ca. 8-10 Std.), nicht im Kühlschrank.

Abends: Kohlrabi fein raffeln, mit Getreide, Salz, Würzpfeffer, 2 EL Olivenöl und Leinsamen verrühren und ein wenig mit der Hand verkneten. Teigmasse gleichmäßig auf zwei Quicheformen (Durchmesser 20 cm) verteilen und mit der Hand glattdrücken. Tomaten und Gurke in dünne Scheiben schneiden und den Teig damit belegen. Leicht salzen und mit Pizzagewürz bestreuen. Gusszutaten in einem kleinen Mixer verquirlen (etwa 45 Sek.). Die Konsistenz muss dickflüssiger sein als Sahne, evtl. mit weniger Wasser beginnen oder noch etwas mehr hinzufügen. Über die Tomaten verteilen. In die Mitte etwas Petersilie legen.

3854. Kohliflower, November 2009

Vegane Rohkost; ca. 10 Min.; 1 Hauptspeise.
Kohlrabi:

- 250 g geschälter Kohlrabi
- 1 Prise Salz
- 2 EL Leinsamen

Dressing:

- eine kleine Knoblauchzehe
- 2 TL Zitronenschaum (5/3586)
- 10 g Sonnenblumenkerne
- 1 MS Chili harrissari (3777 o. Ä.)
- 1 LS Pfeffer
- 1 LS Multigewürz (3834)
- 55 g Wasser
- 1 geschälte Mandarine (75 g)
- 2 EL Sonnenblumenöl

Gemüse:

- 2 Tomaten (130 g)
- etwas Petersilie

Kohlrabi fein raffeln, mit Salz und Leinsamen verrühren. Dressingzutaten ggf. grob zerkleinern und in einem kleinen Mixer gut miteinander verquirlen (ca. 30 Sek.).

Kohlrabi in die Mitte eines großen Esstellers schütten und mit den Händen zu einer Halbkugel formen. Tomaten in dünne Scheiben schneiden, in einem Kreis um diese Halbkugel legen und mit gehackter Petersilie bestreuen. Einen Teil der Soße über die „Blütenmitte gießen", den Rest getrennt servieren.

3855. Mein erster Portulak, November 2009

Vegane Rohkost, ca. 10 Min.; 1 Hauptspeise.
„Winterportulakchen" kündigte mir Herr Sch. auf dem Markt heute an und schob eine Kiste mit Gewächsen in meine Reichweite, die ich noch nie gesehen hatte. Verstanden hatte ich ihn auch nicht, bis er nach 5-maligem Nachfragen damit rausrückte: Portulak. Aha. Na, da habe ich doch gleich was mitgenommen. Ist mal ne nette Salatvariante. Allerdings hat es mit dem, was in Wikipedia abgebildet ist, keine Ähnlichkeit. Egal, es schmeckte. Vielleicht erkennt jemand das Gewächs? – Mittlerweile habe ich zwei ausführliche Hinweise zu diesem Gewächs erhalten, herzlichen Dank! Dieses speziell hier nennt sich „Postelein" (das war das Wort, das ich auf dem Markt partout nicht verstanden hatte) und ist voller Vitalstoffe! Und geschmeckt hat's ja auch.
Salatsoße:

- 1 EL Olivenöl
- 2 EL Walnussöl
- 2 TL Zitronenschaum (5/3586)
- 1 gestr. TL Salz
- 1 TL Gartenmix (3783 o. Ä.)
- 3 EL Wasser

Gemüse:

- 125 g Champignons
- 50 g Postelein
- 1 Tomate (115 g)
- 20 g Sonnenblumenkerne

Soßenzutaten mit einer Gabel gut verschlagen. Wurzeln von Postelein abschneiden, den Rest ggf. waschen und abtropfen lassen, ein paarmal durchschneiden. Champignons und Tomate in Scheiben schneiden. Alles unter das Dressing ziehen.

3856. Grüner Blumenkohl mit Kokosaroma

Vegane Rohkost; ca. 10 Min.; 1 Hauptspeise.

Salatsoße:

* 20 g Sonnenblumenkerne
* 1 TL Zitronenschaum (5/3586)
* 1 kleine Knoblauchzehe
* 2 g Ingwer frisch
* 1 gestr. TL Salz
* 15 g Kokosöl, nativ
* 1 geschälte Mandarine (netto 60 g)
* 15 g Petersilie, mit Stängel
* 1 MS Pfeffer
* 50 g Wasser

Gemüse:

* 150 g grüner Blumenkohl (Romanesco)
* 90 g Chinakohl
* 1 Mandarine (60 g netto)

Mandarine und Petersilie vorschneiden und mit den anderen Soßenzutaten in einem kleinen Mixer (Magic Maxx, Mr. Magic, Power Blender usw.) ca. 30-40 Sek. schlagen.

Chinakohl in feine Streifen schneiden, in einen Suppenteller legen und die Mitte frei machen. Blumenkohl zerlegen und die Röschen in die Mitte legen. Den Chinakohlrand mit der Salatsoße bedecken, die zweite Mandarine in Stück teilen und am Rand als Dekoration auslegen.

3857. Laugengebäck, November 2009

Etwa 14 Teile.

* 20 g frische Biohefe (1/2 Würfel)
* 1 TL Honig (5 g)
* 125 g Wasser
* 500 g Weizen
* 1 EL Sonnenblumenöl
* 1 TL Salz
* ca. 150-190 g Wasser
* 20 g Natron
* 1,25 l Wasser
* Hagelsalz 2 EL

VORSICHT beim Umgang mit Natron, es ist ätzend.

Hefe mit Honig in 125 g Wasser auflösen. Weizen fein mahlen, in die Mitte eine Kuhle drücken und mit dem Hefewasser zu einem Brei verrühren. Mit Gärfolie abdecken und 20 Min. gehen lassen.

Mehl und Salz mischen. Hefewasser, Öl und 150 g Wasser hinzugeben und die Mischung zu einem geschmeidigen Teig verarbeiten (eine Hand knetet, die andere dreht die Schüssel). Auf einer glatten Fläche weiterkneten und je nach Teigbeschaffenheit noch 40 ml Wasser einarbeiten. Eine Teigkugel unter Spannung formen, mit Wasser einsprühen, mit Gärfolie abdecken und 45 Min. gehen lassen.

Teig von Hand nochmals durchkneten und Portionen von ca. 72 g abwiegen (= 11 Stück); solange sie nicht verarbeitet werden, abdecken. Drei Teigstücke zu runden Brötchen formen, aus drei Teigstücken 4 Stangen herstellen und aus dem Rest drei große und vier kleine Brezel herstellen: Rollen von 40 cm Länge rollen, die Enden gegeneinander verdrehen und auf den dickeren Mittelteil drücken.

Teigstücke abgedeckt nochmals 15-20 Min. gehen lassen. In dieser Zeit Wasser mit Natron auflösen und aufkochen. Jeweils 2-3 Gebäckstücke ca. 30 Sek. in die Lauge eintauchen, zwischendurch wenden. Mit einer Schöpfkelle herausnehmen, abtropfen lassen und auf die mit Backfolie ausgelegten Backbleche geben (vorsichtig, sie sind sehr glitschig-rutschig). Sofort mit dem groben Salz bestreuen.

Abkühlen lassen. In dieser Zeit den Backofen auf 250°C vorheizen, auf den Boden eine feuerfeste Schale mit kochendem Wasser stellen. Die Bleche (Umluft, sonst hintereinander) einschieben, auf 200 °C herunterdrehen und in ca. 20 (bzw. für die größeren Teile 25) Min. goldbraun backen.

Noch heiß auf dem Blech mit Wasser einsprühen und dann auf einem Gitterrost auskühlen lassen.

3858. Wurzelkranz, November 2009

Vegane Rohkost; ca. 10 Min.; 1 Hauptspeise.

Salatsoße:

- 2 TL Zitronenschaum (5/3586)
- 1 kleine geschälte Knoblauchzehe
- 1 gestr. TL Salz
- 3 EL Olivenöl
- 1 TL Gartenmix (3783 o. Ä.)
- 1 MS Pfeffer
- 6 EL Wasser

Gemüse

- 110 g Chinakohl
- 80 g Möhre
- 50 g Petersilienwurzel
- 100 g Fenchel

Dekoration:

- 1 EL Leinsamen

Soßenzutaten in einem kleinen Mixer 30-40 Sek. schlagen. Chinakohl in feine Streifen schneiden, als Rand auf einen großen Essteller legen, das Dressing in die Mitte gießen. Möhre, Wurzel und Fenchel grob zerkleinern und fein raffeln (Handraffel, Zerkleinerer, Eiscrushermesser im Stabmixer) und auf das Dressing häufeln . Am Rand mit Leinsamen bestreuen.

Tipp: Wenn man das Dressing unter das Gemüse gibt, ist der Anblick „frischer", als wenn die „immer gleiche grüne" Soße oben drauf kommt.

3859. Voradventsstuten mit Marzipanfüllung, November 2009

Etwa 2 kleine Stuten zu je ca. 700 g Teiggewicht.

- 1 P (42 g) frische Biohefe
- 150 g Wasser
- 1 Apfelsine, ungespritzt (150 g)
- 500 g Dinkel
- 50 g Nackthafer
- 50 g Sahne
- 1/2 TL Rosensalz (4/2789)
- 125 g weiche Butter
- 1 EL Lebkuchengewürz
- 50 g Wasser
- 220 g Honig
- 200 g Rosinen
- 250 g Honigmarzipan

Hefe in 150 g Wasser auflösen. Apfelsine in Scheiben schneiden und mit 50 g Sahne fein schlagen. Dinkel und Hafer fein mahlen, mit Salz und Lebkuchengewürz mischen. Alle Zutaten außer Rosinen und Marzipan in die Teigschüssel der Knetteigmaschine alpha (Häussler) geben und 5 Min. kneten lassen. Die Rosinen hinzugeben, und nochmals 5 Min. kneten lassen. Mit Gärfolie abdecken und 45 Min. gehen lassen.

Zwei Kastenformen, die 700 g Teig fassen, mit Butter einfetten. Jeweils 300 g Teig hineingeben, glatt streichen. Marzipan in Streifen schneiden und den Teig damit belegen. Restteig gleichmäßig darauf verteilen. Mit einem nassen Teigschaber glattstreichen. 20 Min. gehen lassen, in dieser Zeit den Ofen auf 250 °C (Umluft) vorheizen. Stuten einschieben, 10 Min. bei 250 °C und 40 Min. bei 175 °C backen lassen. Auf ein Kuchengitter stürzen und noch heiß Wasser einsprühen und auskühlen lassen.

Tipp: Bei schwerem Gebäck mit Honig und Butter funktioniert die Klopfprobe nicht, auch das Hineinstecken eines Holzstäbchens ist nur bedingt aussagekräftig. Die Oberfläche des Stutens sollte eine dunkel-goldgelbe Farbe haben.

3860. Nervenbrot, November 2009

Backferment von http://www.backferment.de. Ergibt drei Brote, zwei zu 1200 g, eines zu ca. 1700 g Teiggewicht.

Diese Brote waren eine echte Herausforderung. Gestern Abend, als ich den Teig ansetzen wollte (so gegen 21.30 Uhr), fiel mir der Knethaken aus der Maschine. Ich habe mir angeschaut, wie der wohl wieder reinpasst, aber irgendwie ging es nicht und Gewalt wollte ich nicht anwenden. Typisch Frau, räusper, habe ich dann um kurz vor 22 Uhr meinen Kollegen angerufen, der damals bei Eintreffen der Maschine den Haken einmal heraus- und herein-montiert hatte. Mit Telefonführung gelang es mir dann. Die erste Krise war überwunden.

Mein Backferment war 20 Tage übers Datum, aber das hatte ich schon mal, das macht nichts. Eine Freundin von mir hat es sogar mal erfolgreich 2 Monate nach Ablauf der Haltbarkeit verwendet: Es ging etwas langsamer, funktionierte aber gut. Na also. Ich habe dann alles Ferment genommen, was ich noch hatte. Heute Morgen stürzte ich siegesgewiss in die Küche, schaue in die Teig-schüssel: eine graue Masse, ohne jede Gäranzeichen. PANIK. Was tun? Alles wegwerfen, und ein Hefestufenbrot backen? Danach war mir auch nicht. Also habe ich das Krisenmanagement ein-geschaltet, und den Teig einfach mit einem Würfel Hefe weiterverarbeitet, inklusive des Fermentansatzes. Das Ergebnis sieht gelungen aus. Die zweite Krise ist somit auch überwunden.

Vorteig:
* 180 g Ferment
* 400 g Weizen
* 600 g Roggen
* 1000 g handwarmes Wasser

Hauptteig:
* 1 P Biohefe (42 g)
* 150 g Wasser
* 1000 g Weizen
* 100 g Dinkel
* 1 EL (fränkisches) Brotgewürz
* 2 EL Salz
* 150 g Sesamsaat ungeschält
* 400 g handwarmes Wasser
* 50 g Maiskeimöl (oder anderes)
* 50 g Apfelessig
* 50 g Honig (ca. 1 EL)

9-13 Std. vor dem Backen (abends): Ferment in 1000 g handwarmem Wasser auflösen. Weizen mit Roggen fein mahlen und mit dem Fermentwasser in der Knetteigmaschine 5 Min. kneten lassen. Mit einer Plastiktüte abdecken und über Nacht stehen lassen. Morgens hatte die Masse keinerlei Blasen.

Backtag morgens: 1000 g Weizen mit 100 g Dinkel fein mahlen. Die restlichen trockenen Zutaten unter das Mehl rühren. Alle Zutaten des Hauptteigs zum Vorteig geben und mit einer Teigknetmaschine 12 Min. lang kneten lassen (mit der Hand mindestens 15 Min. verkneten). Schüssel mit Gärfolie abdecken oder in eine Plas-tiktüte stecken und 90 Min. stehen lassen. Nochmal 3 Min. durchkneten lassen. Drei Kastenformen (2 Manz Profi-Backformen, 1 x Zenker 30 x 11 cm) mit Butter einfetten. Jeweils 1250 g bzw. 1700 g Teig hineinfüllen, mit den nassen Händen glattstreichen. Formen mit Gärfolie abdecken und 30 Min. gehen lassen. Ofen (Umluft) auf 250°C vorheizen, unten in den Ofen eine feuerfeste Form mit Wasser stellen, in der Zeit gehen die Brote noch. Brot noch einmal einsprühen, in den Ofen schieben. Nach 15 Min. auf 200°C herunterstellen, weitere 45 Min. backen. Klopfprobe machen: Beim Klopfen gegen die Unterseite muss das Brot hohl klingen.

Auf ein Kuchengitter setzen, einsprühen und abkühlen lassen.

3861. Grünkohl mit Rinkel, November 2009

Vegane Rohkost; 6 Std. Quellzeit + ca. 10 Min.; 1 Hauptspeise.

- 50 g Roggen
- 20 g Sonnenblumenkerne
- 80 g Wasser
- 1 gestr. TL Salz
- 1 MS Pfeffer
- 2 EL Sonnenblumenöl
- 1 EL Macadamianussöl
- 2 TL Zitronenschaum (5/3586)
- 3 EL Wasser
- 220 g Grünkohl ohne Stiele
- 1 EL Rosinen
- 1-2 Prisen Salz

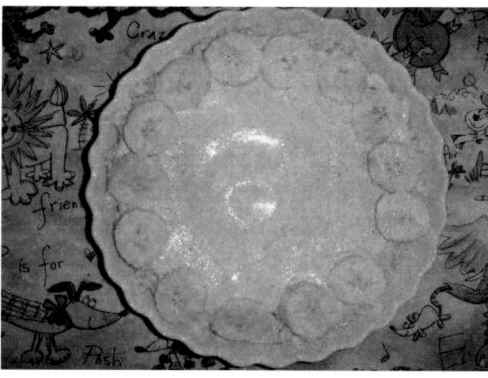

Roggen flocken, mit Sonnenblumenkernen und Wasser verrühren. Abgedeckt einige Std. quellen lassen (nicht im Kühlschrank).

Salz, Pfeffer, Zitronenschaum, Öl und Wasser mit einer Gabel verschlagen. Vom Grünkohl alle Stiele abschneiden, an denen keine Blätter sind. Fein raffeln (z. B. im TM, einige Sek./Stufe 6). Die Soße unterheben (Knetstufe 1,5 Min.).

Roggen mit Salz und Rosinen verrühren. Die Hälfte des Grünkohls auf einen großen flachen Teller geben. Aus der Hälfte der Roggenmasse Klößchen formen und daneben legen.

Hinweis: *Als ich Kind war, hat meine Familie eine Weile in Norddeutschland gelebt. Dort lernten wir „Grünkohl mit Pinkel" kennen. Pinkel ist so eine Art Mettwurst, soweit ich mich erinnere. Diesem Essen blieb unsere Familie treu, auch als wir wieder weiter nach Süden zogen. Der Name dieses Gerichts hier ist eine Anspielung darauf. –* **Achtung:** *Fein geraffelter Grünkohl wird ziemlich scharf.*

3862. Spitzkohltorte, November 2009

Vegane Rohkost; ca. 20 Min.; 1 Hauptspeise.

- 50 g Buchweizen
- 20 g Sonnenblumenkerne
- 2 EL Olivenöl
- 1 Prise Salz
- 3-4 EL Wasser
- 200 g Spitzkohl
- 1/2 TL Salz
- 1 geh. TL Zitronenschaum (5/3586)
- 10 g Sonnenblumenkerne
- 2 EL Öl
- 45 g Apfel
- 40 g Wasser
- 1/2 gestr. TL Multigewürz (3834)
- 1 Banane (145 g brutto)

Buchweizen und Sonnenblumenkerne mit dem flachen Messer 15 Sek. in einem kleinen Mixer mahlen. Mit Öl, Salz und Wasser verrühren und in einer kleinen Quicheform (Durchmesser 20 cm) ausstreichen. Spitzkohl fein raffeln und auf den Buchweizen streuen.

Salz, Zitronenschaum, Kerne, Öl, Apfel. Multigewürz und Wasser in einem kleinen Mixer mit dem hochstehenden Messer 30 Sek. lang mixen, gleichmäßig auf dem Spitzkohl verteilen. Banane schälen, in Scheiben schneiden und diese am Rand entlang legen.

Tipp: *Statt Bananen kann man auch, wenn man den süßen Geschmack nicht mag, Tomatenscheiben nehmen.*

3863. Spitzkohl mit hackfleischiger Soße, November 2009

Vegane Rohkost; 4-5 Std. einweichen + ca. 20 Min.; 1 Hauptspeise.

- 3 EL Sechskorngetreide
- 55 g Wasser
- 1 gestr. TL Salz
- 1 MS Pfeffer
- 1/2 gestr. TL Multigewürz (3834 o. Ä.)
- 2 TL Zitronenschaum (5/3586)

- 20 g Sonnenblumenkerne
- 2 EL Olivenöl
- 65 g Mandarine (netto)
- 40 g zerkleinerte Grünkohlstiele
- 85 g Wasser
- 300 g Spitzkohl

Getreide grob schroten und mit 55 g Wasser verrühren. Abgedeckt 4-5 Std. stehen lassen (nicht im Kühlschrank). Alle Zutaten außer Getreide und Spitzkohl in einem kleinen Mixer mit dem hochstehenden Messer 30-40 Sek. lang mixen. Spitzkohl in feine Streifen schneiden, in eine Schüssel geben. Soße darüber gießen, eingeweichtes Getreide hinzugeben und alles gut vermengen.

Tipp: Die Soße hat wirklich so ein bisschen die Konsistenz einer feinen Hascheesoße.

3864. Vielgrünsalat, November 2009

Vegane Rohkost, ca. 15 Min.; 1 Hauptspeise.

Dressing:

- 1 gestr. TL Salz
- 1 MS Pfeffer
- 1 TL Zitronenschaum (5/3586)
- 10 g Sonnenblumenkerne
- 1 EL Olivenöl
- 1 EL Macadamianussöl
- 1/2 Apfel (45 g)
- 1 kleine Knoblauchzehe
- 15 g Petersilienwurzel
- 65 g Wasser

Gemüse:

- 145 g grüner Salat
- 45 g Champignons
- 1 Tomate (90 g)
- 1 EL Sonnenblumenkerne

Apfel in Stücke schneiden und mit den anderen Dressingzutaten in einem kleinen Mixer mit dem hochstehenden Messer 30-40 Sek. lang mixen. In eine Schüssel geben. Salat waschen, abtropfen lassen und trockenschleudern. In Streifen schneiden und in die Schüssel geben. Champignons in möglichst feine Scheiben schneiden, auf den Salat legen. Tomate vierteln, an den Rand legen. Mit Sonnenblumenkernen bestreuen.

3865. Gratinierter Feldsalat, November 2009

Vegane Rohkost, ca. 15 Min.; 1 Hauptspeise.

Dressing:

- 1 gestr. TL Salz
- 1 MS Pfeffer
- 1 TL Zitronenschaum (5/3586)
- 25 g Olivenöl
- 60 g Mandarine (netto)
- 1 geschälte Knoblauchzehe
- ca. 50 g Wasser

Salat:

- 145 g Feldsalat (brutto)
- 90 g Rote Bete (netto)

Gratin:

- 110 g Champignons
- 30 g Mandeln
- 2 Prisen Salz

Dekoration: etwas Petersilie

Dressingzutaten in einem kleinen Mixer mit dem hochstehenden Messer 30-40 Sek. lang mixen. Feldsalat je nach Verschmutzungsgrad sehr sorgfältig waschen. Wenn er sehr schmutzig ist, die Wurzelenden abschneiden, sonst benutze ich sie mit. Abtropfen lassen, kleinschneiden, in eine Schüssel geben. Rote Bete in sehr feine Streifen schneiden, mit dem Dressing zum Feldsalat geben und sorgfältig vermengen.

Champignons, Mandeln und Salz miteinander raffeln und auf dem Salat verteilen. In die Mitte etwas Petersilie legen.

3866. Gemüsesalz trocken, November 2009

Für dieses Gemüsesalz habe ich das Gemüse (Spargelschalen, Blumenkohlgrün, Kohlrabiblätter, Endstücke) im Dörrapparat getrocknet und gesammelt. – Ergibt 3 Honiggläser Salz.

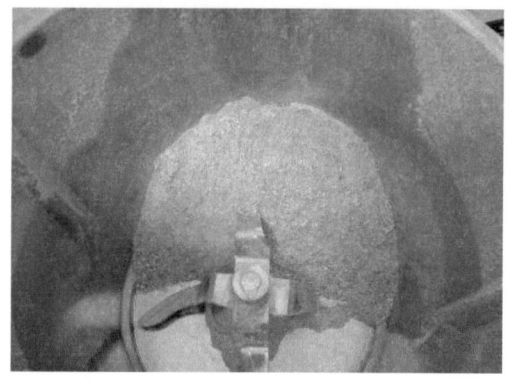

* 130 g getrocknetes Gemüse
* 650-800 g Salz

Gemüsereste (Spargelschalen, -Endstücke, Kohlstrünke oder auch zu altes Gemüse) grob zerkleinern und im Dörrapparat trocknen, bis sie zerbröseln. Wer Wert auf ein Rohkostsalz legt, darf die Temperatur nicht über 40°C stellen. Wer keinen Dörrapparat macht, kann das Gemüse auf einem Backblech ausbreiten und im Backofen auf kleinster Temperatur trocknen. Es wird jeweils die 5- bis 6-fache Salzmenge berechnet auf das Gemüsetrockengewicht hinzugegeben. Als besonders kritisch erweisen sich Spargelschalen und härtere Stücke. Herstellung TM. Ich hatte noch 65 g getr. Gemüse über, es hätten aber auch die ganzen 130 g hineingepasst. Bei der Menge von 65 g (kleinen Deckel gut festhalten, sonst staubt es sehr) habe ich je 30 Sek./Stufe 8 und 10 schlagen lassen. Dann mit 400 g Salz vermischt (nochmals 10 Sek./Stufe 10), erhält man ein feines Salz.

Tipp: *Am besten ist es, wenn man das Salz zubereitet, bevor man eine Suppe o. Ä. kocht. Dann muss man den Thermomix nicht saubermachen, sondern kann die feinen Reste mitverwerten.*

3867. Pampwiebel in Salz, November 2009

Ca. 10 Min.; 1 Honigglas.

* 1 große Pampelmuse bzw. Grapefruit
* 1 Zwiebel (brutto 45 g)
* 20 g Salz
* kochendes Wasser

Pampelmuse waschen und schälen. Die Schalen in Stücke von etwa 1-1,5 x 0,5 cm Größe schneiden. Zwiebel schälen und in Scheiben schneiden. Pampelmuse, Zwiebel und Salz abwechselnd in ein leeres Honigglas schichten. Mit kochendem Wasser auffüllen. Gut zuschrauben, auf den Kopf drehen und vor Anbruch 4-6 Wochen stehen lassen.

3868. Postelein mit Kruste, November 2009

Vegane Rohkost; ca. 15 Min.; 1 Hauptspeise.

* 155 g Postelein

Dressing:
* 1 gestr. TL Salz
* 1 MS Pfeffer
* 2 TL Zitronenschaum (5/3586)
* 1 EL Macadamianussöl
* 2 EL Sonnenblumenöl
* 1/2 Apfel (40 g)
* 1 geschälte Knoblauchzehe
* ca. 70 g Wasser
* 20 g Sonnenblumenkerne
* 1 TL Gartenmix (3783 o. Ä.)

Gratin:
* 150 g Möhre
* 20 g Mandeln
* 1 EL Buchweizen
* 2 Prisen Salz

Dekoration:
* etwas Petersilie

Apfel kleinscheiden und mit den anderen Dressingzutaten in einem kleinen Mixer mit dem hochstehenden Messer 30-40 Sek. lang mixen. Postelein waschen, abtropfen lassen und trockenschleudern. Die Wurzelenden unten abschneiden. Den Rest kleinschneiden, mixen (damit die Stiele und die Blätter nicht nur auf einer Seite erscheinen) und in eine Quicheform (22-24 cm) legen. Dressing darauf verteilen.

Möhren, Mandeln und Salz miteinander raffeln und oben auf dem Salat verteilen. In die Mitte etwas Petersilie legen.

3869. Voluminöser Blattsalat, November 2009

Vegane Rohkost; ca. 15 Min.; 1 Hauptspeise.

Dressing:

- 1 gestr. TL Salz
- 1 MS Pfeffer
- 1 TL Zitronenschaum (5/3586)
- 1/2 TL Korianderkonzentrat (3740 o. Ä.)
- 1/2 kleiner Apfel (45 g)
- 10 g Sonnenblumenkerne
- 1 EL Sonnenblumenöl
- 1 EL Olivenöl
- 5 EL Wasser
- Salat: 100 g Blattsalat

Apfel klein schneiden und mit den anderen Dressingzutaten in einem kleinen Mixer mit dem hochstehenden Messer 30-40 Sek. lang mixen. Salat waschen, abtropfen lassen und trockenschleudern. In eine Schüssel geben, mit dem Dressing übergießen.

3870. Vanilleflöckchen, November 2009

Für 3 Backbleche.

- 450 g Einkorn
- 50 g Buchweizen
- 2 TL Weinsteinbackpulver
- 1 Prise Salz
- 1 guter TL gem. Vanille
- 100 g Walnüsse

- 100 g Mandeln
- 85 g Sahne
- 25 g Wasser
- 200 g Butter
- 225 g Honig

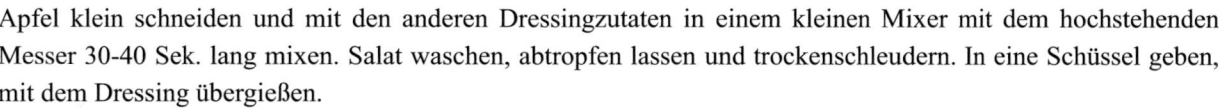

2-3 Std. vor dem Backen Butter aus dem Kühlschrank nehmen. Beschrieben im TM. Einkorn mit Buchweizen mischen und fein mahlen. Salz, Backpulver und Vanille unterrühren. Mandeln und Walnüsse fein mahlen (10 Sek./Stufe 6; 10 Sek. Stufe 10 im Thermomix). Alle Zutaten in den Thermomix geben und 4 Min. auf der Knetstufe kneten lassen. In eine Teigschüssel geben und die Schüssel in eine Plastiktüte stecken. 1-2 Std. in den Kühlschrank stellen. Teig mit einer Gebäckspritze in Flockenform nebeneinander auf mit Dauerbackfolie ausgelegte Backbleche setzen. In den kalten Ofen (Umluft) schieben und ca. 18-20 Min. bei 175 °C backen. Auf ein Kuchengitter geben, auskühlen lassen und in einer gut schließenden Metalldose aufbewahren.

3871. Spitzkörnerteller, November 2009

Rohkost; 5-6 Std. einweichen + ca. 15 Min.; 1 Hauptspeise.

Getreide:

- 1 EL Buchweizen
- 1 EL Sonnenblumenkerne
- 1 EL Nackthafer
- 50 g Wasser

Gemüse:

- 200 g Spitzkohl
- 20 g Möhre
- etwas Petersilie

Dressing:

- 1 gestr. TL Salz
- 1 MS Pfeffer
- 1 TL Zitronenschaum (5/3586)
- 15 g Sonnenblumenöl
- 60 g Mandarine (netto)
- 1 geschälte Knoblauchzehe
- 50 g Wasser
- 15 g Walnüsse
- 1/2 TL Multigewürz (3834)
- 1 TL Gartenmix (3783)

Buchweizen, Hafer und Sonnenblumenkerne einige Std. in 50 g Wasser einweichen (nicht in den Kühlschrank stellen). Mandarine zerteilen und mit den anderen Dressingzutaten in einem kleinen Mixer mit dem hochstehenden Messer 30-40 Sek. lang mixen. Unter die eingeweichten Körner rühren. Spitzkohl in feine Streifen schneiden, in einen Suppenteller geben und mit dem Dressing-Körnergemisch übergießen. Möhre in dünne Scheiben schneiden und an eine Seite auf den Rand legen, davor etwas Petersilie legen.

3872. Buntes Sauerteigbrot, November 2009

Geplant habe ich das Backen für den Sonntagvormittag; ergibt 3 Brote (2 x 1300, 1 x 2200 Teiggewicht).

Ansatz:
- Sauerteig (ca. 150 g)
- 300 g Roggen
- 300 g Wasser

Hauptteig:
- 250 g Grünkern
- 200 g Nackthafer
- 1750 g Roggen
- 2 EL Salz
- 2 EL Brotgewürz
- 200 g Leinsamen
- 90 g Walnüsse
- 100 g Maiskeimöl
- 1700 g Wasser

Samstagabend: Roggen fein mahlen, mit Wasser und Sauerteig mischen. Schüssel in eine Plastiktüte stecken und auf der Fensterbank 10-12 Std. stehen lassen.

Sonntagmorgen: Grünkern, Hafer und Roggen mischen und fein mahlen. Mit den anderen trockenen Zutaten mischen. Sauerteig, Wasser und Öl in die Schüssel der Teigknetmaschine geben und das Mehlgemisch hinzugeben. 15 Min. kneten lassen.

Drei Kastenformen (zwei Profiformen Edelstahl 20,5 x 11 x 10,5 cm, eine Zenker Brotbackform 30x11 cm) mit Butter einfetten und den Teig hineinfüllen (2 x 1300 g, 1 x 2200 g), mit der nassen Hand glattstreichen. Mit Gärfolie abdecken und 60 Min. gehen lassen. Mit einem nassen Messer oben einschneiden, mit Wasser einsprühen.

Eine feuerfeste Form mit Wasser auf den Boden des Ofens stellen. Ofen auf 250 °C vorheizen (die Brote gehen noch), die Brote einschieben. 15 Min. bei 250 °C und 45 Min. bei 200 °C backen. Etwas abkühlen lassen, aus den Formen auf ein Kuchengitter stürzen, einsprühen und abkühlen lassen. Erst am nächsten Tag anschneiden.

Hinweis: *Wer mit der Hand knetet, muss nicht nur länger kneten (möglichst doppelt so lang), sondern auch deutlich längere Gehzeiten beachten. – Vorsicht bei der Wasserzugabe! Mein Getreide verbraucht derzeit mehr Wasser, als ich das gewohnt bin.*

3873. Dreimöhrenschichter, November 2009

Vegane Rohkost; ca. 15 Min.; 1 Hauptspeise.

Schicht 1
- 225 g Möhren (netto)
- 1 TL Zitronenschaum (5/3586)
- 1/2 TL Salz
- 1 EL Rosinen (15 g)

Schicht 2
- 100 g Spitzkohl
- 10 g Petersilie

Schicht 3
- 1 gestr. TL Salz
- 1 TL Zitronenschaum
- 60 g Mandarine (netto)
- 1 EL Sonnenblumenöl
- 20 g Sonnenblumenkerne
- 3 EL Wasser

Möhren und Rosinen mit Zitronensaft und Salz raffeln, gleichmäßig in einer viereckigen kleinen Form (z. B. eine Lasagneform) verteilen. Spitzkohl und Petersilie zusammen raffeln. Auf den Möhren verteilen, aber so, dass rechts noch etwa 1-2 cm Möhrenschicht zu sehen ist. Die Zutaten von Schicht 3 in einem kleinen Mixer mit dem hochstehenden Messer 30-40 Sek. lang mixen. Vorsichtig auf dem Spitzkohl verteilen, sodass auch von dem Spitzkohl rechts noch 1-2 cm frei sind.

Tipp: *Lecker schmeckt auch sicher etwas Knoblauch in der dritten Schicht. – Statt Rosinen kann man auch ein wenig frische Ananas nehmen.*

3874. Postelein als Rotkohlrahmen, Dezember 2009

Vegane Rohkost; ca. 10-15 Min.; 1 Hauptspeise.

Salat:
- 120 g Postelein
- 190 g Rotkohl
- 20 g Mandeln
- 1 Prise Salz
- 1 TL Zitronenschaum (5/3856)

Dressing:
- 1 gestr. TL Salz
- 1 MS Pfeffer
- 1 TL Zitronenschaum (s. o.)
- 25 g Sonnenblumenöl
- 1/2 Apfel (45 g)
- 10 g Mandeln
- 15 g Petersilie (mit Stängel)
- 45 g Wasser

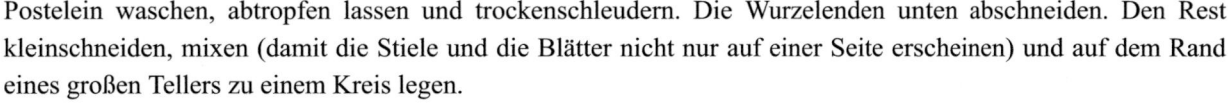

Postelein waschen, abtropfen lassen und trockenschleudern. Die Wurzelenden unten abschneiden. Den Rest kleinschneiden, mixen (damit die Stiele und die Blätter nicht nur auf einer Seite erscheinen) und auf dem Rand eines großen Tellers zu einem Kreis legen.

Rotkohl, Mandeln und Salz miteinander raffeln und in die Mitte des Tellers legen. Apfel kleinscheiden und mit den anderen Dressingzutaten in einem kleinen Mixer mit dem hochstehenden Messer 30-40 Sek. lang mixen. Die „Rotkohlkugel" damit umranden, in die Mitte des Rotkohls eine Kuhle drücken und den Rest Dressing dort hineingießen.

3875. Fixer Chinese, Dezember 2009

Vegane Rohkost; 1 Hauptspeise. – Ich hatte nur 15 Min. für Zubereitung und Essen.

Dressing:
- 1 gestr. TL Salz
- 1 TL Zitronenschaum (5/3586)
- 3 EL Sonnenblumenöl
- 1 TL Macadamianussöl
- 1 TL Gartenmix (3783 o. Ä.)
- 1 Prise Pfeffer
- 4 EL Wasser

Feste Zutaten:
- 150 g Chinakohl
- 1 Tomate (70 g)
- 90 g Salatgurke
- 35 g Banane
- 30 g Sonnenblumen-kerne

Dressingzutaten in einer großen Schüssel mit einer Gabel verschlagen. Chinakohl in Streifen, Tomate, Gurke und Banane in dünne Scheiben schneiden. Mit dem Dressing vermischen und mit Sonnenblumenkernen bestreuen.

3876. Knusperblumenkohl, Dezember 2009

Vegane Rohkost. 1 Hauptspeise.

Dressing:
- 1 gestr. TL Salz
- 60 g Mandarine (netto)
- 1 TL Zitronenschaum (5/3586)
- 1 MS Pfeffer
- 1 kleine Knoblauchzehe
- 3 EL Sonnenblumenöl
- 10 g Sonnenblumenkerne
- 4 EL Wasser

Feste Zutaten::
- 160 g grüner Salat
- 190 g Blumenkohl (netto)
- 15 g Leinsamen
- 1 Prise Salz

Dressingzutaten in einem kleinen Mixer 40 Sek. gut durchmixen. Salatblätter waschen, abtropfen lassen und trockenschleudern. In Streifen schneiden und auf einem Teller verteilen. Dressing vorsichtig darübergießen. Blumenkohl grob zerteilen, mit Leinsamen und etwas Salz fein raffeln) und in die Mitte häufeln.

3877. Möhre auf Endivie, Dezember 2009

Vegane Rohkost; 2-3 Tage Keimzeit; ca. 15 Min.; 1 Hauptspeise.

Dressing:
- 1 gestr. TL Salz
- 1 TL Zitronenschaum (5/3586)
- 1 MS Pfeffer
- 20 g Sonnenblumenöl
- 15 g Olivenöl
- 15 g Sonnenblumenkerne
- 75 g Wasser

Gemüse:
- 100 g Endiviensalat
- 150 g Möhre
- 1 kleiner Apfel (95 g)
- 15 g Rosinen (1 EL)
- 50 g Mungbohnensprossen
- etwas Petersilie

Dressingzutaten in einem kleinen Mixer 40 Sek. gut durchmixen. Salatblätter waschen, abtropfen lassen und trockenschleudern. In Streifen schneiden und auf einem Teller verteilen. Die restlichen Zutaten außer der Petersilie zusammen raffeln und auf dem Salat verteilen, nur einen schmalen Rand lassen. Die Soße vorsichtig darüber gießen, in die Mitte ein Petersilienbüschel setzen.

3878. Haselnusslebkuchen tiereiweißfrei, Dezember 2009

Tiereiweißfrei (nach Bruker).

- 300 g Honig
- 50 g Sonnenblumenöl
- 1 gestr. TL Orangensalz
- 250 g Haselnüsse
- 400 g Weizen
- 100 g Roggen
- 1 P Weinsteinbackpulver
- 1 EL Lebkuchengewürz (fertig gekauft)
- 150 g Butter
- 100 g Sahne
- 50 g Wasser
- 150 g Honig
- 150 g Pampelmusat (2/950)
- 70 g Haselnüsse

Honig, Salz und Öl erhitzen, bis alles dünnflüssig und heiß ist, aber nicht kocht. Weizen und Roggen fein mahlen. Haselnüsse fein mahlen (im TM 10 Sek./Stufe 8). Mehl mit Backpulver und Lebkuchengewürz mischen. Mehl, abgekühlten Honig, Nüsse, Butter, Sahne, Wasser, Pampelmusat und nochmals 150 g Honig in die Teigschüssel einer Knetmaschine geben. 6 Min. kneten lassen.

Ein Backblech mit Dauerbackfolie auslegen. Teig mit einem Teigschaber gleichmäßig darauf verteilen. 70 g Haselnüsse gleichmäßig darauf verteilen, leicht eindrücken.

In den kalten Ofen schieben. 25 Min. bei 175 °C (Umluft) backen, Ofen ausstellen und noch 5 Min. nachbacken. Mit einem scharfen Messer in rechteckige Stücke schneiden und auf einem Kuchengitter auskühlen lassen. In gut schließenden Metalldosen aufbewahren.

Tipps: *Wer kein Pampelmusat hat oder wem das zu herb ist, kann Zitronat oder Orangeat nehmen. Dann aber Vorsicht bei der zusätzlichen Honigzugabe, erst einmal mit 50 g anfangen! – Der Teig kann natürlich auch mit einer Küchenmaschine, dem Thermomix oder einem Handrührgerät zubereitet werden.*

3879. Scharfes Vorratsknäcke, Dezember 2009

Vegane Rohkost; 2-3 Tage Sprosszeit; + ca. 15 Min. im TM. 2-3 Tage trocknen; 3 Dörrsiebe.

- 50 g Buchweizen
- 100 g Sonnenblumenkerne
- 1 gestr. TL Salz
- 2 EL Olivenöl
- 175 g Porree (grüne Blätter)
- 40 g Möhre
- 115 g Mungbohnensprossen
- 2 g frischer Ingwer

Buchweizen und Sonnenblumenkerne mahlen (10 Sek./Stufe 10). Porree waschen und grob vorschneiden, mit den anderen Zutaten zusammen pürieren (1 Min./Stufe 4; 40 Sek./Stufe 6).

Backpapier in Größe der Trockensiebe ausschneiden. Mit einem Teigschaber gleichmäßig verteilen. Mit einem Teigrad Stücke vorschneiden. Bei 40-42 °C etwa 2-3 Tage trocknen. Zwischendurch vorsichtig vom Backpapier lösen, umdrehen und trocknen, bis sie wirklich knusprig sind.

Tipp: Wer Curry oder Paprikapulver unter die Masse mischt, bekommt sehr leicht andere Varianten. Bitte auf die Rohkostqualität der Zutaten achten.

3880. Endivienschüssel mit Kerbel, Dezember 2009

Vegane Rohkost; ca. 15 Min.; 1 Hauptspeise.

Dressing:

- 1 gestr. TL Salz
- 1-2 TL Zitronenschaum (5/3586)
- 30 g Sonnenblumenöl
- 20 g Mandeln
- 60 g Mandarine (netto)
- 1 TL Kerbelwürze (3728 o. Ä.)
- 45 g Wasser

Gemüse:

- 175 g Endiviensalat
- 40 g Möhre
- 100 g Schlangengurke

Dressingzutaten in einem kleinen Mixer 40 Sek. gut durchmixen. Salatblätter waschen, abtropfen lassen und trockenschleudern. In Streifen schneiden und in eine Schüssel geben, mit Dressing übergießen. Möhre in dünne Scheiben schneiden, in die Mitte legen. Gurke ebenfalls in Scheiben schneiden und am Rand verteilen.

3881. Pampelvinat, Dezember 2009

- 130 g Pampelmusenschale (Bio, ungespritzt)
- 250 g Honig
- 1 Vanillestange

Pampelmuse waschen und schälen. Mit dem Messer in grobe Stücke schneiden, im Zerkleinerer (Thermomix) kleinschlagen lassen und mit so viel Honig verrühren (Verhältnis mindestens 1:1), dass alles damit gut benetzt ist. Ist der Honig fest, auf 37,5 °C erwärmen.

Ein Honig- oder Marmeladenglas mit kochendem Wasser ausspülen, eine Schicht der Masse hineinfüllen, mit Vanillestangenstücken belegen, diese Schicht nochmals wiederholen und mit Pampelmusen abschließen.. Einige Tage auf den Kopf stellen. Hält sich im Kühlschrank locker mehrere Monate (auf 18 Monate bin ich schon gekommen).

Tipp: Das geht auch mit anderen Zitrusfrüchten.

3882. Leinsamensauer, Dezember 2009

Geplant habe ich das Backen für Sonntagvormittag; gibt 3 Brote.

Ansatz:

- Sauerteig (ca. 150 g)
- 300 g Roggen
- 300 g Wasser

Hauptteig:

- 1600 g Roggen
- 350 g Einkorn
- 50 g Nackthafer
- 2 EL Salz
- 2 EL Brotgewürz
- 175 g Leinsamen
- 60 g Maiskeimöl o. Ä.
- 1360 g Wasser

(Samstagabend) Roggen fein mahlen, mit Wasser und Sauerteig mischen. Schüssel in eine Plastiktüte stecken und auf der Fensterbank 10-12 Std. stehen lassen.

(Sonntagmorgen) Einkorn, Hafer und Roggen mischen und fein mahlen. Mit den anderen trockenen Zutaten mischen. Sauerteig, Wasser und Öl in die Schüssel der Knetteigmaschine geben und das Mehlgemisch hinzugeben. 15 Min. kneten lassen. Mit Gärfolie abdecken und 1,5 Std. gehen lassen.

Drei Kastenformen (drei Profiformen Edelstahl 20,5 x 11 x 10,5 cm) mit Butter einfetten und den Teig hineinfüllen (2 x 1375 g), mit der nassen Hand glattstreichen. Mit Gärfolie abdecken und 30 Min. gehen lassen.

Eine feuerfeste Form mit Wasser auf den Boden des Ofens stellen. Ofen auf 250 °C vorheizen (die Brote gehen noch), die Brote einschieben. 15 Min. bei 250 °C und 45 Min. bei 200 °C backen.

Etwas abkühlen lassen, aus den Formen auf ein Kuchengitter stürzen, einsprühen und abkühlen lassen. Erst am nächsten Tag anschneiden.

Hinweis: *Wer mit der Hand knetet, muss nicht nur länger kneten (möglichst doppelt so lang), sondern auch deutlich längere Gehzeiten beachten. – Ich hatte morgens rumgetrödelt, d. h. ich konnte das Brot nicht so lange gehen lassen wie sonst. Dafür war der Ofentrieb dann umso beeindruckender! – Ich habe leider vergessen, die Brote vor dem Einschieben einzuschneiden. Daher sind sie etwas „aufgeplatzt".*

3883. Endivien-Möhrensalat, Meerrettichdressing, Dez. 2009

Rohkost; 15 Min.; 1 Hauptspeise.

Dressing:

- 1 gestr. TL Salz
- 1 TL Zitronenschaum (5/3586)
- 35 g Olivenöl
- 10 g Mandeln
- 55 g Mandarine netto
- 8 g Meerrettich
- 50 g Wasser

Feste Zutaten::

- 115 g Endiviensalat
- 200 g Möhre
- 80 g Ananas
- etwas Petersilie

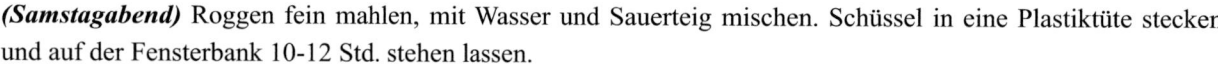

Dressingzutaten in einem kleinen Mixer 40 Sek. gut durchmixen. Salatblätter waschen, abtropfen lassen und trockenschleudern. In Streifen schneiden und in eine Schüssel geben, mit dem Großteil des Dressings übergießen. Möhre und Ananas grob zerkleinern und nicht allzu fein raffeln. In die Mitte häufeln, den Dressingrest in die Mitte geben und ein wenig Petersilie daraufsetzen.

Hinweis: *Ich weiß nicht, ob gekaufter Meerrettich Rohkostqualität hat. Ich habe ihn von Freunden geschenkt bekommen. Er ist selbst gemacht, garantiert Rohkost und sehr lecker. – wer keine frische Ananas hat, nimmt Orange oder Pampelmuse.*

3884. Kressepfeffer, Dezember 2009

Alles ungemahlen:

- 2 TL weißer Pfeffer
- 2 TL schwarzer Pfeffer
- 2 TL grüner Pfeffer
- 2 TL Anis
- 4 TL Kressesamen

Die Gewürze in einem kleinen Mixer (z. B. Magic Maxx, Mr. Magic, Power Blender usw.) 30 Sek. mahlen.

Tipps: Wer möchte, kann auch bereits gem. Gewürze nehmen. Das geht minimal schneller, ist aber nicht ganz so spannend. – wer es etwas schärfer möchte, gibt 1/2 Chilischote hinzu.

3885. Rote-Bete-Locken mit Meerrettich-Pomade, Dez. 2009

Rohkost; 1 Hauptspeise.

Dressing:

- 1 gestr. TL Salz
- 2 TL Zitronenschaum (5/586)
- 2 EL Sesamöl (Rohkost; o. Ä.)
- 1 Prise Kressepfeffer (3884)
- 20 g Sonnenblumenkerne
- 12 g Meerrettich (1 geh. TL)
- 50 g Banane (netto)
- 75 g Wasser

Gemüse:

- 105 g Endiviensalat
- 135 g Rote Bete
- 80 g Möhre

Dressingzutaten in einem kleinen Mixer 40 Sek. gut durchmixen. Salatblätter waschen, abtropfen lassen und trockenschleudern. In Streifen schneiden und auf einem Teller verteilen. Mit einem Spirali aus der Rote Bete dickere Streifen und aus der Möhre Scheiben herstellen. Nebeneinander auf den Salat legen. Mit einem Teil des Dressings begießen, den Rest des Dressings getrennt servieren.

Tipp: Es ist spaßig mit dem Spirali zu arbeiten, sieht nett aus und erstaunlicherweise schmeckt ja auch Gemüse je nach Schnittdicke anders. Das Saubermachen des Geräts ist aber nicht so ohne, und vor allem entsteht auch relativ viel „Abfall". Ich habe die Reststücke kleingeschnitten und vorsichtig unter die „schönen" Ringe gesteckt.

3886. Topinamburfrikassee auf Apfel

Rohkost, 1 Hauptspeise.

Dressing:

- 1 gestr. TL Salz
- 1 LS Kressepfeffer (3884)
- 1 TL Gartenmix (3783)
- je 1 EL Sesam-, Oliven- und Sonnenblumenöl (Rohkost)
- 12 g Petersilie
- 75 g Wasser

Feste Zutaten:

- 100 g Eisbergsalat o. Ä.
- 30 g Wildroggen
- 210 g Topinambur
- 1 gute Prise Salz
- 15 g Mandeln
- 1 Apfel (100 g)

Dressingzutaten in einem kleinen Mixer 40 Sek. durchmixen. Salat waschen, abtropfen lassen und trockenschleudern. In Streifen schneiden und ringförmig auf einem Teller verteilen. Dressing über den Salat und das Loch in der Mitte geben.

Roggen flocken. Topinambur grob zerteilen und mit Mandeln und Roggen raffeln (z. B. mit dem Eiscrushermesser eines Stabmixers) und in die Mitte des Salats geben. Apfel halbieren, in Spalten schneiden und die Apfelspalten ringförmig um den Topinambur legen, etwas in die geraffelte Masse schieben. Darauf achten (für die Optik), dass alle Spalten in eine Richtung weisen.

3887. Grüner Blumenkohl mit Sprossen, Dezenber 2009

Vegane Rohkost; 1 Hauptspeise.

Dressing:

- 1 gestr. TL Salz
- 2 TL Zitronenschaum (5/3586)
- 1 LS Kressepfeffer (3884)
- 3 EL Sonnenblumenöl
- 55 g Wasser

Feste Zutaten::

- 100 g Eisbergsalat
- 150 g grüner Blumenkohl (netto)
- 85 g Sonnenblumenkernsprossen
- 30 g Rosinen
- 1 gute Prise Salz

Dressingzutaten in einem kleinen Mixer 20 Sek. gut durchmixen. Salat waschen, abtropfen lassen und trockenschleudern. In Streifen schneiden und ringförmig auf einem Teller verteilen. Blumenkohl mit etwas Salz fein raffeln, mit Sprossen und Rosinen in einer Schüssel mischen und in die Mitte des Tellers geben. Dressing darauf verteilen.

Tipp: *Die Kerne hatten 48 Std. lang Zeit zum Keimen. Da schmecken sie mir am besten, weil sie noch nicht so scharf sind.*

3888. Honigmandeln, Dezember 2009

Rohkost; 1 Dessert. – Wer sich nach Durchlesen des Rezepts an den Kopf tippt und sagt: Meine Güte, dafür ein Rezept???, dem sei gesagt: Ich habe diese einfache Zusammenstellung erst jetzt in der Rohkost ausprobiert und zu schätzen gelernt. Früher hätte ich mir Marzipan daraus gemacht. Aber die Rohkost bringt mich häufig dazu, Lebensmittel unverfälschter zu essen. Es ist erstaunlich, wie lecker diese Kombination schmeckt, und mit jedem Honig anders. Wichtig sind gute süße Mandeln.

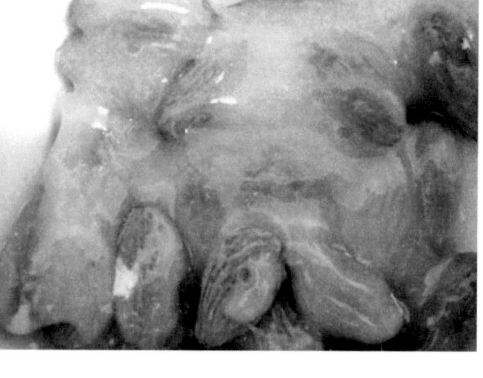

- 35 g Mandeln
- 35 g Honig (nicht zu fest)

Mandeln und Honig in einer kleinen Schüssel vermengen, bis alle Mandeln mit Honig bedeckt sind.

3889. Salzorangen à la Marokko, Dezember 2009

Mehr als 1 Honigglas; ca. 10 Min.

- 1 große oder 2 kleinere Apfelsinen (bio); 440 g
- 35 g Salz
- eventuell heißes Wasser

Orangen waschen und schälen. Schalen in Stücke von etwa 1-1,5 x 0,5 cm Größe schneiden. Ein leeres Honigglas und ein kleineres Gläschen mit kochendem Wasser füllen, ausschütten. Orangenschalenstücke abwechselnd mit dem Salz in das Honigglas geben. Orangenfleisch in Stücke schneiden, evtl. vorhandenen Kerne entfernen. Apfelsinenfleisch zu Schaum schlagen (z. B. in einem kleinen Mixer wie dem Magic Maxx o. Ä., mit dem hochstehenden Messer). Fruchtstücke zusammendrücken, Schaum in die Gläser gießen und wenn nötig mit heißem Wasser auffüllen. Zuschrauben und vor Anbruch 4-6 Wochen stehen lassen. Hält sich mindesens 6 Monate, auch ohne Kühlschrank.

3890. Rotkohlknäcke, Dezember 2009

Vegane Rohkost; 2-3 Tage Roggensprosszeit; + 15 Min. mit TM + trocknen 2-3 Tage.

- 50 g Wildroggen (oder Roggen) = ergibt 80 g Sprossen
- 50 g Buchweizen
- 150 g Sonnenblumenkerne
- 1 gestr. TL Salz
- 3 EL Olivenöl (Rohkost!)
- 260 g Rotkohl
- 2 TL Zitronenschaum (5/3586)
- 1 Knoblauchzehe (8 g)

Buchweizen in der Getreidemühle fein mahlen. Sonnenblumenkerne im TM mahlen (10 Sek./Stufe 10). Rotkohl grob vorschneiden und mit den anderen Zutaten zusammen in den Thermomix geben. Solange immer wieder bei Stufe 6 oder 8 laufen lassen (Masse an den Wänden mit dem Spachtel herunterdrücken), bis sich eine homogene Masse ergibt (z. B. 1 Min./Stufe 4; 40 Sek./Stufe 6).

Backpapier in Größe der Trockensiebe ausschneiden. Mit einem Teigschaber gleichmäßig verteilen. Mit einem Teigrad Stücke vorschneiden. Bei 40-42 °C etwa 2-3 Tage trocknen. Zwischendurch vorsichtig vom Backpapier lösen, umdrehen und trocknen, bis sie wirklich knusprig sind.

Tipp: Wer Curry oder Koriander unter die Masse mischt, bekommt sehr leicht andere Varianten. Bei den Zugaben auf Rohkostqualität achten.

3891. Mein erster Senf, Dezember 2009

Rohkost; Senf selbst zu machen schwebt mir schon lange vor, da ich in Bezug auf den Zuckergehalt auch der Bioware nicht traue. Diesen habe ich nach einem Rezept aus dem Internet gemacht, Quelle nicht notiert.

- 50 g gelbe Senfkörner
- 1/2 TL Koriander ungemahlen
- 1 gestr. TL Salz (5 g)
- 20 g Honig (nicht zu flüssig)
- 30 g Apfelessig (5 %)
- 45 g Wasser

Senfkörner mit Salz und Koriander in einem kleinen Mixer fein mahlen (2 x 30 Sek., dazwischen einige Min. Pause). Es geht auch im TM bei größeren Mengen. Honig, Essig und Wasser hinzugeben, mit einem Löffel durchrühren und dann noch mal 30 Sek. mixen. In ein passendes sauberes Gläschen füllen, 12-24 Std. offen stehen lassen (fermentieren), dabei gelegentlich umrühren.

Hinweis: Um den Senf weniger scharf zu bekommen, muss man wohl heißes Wasser hinzugeben, dann ist er aber keine Rohkost mehr.

3892. Endivienmischsalat mit Mandarindressing, Dez. 2009

Rohkost; 1 Hauptspeise.

Dressing:
- 1 gestr. TL Salz
- 2 TL Zitronenschaum (5/3586)
- 1 TL Macadamianussöl
- 2 EL Sonnenblumenöl
- 65 g Mandarine (netto)
- 1 kleine Knoblauchzehe
- 10 g Sonnenblumenkerne
- 50 g Wasser

Feste Zutaten:
- 80 g Eisbergsalat
- 220 g Gemüse, z. B.:
- 1 kleine Tomate (55 g)
- 1 Möhre (70 g)
- etwas Porree (5 g)
- 90 g Schlangengurke

Dekoration
- 4 Möhrenscheiben

Dressingzutaten in einem kleinen Mixer 30 Sek. durchmixen. Gemüse kleinschneiden, in eine Schüssel geben. Salat waschen, abtropfen lassen und trockenschleudern. In Streifen schneiden und auf das Gemüse geben. Mit dem Dressing übergießen, Möhrenscheiben in die Mitte legen.

3893. Salat mit Wienaigrette, Dezember 2009

Rohkost; 1 Hauptspeise.

Dressing:
- 1 gestr. TL Salz
- 1 MS Kressepfeffer (3884)
- 1,5 TL Zitronenschaum (5/3586)
- 3 EL Olivenöl
- 65 g Mandarine (netto)
- 1 kleine Knoblauchzehe
- 20 g Sonnenblumenkerne
- 1/2 TL „Mein erster Senf" (3891)
- 50 g Wasser

Feste Zutaten:
- Etwa 100 g Endiviensalat
- etwa 200 g Gemüse, z. B.
- ein bisschen Porreestange
- 1 Möhre
- 1 Stück Rote Bete
- 1 Stück Gurke
- Sonnenblumenkerne (Deko)

Dressingzutaten in einem kleinen Mixer 30 Sek. gut durchmixen. Gemüse kleinschneiden, in eine Schüssel geben. Salat waschen, abtropfen lassen und trockenschleudern. In Streifen schneiden und auf das Gemüse geben. Mit dem Dressing übergießen, Kerne darüber streuen .

Tipp: *Wer keinen Honig im Essen haben will, muss Senfkörner mahlen, statt Senf zu nehmen.*

3894. Frischkorn für Frühstücksmuffel, Dezember 2009

Rohkost; 5-8 Std. Einweichzeit; evtl. Sprosszeit; ca. 10-15 Min.; 1 Haupt-
speise.

Getreide:
- 3 EL Sechskorngetreide o. Ä.
- 60 g Wasser

Dressing:
- 50 g Apfel
- 1 kleine Knoblauchzehe
- 12 g Petersilienstängel
- 1 TL Sonnenblumenöl (5 g)
- 30 g Olivenöl
- 1-2 Prisen Salz
- 50 g Wasser
- 1 TL Zitronenschaum (5/3586)
- 10 g Sonnenblumenkerne

Feste Zutaten:
- 40 g Kohlrabi
- 50 g Salatgurke
- 50 g Möhre
- 90 g Tomate
- 70 g Salat
- 1 EL Linsensprossen (Deko)

5-8 Std. vor dem Essen das Getreide schroten, mit Wasser verrühren und stehen lassen.

Dressing: Apfel grob vorschneiden, Knoblauchzehe schälen. Alle Zutaten zusammen in einem kleinen Mixer 30-40 Sek. mixen. Mit dem eingeweichten Schrot verrühren und in eine Salatschüssel geben.

Kohlrabi schälen. Kohlrabi, Gurke, 1/2 Tomate und Möhre nach Wunsch in Scheiben oder Stifte schneiden. In das Dressing geben. Salat waschen, trockenschleudern & in Streifen schneiden. Alles in der Schüssel gut mischen. Die restliche Tomatenhälfte in Spalten schneiden, am Rand verteilen. In die Mitte die Sprossen geben.

Tipp*: Die Sprossen dienen mehr zur Dekoration, ein paar Cocktailtomaten sehen auch hübsch aus.*

3895. Standardsalatsoße, Dezember 2009

5 Min. – 4-6 EL der Fertigsoße = 1 Portion. – Wer eine vegane Soße möchte, nimmt statt Honig etwas rohen Agavendicksaft.

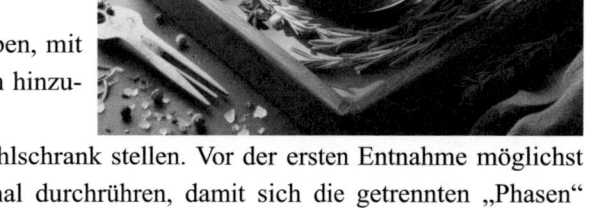

- 200-300 ml Sonnenblumenöl (kalte Pressung)
- 300 ml Apfelessig
- 1 EL Honig
- 1 EL Salz
- 1/2 TL gem. schwarzer Pfeffer
- 1-2 TL getr. Salatkräutermischung (ohne Glutamat oder andere Zusätze außer Kräutern)
- Auffüllen mit Wasser (ca. 100 ml)

Das Öl in ein größeres Schraubglas füllen. Essig hinzugeben, mit einer Gabel schaumig schlagen. Dann die anderen Zutaten hinzufügen, immer wieder mit der Gabel verrühren.

Glas mit dem Schraubdeckel verschließen und in den Kühlschrank stellen. Vor der ersten Entnahme möglichst 12 Std. ziehen lassen. Bei der Entnahme jeweils nochmal durchrühren, damit sich die getrennten „Phasen" wieder vermischen.

3896. Oreganopeterpesto, Januar 2010

Vegane Rohkost. 5-10 Min. mit Stabmixer

- 100 g Mandeln
- 42 g Petersilie (mit Stängeln)
- 32 g Oregano (Blättchen und zarte Stängelteile)
- 10 g Salz
- 1/2 TL Zimt
- 3 TL ger. getr. Orangenschale
- 150 g Sonnenblumenöl

Mandeln zweimal mit kochendem Wasser überbrühen und dann aus den Schalen drücken. – Im Zerkleinererteil des Stabmixers so fein wie möglich zerkleinern, umfüllen. Kräuter grob verschneiden, dann im Zerkleinererteil auch möglichst fein hacken. Restliche Zutaten hinzugeben, auch die Mandeln, und alles so lange mixen, bis es fein ist (nach Belieben). In leere Gläschen mit Schraubdeckel geben, mit Öl übergießen (wenn es länger halten) soll und im Kühlschrank aufbewahren.

Tipp: *Wer die Mandeln in kaltem Wasser einweicht oder gar nicht schält, hat auch eine Rohkostspeise. – Wer weiß, dass er das Pesto als Aufstrich verwenden und nicht länger aufbewahren möchte, kann auch weniger Salz nehmen.*

3897. Rote Bete-Salz, Januar 2010

- 100 g Rote Bete
- 100 g Salz
- 2 TL ger. Orangenschale
- 1/2 TL gem. Vanille
- 1 LS Zimt
- etwas frisch gem. Muskatnuss

Herstellung mit einem Stabmixer. – Rote Beete in Würfel mit einer Kantenlänge von etwa 2 cm schneiden, mit einem Stabmixer ganz fein hacken. Salz und Gewürze hinzugeben und nochmals gut durchhacken. Die feuchte Masse möglichst dünn auf ein Stück Backpapier ausstreichen, das auf das Sieb eines Dörrgeräts passt. 16-24 Std. bei 50 °C trocknen (das Ganze muss wirklich TROCKEN sein), dann in einem kleinen Mixer nochmals gut durchhacken.

3898. Weißkohllasagne roh, Januar 2010

Vegane Rohkost; 4-6 Std. einweichen + ca. 15 Min.; 1 Hauptspeise.

- 50 g Roggen
- 65 g Wasser
- 1 Tomate (85 g)
- etwas Salz
- 200 g Weißkohl
- 50 g Möhre
- etwas Salz
- 1/2 TL Salz
- 1/2 TL Pfeffer
- 1 EL Olivenöl

Soße:

- 1 TL Salz
- 1 TL Zitronenschaum (5/3586)
- 2 EL Olivenöl
- 20 g Ananas geschält
- 10 g Sonnenblumenkerne
- 1 kleine Knoblauchzehe
- 40 g Wasser

Deko:

- etwas Petersilie
- 2-4 Möhrenscheiben

Roggen flocken, mit dem Wasser verrühren und 4-6 Std. stehen lassen (nicht im Kühlschrank).

Tomaten in Scheiben schneiden, eine kleine Lasagneform damit auslegen. Weißkohl und Möhre in grobe Stücke schneiden und mit dem Salz fein raffeln. Eine Hälfte auf den Tomaten verteilen.

Den eingeweichten Roggen mit Öl, Salz und Würzpfeffer verrühren und vorsichtig auf dem Weißkohl ausstreichen. Darüber die nächste Schicht geraffelten Weißkohl geben. Die Knoblauchzehe schälen und mit den anderen Soßenzutaten zu einer feinen Creme schlagen. Auf die oberste Schicht streichen. Mit etwas Petersilie und Möhre dekorieren.

Tipp: Statt Ananas kann man auch ein anderes helles Obst nehmen. – Womit man dekoriert, ist egal, Hauptsache, es gibt einen Farbkontrast.

3899. Feines Kohlrabiknäcke (roh), Januar 2010

Vegane Rohkost; ca. 15 Min. + Trocknen.

- 2 Kohlrabi (480 g brutto, 380 g netto)
- 50 g Petersilie (mit Stängel)
- 1 große Knoblauchzehe
- 150 g Leinsamen
- 200 g Sonnenblumenkerne
- 4 TL Zitronenschaum (5/3586)
- 1 geh. TL Salz
- 2 EL Olivenöl

Kohlrabi und Knoblauchzehe schälen. Gemüse grob in Stücke vorschneiden. Leinsamen und Sonnenblumenkerne fein mahlen (im TM: 10 Sek./Stufe 8; 4 Sek./Stufe 10) und umfüllen. Das Gemüse wie folgt zerkleinern: 1 Min./Stufe 4; 4 Sek./Stufe 8 (zwischendurch die Masse an den Seiten herunterschieben und 4 Sek. Stufe 10). Die restlichen Zutaten ebenfalls zugeben (auch die gemahlenen Ölsaaten) und 3 Min. auf der Knetstufe verarbeiten lassen.

Backpapier in Größe der Trockensiebe ausschneiden. Mit einem immer wieder nass gemachten Teigschaber gleichmäßig verteilen. Mit einem scharfen Messer oder einem Kuchenrädchen Stücke vorschneiden. Bei 40 °C etwa 8 Std. trocknen. Vorsichtig vom Backpapier lösen, umdrehen und trocknen, bis sie wirklich knusprig sind.

3900. Geburtstagskuchen Praliné, Januar 2010

Boden:
- 100 g Dinkel
- 50 g weiche Butter
- 1 Prise Salz

Marzipanmasse:
- 230 g Honigmarzipan
- 200 g weiche Datteln (netto)
- 1 Prise Salz
- 1 Blutorange (100 g netto)
- 1 TL ger. Orangenschale
- 2 TL Zitronenschaum (5/3586)

Pralinencreme:
- 2 EL Carob (25 g)
- 1 EL Kakao (10 g)
- 50 g weiche Butter
- 1 winzige Prise Salz
- 1/2 TL gem. Vanille
- 1 MS Instant-Getreide-kaffee
- 50 g Sahne
- 70 g Honig

Dinkel, Salz und Butter mit den Fingern verkneten. In einer kleinen Springform (Durchmesser 18 cm) auf dem Boden verteilen, einen kleinen Rand hochziehen.

Marzipan, Datteln, Salz, geschälte Orange, Schale und Zitronenschaum miteinander vermischen, z. B. mit dem Hackmesser einer Küchenmaschine, durch den Plätzchenwolf drehen oder im TM zu einer feinen Masse mischen (20 Sek./Stufe 4; 20 Sek./Stufe 6).

Marzipanmasse gleichmäßig auf dem Boden verteilen. Auf dem Gitterrost in den kalten Ofen geben und 30 Min. bei 175 °C backen. Auf einem Kuchengitter auskühlen lassen.

Alle Cremezutaten (Carob sieben) mit einem Handrührgerät o. Ä. miteinander vermischen. Reichlich oben auf den Kuchen geben, Unebenheiten damit glätten und auch am Rand verstreichen. Mit dem Messer in Streifen über die Creme „fahren", dabei immer mit der Messerrundung nach unten drücken. Gut abgedeckt (ich habe eine Plätzchendose umgedreht und darüber gestellt; für größere Formen gibt es spezielle Kunststoffbehälter) im Kühlschrank über Nacht kalt werden lassen.

Tipp: Die doppelte Menge sollte dann auch für eine Springform normaler Größe reichen. – Ich würde für mich etwas mehr Zitronenschaum in die Masse geben, es ist mir zu süß. – Die Pralinencreme ist sehr süß. Eventuell erst einmal mit 40 g Honig anfangen und schauen, wie's einem schmeckt. – Wer richtig fit ist mit Kuchenspritztüten kann das sicher noch schöner - ich stehe mit den Dingern auf Kriegsfuß.

3901. Batatenlasagne, Januar 2010

Vegan; Einweichzeit 4-5 Std.; 1 Hauptspeise.
- 50 g Sechskorngetreide
- ca. 60-70 g Wasser
- 1 TL Kräutersalz
- 2 TL Olivenöl
- 300 g Batate (Süßkartoffel)
- 30 g Macadamianüsse
- 1 TL Zitronensaft
- 1 TL Salz
- 1 Blutorange (90 g netto)
- 1 EL Sonnenblumenöl
- 1 EL Haselnussöl
- 1 Knoblauchzehe
- 200 g Wasser

Getreide grob schroten, mit soviel Wasser verrühren, dass es ein nicht zu flüssiger Brei wird, und abgedeckt 4-5 Std. stehen lassen (nicht im Kühlschrank): Mit Salz und Öl verrühren.

Eine Lasagneform mit Öl auspinseln. Batate in schmale Streifchen schneiden, die Hälfte in die Form geben. Das Getreide möglichst gleichmäßig darauf verteilen und mit den restlichen Batatestreifen belegen.

Die restlichen Zutaten, aber nur mit 100 g Wasser, 30 Sek. in einem kleinen Mixer verquirlen. Restliches Wasser hinzugeben und nochmals 20 Sek. mixen. Eine Hälfte vorsichtig auf das Gemüse gießen. In den kalten Ofen schieben und 20 Min. bei 225 °C backen. Mit dem Rest Soße begießen, nochmals 20-25 Min. backen.

3902. Dualspaghetti mit Pseudosoße, Januar 2010

Rohkost; 2 Tage Keimzeit; 4-5 Std. einweichen; 2 Hauptspeisen.

Hackfleischsoße:

- 100 g Wildroggen
- 70 g Wasser
- 2 gestr. TL Salz
- 3 TL Zitronenschaum (5/3586)
- 35 g Olivenöl
- 50 g Sonnenblumenkerne
- 2 Knoblauchzehen
- 3 Prisen getr. Oregano
- 1 TL Honig (15 g)
- 4 Tomaten (350 g)
- 100 g rote Paprika
- 25 g Wasser

Spaghetti:

- 1 Kohlrabi (325 g netto)
- 1 Rote Bete (220 g)

Parmesan:

- 10 g Mandeln

Deko

- evtl. etwas Petersilie

50 g Roggen keimen lassen. – 50 g Roggen grob schroten (Stufe 5-6, Hawos Novum) und mit 70 g Wasser verrühren. Abgedeckt ca. 4 Std. stehen lassen (nicht im Kühlschrank).

Tomate und Paprika grob vorschneiden. Mit den anderen Soßenzutaten (außer dem Getreide) in einem kleinen Mixer zu einer homogenen, aber nicht zu feinen Soße mixen (ca. 30 Sek.), dann mit dem Getreide verrühren.

Kohlrabi schälen, halbieren, von der Rote Beete die Wurzelenden abschneiden und mit einem Spirali zu Spaghetti verarbeiten. Auf einen Teller legen. Die Soße in einer Schüssel reichen. Mandeln fein hacken und als „Parmesan" darüber verteilen. An den Rand etwas Petersilie legen.

Tipp: Wer keinen Spirali hat, kann auch Stifte mit einem Hobel herstellen.

3903. Schwarzbrot mit Buchweizen, Januar 2010

Ansatz:

- Sauerteig (ca. 150 g)
- 300 g lauwarmes Wasser
- 300 g Roggen

Vorteig:

- 600 g Sauerteig
- 1500 g Roggen
- 1500 g Wasser

Hauptteig:

- 500 g Wasser
- 100 g Sesamkerne
- 200 g Sonnenblumenkerne
- 2,5 EL Salz
- 1 geh. EL Brotgewürz
- 3 EL Olivenöl
- 1 EL Honig
- 2 x 150 g Buchweizen
- 2 x 150 g Roggen

(Abend zwei Tage vorher) Roggen mittelfein schroten. Alten Sauerteigansatz, Wasser und Roggen in einer größeren Schüssel gut verrühren. Die Schüssel in eine Plastiktüte stecken und auf der Fensterbank etwa 10-12 Std. stehen lassen.

(Morgen des Vortages) Morgens von dem Sauerteig 150 g abnehmen und in einem Glas mit Schraubdeckel im Kühlschrank als neuen „Starter" aufbewahren. 1500 g Roggen schroten. Mit 600 g Sauerteig und 1500 g Wasser in der Teigknetmaschine 4 Min. gut verrühren. Teigschüssel gut mit Plastik abdecken und bis abends stehen lassen (ca. 12 Std.).

(Abend des Vortages) 150 g Buchweizen und 150 g Roggen mischen und sehr grob schroten (zwischen 6,5 und 7, Hawos Novum). 150 g Buchweizen und 150 g Roggen fein mahlen. Alle Zutaten nun zum Vorteig geben. Alles gut verrühren (10 Min. in der Maschine). Die Kastenformen einfetten und den Teig hineinfüllen, gut einsprühen. Formen mit Gärfolie abdecken und über Nacht ruhen lassen (ca. 9-10 Std.).

(Backmorgen) 20 Min. den Ofen auf 175 °C (Umluft) vorheizen. Brote in den Ofen schieben und 100 Min. backen (Klopfprobe). Auf dem Boden des Ofens steht eine ofenfeste Form mit Wasser. Auf ein Kuchengitter stürzen, mit Wasser einsprühen und abkühlen lassen. Möglichst erst am nächsten Tag anschneiden.

3904. Weißreis überbacken, Januar 2010

Vegan; ca. 6 Std. einweichen; 1 Hauptspeise.

Reis

* 80 g Reis
* 205 g Wasser
* (also ca. 2,5x so viel Wasser wie Reis)
* 2-3 Prisen Salz

Gemüse

* 60 g Wasser
* 1 TL Gemüsebrühextrakt (2/1288)
* 1 TL Curry
* 60 g Spitzkohl
* 170 g Weißkohl

Soße

* 25 g Sonnenblumenkerne
* 10 g Nackthafer
* 20 g Sonnenblumenöl
* 1 Mandarine (netto 55 g)
* 60 g Wasser
* 1 gestr. TL Salz
* 1 TL Zitronenschaum (5/3586)

Reis 6-12 Std. in 205 g Wasser einweichen. Im Einweichwasser aufsetzen, auf höchster Einstellung zum Kochen bringen, sobald der Reis kocht, auf kleinster Einstellung 30 Min. garen lassen. Dann etwas Salz unterrühren. Falls noch Flüssigkeit vorhanden ist, kurz wieder auf höchste Einstellung drehen und abdampfen lassen. Während der Reis dünstet, Gemüse und Soße zubereiten:

60 g Wasser, Curry und Gemüsebrühextrakt in einer Pfanne verrühren. Kohl kleinschneiden, in den Topf geben. Bei höchster Einstellung zum Kochen bringen. Sobald Dampf unter dem Deckel entweicht, auf kleinste Einstellung drehen und 15 Min. dünsten. Die Soßenzutaten gut vermischen (z. B. in einem kleinen Mixer).

Eine Lasagneform (Volumen: mindestens 500 ml = 1/2 Liter) auf dem Boden mit Öl einpinseln. Den Grill vorheizen auf 250°C. Reis auf dem Boden der Form verteilen. Das Gemüse darauf verteilen und die Soße darüber gießen. In den Ofen auf den Gitterrost schieben und grillen, bis die Oberfläche gebräunt ist (das waren bei mir 5 Min., ich hatte allerdings eher mit 10 Min. gerechnet). In der Form servieren.

Tipps: *Diese Soße zum Überbacken lässt für meinen Geschmack Käse weit hinter sich. Wer dennoch etwas Käsegeschmack haben möchte, würzt noch mit Schabziegerklee. – Wenn Mandarinen nicht Saison sind, geht auch anderes Obst, selbst ein Stück Apfel.*

3905. Austerpfanne, Januar 2010

Vegan; ca. 20 Min.; 1 Hauptspeise.

* 4-5 EL Olivenöl
* 270 g Austernpilze
* 30 g Cashewnüsse
* 1 gestr. TL Salz
* 2 EL Mandelöl (o. Ä.)
* 50 g Wasser
* 1 Mandarine (netto 50 g)

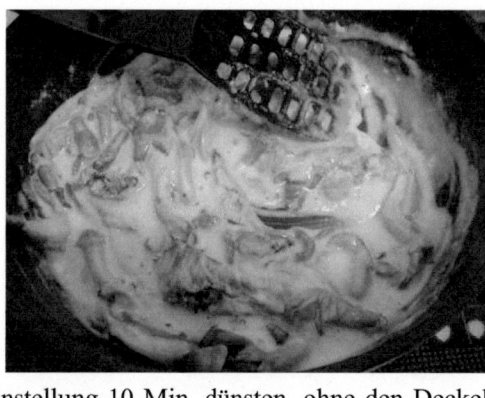

Öl in eine Pfanne geben. Pilze zerpflücken, in die Pfanne geben. Deckel auflegen, bei höchster Einstellung zum Kochen bringen, bis deutlich Dampf unter dem Deckel entweicht. Auf kleinster Einstellung 10 Min. dünsten, ohne den Deckel anzuheben.

Cashewnüsse, Salz, Öl, Wasser und Mandarine 30 Sek. in einem kleinen Mixer mischen. Unter die Pilze rühren und einmal aufkochen.

Hinweis: *Gut als Beilage schmeckt dazu: Reis, Hirse oder Brot. Mir war es nach einer kleinen Rohkost aber auch so genug.*

3906. Apfelbrottörtchen, Januar 2010

Vegan; 2 Desserts.

- 50 g altes Vollkornbrot
- 60 g kochendes Wasser
- 1/2 TL gem. Vanille
- 1 EL Wasser
- 50 g Honig
- 2 EL Sesamsaat (25 g)
- 2 TL Sonnenblumenöl
- 75 g Dinkel
- 1 Prise Salz
- 1 TL getr. Orangenschale
- 3 EL Sonnenblumenöl
- 2 EL Wasser
- 1 Apfel (100 g)
- 30 g Rosinen

Brot in Stücke brechen, in eine kleine Schüssel geben und mit dem kochenden Wasser übergießen. Abdecken und 15 Min stehen lassen. Wer möchte, dass sich alles Brot ganz weich verrühren lässt, muss länger warten. Dann mit Vanille, Wasser, Honig, Sesamsaat und 2 TL Öl verrühren.

Dinkel mahlen. Salz, Schale, 3 EL Öl und 2 EL Wasser hinzugeben. Erst mit einem Löffel verrühren, dann gut mit der Hand durchkneten. Den Teig halbieren (ergab je 56 g) und in Größe des Förmchens (ca. 10 cm Durchmesser) ausrollen. In die Form legen. Den Apfel halbieren und in feine Spalten schneiden, damit den Teigboden bedecken. Rosinen über die Äpfel streuen. Die Brotmasse gleichmäßig darüber verteilen.

In den kalten Ofen auf den Gitterrost geben und 30 Min. bei 175 °C backen. Warm oder kalt essen.

Tipp: Die doppelte bis dreifache Menge sollte dann auch für eine Springform reichen und einen Kuchen ergeben. Statt Äpfeln eignet sich auch Obst wie Aprikosen. – Dazu gut schmeckt Sahne oder eine Nusscreme. – Wer keinen Wert auf vegane Ernährung legt, kann auch Butter (ein Drittel mehr als Öl) für den Teig nehmen.

3907. Rotchinakohlsalat, Januar 2010

Rohkost, 1 Hauptspeise.

Dressing:

- 1/2 TL Senf
- 1 TL Kerbelwürze (3728 o. Ä.)
- 20 g Cashewnüsse
- 1 gestr. TL Kräutersalz (3/2008)
- 1 TL Zitronenschaum (5/3586)
- 20 g Sonnenblumenöl
- 50 g Wasser

Feste Zutaten:

- 145 g Chinakohl
- 115 g Rotkohl

Dressing Zutaten in einem kleinen Mixer vermischen (ca. 30 Sek.). Die beiden Kohlsorten kleinschneiden (oder im TM raffeln 5 Sek./Stufe 6) und mit dem Dressing vermischen.

Hinweis: Kerbelwürze kann durch getr. Kerbel ersetzt werden. Generell lässt sich statt Zitronenschaum auch die doppelte Menge Zitronensaft nehmen.

3908. Carobtasse, Januar 2010

Vegan; ca. 5 Min.; Tasse mit 700 ml Volumen.

- 1 EL Cashewbruch
- 1 EL Nackthafer
- 2 TL Carob
- 600 g kochendes Wasser

Cashewbruch, Nackthafer und Carob im kleinen Becher eines kleinen Mixers (z. B. Mr. Magic) fein mahlen. Kochendes Wasser hinzugeben, bis der Becher zu etwa 4/5 gefüllt ist, mit dem Löffel durchrühren und mit dem Mixer mischen. In die Tasse gießen. Den Becher nochmals mit heißem Wasser auffüllen, mischen und auch in die Tasse gießen. Tasse mit dem kochenden Wasser auffüllen.

3909. Wirsingtarte, Januar 2010

Vegan; ca. 45 Min. (inkl. Backen); 1 Hauptspeise.

Teig:
- 85 g Wasser
- 1/2 P Biohefe (21 g)
- 125 g Dinkel
- 15-16 g Sonnenblumenöl
- 1/2 TL Kräutersalz (4337)

Gemüse:
- 60 g Wasser
- 220 g Wirsing

Soße:
- 30 g Cashewnüsse
- 1/2 TL Salz
- 20 g Sonnenblumenöl
- 1 geschälte Knoblauchzehe
- 2 TL Zitronenschaum (5/3586)
- 10 g gem. Dinkel
- 125 g Wasser

Hefe im Wasser verrühren. Dinkel fein mahlen, mit Hefewasser, 15 g Öl und 1/2 TL Kräutersalz zu einem weichen Teig verkneten. Zu einer Kugel unter Spannung formen und bis das Gemüse gar ist, abgedeckt gehen lassen. Wasser in eine Pfanne geben. Wirsing waschen, kleinschneiden und in die Pfanne geben. Deckel auflegen, bei höchster Einstellung zum Kochen bringen, bis deutlich Dampf unter dem Deckel entweicht. Auf kleinster Einstellung 10 Min. dünsten, ohne den Deckel anzuheben. Die Soßenzutaten in einem kleinen Mixer gut miteinander verquirlen.

Eine Quicheform oder kleine Pizzaform (24 cm) mit Öl einpinseln, den weichen Teig mit nassen Händen darin glattstreichen und einen kleinen Rand hochziehen. Mit dem abgetropften Wirsing belegen, die Soße vorsichtig darüber gießen. In den kalten Ofen schieben und bei 225 °C (Umluft) 25 Min. backen.

Hinweis: *Die zarten Wirsingblätter am Rand und der Wirsing, der keine Soße „abbekommen" hatte, sind ein wenig angekohlt, weil meine Soße zu flüssig war, deswegen hatte ich ja auch schon den gemahlenen Dinkel hinzugegeben, der eigentlich nicht hinein sollte. Bei einem erneuten Versuch würde ich die Wassermenge auf 100 g setzen, oder sogar erst einmal mit 75 g anfangen, sodass die Masse streichbar wird. Eine etwas niedrigere Hitze wäre in diesem Fall auch empfehlenswert, z. B. 200 °C vorheizen, dann 20 Min backen.*

3910. Rustikalbrot, Januar 2010

Ansatz:
- Sauerteig (ca. 150 g)
- 150 g lauwarmes Wasser
- 150 g Roggen

Vorteig:
- 300 g Sauerteig
- 1250 g Roggen
- 1600 g Wasser

Hauptteig:
- 100 g Wasser
- 50 g Olivenöl
- 520 g Roggen
- 780 g Dinkel
- 2,5 EL Salz
- 1 geh. EL Brotgewürz

(Morgen des Vortages) Roggen fein mahlen, mit Sauerteig und 150 g Wasser in einer größeren Schüssel gut verrühren. Die Schüssel in eine Plastiktüte stecken und auf der Fensterbank etwa 10-12 Std. stehen lassen.

(Abend des Vortages) Vom Sauerteig 150 g als neuen „Starter" aufbewahren. 1250 g Roggen fein mahlen. Mit 300 g Sauerteig und 1600 g Wasser in der Teigknetmaschine 4 Min. gut verrühren. Teigschüssel gut mit Plastik abdecken und bis zum nächsten Morgen stehen lassen (ca. 12 Std.).

(Backmorgen) 520 g Roggen und 780 g Dinkel mischen und fein mahlen. Salz und Brotgewürz unterrühren. Mit Öl und Wasser zu dem Vorteig geben. Alles gut verrühren (10 Min. in der Maschine). Die Kastenformen einfetten und den Teig hineinfüllen, mit einem Messer einschneiden und gut einsprühen. Formen mit Gärfolie abdecken und 1,5 Std. gehen lassen. Dann den Ofen auf 250 °C (Umluft) vorheizen. Brote in den Ofen schieben und 30 Min. bei 250 °C backen, dann auf 175 °C herunterstellen und weitere 30 Min. backen. Auf dem Boden des Ofens steht eine ofenfeste Form mit Wasser. Auf ein Kuchengitter stürzen (Klopfprobe), mit Wasser einsprühen und abkühlen lassen.

3911. Feiner Kohl, Januar 2010

Vegane Rohkost; 1 Hauptspeise.

Dressing:
- 1 gestr. TL Salz
- 1 MS Pfeffer
- 1,5 TL Zitronenschaum (5/3586)
- 3 EL Rosenöl (4/2789 o. Ä.)
- 1 TL Blätter aus dem Rosenöl
- 75 g Mandarine (g netto)
- 1/4 TL „Mein erster Senf" (3891 o. Ä.)
- 50 g Wasser

Feste Zutaten:
- 120 g Rosenkohl
- 170 g Blumenkohl
- 15 g Sonnenblumen-kerne
- 15 g Leinsamen
- 1 kleine Tomate (50 g)

Dressingzutaten in einem kleinen Mixer 30 Sek. gut durchmixen. Gemüse putzen, vorschneiden und in einer Küchenmaschine in feine Scheibchen schneiden. Mit Dressing und Ölsaaten mischen, Oberfläche glatt streichen. Tomate vierteln und an den Rand legen.

Tipp: *Wer keine Tomate hat, dekoriert mit Möhrenscheiben oder Petersilie.*

3912. Rei-Li-Rot-Spitz-Auflauf, Januar 2010

Vegan; 6-8 Std. Einweichen; 60 Min. Backzeit; 2 Hauptspeisen.

- 75 g Reis
- 180 g Wasser
- 80 g gelbe Linsen
- 30 g Cashewnussbruch
- 30 g Rosinen
- 215 g Rotkohl
- 270 g Spitzkohl
- 500 ml Wasser
- 1 kleine Blutorange (100 g brutto)
- 1 gestr. TL Salz
- 20 g Sonnenblumen-kerne
- 50 g Wasser

Reis 6-12 Std. in 180 g Wasser einweichen. Mit dem Einweichwasser in eine ofenfeste Pfanne oder Form geben. Mit den Linsen verrühren, Nüsse und Rosinen darüber streuen.

Rotkohl in feine Streifen schneiden, in die Form schichten. Spitzkohl kleinschneiden und darüber schichten, das Wasser hinzugeben. Mit einem Deckel schließen und in den kalten Ofen auf den Gitterrost schieben. 60 Min. bei 225 °C backen. Orange schälen, grob zerkleinern und mit Salz und Kernen mit Hilfe eines kleinen Mixers gut verschlagen. Über das Essen in der Pfanne gießen.

Tipp: *Nach Belieben kann man noch etwas Haselnuss- oder anderes Nussöl auf die Speise träufeln.*

3913. Würzpfeffer, Februar 2010

Dies ist eine Würzmischung, die man nirgendwo kaufen kann. Sie soll eine Anregung sein, einfach ein paar Dinge zusammen zu mixen: Dann bekommen wir nämlich eine wirklich einmalige Mischung, die unseren Speisen eine ganz besondere Note gibt.

- 2 TL weiße Pfefferkörner
- 2 TL Anissamen
- 1 TL Koriandersamen
- 1 TL gelbe Senfkörner
- 1 getr. Chilischote
- 1 TL Kurkuma gemahlen
- 1/2 TL Zimt gemahlen

Die ungemahlenen Gewürze in einem kleinen Mixer 40 Sek. mahlen. Die anderen Zutaten hinzugeben und nochmals 10 Sek. mahlen. Sehr lecker und vor allem auch in der Rohkost verwendbar.

Tipps: *Wer möchte, kann natürlich auch bereits gem. Gewürze nehmen. Das geht minimal schneller, ist aber nicht ganz so spannend und möglicherweise keine Rohkost. – wer es etwas weniger scharf möchte, stellt die Mischung ohne Chilischote her.*

3914. Pralinencreme, Februar 2010

Wer sich mal etwas „Süßes" tun muss, ist hiermit gut beraten.

- 3 TL Carob
- 1 TL Kakao
- 1 winzige Prise Salz
- 1 MS gem. Vanille
- 1/2 TL Haselnuss- oder Mandelöl
- 30 g Sahne
- 20 g Honig

Alle Zutaten miteinander verrühren (geht mit einem Löffel).

Hinweis: *Wer kein Nussöl hat, nimmt etwas mehr Sahne. – wer keine Tierprodukte essen möcht, versucht es mit Mandelöl statt Sahne und rohem Agavennektar. – Mir waren 20 g Honig genug, ich wollte noch einen „Schokogeschmack" behalten, aber die Menge ist natürlich nach oben offen.*

3915. Brokkolicurry mit Reis, Februar 2010

Vegan; 6-12 Std. einweichen; 1 Hauptspeise.

Reis:
- 75 g Reis
- 180 g Wasser
- 20 g Rosinen
- 2-3 Prisen Salz

Gemüse:
- 60 g Wasser
- 1 TL Gemüsebrühextrakt (2/1288)
- 220 g Brokkoli
- 50 g Möhre

Soße:
- 25 g Sonnenblumenkerne
- 20 g Sonnenblumenöl
- 1 Mandarine (netto 60 g)
- 50 g Wasser
- 1 gestr. TL Salz
- 1/2 TL Multigewürz (3834)

Reis 6-12 Std. in 180 g Wasser einweichen. Mit den Rosinen aufsetzen, auf höchster Einstellung zum Kochen bringen, sobald der Reis kocht, auf kleinster Einstellung 30 Min. garen lassen. In dieser Zeit das restliche Gemüse zubereiten: 60 g (s.u.) Wasser und Gemüsebrühextrakt in einem Topf oder einer kleinen Pfanne verrühren. Brokkoli und Möhre kleinschneiden, in den Topf geben. Als Gemüsepfanne 15 Min. dünsten. Sonnenblumenkerne, Öl, geschälte Mandarine, Wasser, Salz und Multigewürzmischung in einem kleinen Mixer gut verquirlen. Zu dem Gemüse geben und noch etwas stocken lassen, bis der Reis fertig ist. Etwas Salz unter den Reis rühren. Hälfte vom Reis mit der Hälfte von Gemüse und Soße auf einen Teller geben.

Tipps: *Auf manchen Herdplatten verdampft bei mir das Wasser schneller und kräftiger als auf anderen. Dann muss ich Wasser hinzugeben. So war das auch heute: Statt 60 g habe ich zum Gemüsekochen sicherlich 100-125 g genommen. – Wichtig ist, dass ich den Reis ohne jeglichen Salzzusatz koche. Das habe ich diesmal gemacht, er war auch weicher als sonst. Aber so weich, wie ich ihn gerne hätte, ist er auch nicht. Aber das geht vermutlich mit Vollwertreis nun einmal nicht.*

3916. Lavendel-Frühstück, Februar 2010

Einweichen + ca. 15 Min.; 1 Frühstück.

- 3 EL Sechskorngetreide o. Ä.
- 1 TL Zitronenschaum (5/3586)
- 3 EL Sahne
- 1/2 TL getr. Lavendelblüten
- 1 großer Apfel (200 g)
- 1 kleine Blutorange (90 g netto)
- 12 Mandeln

Getreide flocken, mit Zitronenschaum und Sahne verrühren. Apfel und geschälte Apfelsine grob zerkleinern und fein hacken oder pürieren. Unter das Getreide rühren, die Oberfläche glattstreichen und am Rand die Mandeln auslegen, vier jedoch in die Mitte. Wer es süß mag, kann in die Mitte noch 1 TL Honig geben.

3917. Gurkensuppe mit Mungbohneneinlage, Februar 2010

Vegane Rohkost; 48 Std. Keimzeit + ca. 15 Min. im TM; 2 Haupt-
speisen.

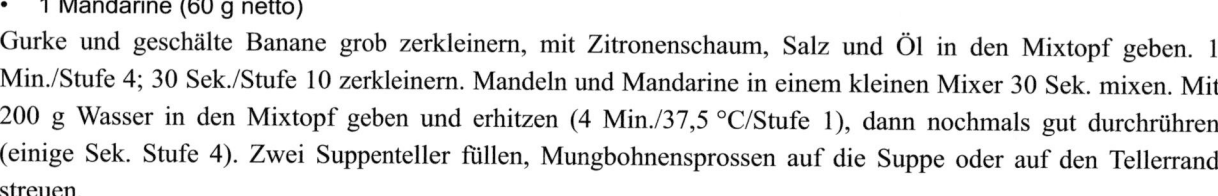

- 40 g Mungbohnen (vor dem Sprossen)
- 400 g Salatgurke
- 1 kleine Banane (brutto 120 g)
- 2 TL Zitronenschaum (2/1288)
- 1 TL Salz
- 30 g Olivenöl
- 200 g Wasser
- 20 g Mandeln
- 1 Mandarine (60 g netto)

Gurke und geschälte Banane grob zerkleinern, mit Zitronenschaum, Salz und Öl in den Mixtopf geben. 1 Min./Stufe 4; 30 Sek./Stufe 10 zerkleinern. Mandeln und Mandarine in einem kleinen Mixer 30 Sek. mixen. Mit 200 g Wasser in den Mixtopf geben und erhitzen (4 Min./37,5 °C/Stufe 1), dann nochmals gut durchrühren (einige Sek. Stufe 4). Zwei Suppenteller füllen, Mungbohnensprossen auf die Suppe oder auf den Tellerrand streuen.

Tipp: *Man kann es auch mit anderen Sprossen oder Keimen probieren, wobei sowohl mein Gast als auch ich gerade die Mungbohnen sehr lecker fanden.*

3918. Rustikalbrot emeritus, Februar 2010

Ansatz:

- Sauerteig (ca. 150 g)
- 250 g lauwarmes Wasser
- 250 g Roggen

Vorteig:

- 500 g Sauerteig
- 1300 g Roggen
- 1600 g Wasser

Hauptteig:

- 100 g Wasser
- 50 g Olivenöl
- 600 g Roggen
- 430 g Dinkel
- 130 g Emmer
- 2,5 EL Salz
- 2 TL geschrotetes Brotgewürz (4126)
- etwas Mohn

Morgen des Vortages: Roggen fein mahlen, mit Sauerteig und 200 g Wasser in einer größeren Schüssel gut verrühren. Die Schüssel in eine Plastiktüte stecken und auf der Fensterbank etwa 10-12 Std. stehen lassen.

Abend des Vortages: Vom Sauerteig 150 g abnehmen und in einem Glas mit Schraubdeckel im Kühlschrank als neuen „Starter" aufbewahren. 1300 g Roggen fein mahlen. Mit 500 g Sauerteig und 1600 g Wasser in der Teigknetmaschine 4 Min. verrühren. Teigschüssel mit Plastik abdecken und bis zum nächsten Morgen stehen lassen (ca. 12 Std.).

Backmorgen: 600 g Roggen, 430 g Dinkel und 130 g Emmer mischen und fein schroten (Stufe 2/9, Hawos Novum). Salz und Brotgewürz unterrühren. Mit Öl und Wasser zum Vorteig geben. Alles verkneten (10 Min. in der Maschine). Die Kastenformen einfetten und den Teig hineinfüllen, mit einem Messer einschneiden, gut einsprühen und mit Mohn bestreuen. Formen mit Gärfolie abdecken und 1,5 Std. gehen lassen. Dann den Ofen auf 250 °C (Umluft) vorheizen.

Brote in den Ofen schieben und 25 Min. bei 250 °C backen. Auf 175 °C herunterstellen und weitere 35 Min. backen. Auf dem Boden des Ofens steht eine ofenfeste Form mit Wasser. Auf ein Kuchengitter stürzen (Klopfprobe), mit Wasser einsprühen und abkühlen lassen.

Tipp: *Statt mit Mohn Brote mit Leinsamen oder Sesam bestreuen.*

3919. Obstsalat mit Eigensüße, Februar 2010

Vegan; 3 Desserts.

Obst:

- 1 große Apfelsine (200 g netto)
- 1 großer Apfel (200 g)
- 1 Banane (130 g netto)

Soße:

- 30 g Cashewnüsse
- 2 TL Haselnussöl
- 1/2 TL Zitronensaft
- 50 g Wasser
- 1 MS gem. Vanille

Apfelsine und Banane schälen, alles Obst würfeln und in eine Schüssel geben. Cashewnüsse in einem kleinen Mixer sehr fein mahlen und mit den restlichen Zutaten mixen (15 Sek.). Über das Obst gießen und mindestens 1/2 Std. in den Kühlschrank stellen,

Tipp*: Statt Haselnussöl eignet sich auch ein anderes Nussöl. Ohne Öl 10 g mehr Wasser nehmen.*

3920. Porreepfanne überbacken, Februar 2010

Vegan; ca. 30 Min.; 2-3 Hauptspeisen.

Gemüse:

- 55 g Sonnenblumenöl
- 45 g Wasser
- 300 g Kartoffeln
- 1/2 Gemüsezwiebel (110 g netto)
- 3 Stangen Porree (350 g netto)
- 3 Tomaten (330 g)

Belag zum Überbacken:

- 50 g Cashewnüsse
- 1,5 TL Salz
- 10 g Zitronensaft
- 1 Blutorange (135 g netto)
- 55 g Sonnenblumenöl
- 35 g Wasser

Öl und Wasser in eine Pfanne geben. Kartoffeln unter fließendem Wasser gut abbürsten, in 3-4 mm dicke Scheiben schneiden und den Pfannenboden damit auslegen. Zwiebel schälen, würfeln, über die Kartoffeln streuen. Porree waschen, abtropfen lassen und in 1-2 cm lange Stücke schneiden. Auf die Zwiebeln schichten. Die Tomaten vierteln und mit der Rundung nach oben in die Pfanne legen. Als Gemüsepfanne 15 Min. dünsten.

Cashewnüsse in einem kleinen Mixer sehr fein mahlen und mit den restlichen Belagzutaten gut mixen. Stehen lassen, bis die 15 Min. Dünstzeit um sind. Wenn 5 Min. Dünstzeit vergangen sind, den Grill vorheizen (225 °C). Die jetzt etwas eingedickte Soße über das Gemüse verteilen, ohne Deckel 15 Min. überbacken, bis der Belag an mehreren Stellen goldbraun und insgesamt etwas fester ist.

Hinweis: Durch die Blutorange sieht der Belag aus wie Käse! Er schmeckt jedoch deutlich nach Zitrusfrüchten. Wer das vermeiden möchte, nimmt lieber 100 g Apfel, zur Gelbfärbung eignet sich eine Prise Kurkuma.

3921. Paprikamandeln, Februar 2010

Rohkost – kleiner Snack für zwischendurch.

- 20 g Mandeln
- 1 Pr. Salz
- 1-2 MS Paprika edelsüß
- 1 TL Sonnenblumenöl

Alle Zutaten in einer kleinen Schüssel vermengen, bis alle Mandeln mit Öl benetzt sind. Eventuell schmeckt das auch getrocknet gut, muss ich mal ausprobieren.

3922. Rohkostspaghetti mit Soße, Februar 2010

Vegane Rohkost; 4-5 Std. einweichen; 1 Hauptspeise.

Hackfleischsoße:

- 50 g Weizen
- 50 g Wasser
- 1 gestr. TL Salz
- 2 TL Zitronenschaum (5/3586)
- 30 g Olivenöl
- 25 g Sonnenblumenkerne
- 1 Knoblauchzehe
- 2 Prisen getr. Oregano
- 1 TL roher Agavennektar
- 1 Tomate (85 g)
- 1 Stück rote Paprika (70 g)
- 50 g Wasser

Spaghetti:

- 1 Kohlrabi (270 g netto)

Parmesan: 10 g Mandeln

Deko: evtl. etwas Petersilie

Weizen grob schroten (Stufe 5-6; Hawos Novum) und mit 50 g Wasser verrühren. Abgedeckt ca. 4 Std. stehen lassen (nicht im Kühlschrank).

Tomate und Paprika grob vorschneiden. Mit den anderen Soßenzutaten (außer dem Getreide) in einem kleinen Mixer zu einer homogenen Soße mixen (ca. 40 Sek.), dann mit dem Getreide verrühren.

Kohlrabi schälen, halbieren und mit einem Spirali zu Spaghetti verarbeiten. Auf einen Teller legen. Mit der Soße übergießen. Mandeln fein hacken und als „Parmesan" darüber verteilen. An den Rand etwas Petersilie legen.

3923. Winterkuchen, Februar 2010

Rohkost. Springform 18 cm; im TM; nach einem Rezept von H. Wandmaker, das mir einmal eine Leserin zugeschickt hatte. – Wer mit der Rohkost sehr streng ist, lässt die Vanille weg, denn es gibt keine in Rohkostqualität. Wer das behauptet, so ein glaubwürdiger Vanilleanbauer, lügt.

- 150 g Mandeln
- 75 g Kokosstreifen
- 115 g Walnüsse
- 125 g Rosinen
- 100 g Honig
- 1 TL getr. Orangenschale
- 1/2 Apfelsine (70 g)
- 1 LS gem. Vanille (s. o.)

Mandeln, Kokosstreifen und Walnüsse fein mahlen (10 Sek./Stufe 8,;10 Sek./Stufe 10). Die restlichen Zutaten hinzugeben und 10 Sek./Stufe 4 laufen lassen, dann auf der Knetstufe noch 20 Sek..

Eine kleine Springform (ca. 18 cm Durchmesser) mit Haushaltsfolie auslegen, sodass auch die Wände damit bedeckt sind (also zwei Streifen kreuzweise legen). Die Masse hineingeben, mit der nassen Hand herunterdrücken und glattstreichen. Ein paar Kokosstreifen in Stücke brechen und am Rand entlang legen. Folie oben locker schließen und Kuchen vor dem Anbrechen mindestens 12 Std. im Kühlschrank stehen lassen. Hält kühl aufbewahrt recht lange, wenn nicht vorher aufgeknabbert.

3924. Salish-Räucherbrötchen, Februar 2010

Vegan; 9 Brötchen zu je 95 g.

- 150 g Wasser
- 1 Würfel Bio-Hefe (42 g)
- 150 g Emmer
- 350 g Dinkel
- 3 TL „Salish" Räuchersalz
- 1 EL Sonnenblumenöl
- 150 g Wasser
- 1-2 TL Mohn

Hefe in 150 g Wasser bröseln und auflösen. Getreide zusammen fein mahlen, mit dem Salz verrühren. Mit Öl, Hefewasser und 150 g Wasser zu einem sehr weichen Teig kneten (z. B. in einer Teigknetmaschine 5 Min.). Zu einer Kugel unter Spannung formen und in einer Schüssel in einer Plastiktüte 30 Min. gehen lassen. Der Teig hat sich deutlich vergrößert.

Mit der Hand noch einmal nachkneten. Teigstücke von je 95-98 g abnehmen und zu Kugeln unter Spannung formen, nebeneinander auf ein mit Dauerbackfolie ausgelegtes Backblech setzen, schräg einschneiden und reichlich mit Wasser einsprühen. Das Backblech in eine Plastiktüte stecken. 20 Min. gehen lassen, in dieser Zeit den Ofen auf 250 °C (Umluft) vorheizen. Die Brötchen nochmals mit Wasser besprühen und mit Mohn bestreuen. Das Blech mit den Brötchen einschieben und 25 Min. backen, Ofen ausstellen und 5 Min. nachbacken.. Auf ein Kuchengitter geben, mit Wasser einsprühen. Schmecken auch warm sehr lecker!

Tipps: Die Wassermenge ist eigentlich zu gering für Brötchen. Vielleicht liegt es am Wetter, am Getreide, dass ich so wenig Wasser brauchte. Der Teig klebte fast schon an der Hand, trotz des wenigen Wassers. Beim Nachbacken also evtl. vorsichtig mehr Wasser hinzugeben. – Räuchersalz ist offenbar in der Salzwirkung schwächer, daher habe ich 3 TL Salz genommen.

3925. Fruchtknäcke, roh, Februar 2010

Vegane Rohkost; hier beschrieben für den TM.

- 50 g Buchweizen
- 1 Banane (140 g netto)
- 3 Äpfel (365 g)
- 50 g goldener Leinsamen
- 50 g Sonnenblumenkerne
- 2 TL Zitronenschaum (5/3586)

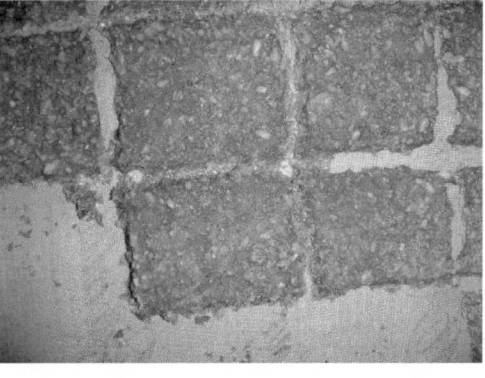

Buchweizen fein mahlen (20 Sek./Stufe 10). Obst grob zerkleinern und alle Zutaten in den Mixtopf geben und zerkleinern (50 Sek./Stufe 4; 10-20 Sek./Stufe 10).

Auf einer Paraflexx-Folie ausstreichen, mit einem Teigrädchen Stücke vormarkieren und auf einen Einschub ziehen. In einem Dörrgerät trocknen (Excalibur: 41 °C, 26 Std.).

Hinweis: Wird nicht richtig knackig und schmeckt mir auch nicht so aufregend wie die herzhaften Versionen.

3926. Lavis Räuchersalz, Februar 2010

- 1 TL getr. Lavendelblüten
- 2 TL Salish-Rauchsalz
- 4 TL Meersalz

Alle Zutaten in einem kleinen Mixer ca. 20 Sek. lang fein mahlen.

3927. Paprikaknäckebrot, roh, Februar 2010

Vegane Rohkost; Herstellung hier im TM.

- 75 g Champignons
- 2 rote Paprikaschoten (300 g netto)
- 10 g Knoblauch (netto)
- 1 Tomate (110 g)
- 200 g Sonnenblumenkerne
- 1 geh. TL Salz
- 2 TL Zitronenschaum (5/3586)
- 1/2 TL Würzpfeffer (3913)
- 50 ml Öl

Knoblauch schälen, das Gemüse grob zerkleinern. Alle Zutaten in den Mixtopf geben und 50 Sek./Stufe 4; 10-20 Sek./Stufe 10 zerkleinern.

Auf drei Paraflexx-Folien ausstreichen, eventuell mit einem Teigrädchen Stücke vormarkieren, auf die Einschübe geben. In einem Dörrgerät trocknen (Excalibur: 41 °C, 26 Std).

3928. Gomasioöl, Februar 2010

- 50 g Sesamsaat ungeschält
- 5 g Salz
- 50 g Öl (Sesam- oder Sonnenblumenöl)

Sesamsaat in einer trockenen Pfanne auf mittlerer Hitze rösten, bis der Sesam etwas knackt oder Duft aufsteigt. Mit dem Salz mischen und in einem kleinen Mixer fein mahlen (= Gomasio). Dann mit dem Öl im Mixer gut durchmixen.

Tipps: Wichtig ist, dass man die Sesamsamen nicht zu lange röstet, sonst schmecken sie bitter.

***Hinweis** einer Leserin: Beschichtete Pfannen dürfen nur mit Öl oder Wasser erhitzt werden. Das kühlt die Pfanne. Ohne Öl oder Wasser werden Temperaturen erreicht, die die Beschichtung auflösen. Solche Aktionen kann man lediglich in Gusseisenpfannen machen (diese müssen dafür nicht einmal eingebrannt sein). Es gibt aber auch neue, mit Keramik versiegelte Pfannen, die gehen bis 400 Grad und sind auch dafür geeignet.*

3929. Rohes Curryknäcke, Februar 2010

Vegane Rohkost; ca. 10 Min. im TM + Trockenzeit; 2 Excalibur-Einschübe.

- 100 g Leinsamen
- 200 g Sonnenblumenkerne
- 175 g Spitzkohl
- 175 g Möhren
- 2 Knoblauchzehen
- 12 g Zitronenschaum (5/3586)
- 1 TL Salz
- 1 TL Lavendelcurry (3982)
- 4 EL Sonnenblumenöl

Knoblauchzehe schälen. Gemüse grob in Stücke vorschneiden. Alles in den Mixtopf geben und wie folgt mixen: 30 Sek./Stufe 4; 20 Sek./Stufe 6 (zwischendurch die Masse an den Seiten herunterschieben). Eventuell solange auf Stufe 8-10 weitermixen, bis es eine ziemlich homogene Masse ist, die nicht mehr auseinanderfällt. Die Sonnenblumenkerne sind nicht mehr sichtbar, der Leinsamen schon noch teilweise.

Mit einem immer wieder nass gemachten Teigschaber gleichmäßig auf Paraflexx-Folie verteilen. Mit einem Teigrädchen Stücke vorschneiden. Bei 40-42 °C etwa 24 Std. trocknen.

***Tipp:** „Normaler" brauner Leinsamen eignet sich genauso gut wie goldener Leinsamen. – wer es mit der Rohkost sehr genau nimmt, darf kein Curry nehmen (s. Herstellung von Curry). Da empfiehlt sich entweder die curryartige Multigewürzmischung oder etwas gem. Koriander.*

3930. Besprenkeltes Rustikalbrot, Februar 2010

Für eine große Zenker-Backform, zwei Profi-Brotbackformen und eine kleine Kastenform.

Ansatz:
- Sauerteig (ca. 150 g)
- 275 g lauwarmes Wasser
- 275 g Roggen

Vorteig:
- 550 g Sauerteig
- 1400 g Roggen
- 1650 g Wasser

Hauptteig:
- 165 g Wasser
- 65 g Olivenöl
- 50 g Honig
- 650 g Roggen
- 450 g Dinkel
- 100 g Nackthafer
- 50 g Emmer
- 3 EL Salz
- 1 geh. EL Brotgewürz
- etwas goldener Leinsamen

Morgen des Vortages: Roggen fein mahlen, mit Sauerteig und 200 g Wasser in einer größeren Schüssel gut verrühren. Die Schüssel in eine Plastiktüte stecken und auf der Fensterbank etwa 10-12 Std. stehen lassen.

Abend des Vortages: Von dem Sauerteig 150 g abnehmen und in einem Glas mit Schraubdeckel im Kühlschrank als neuen „Starter" aufbewahren. 1400 g Roggen fein schroten (Stufe 2/9 Hawos Novum). Mit 500 g Sauerteig und 1650 g Wasser in der Teigknetmaschine 4 Min. verkneten. Teigschüssel gut mit Plastik abdecken und bis zum nächsten Morgen stehen lassen (ca. 12 Std.).

Backmorgen: 650 g Roggen, 450 g Dinkel, 100 g Hafer und 60 g Emmer mischen und fein schroten (Stufe 2/9). Salz und Brotgewürz unterrühren. Mit Öl, Honig und Wasser zum Vorteig geben. Alles gut verrühren (10 Min. in der Maschine).

Die Kastenformen einfetten und den Teig hineinfüllen, mit einem Messer einschneiden, gut einsprühen und mit goldenem Leinsamen bestreuen. Formen mit Gärfolie abdecken oder in eine Plastiktüte stecken und 1,5 Std. gehen lassen. Dann den Ofen auf 250 °C (Umluft) vorheizen. Brote in den Ofen schieben und 25 Min. bei 250 °C backen, dann Temperatur auf 175 °C herunterstellen und weitere 35 Min. backen. Auf dem Boden des Ofens steht eine ofenfeste Form mit Wasser. Auf ein Kuchengitter stürzen (Klopfprobe), mit Wasser einsprühen und abkühlen lassen.

3931. Kartoffelpfanne mit Cashewsahne, Februar 2010

Vegan; 2 Hauptspeisen.

Gemüse:
- 150 g Wasser
- 25 g Sonnenblumenöl
- 260 g Kartoffeln
- 1 Möhre (100 g)
- 1 Tomate (120 g)
- 100 g Porree (weißer Teil)
- 1/2 Kohlrabi (140 g netto)
- 4 Blätter Wirsing (140 g)

Cashewsahne:
- 60 g Cashewnüsse
- 4 EL Sonnenblumenöl
- 2 TL Salz
- 115 g Apfelsine (brutto)
- 150 g Wasser

150 g Wasser und Öl in eine große Pfanne geben. Kartoffeln unter fließendem Wasser gut abbürsten und in nicht zu dicke Scheiben schneiden. Den Pfannenboden damit auslegen. Das Gemüse in Stücke schneiden, Wirsing (ggf. vorher waschen) in Streifen und Porree in Scheiben schneiden, Kohlrabi vorher schälen, klein schneiden und alles nebeneinander in die Pfanne legen. Bei höchster Einstellung zum Kochen bringen. Sobald Dampf unter dem Deckel entweicht, auf kleinste Einstellung drehen und 15 Min. dünsten.

In der Zwischenzeit Cashews, Öl, Salz, geschälte Apfelsine und Wasser 30-40 Sek. in einem kleinen Mixer verquirlen. Unter das Gemüse rühren, evtl. einmal aufkochen.

3932. Oreganobutter, Februar 2010

- 50 g Macadamianüsse ungeröstet
- 6 g Oreganoblättchen
- 1/2-1 TL Salz
- 100 g Butter
- 2 gute Prisen geriebene getr. Orangenschale

Herstellung hier mit einem Stabmixer: Nüsse mit dem Stabmixer fein hacken, immer wieder aus dem Messer herausholen. Dann Oreganoblättchen, Salz, Orangenschale und weiche Butter hinzugeben und mixen, bis alles glatt und gleichmäßig ist. In kleine Silikonmuffinförmchen oder Porzellantellerchen setzen und im Kühlschrank hart werden lassen.

3933. Brotcremesuppe, Februar 2010

3-4 Hauptspeisen. Resteverwertung.

Brot:
- 115 g trockenes Brot
- 300 g kochendes Wasser

Gemüse:
- 90 g Porree
- 100 g Möhre
- 155 g Sellerie (netto)
- 120 g Wirsing
- 1 Zwiebel (35 g netto)
- 1 Knoblauchzehe
- 550 g Wasser
- 2 TL Gemüsebrühextrakt (2/1288)

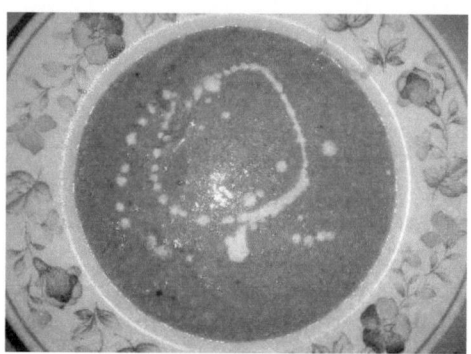

Abschmecken:
- 1-3 Prisen gem. Kümmel
- 1/2 TL Paprikapulver edelsüß
- 3 TL Kräutersalz (3/2008)
- 1-2 TL Zitronenschaum (5/3586)
- 2 EL Olivenöl
- 125-150 g Sahne

Brot in Stücke brechen und mit kochendem Wasser übergießen. Gemüse evtl. waschen, putzen und kleinschneiden. Zwiebel und Knoblauchzehe schälen, in Stücke schneiden. Gemüse, Wasser und Gemüsebrühextrakt zusammen mit dem eingeweichten Brot in einen Topf geben. Bei höchster Einstellung zum Kochen bringen. Sobald die Suppe kocht, auf Stufe 2-3 stellen, sodass sie bei geschlossenem Deckel weiter köchelt. Nach 15 Min. Salz, Öl und Gewürze hinzugeben, gut durchrühren.

Mit einem Schöpflöffel etwa 150 g von dem Gemüse aus der Suppe nehmen. Sahne hinzugießen und dann pürieren. Die restlichen Gemüsestücke wieder unterrühren. Einen Teller füllen und ein paar Sahnestreifen auftropfen.

3934. Dreimasios, Februar 2010

Vegan.

- 60 g Sesamsaat ungeschält
- 100 g Sonnenblumenkerne
- 65 g Nackthafer
- 20-25 g Salz

Saaten und den Hafer abwiegen, jedes für sich in einer trockenen Pfanne auf mittlerer Hitze rösten, bis der Sesam etwas knackt oder die Zutaten deutlich duften. Jedes auf einen Teller geben und abkühlen lassen. Sesam mit 6 g Salz, Sonnenblumenkerne mit 10 g Salz und Hafer mit 6 g mischen und jeweils in einem kleinen Mixer fein mahlen. (= Gomasio, Somasio bzw. Hamasio).

Tipps: Wichtig ist, dass man nicht zu lange röstet, sonst schmecken es bitter. – Lecker als Brotaufstrich: Ein „Masio" auf die Scheibe Brot streuen und mit Öl beträpfeln.

3935. Grünkohleintopp, Februar 2010

Vegan; 2 Hauptspeisen.

- 440 g Grünkohl (netto)
- 190-200 g Kartoffeln
- 1 TL Gemüsebrühextrakt (2/1288)
- 400 g Wasser
- 1/2 TL ger. Muskatnuss
- 2 TL Salz

Grünkohl waschen und in kleine Stücke schneiden. Kartoffeln unter fließendem Wasser gut abbürsten und in nicht zu dicke Scheiben schneiden, mit dem Grünkohl mischen. Gemüsebrühextrakt mit dem Wasser verrühren und mit dem Gemüse in einen Topf geben. Bei höchster Einstellung zum Kochen bringen. Sobald Dampf unter dem Deckel entweicht, auf kleinste Einstellung drehen und 20 Min. dünsten.

Mit Salz und Muskatnuss abschmecken. Mit einem Pürierstab zerkleinern, sodass noch kleine Kartoffelstückchen vorhanden sind.

3936. Süßscharfe Champignonpfanne, Februar 2010

Vegan; 1 Hauptspeise.

- 25 g Sonnenblumenöl
- 60 g Wasser
- 225 g Champignons
- 125 g Petersilienwurzel
- 105 g Tomate (1 mittelgroße)
- 2 TL Dreimasio (3934)
- 40 g scharfe Dauerpflaumen (3848)
- 2 TL Zitronensaft
- 1 TL Salz
- 5 EL Wasser

Wasser und Öl in eine große Pfanne geben. Champignons, Petersilienwurzel und Tomate kleinschneiden und in die Pfanne geben. Deckel auflegen. Bei höchster Einstellung zum Kochen bringen. Sobald Dampf unter dem Deckel entweicht, auf kleinste Einstellung drehen und 15 Min. dünsten.

In der Zwischenzeit Dreimasio, Dauerpflaumen, Zitronensaft, 5 EL Wasser und Salz 30-40 Sek. in einem kleinen Mixer verquirlen. 5 EL Gemüsekochwasser hinzufügen, einmal durchschütteln. Unter das Gemüse rühren, evtl. einmal aufkochen.

Tipp: Dazu schmeckt Reis als Beigabe.

3937. Pflaumenhirse, Februar 2010

Quellzeit + ca. 15 Min.; 4-6 Desserts.

- 100 g Hirse
- 50 g Zitronenhonig (3/2041)
- 1 Prise Salz
- 250 g Wasser
- 250 g aufgetaute Tiefkühlpflaumen

Hirse, Honig, Salz und Wasser zum Kochen bringen, kurz durchkochen lassen. Pflaumen hinzugeben, nochmals zum Kochen bringen und dann auf kleinste Einstellung drehen. 15 Min. auf kleinster Stufe köcheln lassen, Ofen abschalten und die Speise im geschlossenen Topf auf dem Herd auskühlen lassen.

Tipps: Das geht auch mit frischem Obst oder anderen Obstsorten.

3938. Farmerbrot, Februar 2010

Für eine große Zenker-Backform, zwei Profi-Brotbackformen und eine kleine Kastenform (2050 g, 2 x 1250 g, 1 x 800 g).

Ansatz:
- Sauerteig (ca. 150 g)
- 250 g lauwarmes Wasser
- 250 g Roggen

Vorteig:
- 500 g Sauerteig
- 1400 g Roggen
- 1650 g Wasser

Hauptteig:
- 200 g Wasser
- 50 g Sonnenblumenöl
- 50 g Honig
- 650 g Roggen
- 500 g Dinkel
- 200 g Nackthafer
- 1 geh. EL Koriander
- 3 EL Salz
- etwas Butter für die Formen

Morgen des Vortags: Roggen fein mahlen, mit Sauerteig und 250 g Wasser in einer größeren Schüssel gut verrühren. Die Schüssel in eine Plastiktüte stecken und auf der Fensterbank etwa 10-12 Std. stehen lassen.

Abend des Vortags: Von dem Sauerteig 150 g abnehmen und in einem Glas mit Schraubdeckel im Kühlschrank als neuen „Starter" aufbewahren. 1400 g Roggen fein schroten (Stufe 2/9, Hawos Novum). Mit 500 g Sauerteig und 1650 g Wasser in der Teigknetmaschine 4 Min. gut verrühren. Teigschüssel mit Plastik abdecken und bis zum nächsten Morgen stehen lassen (ca. 12 Std.).

Backmorgen: 650 g Roggen, 500 g Dinkel und 200 g Emmer mischen und fein schroten (Stufe 2 von 9, Hawos Novum). In der ersten „Ladung" den Koriander mit mahlen. Salz unterrühren. Mit Öl, Honig und Wasser zu dem Vorteig geben. Alles gut verrühren (10 Min. in der Maschine).

Butter zerlassen und die Kastenformen damit einfetten. Teig hineinfüllen, mit einem Messer einschneiden, gut einsprühen und die Formen mit Gärfolie abdecken oder in eine Plastiktüte stecken. 1,5 Std. gehen lassen. Ofen auf 250 °C (Umluft) vorheizen. Brote in den Ofen schieben und 30 Min. bei 250 °C backen, auf 175 °C herunterstellen und weitere 30 Min. backen. Auf dem Boden des Ofens steht eine ofenfeste Form mit Wasser. Auf ein Kuchengitter stürzen (Klopfprobe), mit Wasser einsprühen und abkühlen lassen.

3939. Grünkohl-Linsenauflauf India, Februar 2010

Vegan; 10-15 Min. Arbeit + 45 Min. Backzeit; 2 Hauptspeisen.
- 125 g gelbe Linsen
- 400 g Grünkohl (netto)
- 250 g aufgetaute Tiefkühl-Pflaumen
- 400 g Wasser
- 2 TL Lavis Räuchersalz (3926)
- 1 TL Lavendelcurry (3982)
- 2 EL Öl (oder Butter)

Linsen in eine ofenfeste Form geben. Grünkohl waschen und kleinschneiden, darüber schichten. Mit den Pflaumen belegen. Wasser mit Salz und Curry verquirlen, darüber gießen. Deckel auflegen.

In den kalten Ofen auf den Gitterrost stellen. Bei 225 °C (Umluft) 45 Min. backen. Aus dem Ofen nehmen, 2 EL Öl darüber träufeln.

Tipp: Wer will, kann nach dem Backen Butterflöckchen auf die Oberfläche legen, den Deckel wieder schließen und ein paar Min. stehen lassen.

3940. Geriebene Zitronenschale, Februar 2010

Es gibt drei Varianten. Für zwei (2 + 3) erfolgt die Herstellung mit dem Magic Maxx. Bei größeren Mengen eignet sich auch der Thermomix.

(1) Mit einer mikrofeinen Reibe die Schale der Zitrone abreiben. Auf einem Tellerchen auf die Heizung stellen und trocknen lassen.

(2) Mit einem Kartoffelschälmesser vorsichtig die gelbe Außenschicht abschälen. Auf einem Tellerchen auf die Heizung stellen, trocknen lassen und dann mit dem flachen Messer des Magic Maxx o. Ä. mahlen, bis es ganz fein ist.

(3) Die Zitrone wie eine Apfelsine schälen, d. h. das Weiße verbleibt auch an der Schale. Auf einem Tellerchen auf die Heizung stellen, trocknen lassen und dann mit dem flachen Messer des Magic Maxx mahlen, bis es ganz fein ist.

Variante 1 ist meiner Erfahrung nach besonders aromatisch. Lange haltbar sind alle Varianten. Andere Zitrusfrüchte eignen sich natürlich genauso. Wer Wert auf Rohkostqualität legt, trocknet im Dörrgerät bei 41 °C.

3941. Zitronenöl Nr. 2, Februar 2010

Eine Zitrone schälen, in Scheiben schneiden und die Kerne entfernen. In eine leere 500 ml Flasche mit Schraubverschluss geben und mit Sonnenblumenöl (oder nach Geschmack auch anderem Öl) aufgießen. Im Kühlschrank aufbewahren.

Bei Bio-Zitronen lässt sich auch die Schale mit verwenden. Ebenso funktioniert das mit anderen Zitrusfrüchten.

3942. Zitronen-Würz-Honig, Februar 2010

- 1 Glas dünnflüssiger bis cremiger Honig
- 1 Vanilleschote
- 3 Stangen Zimt
- 1/2 Zitrone

Zitrone schälen, in Scheiben schneiden und die Kerne entfernen. Vanilleschote in Stücke schneiden. Gewürze in das Honigglas geben (eventuell etwas Honig herausnehmen). Bei Bio-Zitronen lässt sich auch die Schale mit verwenden. Ebenso funktioniert das mit anderen Zitrusfrüchten. Schmeckt nach 6-8 Wochen absolut lecker! Muss nicht in den Kühlschrank.

3943. Kosovotopf, Februar 2010

24 Std. einweichen; 2-3 Hauptspeisen. Die weißen Bohnen stammen frisch aus dem Kosovo. Gar nach 24 Std. Einweichen und 25 Min. Kochzeit.

- 100 g weiße Bohnen
- 250 g + 100 g Wasser
- 1 TL Gemüsebrühextrakt (2/1288)
- 285 g Kartoffeln
- 215 g Steckrüben
- 50 g Sellerie (netto)
- 50 g Spitzkohl
- 40 g Möhren (1 kleine)
- 1 geh. TL Kräutersalz
- 45 g Butter

Bohnen 24 Std. in 250 g Wasser einweichen. Bohnen mit dem Einweichwasser zum Kochen bringen, sobald sie kochen (Vorsicht, kocht leicht über) auf kleinster Einstellung ca. 25 Min. köcheln lassen. In dieser Zeit das restliche Gemüse zubereiten: 100 g Wasser und Gemüsebrühextrakt in einer Pfanne verrühren. Kartoffeln unter fließendem Wasser gut abbürsten und in nicht zu dicke Scheiben schneiden. Den Pfannenboden damit auslegen. Das restliche Gemüse in Stücke schneiden und alles übereinander in die Pfanne schichten. Als Gemüsepfanne 15 Min. dünsten. Bohnen mit der Kochflüssigkeit in die Pfanne geben, salzen und die Butter in Stückchen hinzugeben, sodass sie schmilzt. Vorsichtig einmal durchrühren.

3944. Lavendelknopfkuchen, Februar 2010

- 1 Würfel Bio-Hefe (42 g)
- 110 g Wasser
- 400 g Dinkel
- 250 g Haselnüsse
- 100 g Sahne
- 1 gestr. TL gem. Vanille
- 1/2 TL Salz
- 250 g Honig
- 250 g Marzipan
- 1 TL Lavendelblüten

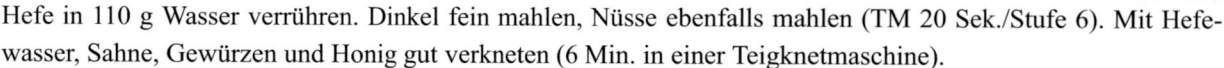

Hefe in 110 g Wasser verrühren. Dinkel fein mahlen, Nüsse ebenfalls mahlen (TM 20 Sek./Stufe 6). Mit Hefe-wasser, Sahne, Gewürzen und Honig gut verkneten (6 Min. in einer Teigknetmaschine).

Lavendel fein mahlen (z. B. in einem kleinen Mixer), mit dem Marzipan verkneten. Teig mit den nassen Händen auf einem mit Dauerbackfolie ausgelegten Backblech verteilen. Mit einem Messer in 40 Stücke vorschneiden.

Marzipan vierteln, jedes Viertel zu einer Rolle drehen. Jede Rolle halbieren, jede Hälfte in fünf Teile schneiden. In jedes Teigstück ein flachgedrücktes Stück Marzipan stecken. Backblech in eine große Plastiktüte stecken. Ofen (Umluft) auf 250 °C vorheizen, in dieser Zeit geht der Teig noch. Auf dem Boden steht eine kleine ofen-feste Schale mit Wasser.

Kuchen in den Ofen schieben, Temperatur auf 175 °C stellen und den Kuchen 25 Min. backen. Ofen ausschalten und noch 5 Min. nachbacken, d.h. den Kuchen im Ofen lassen. Die Stücke vorsichtig nachschneiden und auf einem Kuchengitter auskühlen lassen.

Tipp: *Statt Lavendel lassen sich auch andere duftende Blüten nehmen wie Rosen oder Jasmin.*

3945. Gesteckte Champignons, Februar 2010

Vegan; 10-15 Min. ohne Ofen, 1-2 Hauptspeisen.

- 125 g Steckrübe
- 300 g Champignons
- 75 g Nacktgerste
- 1 TL Lavis Räuchersalz (3926)
- 1 TL Salz
- 20 g Kerbelwürze (3728 o. Ä.)
- 300 g Wasser

Steckrübe kleinschneiden, Champignons je nach Größe halbieren oder vierteln. Beides in eine ofenfeste Pfanne geben. Gerste fein schroten (Stufe 3/9, Hawos Novum), mit Salz, Würze und Wasser verquirlen und über das Gemüse geben. Auf den Gitterrost im kalten Ofen setzen, 45 Min. bei 225 °C.

3946. Feldvorsalat, Februar 2010

2 Vorspeisen.

Feste Zutaten:
- 60 g Feldsalat
- 1 kleine Apfelsine (140 g brutto)

Soße:
- 2 TL Zitronensaft
- 1 TL Rote Beetesalz (3897)
- 1 MS Pfeffer
- 3 EL Sahne
- 3 EL Wasser

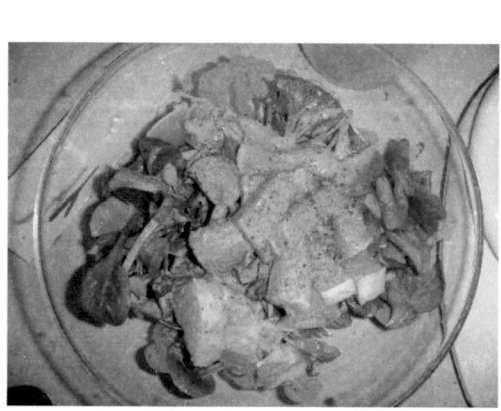

Feldsalat waschen, auf zwei Schälchen verteilen, mit der Schere kleinschneiden. Die Apfelsine schälen, halbieren, würfeln und auf den Salat geben. Die Dressingzutaten mit einer Gabel verquirlen, über die Salate geben.

Tipp: *Geht sehr schnell. Sehr lecker statt der Orange ist auch eine Banane!*

3947. Schrotigbrot, Februar 2010

Für vier Profi-Brotbackformen (4 x 1200 g).

Ansatz:
- Sauerteig (ca. 150 g)
- 250 g lauwarmes Wasser
- 250 g Roggen

Vorteig:
- 500 g Sauerteig
- 1200 g Roggen
- 1500 g Wasser

Hauptteig:
- 150 g Wasser
- 50 g Olivenöl
- 600 g Roggen
- 750 g Weizen
- 2 geh. EL Brotgewürz geschrotet (Birlin-Mühle)
- 2 geh. EL Salz
- etwas Butter für die Form

Morgen zuvor: Roggen fein mahlen, mit Sauerteig und 250 g Wasser in einer größeren Schüssel gut verrühren. Die Schüssel in eine Plastiktüte stecken und auf der Fensterbank etwa 10-12 Std. stehen lassen.

Vorabend: Von dem Sauerteig 150 g abnehmen und in einem Glas mit Schraubdeckel im Kühlschrank als neuen „Starter" aufbewahren. 1200 g Roggen schroten (Stufe 3,5/9, Hawos Novum). Mit 500 g Sauerteig und 1500 g Wasser in der Teigknetmaschine 4 Min. verrühren. Teigschüssel gut mit Plastik abdecken und bis zum nächsten Morgen stehen lassen (ca. 12 Std.).

Backmorgen: 600 g Roggen und 750 g Weizen mischen und schroten (Stufe 3,5/9, Hawos Novum). Salz und Brotgewürz unterrühren. Mit Öl und Wasser zu dem Vorteig geben. Alles gründlich verkneten lassen (10 Min. in der Maschine). Butter zerlassen und die Kastenformen damit einfetten. Teig hineinfüllen, mit einem Messer einschneiden, gut einsprühen und die Formen mit Gärfolie abdecken oder in eine Plastiktüte stecken. Teig 1,5 Std. gehen lassen. Den Ofen auf 250 °C (Umluft) vorheizen.

Brote in den Ofen schieben und 25 Min. bei 250 °C backen; auf 175 °C herunterstellen und weitere 35 Min. backen. Auf dem Boden des Ofens steht eine ofenfeste Form mit Wasser. Auf ein Kuchengitter stürzen (Klopfprobe), mit Wasser einsprühen und abkühlen lassen.

3948. Currysoße auf Gemüse, Februar 2010

Vegan; ca. 20 Min.; 2 Hauptspeisen (mit Beilage).

Gemüse:
- 65 g Wasser
- 1 TL Gemüsebrühextrakt (3825)
- 600 g gemischtes Gemüse

Currysoße:
- 40 g Mandeln
- 1 Knoblauchzehe geschält
- 1 TL Salz
- 1 TL Lavendelcurry (3982 o. Ä.)
- 30 g Sonnenblumenöl
- 1 kleine Apfelsine (95 g netto)
- 16 g Zitronensaft
- 100 g Wasser

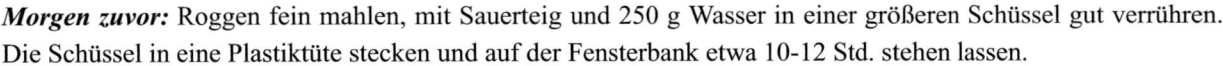

Wasser und Extrakt in einer Pfanne verrühren. Gemüse kleinschneiden und in die Pfanne geben. Deckel auflegen, bei höchster Einstellung zum Kochen bringen, bis deutlich Dampf unter dem Deckel entweicht. Auf kleinster Einstellung 15 Min. dünsten, ohne den Deckel anzuheben.

Die Soßenzutaten, erst nur mit 50 g Wasser, mit Hilfe eines kleinen Mixers 30 Sek. lang gut mixen. Dann das restliche Wasser hinzugeben, nochmals 25 Sek. mixen. Über das heiße Gemüse geben und kurz einmal aufkochen.

3949. Curry scharf, März 2010

Das Rezept wurde mir von einer Leserin zugeschickt mit Verweis auf den Autor. Madhur Jaffrey. Im Originalrezept sind es 3 Chilischoten. Auch mit nur 2 Schoten ist es für europäische Zungen immer noch ungeheuer scharf, finde ich. Wer es lieber milde mag, lässt die Chilischoten ganz weg oder versucht es mal mit einer halben.

Ungemahlen:
- 1 geh. EL Koriandersamen (8 g)
- 1 geh. EL Kreuzkümmel (20 g)
- 1 TL weißer Pfeffer (4 g)
- 1 TL grüner Pfeffer getrocknet (2 g)
- 1,5 TL gelbe Senfkörner (6 g)
- 1 TL Bockshornkleesamen (6 g)
- 5 Gewürznelken
- 2 kleine getr. rote Chili

Gemahlen:
- 2 TL Kurkuma gemahlen

Die ungemahlenen Gewürze in einer Keramikpfanne unter Rühren auf mittlerer Einstellung (7 von 12) erwärmen, bis sie gut duften. Das dauert etwa 10 Min.. Wer zu lange röstet, erhält ein bitteres Curry. Kurz vor Ende noch 1 TL Kurkuma hinzugeben und 10 Sek. einrühren. Etwas abkühlen lassen. In einem kleinen Mixer (z. B. Mr. Magic) 30 Sek. lang mahlen, noch 1 TL Kurkuma hinzugeben und weitere 30 Sek. mahlen.

Tipps: Im Original wird eine kleine Pfanne aus Gusseisen verwendet. Wer eine normale beschichtete Pfanne nimmt, sollte mit dem Erhitzen vorsichtig sein, sonst löst sich die Beschichtung mit der Zeit. Im Film verwende ich eine normale Pfanne, das hat ihr keinen Schaden zugefügt. – wer keinen entsprechenden Mixer hat, kann auch einen Mörser nehmen.

3950. Brokkolischichter mit Vinaigrette, März 2010

Ca. 25 Min.; 1 Hauptspeise.

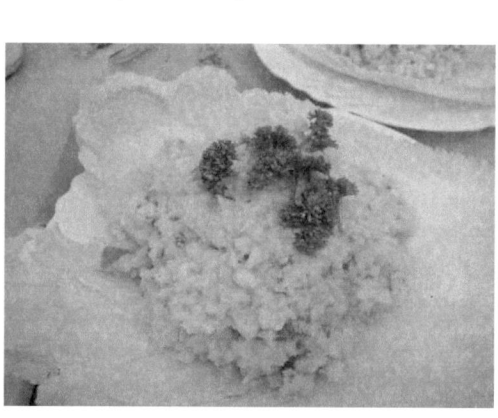

Pfanne:	Vinaigrette:
70 g Hirse	2 TL Zitronensaft
170 g Kartoffeln	1 TL Kräutersalz (3/2008)
200 g Brokkoli	30 g Olivenöl
250 g Wasser	45 g Wasser

Hirse in eine Pfanne geben. Kartoffeln unter fließendem Wasser gut abbürsten und in Scheiben schneiden, auf die Hirse legen. Brokkoli mit Stiel zerkleinern und obenauf legen. Wasser darüber gießen. Als Gemüsepfanne 16 Min. dünsten. Die restlichen Zutaten gut verquirlen (z. B. mit einem kleinen Mixer) und über das Gemüse gießen.

Tipp: *Ein schnell und problemlos herzustellendes Gericht, das durch die Vinaigrette mal ganz anders schmeckt!*

3951. Selleriesalatadino, März 2010

2 Vorspeisen. Hier beschrieben im TM.

Feste Zutaten:
- 265 g Sellerie (netto)
- 1 Apfel (125 g)
- 20 g Mandeln

Deko:
- 4 schmale Blätter Chinakohl (120-140 g)
- etwas Petersilie)

Dressing:
- 1 Apfelsine geschält (125 g brutto)
- 10 g Zitronensaft
- 60 g Crème fraîche
- 1 TL Kräutersalz (3/2008)
- 1 MS Pfeffer

Geschälten Sellerie und Apfel grob vorschneiden. Mit den Mandeln fein raffeln (20 Sek./Stufe 4; 4 Sek./Stufe 6). Die Dressingzutaten in einem kleinen Mixer gut miteinander verquirlen und mit den geraffelten Zutaten verrühren (10 Sek. Knetstufe). Je 2 Blätter Chinakohl auf Dessertteller legen, den Selleriesalat darauf häufeln. Mit etwas Petersilie dekorieren.

3952. Schwarzbrot mit Dinkel, März 2010

Für eine große Zenker-Backform.

Ansatz:
- Sauerteig (ca. 150 g)
- 225 ml lauwarmes Wasser
- 225 g Roggen

Vorteig:
- 450 g Sauerteig
- 500 g Roggen
- 500 g Wasser

Hauptteig:
- 180 g Wasser
- 50 g Sesam ungeschält
- 60 g Sonnenblumenkerne
- 1 EL Salz
- 1 EL Brotgewürz Häussler
- 2 EL Olivenöl
- 1 TL Honig
- 125 g Roggen
- 175 + 150 g Dinkel
- Ca. 50 g Sesam ungeschält

Am Morgen des Vortages: Roggen mittelfein schroten (Stufe 4/9, Hawos Novum). Alten Sauerteigansatz, Wasser und Roggen in einer größeren Schüssel gut verrühren. Die Schüssel in eine Plastiktüte stecken und auf der Fensterbank etwa 10-12 Std. stehen lassen.

Vorabend: Von dem Sauerteig 150 g abnehmen und in einem Glas mit Schraubdeckel im Kühlschrank als neuen „Starter" aufbewahren. 500 g Roggen fein mahlen. Mit 450 g Sauerteig und 500 g Wasser in der Teigknetmaschine 4 Min. verrühren. Teigschüssel mit Plastik abdecken und über Nacht stehen lassen.

Backtag: Roggen mit 175 g Dinkel mischen und sehr grob schroten (zwischen 7 und 7,5, Hawos Novum). 150 g Dinkel fein mahlen. Zu dem Vorteig geben: Schrot, Mehl, 180 g Wasser, Sesamsaat und Sonnenblumenkerne, Salz, Brotgewürz, Öl und Honig. Alles gut verrühren (10 Min. in der Maschine).

Eine Kastenform einfetten, mit Sesam ausstreuen und den Teig hineinfüllen, gut einsprühen. Form mit Gärfolie abdecken und 3 Std. ruhen lassen. In den letzten 20 Min. den Ofen auf 250 °C (Umluft) vorheizen, das Backblech ist bereits im Ofen, und 15 Min. backen, dann auf 175 °C nochmals 60 Min. und 10 Min. auf 200 °C (Klopfprobe). Auf dem Boden des Ofens steht eine ofenfeste Form mit Wasser. Auf ein Kuchengitter stürzen, mit Wasser einsprühen und abkühlen lassen. Erst am nächsten Tag anschneiden.

3953. Tomatendip, März 2010

Ca. 5 Min.; passt gut zu Bratlingen.

- 25 g Sonnenblumenkerne
- 2 gestr. TL Kräutersalz (3/2008)
- 20 g Sonnenblumenöl
- 10 g Zitronensaft (1 EL)
- 1 Tomate (130 g)
- 1/2 TL Honig
- 1 gestr. TL Paprika edelsüß

Tomate achteln und mit den anderen Zutaten 30 Sek. lang gut mixen. Nach etwa 20 Min. ist der Dip recht dickflüssig.

Hinweis: *Reste lassen sich gut in ein Salatdressing einarbeiten.*

3954. Flockenbratlinge, März 2010

12 Std. Quellzeit; Arbeitszeit 35 Min.; 10 kleine Bratlinge.

- 100 g Nackthafer
- 130 g Wasser
- 1 kleine Zwiebel (30 g netto)
- 30 g Brokkoli
- 90 g Möhre
- 110 g Kartoffel (1 mittelgroße)
- 2 TL Kräutersalz
- 30 g Sonnenblumenkerne
- Hochwertiges Erdnussöl zum Backen

Hafer flocken, mit dem Wasser verrühren und 6-8 Std. einweichen.

Zwiebel kleinschneiden. Gemüse grob vorschneiden und fein raffeln. Mit Salz, Sonnenblumenkernen und Hafermasse verkneten.

Öl in einer Pfanne erhitzen, mit einem EL kleine Bratlinge formen und in das heiße Fett setzen. Bei einer Keramik-beschichteten Pfanne jetzt die Hitze herunterdrehen (z. B. auf 9/12). Deckel auflegen und 5 Min. braten lassen. Umdrehen und nochmals mit aufgelegtem Deckel 5 Min. bei nochmals reduzierter Hitze (7 von 12) braten lassen.

Tipp: *Wer sich nicht dem Stress aussetzen will, gleichzeitig frisch zu essen und zu braten, stellt den Ofen (Umluft) auf 70-90 °C und hält die Bratlinge dort eine Weile warm. Mindestens 30 Min. bleiben sie knusprig, wie ich aus Erfahrung weiß.*

3955. Wasserreiches Hefebrot, März 2010

Ergibt drei Brote zu je knapp 1200 g Teiggewicht. – Ich hatte abends richtig gerechnet, aber beim Einwiegen des Getreides falsch geguckt. Meiner Rechnung nach hätte ich drei Brote zu 1300 g Teiggewicht bekommen müssen. Als ich dann zwei Teigformen gefüllt und nur noch 1000 g in die letzte Form bekam, habe ich erst einmal ziemlich blöde geguckt.

- 20 g frische Bio-Hefe (1/2 Würfel)
- 1500 g Wasser
- 1200 g Weizen
- 400 g Roggen
- 200 g Nackthafer
- 1,5 EL Salz (30 g)
- 2 EL Brotgewürz geschrotet
- 1 EL Honig (50 g)
- 100 g Sonnenblumenkerne

Abends: Hefe in 1500 g Wasser verrühren. Getreide mischen, fein schroten (Stufe 2/9, Hawos Novum). Salz und Sonnenblumenkerne unter das Mehl mischen. Alle Zutaten in der Teigknetmaschine 10 Min. verkneten (mit der Hand 10 Min. verrühren und kneten; die Teigschüssel sollte sehr großzügig bemessen sein, da der Teig stark geht). Teigschüssel in eine Plastiktüte stecken und etwa 8 Std. gehen lassen.

Morgens: Drei Profi-Brotbackformen (25 x 11) mit zerlassener Butter einfetten. Mit je 1175-1200 g Teig füllen. 30 Min. unter einer großen Plastiktüte gehen lassen. Ofen auf 250 °C (Umluft) vorheizen, auf den Boden eine ofenfeste Form mit Wasser stellen. In dieser Zeit geht das Brot noch.

Brote einschieben, 20 Min. bei 250 °C und 30 Min. bei 200 °C backen lassen. Klopfprobe machen (wenn man unten gegen das Brot (natürlich nicht mehr in der Form) klopft, muss es hohl klingen). Aus den Formen kippen, mit Wasser einsprühen und auf einem Gitterrost auskühlen lassen.

3956. Suppenpesto, März 2010

Vegan; ca. 10 Min. im TM; knapp 2 Honiggläser voll; der Name geht auf die Verwendung von Suppengemüse zurück.

- 145 g Petersilie (inkl. Stängel)
- 115 g Sellerie (netto)
- 90 g Möhre
- 10 g Zitronensaft
- 25 g Salz
- 125 g Mandeln
- 125 g Zitronenöl Nr. 2 (3941 o. Ä.

Gemüse grob vorschneiden. Alle Zutaten in den Mixtopf geben und mischen: 1 Min./Stufe 4; 20 Sek./Stufe 6; 7 Sek./Stufe 7. Eventuell zwischendurch die Masse am Rand herunterdrücken.

Zwei Honiggläser kurz mit kochendem Wasser füllen, ausschütten. Mit Pesto füllen und die Oberfläche mit Sonnenblumenöl begießen. Deckel beschriften, in den Kühlschrank stellen. Pestos halten meiner Erfahrung nach locker bis zu einem halben Jahr.

Tipp: *Wer keinen Thermomix hat, kann dieses Pesto auch in einem Mixer oder einer Küchenmaschine herstellen. Dann aber empfehle ich, erst einmal Nüsse und Gemüse getrennt zu zerkleinern.*

3957. Spitzkohlhirseknäcke, März 2010

Vegane Rohkost; ca. 10 Min. im TM + Trocknen; 2-2,5 Excalibur-Einschübe.

- 100 g Hirse
- 70 g Sellerie (netto)
- 280 g Spitzkohl
- 8 g Knoblauch (ca. 2 Zehen)
- 1 TL Salz
- 50 g Rosinen
- 30 g Zitronenöl Nr. 2 (3941)
- 15 g Zitronenscheiben aus dem Zitronenöl
- 75 g Sonnenblumenkerne

Hirse (z. B. in der Getreidemühle) fein mahlen. Knoblauchzehe schälen. Sellerie schälen, Gemüse grob in Stücke vorschneiden. Alles in den Mixtopf geben und wie folgt mixen: 1 Min./Stufe 4; 1 Min./Stufe 6 (zwischendurch die Masse an den Seiten herunterschieben).

Mit einem Teigschaber gleichmäßig auf Paraflexx-Folie verteilen. Mit einem Teigrädchen Stücke vorschneiden. Im Dörrgerät bei 40-42 °C etwa 24 Std. trocknen.

3958. Weißkohlvorkost klein, März 2010

Frischkost-Vorspeise für 2 Personen.

- 1 TL Butter
- 20 g Sonnenblumenkerne
- 120 g Weißkohl
- 2 Mandarinen (80 g netto)
- 4 EL Standardsalatsoße (3895)

Butter in einem Topf bei mittlerer Hitze zerlassen, Sonnenblumenkerne darin leicht rösten. Weißkohl in feine Streifen schneiden, Mandarinen schälen und würfeln. Alle Zutaten miteinander vermischen.

3959. Fenchel-Kartoffel-Auflauf, März 2010

Ca. 60 Min.; 2 Hauptspeisen.

- 2 Tomaten (200 g)
- 2 kleine Fenchelknollen (335 g)
- 300 g Kartoffeln
- Soße:
- 50 g Crème fraîche
- 40 g Zitronenöl Nr. 2 (3941)
- 2 Scheiben Zitronen aus dem Öl (35 g)
- 1 geh. TL Salz
- 300 g Wasser

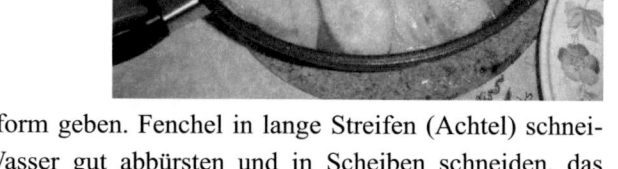

Tomaten vierteln, in eine ofenfeste Pfanne oder Auflaufform geben. Fenchel in lange Streifen (Achtel) schneiden, dazwischen legen. Kartoffeln unter fließendem Wasser gut abbürsten und in Scheiben schneiden, das Gemüse damit abdecken.

Crème fraîche, Öl und Zitronenscheiben mit dem Salz gut mixen (z. B. mit einem kleinen Mixer), dann das Wasser untermischen und über das Gemüse gießen.

Deckel auflegen, auf den Gitterrost in den kalten Ofen schieben. Bei 225 °C (Umluft) 45 Min. backen. Deckel abnehmen und nochmals 10 Min. (besser wäre für die Kartoffeln: 15 Min.) backen.

Tipp: *Wer keine Crème fraîche nehmen möchte, kann sie mit 40 g Sonnenblumenkerne fein gemahlen und 1 EL Öl ersetzen. – Die Soße ist reichlich, 200 ml Wasser würden auch reichen. Wir fanden es aber zum Löffeln durchaus lecker.*

3960. Milchreisblüte, März 2010

Ca. 18 Std. einweichen + 15 Min. Arbeit; 4 Desserts.

- 150 g Naturrundkornreis
- 350 g Wasser
- 1 Stange Vanille
- 50 g Sahne
- 2 kleine Äpfel (210 g)
- 4 g Zitronensaft
- 1-2 TL Honig
- 1 EL Rosinen

24 Std. vor dem Essen: Reis in Wasser von abends bis zum nächsten Mittag einweichen.

Sahne und Vanille in Stücken hinzugeben, aufkochen. Bei kleinster Einstellung 25 Min. kochen. Auf der ausgeschalteten Platte (Deckel geschlossen) lauwarm werden lassen. 2-3 Std. in den Kühlschrank stellen.

Vanille entfernen. Äpfel mit Zitronensaft raffeln, mit dem Honig unter den Reis rühren. Mit einem Eisportionierer je 6 Häufchen auf Dessertteller setzen (immer wieder nass machen, sonst klebt's).

Rosinen darüber verteilen, bis zum Essen kaltstellen.

3961. Linsentopf, März 2010

Vegan, 2 Hauptspeisen.

- 120 g rote Linsen
- 250 g Wasser
- 1 TL Gemüsebrühextrakt (3825)
- 1/2 Blumenkohl (320 g)
- 1 Petersilienwurzel (280 g)
- 30 g Mandeln
- 80 g Apfelsine (netto)
- 2 TL Kräutersalz (3/2008)
- etwas Pfeffer
- 2 EL Sesamöl
- 100 ml Wasser
- 1-2 Radieschen

Wasser und Gemüsebrühextrakt in eine große Pfanne geben, Linsen mit unterrühren. Grün vom Blumenkohl abschneiden, ebenso den „Kopf" der Petersilienwurzel (für andere Dinge verwerten). Blumenkohl zerteilen, Petersilienwurzel in feine Scheiben schneiden und beides in die Pfanne geben. Bei höchster Einstellung zum Kochen bringen. Sobald Dampf unter dem Deckel entweicht, auf kleinste Einstellung drehen und 15 Min. dünsten.

In der Zwischenzeit Mandeln, geschälte Apfelsine, Salz, Gewürz, Öl und 100 ml Wasser in einem kleinen Mixer verquirlen. Unter das Gemüse rühren und evtl. einmal aufkochen lassen. Mit in Scheiben geschnittenen Radieschen verzieren.

3962. Würzcurry, März 2010

Ungemahlen:

- 1 geh. EL Koriandersamen (8 g)
- 1 EL Kreuzkümmel (10 g)
- 1 EL Schwarzkümmel (10 g)
- 1 TL weißer Pfeffer (4 g)
- 1 TL grüner Pfeffer getrocknet (2 g)
- 1,5 TL gelbe Senfkörner (6 g)
- 1 TL Bockshornkleesamen (6 g)
- 5 Gewürznelken
- 1 kleine getr. rote Chili

Gemahlen:

- 2 TL Kurkuma gemahlen
- 1/2 TL Zimt
- 1/2 TL ger. getr. Ingwer
- 1 MS Vanille

Die ungemahlenen Gewürze in einer beschichteten Pfanne unter Rühren auf mittlerer Einstellung (7/12) erwärmen, bis sie gut duften. Das dauert etwa 10 Min.. Wer zu lange röstet, erhält ein bitteres Curry. Kurz vor Ende noch 1 TL Kurkuma hinzugeben und 10 Sek. einrühren.

Etwas abkühlen lassen. In einem kleinen Mixer 60 Sek. lang mahlen, 15 Min. abkühlen lassen. Noch 1 TL Kurkuma, Zimt, Ingwer und Vanille hinzugeben und weitere 30 Sek. mahlen. In ein kleines Gläschen umfüllen.

Tipps: *Im Original wird eine kleine Pfanne aus Gusseisen verwendet. – wer keinen entsprechenden Mixer hat, kann auch einen Mörser nehmen. – Erst nach zwei oder drei Wochen hat sich meiner Erfahrung nach das richtige Aroma entwickelt.*

3963. Kakao Light, März 2010

Ca. 5 Min.; die Tasse muss 700 ml fassen. – Manchmal habe ich einfach Durst auf Kakao, aber mir ist das alles zu fettig und zu schwer. Das heute war eine schöne cremige Lösung, die auch ganz leicht im Magen lag.

- 1 geh. EL Nacktgerste
- 4 Kakaobohnen
- 1 geh. TL Honig (30 g)
- 700-1000 ml Wasser

Gerste und Kakaobohnen im kleinen Becher eines kleinen Mixers fein mahlen. Honig und kochendes Wasser hinzugeben, bis der Becher zu etwa einer Hälfte gefüllt ist, mit dem Löffel durchrühren und auf dem Mixer mischen. In die Tasse gießen. Den Becher nochmals mit heißem Wasser auffüllen, vorsichtig schütteln und auch in die Tasse gießen. Tasse mit dem kochenden Wasser auffüllen.

Tipp: *Ein Teil der Gersten-Kakaomischung setzt sich auf dem Boden ab, das lässt sich noch mit heißem Wasser nachfüllen.*

3964. Milchreis chinesisch, März 2010

Ca. 18 Std. einweichen; 15 Min. Arbeit; 4 Desserts.

- 150 g Rundkornnaturreis
- 350 g Wasser
- 1 Stange Zimt
- 4 Gewürznelken
- 50 g Sahne
- 30 g Honig
- 1 große Banane (ca. 180 g netto)
- 10-15 g Kokosöl
- 1/2 TL Carob

Zubereitungsbeginn 24 Std. vor dem Essen. Reis in Wasser von abends bis zum nächsten Mittag einweichen. Sahne, Zimtstange und Nelken hinzugeben, aufkochen. Bei kleinster Einstellung 25 Min. kochen. Nelken und Zimtstange entfernen, Honig unterrühren. Auf der ausgeschalteten Platte (Deckel geschlossen) lauwarm werden lassen.

Banane schälen, einmal längs und dreimal quer durchschneiden (gibt 6 flache Stücke). Kokosöl in einer Pfanne heißwerden lassen, Bananen hineinlegen. Ab und zu wenden und braten, bis sie goldgelb-braun sind (etwa 5 Min.). Mit einem Eisportionierer je 3 Kugeln Milchreis auf vier Teller setzen, mit etwas Carob bestreuen. Je drei Bananenstücke dazulegen. Wer gerne süß isst, streicht sich noch ein wenig Honig auf den Reis.

3965. Möhre à la Walnuss, März 2010

2 Vorspeisen.

- 4 Blätter Chinakohl (140 g)
- 300 g Möhren
- 30 g Walnüsse
- 2 TL Zitronensaft
- 2 TL Walnussöl
- 1 gestr. TL Salz
- 1 Scheibe Ananas (220 g brutto)
- 4 EL Standardsalatsoße (3895)

Je zwei Blätter Chinakohl nebeneinander auf große Teller legen.

Möhren grob vorschneiden. Mit Walnüssen, Salz, Zitronensaft und Öl raffeln. In die Mitte auf die Kohlblätter legen, am Rand je 2 EL Salatsoße auf den Kohl fließen lassen.

Ananas schälen, die Scheibe würfeln und die Würfel um die Möhren herum legen.

3966. Schrotigbrot mit Roggenüberhang, März 2010

Für vier Profi-Brotbackformen (4 x 1200 g).

Ansatz:

- Sauerteig (ca. 150 g)
- 225g lauwarmes Wasser
- 225 g Roggen

Vorteig:

- 450 g Sauerteig
- 1300 g Roggen
- 1500 g Wasser

Hauptteig:

- 200 g Wasser
- 800 g Roggen
- 550 g Weizen
- 50 g Honig
- 2 geh. EL Brotgewürz geschrotet
- 2 geh. EL Salz
- etwas Butter für die Formen

Morgen des Vortages: Roggen fein mahlen, mit Sauerteig und 225 g Wasser in einer größeren Schüssel gut verrühren. Die Schüssel in eine Plastiktüte stecken und auf der Fensterbank etwa 10-12 Std. stehen lassen.

Vorabend: Von dem Sauerteig 150 g abnehmen und in einem Glas mit Schraubdeckel im Kühlschrank als neuen „Starter" aufbewahren. 1300 g Roggen schroten (Stufe 3/9, Hawos Novum). Mit 450 g Sauerteig und 1500 g Wasser in der Teigknetmaschine 4 Min. gut verrühren. Teigschüssel mit Plastik abdecken und bis zum nächsten Morgen stehen lassen (ca. 12 Std.).

Backmorgen: 800 g Roggen und 550 g Weizen mischen und schroten (Stufe 3,5/9). Salz und Brotgewürz unterrühren. Mit Honig und Wasser zu dem Vorteig geben. Alles gut verrühren (10 Min. in der Maschine).

Butter zerlassen und die Kastenformen damit einfetten. Teig hineinfüllen, mit einem Messer einschneiden, gut einsprühen und die Formen mit Gärfolie abdecken oder in eine Plastiktüte stecken. 1,5 Std. gehen lassen. Dann den Ofen 20 Min. auf 250 °C (Umluft) vorheizen. Brote in den Ofen schieben und 25 Min. bei 250 °C backen, dann auf 175 °C herunterstellen und weitere 35 Min. backen. Auf dem Boden des Ofens steht eine ofenfeste Form mit Wasser. Auf ein Kuchengitter stürzen (Klopfprobe), mit Wasser einsprühen und abkühlen lassen.

3967. Mungold, März 2010

7 Std. einweichen + 30-35 Min.; 2 Hauptspeisen.

- 150 g Mungbohnen
- 350 g Wasser
- 300 g Mangold (netto)
- 230 g Möhren (netto)
- 30 g Walnüsse
- 2 TL Kerbelwürze (3728)
- 2 TL Gomasio (3934)
- 50 g Schmand
- 100 g Wasser
- 2 TL Kräutersalz

Mungbohnen in 350 g Wasser 7 Std. einweichen. In eine Pfanne geben. Auf höchster Einstellung zum Kochen bringen, bis Dampf unter dem Deckel entweicht, dann 5 Min. auf kleinster Einstellung köcheln.

Mangold waschen, abtropfen lassen und in Streifen schneiden. Schlechte Stücke von den Möhren entfernen, in Scheiben schneiden. Zu den Bohnen geben, nochmals zum Kochen bringen, bis Dampf unter dem Deckel entweicht. Auf kleinster Einstellung 15 Min. dünsten.

Walnüsse, Kerbelwürze, Gomasio, Salz und Schmand in einem kleinen Mixer ganz fein schlagen. Wasser hinzugeben, mischen. Unter das Gemüse-Bohnen-Gemisch rühren. Servieren.

Tipp: *Schmeckt sicher auch gut nur mit Mangold (oder nur mit Möhren), ich hatte aber nicht genug Mangold im Haus. – Wer keinen Schmand essen möchte, nimmt stattdessen 3 EL Öl und 2 TL Zitronensaft, eventuell noch ein Stück Apfel.*

3968. Brot-Kartoffelpizza, März 2010

Vegan; ca. 40 Min.; 1 Hauptspeise.

- 100 g trockenes Brot
- 100 g kochendes Wasser
- 1 EL Sonnenblumenöl
- 50 g Tomatenmark
  (oder 1 Tomate)
- 2 EL Sonnenblumenöl
- 1 TL Kräutersalz (3/2008)

- 2-3 Prisen Pizzagewürz
- 50 g Wasser
- 90 g Wirsing
- 110 g Kartoffeln
- etwas Salz, etwas Öl
- 15 g Sonnenblumenkerne

Die Brotmenge reicht gerade für eine runde Form von 24 cm Durchmesser. Brot in Stücke brechen, mit kochendem Wasser übergießen. Quellen lassen, bis die anderen Zutaten vorbereitet sind, mit Öl verkneten. Eine 24-cm Pizzaform mit Öl einpinseln, Brotmasse darauf verteilen.

Tomatenmark mit 2 EL Öl, Salz, Gewürz und Wasser verrühren. Den Boden damit bepinseln. Wirsing fein schneiden, darüber streuen. Kartoffel unter fließendem Wasser gut bürsten, in möglichst dünne Scheiben schneiden (sonst werden sie nicht gar) und die Pizza damit abdecken. Mit Salz bestreuen und etwas Öl bepinseln. Dann die Sonnenblumenkerne darauf streuen. In den kalten Ofen schieben und 20 Min. bei 220 °C backen. 5 Min. bei 220 °C grillen.

Tipp: *Wer frische Tomaten hat, kann natürlich den Tomatenmark damit ersetzen. – Wer die Pizza mit Käse belegen möchte, macht das für die letzten 5 Min. bei 220 °C.*

3969. Maldonchamps, März 2010

Vegan; ca. 20 Min.; 1 Hauptspeise.

Gemüse:

- 65 g Sonnenblumenöl
- 1 Gemüsezwiebel (275 g netto)
- 250 g Champignons

Soße:

- 20 g Sonnenblumenkerne
- 1 TL Zitronenschaum (5/3586)
- 1 TL Maldon Räuchersalz (oder normales Salz)
- 40 ml Wasser

Öl in eine Pfanne geben. Geschälte Zwiebel in Stücke schneiden, in die Pfanne geben. Champignons in Scheiben schneiden und auf die Zwiebel schichten.

Deckel auflegen, bei höchster Einstellung zum Kochen bringen, bis deutlich Dampf unter dem Deckel entweicht. Auf kleinster Einstellung 12 Min. dünsten, ohne den Deckel anzuheben. Soßenzutaten 30 Sek. in einem kleinen Mixer mischen. Unter das Essen rühren und einmal aufkochen.

Hinweis: *Gut als Beilage schmeckt dazu: Reis, Hirse oder Brot.*

3970. Bountydrink, März 2010

Ca. 5 Min.; Tasse mit 700 ml Volumen.

- 2 EL Kokosraspeln
- 1 EL Nackthafer
- 2 TL Carob
- 1 TL Kakao
- 600 g kochendes Wasser
- 30 g Honig

Kokosraspeln, Nackthafer, Kakao und Carob im kleinen Becher eines kleinen Mixers fein mahlen. Honig und kochendes Wasser hinzugeben, bis der Becher zu etwa 4/5 gefüllt ist, mit dem Löffel durchrühren und auf dem Mixer mischen. In die Tasse gießen. Den Becher nochmals mit heißem Wasser auffüllen, mischen und dieses Wasser auch in die Tasse gießen. Tasse mit dem kochenden Wasser auffüllen.

3971. Milchreis persisch, März 2010

24 Std. einweichen; Arbeit ca. 15 Min.; 4 Desserts.

- 150 g Naturrundkornreis
- 400 g Wasser
- 1 Stange Zimt
- 1 Stange Vanille
- 50 g Sahne
- 90 g getr. Aprikosen
- 4 große Datteln
- 16 Pistazien
- evtl. 1-2 TL Honig

Zubereitungsbeginn 36 Std. vor dem Essen: Reis in Wasser 24 Std. einweichen.

Sahne, Zimtstange und in drei Stücke geschnittene Vanillestange hinzugeben, aufkochen. Bei kleinster Einstellung 25 Min. kochen. Auf der ausgeschalteten Platte (Deckel geschlossen) lauwarm werden lassen, bis alle Flüssigkeit aufgesogen ist. Vanille- und Zimtstange entfernen. Evtl. bis zur Zubereitung in den Kühlschrank stellen.

Milchreis auf 4 Portionen verteilen. Jede Portion in eine kleine Glasschale drücken, herausstürzen und mit der Wölbung nach oben auf einen Glasteller setzen. Aprikosen in Streifen schneiden, um den Milchreishügel legen. Datteln entkernen, in je 4 Streifen schneiden und oben auf jeden „Hügel" die Streifen kreuzweise von der Mitte nach unten legen. In die Lücken je eine Pistazie legen.

Tipp: *Wer gerne sehr süß isst, gießt vor dem Auflegen der Datteln 1-2 TL Honig über den Milchreis.*

3972. Nibskakao, März 2010

Vegan; ca. 5 Min.

- 10 g Kakaonibs
- 15 g Nackthafer (1 EL)
- 20 g (roher) Agavennektar
- 400-600 kochendes Wasser, je nach Bechergröße

Kakaonibs und Hafer im kleinen Becher eines kleinen Mixers fein mahlen (ca. 45 Sek.) Agavennektar unterrühren. Kochendes Wasser hinzugeben, bis der Becher etwa 2/3 gefüllt ist, mit dem Löffel durchrühren und auf dem Mixer mischen. In die Tasse gießen. Den Becher nochmals mit heißem Wasser auffüllen, mischen und Wasser auch in die Tasse gießen. Tasse mit dem kochenden Wasser auffüllen.

Tipps: *Wer nicht Wert darauf legt, dass der Drink „vegan" ist, kann auch mit Honig süßen und evtl. 1-2 EL Sahne hinzufügen. Es schmeckt aber auch ohne Sahne köstlich!*

3973. Roggen-Zucchini-Scheiben, März 2010

Vegane Rohkost; 36 Std. Keimzeit; ca. 20 Min. im TM + Trocknen; 2 Excalibur-Einschübe.

- 125 g Sonnenblumenkerne
- 360 g Zucchini (netto)
- 1 Knoblauchzehe
- 2 TL Zitronensaft
- 110 g Spitzkohl
- 40 g Petersilie
- 1 gestr. TL Salz
- 40 g goldener Leinsamen
- 75 g Sonnenblumenöl

Gemüse putzen (von der Zucchini die Enden abschneiden, Knoblauch schälen) und grob vorschneiden. Alles in den Mixtopf geben und wie folgt mixen: 1 Min./Stufe 4; 1 Min./Stufe 6 (zwischendurch die Masse an den Seiten herunterschieben).

Mit einem immer wieder in Wasser getauchten Teigschaber gleichmäßig auf 2 Paraflexx-Folien verteilen (etwa 4-5 mm dick). Mit dem Teigschaber Stücke vorziehen. Bei 40-41 °C etwa 24 Std. im Dörrgerät trocknen.

3974. Christianes Hefebrot Nr. 4, März 2010

Ergibt 2 Brote zu je 1250 g Teiggewicht.

- 5 g Hefe
- 1000 g Wasser
- 900 g Weizen
- 300 g Roggen
- 100 g Buchweizen

- 1 EL Kräutersalz (3/2008)
- 1 EL geschrotetes Brotgewürz
- 1 EL Honig (30 g)
- 100 g Sonnenblumenkerne
- 100 g Sesam

Hefe in 1000 g Wasser verrühren. Getreide mischen, fein mahlen. Salz und Brotgewürz unter das Mehl mischen. Hefewasser und Honig hinzugeben und erst mit einem Löffel, dann mit der Hand 5 Min. verrühren und kneten. Die Teigschüssel sollte sehr groß- zügig bemessen sein, da der Teig stark geht. Teigschüssel in eine Plastiktüte stecken und etwa 8 Std. gehen lassen.

100 g Sonnenblumenkerne und 100 g Leinsamen hinzugeben und alles 5 Min. gut miteinander verkneten. Zwei Brotbackformen (Profiformen Edelstahl 20,5 x 11 x 10,5 cm) mit Butter einfetten. In jede Form etwa 1250 g Teig geben (abwiegen). 30 Min. unter einer großen Plastiktüte gehen lassen (bei mir war der Teig wenig, aber deutlich gegangen). Dann den Ofen 20 Min. auf 250 °C (Umluft) vorheizen, auf den Boden eine feuerfeste Form mit Wasser stellen. In dieser Zeit geht das Brot noch. Brote oben mit einem scharfen Messer einschneiden, mit Wasser einsprühen. Brote einschieben, 20 Min. bei 250 °C und 30 Min. bei 200 °C backen lassen. Klopf- probe machen (wenn man unten gegen das Brot (natürlich nicht mehr in der Form) klopft, muss es hohl klingen). Aus den Formen kippen, mit Wasser einsprühen und auf einem Gitterrost auskühlen lassen.

3975. Hirsegold, März 2010

Vegan; ca. 25-30 Min.; 1 Hauptspeise.

- 300 g Wasser
- 2 TL Gemüsebrühextrakt (3825)
- 100 g Hirse
- 50 g Rosinen
- 1/2 Knoblauchzehe
- 600 g Mangold (netto)
- 1 Apfel (110 g)
- 2 EL Olivenöl
- 2-3 Prisen Salz

Wasser und Gemüsebrühextrakt in einer Pfanne verrühren. Hirse hineinstreuen. Rosinen und geschälten, in Scheiben geschnittenen Knoblauch dazugeben. Mangold gut waschen, abtropfen lassen und in Streifen schnei- den. Die Hälfte auf die Hirse legen, den gewürfelten Apfel darüber streuen und mit Mangold abschließen. Deckel auflegen. Auf höchster Einstellung zum Kochen bringen, bis Dampf unter dem Deckel entweicht, auf kleinster Einstellung 16 Min. dünsten. Mit Öl beträufeln und mit Salz bestreuen.

3976. Hauchkakao, März 2010

Ca. 5 Min.; vegan wird es mit Agavennektar statt Honig.

- 15 g Nackthafer
- 15 g Mandeln
- 2 Kakaobohnen
- 2 TL Walnussöl
- 30 g Honig
- 600-700 g kochendes Wasser

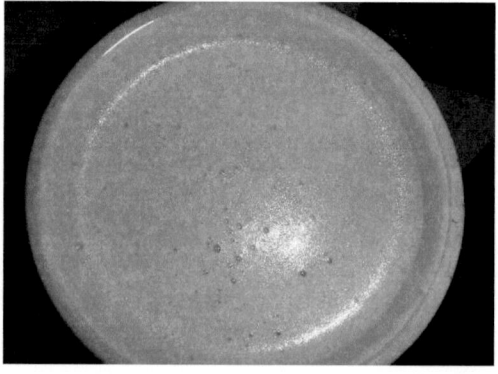

Hafer, Mandeln und die beiden Kakaobohnen im kleinen Becher eines kleinen Mixers (z. B. Mr. Magic) fein mahlen (ca. 45 Sek.) Honig und Öl unterrühren. Kochendes Wasser hinzugeben, bis der Becher etwa 2/3 gefüllt ist, mit dem Löffel durchrühren und mit dem Mixer mischen. In die Tasse gießen. Den Becher nochmals mit heißem Wasser auffüllen, mischen und dieses Wasser auch in die Tasse gießen. Tasse mit dem kochenden Wasser auffüllen.

3977. Schrotsteigerung mit Rösthafer, März 2010

Ich teste derzeit aus, wie weit ich bei diesem Brot mit dem groben Schroten gehen kann. Das Originalrezept nimmt Mehl. Letztlich hatte ich schon zweimal auf 3-3,5 geschrotet. Ich werde mich weiter hocharbeiten, solange es schmeckt. – Für vier Profi-Brotbackformen (4 x 1250 g)

Ansatz:
- Sauerteig (ca. 150 g)
- 250 g lauwarmes Wasser
- 250 g Roggen

Vorteig:
- 500 g Sauerteig
- 1300 g Roggen
- 1500 g Wasser

Hauptteig:
- 250 g Wasser
- 150 g Nackthafer
- 800 g Roggen
- 500 g Weizen
- 50 g Olivenöl
- 1 EL fränk. Brotgewürz
- 1 EL Brotkräuter
- 2 geh. EL Salz
- etwas Butter für die Formen

Morgen des Vortages: Roggen fein mahlen, mit Sauerteig und 250 g Wasser in einer größeren Schüssel gut verrühren. Die Schüssel in eine Plastiktüte stecken und auf der Fensterbank etwa 10-12 Std. stehen lassen.

Vorabend: Von dem Sauerteig 150 g abnehmen und in einem Glas mit Schraubdeckel im Kühlschrank als neuen „Starter" aufbewahren. 1300 g Roggen schroten (Stufe 4/9 Hawos Novums). Mit 500 g Sauerteig und 1500 g Wasser in der Teigknetmaschine 4 Min. verrühren lassen. Teigschüssel mit Plastik abdecken und bis zum nächsten Morgen stehen lassen (ca. 12 Std.).

Backmorgen: (Am Backmorgen) Hafer auf mittlerer Hitze in einer trockenen Pfanne erwärmen, bis er zu duften beginnt. 800 g Roggen und 500 g Weizen mischen und schroten (Stufe 3/9, Hawos Novum). Hafer mahlen (Stufe 2). Salz und Brotgewürze unterrühren. Mit Öl und Wasser zu dem Vorteig geben. Alles gut verrühren (10 Min. in der Maschine). Butter zerlassen und die Kastenformen damit einfetten. Teig hineinfüllen, mit Wasser einsprühen und die Formen mit Gärfolie abdecken oder in eine Plastiktüte stecken. 1,5 Std. gehen lassen. Ofen auf 250 °C (Umluft) vorheizen.

Mit einem Messer einschneiden, Brote in den Ofen schieben und 25 Min. bei 250 °C backen. Auf 175 °C herunterstellen und weitere 35 Min. backen. Auf dem Boden des Ofens steht eine ofenfeste Form mit Wasser.

Auf ein Kuchengitter stürzen (Klopfprobe), mit Wasser einsprühen und abkühlen lassen.

3978. Blumenkohl-Porree mit Gerstenflatschen

Vegan; ca. 60 Min.; 1 Hauptspeise.

Gemüse:
- 380 g Blumenkohl (1 nicht zu großer)
- 325 g Porree (3 dünne Stangen; netto)
- 2 TL Kräutersalz (3/2008)
- 300 ml Wasser

Gerstenflatschen:
- 100 g Nacktgerste
- 30 g Olivenöl
- 1 TL Kräutersalz (s. o.)
- 1 TL mexikanische Würzmischung (oder Paprika)
- 50 ml Wasser
- 2 EL Sonnenblumenkerne

Blumenkohl in Röschen teilen, in eine ofenfeste Pfanne oder Auflaufform geben. Porree waschen, Wurzeln und Schadstellen abschneiden und Stangen abtropfen lassen. In Ringe (1 cm) schneiden und über den Blumenkohl schütten. Mit Salz bestreuen, Wasser so darüber gießen, dass es sich mit dem Salz mischt.

Gerste fein mahlen. Mit den anderen Zutaten erst mit einem Löffel verrühren, dann kurz verkneten. Portionsweise zwischen den Händen zu kleinen Fladen drücken, damit die Oberfläche belegen. Bei mir blieb der Rand der Pfanne frei. Deckel auflegen, auf den Gitterrost im kalten Ofen schieben. Bei 225 °C (Umluft) 35 Min. backen. Deckel abnehmen, mit Sonnenblumenkernen bestreuen und nochmals 10 Min. backen.

3979. Porridge fest, März 2010

Frühstücksbestandteil, 1 Portion.

- 30 g Nackthafer
- 140 g Wasser
- 1 Prise Salz
- 1 EL Sahne
- 1 TL (roher) Agavennektar

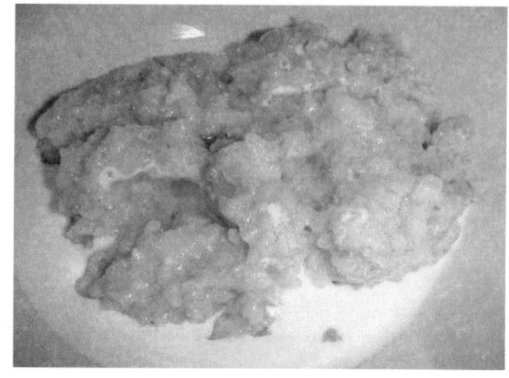

Hafer flocken. Mit Wasser und Salz zum Kochen bringen. Herdplatte abschalten und bei geschlossenem Deckel ca. 15-20 Min. quellen lassen. In einer kleinen Schüssel mit Sahne und Agavennektar verrühren. Warm essen.

Tipp: *Wer möchte, nimmt statt Agavennektar etwas Honig (dann ist es vollwertig nach Bruker).*

3980. Sauerteig kalt geführt, März 2010

Morgens begonnen.

1. Morgen: 100 g Roggen fein mahlen. Mit 150 g Wasser in einer Schüssel verrühren. Schüssel gut abdecken oder in eine Plastikschüssel stecken und mit einem Tuch umhüllen. Warm stellen, z. B. auf einer Fensterbank in einem Zimmer, das möglichst nachts nicht völlig abkühlt (im Winter). 24 Std. stehen lassen.

2. Morgen: Am nächsten Morgen 100 g Roggen fein mahlen, mit weiteren 150 g Wasser zu dem Gemisch vom gestrigen Tag geben. Gut verrühren, wieder einpacken und 24 Std. stehen lassen.

3. Morgen: Am dritten Morgen 100 g Roggen fein mahlen, mit 3 Esslöffeln Wasser zu dem alten Gemisch geben. Wie beschrieben vorgehen.

4. Morgen: Am vierten Morgen etwa 150 g des Sauerteigs abnehmen, in ein Schraubglas geben, verschließen und im Kühlschrank aufbewahren.

Hinweise: *Spätestens am 2. Morgen muss dieser Sauerteig locker und etwas blasig sein. Der Geruch ist nicht unbedingt so sauer, wie man das erwartet. Grün darf er nicht sein. – Am 3. Morgen muss eine Blasenbildung erkenntlich sein. – Ein auf diese Weise hergestellter Sauerteig braucht einige Male Auffüttern (was später erklärt wird), um seine volle Geschmacksqualität und Triebkraft zu entwickeln. - Die Triebkraft des frischen Sauerteigs blieb zwar anfangs deutlich hinter dem „alten" zurück, aber er hat getrieben. Der Geschmack des Brotes ist ohne Fehl und Tadel.*

3981. Mangold-Dhal, März 2010

Vegan; 2-3 Hauptspeisen.

Gemüse:	Soße:
110 g rote Linsen	40 g Sonnenblumenkerne
500 g Mangold netto	1 TL Salz
145 g Möhre netto	6 g Zitronensaft (1 TL)
1 kl. Apfel (85 g)	1 gestr. TL Lavendelcurry (3982)
30 g Rosinen	1 Mandarine (65 g netto)
330 g Wasser	30 g Sonnenblumenöl
	100 g Wasser

Linsen in eine Pfanne geben. Mangold waschen, in Streifen, Möhre in Scheiben schneiden und mischen. Gewürfelten Apfel und Rosinen unterziehen und auf die Linsen geben. Wasser an den Rand gießen. Als Gemüsepfanne 16 Min. dünsten. Soßenzutaten in einem kleinen Mixer zu einer homogenen Masse schlagen. Unter das Gemüse rühren und aufkochen lassen.

Tipp: *Man kann auch zuerst das Wasser in die Pfanne geben. Ich habe es deshalb nicht gemacht, weil ich das Essen vorbereitet habe für Besuch. Hätte ich das Wasser schon hinzugegeben, wären die Linsen zu weich geworden.*

3982. Lavendelcurry, März 2010

Ungemahlen:

- 1 EL Koriandersamen (6 g)
- 1 geh. EL Kreuzkümmel (14 g)
- 1 TL weißer Pfeffer (4 g)
- 1 TL grüner Pfeffer getrocknet (2 g)
- 1,5 TL gelbe Senfkörner (6 g)
- 1 TL Bockshornkleesamen (6 g)
- 5 Gewürznelken
- 1 getr. Rote Chili

Gemahlen:

- 2 TL gem. Kurkuma

Zum Würzen

- 1 MS gem. Vanille
- 1 gestr. TL Lavendelblüten

Die ungemahlenen Gewürze in einer beschichteten Pfanne unter Rühren auf mittlerer Einstellung (7/12) erwärmen, bis sie gut duften. Das dauert etwa 5-6 Min. Wer zu lange röstet, erhält ein bitteres Curry. Kurz vor Ende noch 1 TL Kurkuma hinzugaben und 10 Sek. einrühren.

Etwas abkühlen lassen. Noch 1 TL Kurkuma und den Lavendel zugeben und in einem kleinen Mixer 2 x 30 Sek. mahlen, dazwischen einige Min. abkühlen lassen. In ein kleines Gläschen umfüllen.

3983. Kräuterseitlinge mit Curryhirse, März 2010

Vegan; ca. 40 Min. (für weiche Hirse); 2 Hauptspeisen. – Ein Saitling ist übrigens eine Wursthülle! Der Name „Seitling" kommt daher, weil der Hut dieser Pilze etwas seitlich verrutscht ist.

Pilze:

- 20 g Olivenöl
- 1 TL Lavendelcurry (3982)
- 155 g Hirse
- 30 g Rosinen
- 450 g Wasser
- 1/2 TL Salz
- 30 g Olivenöl
- 35 g Wasser
- 390 g Seitlinge

Soße:

- 50 g Cashewnussbruch
- 1 TL Salz
- 2 TL Zitronenschaum (5/3586)
- 25 g Sonnenblumenöl
- 1 Mandarine (netto 65 g)
- 105 g Wasser

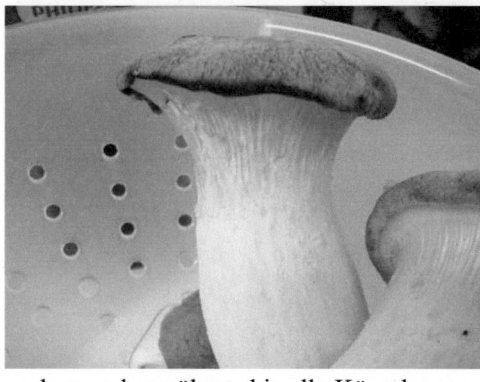

20 g Öl in einer Pfanne bei mittlerer Einstellung heiß werden lassen, Curry einrühren, bis sich kleine Bläschen bilden. Hirse hinzugeben und verrühren, bis alle Körnchen von einer Fett-Curry-Schicht umgeben sind (soweit sich das beurteilen lässt). Rosinen, 450 g Wasser und Salz hinzugeben. Mit geschlossenem Deckel aufkochen. Platte auf die kleinste Einstellung drehen und 20 Min. köcheln lassen. Herd abstellen und Hirse nachquellen lassen.

Während die Hirse köchelt, die Seitlinge in Scheiben schneiden. Wenn die Hirse quillt, mit der Zubereitung fortfahren. Öl und Wasser in einer Pfanne verrühren, Pilzscheiben hinzugeben. Als Gemüsepfanne 10 Min. dünsten. Soßenzutaten in einem kleinen Mixer zu einer homogenen Masse schlagen. Unter die Pilze rühren und aufkochen lassen. Die Hirse mit einem EL nockenartig auf einen Teller setzen, Pilze mit Soße daneben legen.

Tipp: Ich mag Hirse gerne weich. Wer sie lieber etwas körniger mag, sollte mit der Zubereitung der Pilze eher beginnen.

3984. Brennnesselsenf, März 2010

Vegane Rohkost.

- 50 g gelbe Senfkörner
- 1/2 TL Koriander ungemahlen
- 1 EL Brennnesselsamen
- 1 gestr. TL Salz (5 g)
- 1 TL Kurkuma gem.

- 6 g roher Agavennektar
- 30 g Apfelessig (5 %)
- 2 TL Sonnenblumenöl (8 g)
- 80 g Wasser

Senfkörner mit Salz, Brennnesselsamen und Koriander in einem kleinen Mixer fein mahlen (3 x 20 Sek., dazwischen einige Min. Pause, damit die Temperatur 30 °C nicht überschreitet, das zerstört die feinen Senföle). Es geht auch im Thermomix bei größeren Mengen. Restliche Zutaten hinzugeben, mit einem Löffel gut durchrühren und dann noch mal 30 Sek. mixen.

In ein passendes sauberes Gläschen füllen, 12-24 Std. offen stehen lassen (fermentieren), dabei gelegentlich umrühren.

Tipp: *Den Rest im Mixerbecher und Mixermesser weiterverarbeiten, z. B. in Senf-Knofi (s. 3986).*

3985. Apfelsinen-Vanille-Honig, März 2010

- Frisch abgeriebene Schale von etwa 1/4 Apfelsine
- 1/4 Apfelsine (35 g)
- 1 Vanillestange
- 400 g Honig

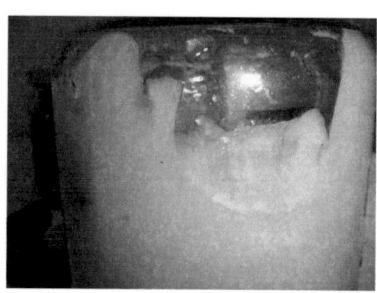

Apfelsine in Stück schneiden, Vanillestange vierteln. Alle Zutaten in ein Honigglas füllen und fest zudrehen. Eine Weile auf dem Kopf stehen lassen.

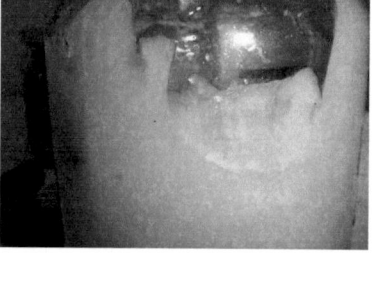

3986. Senf-Knofi, März 2010

Vegane Rohkost.

- Etwa 1 gestr. EL Brennnesselsenf (3984)
- 110 g Sonnenblumenöl
- 2 TL Salz
- 1 EL Zitronensaft
- 25 g Knoblauch (netto)

Senf, Öl, Salz und Zitronensaft in einem kleinen Mixer (z. B. Mr. Magic) gut mischen. Den geschälten Knoblauch in Scheiben schneiden, in ein Gläschen geben und mit dem Senföl auffüllen.

Tipps: *Jeder andere Senf oder auch Olivenöl eignen sich genauso gut.*

3987. Steckrüben-Cremesuppe, März 2010

Ca. 30 Min. im TM; 3 Hauptspeisen.

- 300 g Steckrübe (netto)
- 265 g Kartoffeln
- 135 g Gemüsezwiebeln
- 2 Knoblauchzehen (6 g netto)
- 4-10 g frischer Ingwer
- 750 g Wasser
- 50 g Sahne
- 1 MS Chili harrissari (3777 o. Ä.)
- 2-3 TL Kräutersalz (4337)
- etwas Petersilie

Steckrübe und Kartoffeln unter fließendem Wasser bürsten, Zwiebel und Knoblauchzehen schälen. Gesamtes Gemüse und Ingwer grob vorschneiden. Raffeln (30 Sek./Stufe 4). Wasser hinzugeben und garen (25 Min./100 °C/Stufe 1). Salz, Chili harrissari und Sahne hinzugeben und auf 30-40 Sek./Stufe 8 pürieren. Teller füllen, mit Petersilie dekorieren.

3988. Korianderschrotbrot mit 4 Körnern, März 2010

Für vier Profi-Brotbackformen (4 x 1300 g).

Ansatz:
- Sauerteig (ca. 150 g)
- 200 g lauwarmes Wasser
- 200 g Roggen

Vorteig:
- 500 g Sauerteig
- 1300 g Roggen
- 1600 g Wasser

Hauptteig:
- 550 g Wasser
- 150 g Nacktgerste
- 800 g Roggen
- 245 g Weizen
- 265 g Dinkel
- 1 EL Koriander ungemahlen
- 50 g Olivenöl
- 2 geh. EL Salz
- etwas Butter für die Formen

Morgen des Vortages: Roggen fein mahlen, mit Sauerteig und 200 g Wasser in einer größeren Schüssel verrühren. Die Schüssel in eine Plastiktüte stecken und auf der Fensterbank etwa 10-12 Std. stehen lassen.

Vorabend: Von dem Sauerteig 150 g abnehmen und in einem Glas mit Schraubdeckel im Kühlschrank als neuen „Starter" aufbewahren. 1300 g Roggen schroten (Stufe 5,5/9 Hawos Novums). Mit 400 g Sauerteig und 1600 g Wasser in der Teigknetmaschine 4 Min. verrühren. Teigschüssel mit Plastik abdecken und bis zum nächsten Morgen stehen lassen (ca. 12 Std.).

Backmorgen: Gerste, 800 g Roggen, Weizen und Dinkel mischen und schroten (Stufe 3/9, Hawos Novum). Dabei den Koriander in der „1. Ladung" mit mahlen. Salz unterrühren. Mit Öl und Wasser zu dem Vorteig geben. Alles gut verrühren (10 Min. in der Maschine).

Butter zerlassen und die Kastenformen damit einfetten. Teig hineinfüllen, gut einsprühen und die Formen mit Gärfolie abdecken oder in eine Plastiktüte stecken. 1,5 Std. gehen lassen. Ofen 20 Min. auf 250 °C (Umluft) vorheizen. Mit einem Messer einschneiden, Brote in den Ofen schieben und 25 Min. bei 250 °C backen. Auf 175 °C herunterstellen und weitere 35 Min. backen. (Zwei habe ich noch 10 Min. 175 °C ohne Form gebacken, weil sie die Klopfprobe nicht bestanden hatten.) Auf dem Boden des Ofens steht eine ofenfeste Form mit Wasser. Auf ein Kuchengitter stürzen (Klopfprobe), mit Wasser einsprühen und abkühlen lassen.

Tipp: *Wer keinen ungemahlenen Koriander hat, gibt mit dem Salz den Koriander unter das Mehl.*

3989. Blumenkohlkartoffelauflauf, April 2010

Vegan; 2-3 Hauptspeisen.

Soße:
- 50 g Sonnenblumenkerne
- 2 TL Kräutersalz (3/2008)
- 1 Prise Würzpfeffer (3913)
- 1 TL Tandoorigewürz (gekauft)
- 50 g Sonnenblumenöl
- 250 g Wasser
- 2 TL Zitronenschaum (5/3586)

Gemüse:
- 20 g Sonnenblumenöl
- 50 g Wasser
- 370 g Kartoffeln
- 210 g grüne Blumenkohlblätter
- 275 g Blumenkohl

20 g Öl und 50 g Wasser in einer ofenfesten Pfanne oder Auflaufform verrühren.

Kartoffeln unter fließendem Wasser gut abbürsten und in nicht zu dicke Scheiben schneiden. Den Pfannenboden damit auslegen. Das Blumenkohlgrün kleinschneiden, darüber geben. Den Blumenkohl in Röschen zerkleinert als dritte Schicht obenauf streuen. Kerne in einem kleinen Mixer fein mahlen, die anderen Zutaten hinzugeben und sehr gut durchmixen. Über das Gemüse gießen. Deckel auflegen, in den Ofen auf den Gitterrost setzen. Bei 225 °C (Heißluft) 1 Std. backen.

3990. Erstes Schwarzbrot, April 2010

Das erste Schwarzbrot mit dem neuen Sauerteig. – Für eine große
Zenker-Backform. – Anfüttern beschrieben bei 3988.

Vorteig:
- 400 g Sauerteig (s.o.)
- 500 g Roggen
- 500 g Wasser

Hauptteig:
- 180 g Wasser
- 110 g Sonnenblumenkerne
- 1 geh. EL Salz
- 1 EL Brotgewürz
- 2 EL Olivenöl
- 1 TL Honig
- 150 g Roggen
- 150 g + 150 g Dinkel

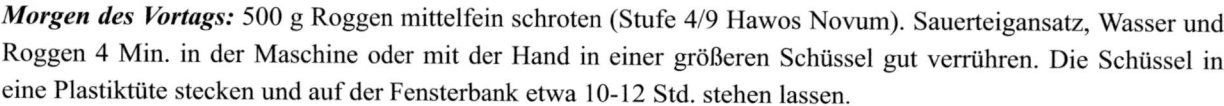

Morgen des Vortags: 500 g Roggen mittelfein schroten (Stufe 4/9 Hawos Novum). Sauerteigansatz, Wasser und Roggen 4 Min. in der Maschine oder mit der Hand in einer größeren Schüssel gut verrühren. Die Schüssel in eine Plastiktüte stecken und auf der Fensterbank etwa 10-12 Std. stehen lassen.

Vorabend: 150 g Roggen mit 150 g Dinkel mischen und sehr grob schroten (7-7,5 /9). 150 g Dinkel fein mahlen. Zu dem Vorteig geben: Schrot, Mehl, 180 g Wasser, Sonnenblumenkerne, Salz, Brotgewürz, Öl und Honig. Alles gut verrühren (10 Min. in der Maschine oder einem großen Löffel). Eine Kastenform einfetten, den Teig hineinfüllen und mit Wasser einsprühen. Form mit Gärfolie abdecken und 7-8 Std. ruhen lassen (über Nacht).

Backmorgen: Ofen auf 175 °C (Umluft) vorheizen, das Backblech ist bereits im Ofen, und 120 Min. backen. Klopfprobe machen. Auf dem Boden des Ofens steht eine ofenfeste Form mit Wasser. Auf ein Kuchengitter stürzen, mit Wasser einsprühen und abkühlen lassen. Erst am nächsten Tag anschneiden.

3991. Rosensenf, April 2010
- 50 g gelbe Senfkörner
- 1/2 TL Koriander ungemahlen
- 2 TL Rosenblätter
- 1 gestr. TL Salz (8 g)
- 1 TL Kurkuma gem. (2 g)
- 20 g Honig (nicht zu flüssig)
- 30 g Apfelessig (5 %)
- 50 g Wasser heißes Wasser
- 4 g Sonnenblumenöl (1 TL)

Senfkörner mit Salz, Kreuzkümmel, Rosenblättern und Koriander in einem kleinen Mixer fein mahlen (2 x 30 Sek., dazwischen einige Min. Pause). Restliche Zutaten hinzugeben, mit einem Löffel gut durchrühren und dann noch mal 30 Sek. mixen. In ein passendes sauberes Gläschen füllen, 12-24 Std. offen stehen lassen (fermentieren), dabei gelegentlich umrühren.

Hinweis: *Die Rosenblättermenge setzt sich nicht stark durch, bei einem zweiten Mal würde ich 6 TL, also die*
dreifache Menge, nehmen.

3992. Senfrosinen, April 2010
- Etwa 1 gestr. EL Senf (Reste von der Senfherstellung)
- 2 EL Walnussöl
- 1 kleines Stück Peperoni oder 1/4 Chilischote
- 120 g Sonnenblumenöl
- 170 g Rosinen

Senf, Öle und Peperoni in einem kleinen Mixer gut mischen und in ein Glas mit Schraubdeckel gießen (etwa 300 ml Volumen). Rosinen hineingeben, bis gerade noch eine dünne Schicht Flüssigkeit über den Rosinen steht.

3993. Osternestchen, April 2010

Tierweißfrei nach Bruker; 25 Stück.

- 1 Würfel Bio-Hefe (42 g)
- 150 g Wasser
- 500 g Weizen
- 50 g Nackthafer
- 10 Koriandersamen
- 8 g Ingwer ungeschält
- 1 Apfel (100 g)
- 18 g Zitronenscheibe aus Würzhonig
- 50 g Wasser
- 1 gestr. TL Salz
- 100 g Honig
- 100 g Walnussöl
- 100 g Rosinen
- 50 g Zitronat (s. 2/950)
- 100-110 g Honigmarzipan

Hefe in Wasser zerbröseln und gut verrühren, 20 Min. stehen lassen. Weizen und Hafer mischen, fein mahlen. In der ersten Portion die Korianderkügelchen mit mahlen. 6 geh. EL Mehl in das Hefewasser einrühren und abgedeckt 20 Min. stehen lassen. Schüssel nicht zu klein wählen, das Gemisch geht!

Ingwer, grob gewürfelten Apfel, Zitronenscheibe und Wasser in einem kleinen Mixer gut vermischen. Alle Zutaten gut verkneten (Teigknetmaschine: 6 Min. ohne Rosinen und Zitronat, dann noch 4 Min. mit diesen Zutaten).

Noch einmal mit der Hand in einer Schüssel gut durchkneten, kugelförmig zusammenpressen und mit Gärfolie oder Plastik abgedeckt 45 Min. gehen lassen. Mit der nassen Hand noch einmal gut durchkneten. 25 Silikon-Muffinförmchen auf einem Backblech aufstellen. Mit einem EL Portionen zu je 60 g von dem Teig abnehmen und zwischen den nassen Händen rollen, jeweils in ein Förmchen geben. Marzipan in 25 Stücke schneiden, jeweils ein Stück in den Teig drücken. Blech in eine große Plastiktüte schieben. Ofen 20 Min auf 220 °C vorheizen, auf dem Boden steht eine feuerfeste Form mit Wasser. Blech einschieben und 30 Min. bei 175 °C backen. Auf einem Kuchengitter auskühlen lassen und vorsichtig aus den Formen nehmen.

Tipps: Wer nur gemahlenen Koriander hat, gibt 1 TL unter das gem. Mehl.

3994. Zucchini-Kartoffel-Auflauf, April 2010

Vegan; 60 Min. insgesamt; Arbeitszeit 15 Min.; 1 Hauptspeise.

- 280 g Kartoffeln
- 320 g Zucchini
- 110 g Möhren
- 1 geschälte Knoblauchzehe
- 40 g Sonnenblumenkerne
- 18 g Zitronensaft (2 knappe EL)
- 1 geh. TL Salz
- 1 gute Prise gem. Piment
- 1 TL Paprika edelsüß
- 40 g Sonnenblumenöl
- 300 g Wasser
- 1 EL gehackter Schnittlauch

Kartoffeln unter fließendem Wasser gut abbürsten, in Scheiben schneiden und in die Pfanne geben. Das restliche Gemüse in Scheiben schneiden und ebenfalls hinzugeben. Die restlichen Zutaten, jedoch nur 100 g Wasser, gründlich miteinander zu einer glatten Creme mixen, weitere 100 g Wasser hinzugeben, nochmals mixen und über das Gemüse gießen. Mit den restlichen 100 g Wasser den Becher in die Pfanne ausspülen. Deckel auflegen, auf dem Gitterrost in den kalten Ofen schieben. Bei 225 °C (Umluft) 45 Min. lang backen. Pfanne auf den Tisch stellen, mit Schnittlauch bestreuen.

3995. Batatengemüsepfanne mit Blutorangensoße, April 2010

Vegan; Hauptspeise für 1 Person.

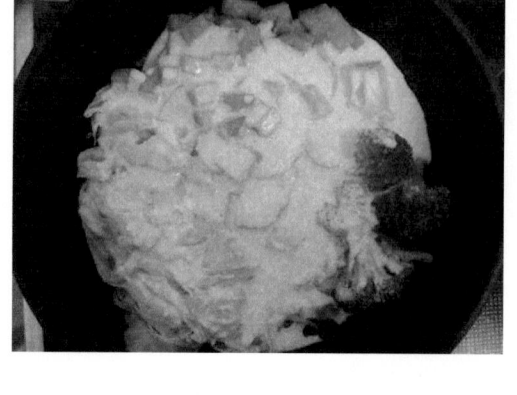

Gemüse:
- 5 EL Wasser (60 g)
- 130 g Brokkoli
- 120 g Spitzkohl
- 150 g Batate (Süßkartoffel)

Soße:
- 1 TL Zitronenschaum (5/3586)
- 1 TL Kräutersalz (3/2008)
- 1 Blutorange (95 g netto)
- 20 g Macadamianüsse
- 2 EL Sonnenblumenöl
- 50 g Wasser

Wasser in eine Pfanne geben. Süßkartoffeln unter fließendem Wasser gut abbürsten und in nicht zu dicke Scheiben schneiden. Das restliche Gemüse kleinschneiden und die drei Gemüse nebeneinander in die Pfanne legen. Bei höchster Einstellung zum Kochen bringen. Sobald Dampf unter dem Deckel entweicht, auf kleinste Einstellung drehen und 15 Min. dünsten. In der Zwischenzeit die restlichen Zutaten 30-40 Sek. in einem kleinen Mixer verquirlen. Unter das Gemüse rühren, einmal aufkochen lassen.

3996. Curry extra scharf, April 2010

Ungemahlen:
- 1 geh. EL Koriandersamen (8 g)
- 1 geh. EL Kreuzkümmel (10 g)
- 1 TL weißer Pfeffer (4 g)
- 1 TL grüner Pfeffer getrocknet (2 g)
- 0,5 TL schwarze Senfkörner (2 g)
- 1 TL gelbe Senfkörner (4 g)
- 1 TL Bockshornkleesamen (6 g)
- 5 Gewürznelken
- 3 getr. rote Chili

Gemahlen:
- 2 TL Kurkuma
- 1/2 TL Zimt
- 1/2 TL ger. getr. Ingwer
- 1 MS Vanille

Die ungemahlenen Gewürze in einer beschichteten Pfanne unter Rühren auf mittlerer Einstellung (7/12) erwärmen, bis sie gut duften. Das dauert etwa 5-6 Min.. Wer zu lange röstet, erhält ein bitteres Curry. Kurz vor Ende noch 1 TL Kurkuma hinzugeben und 10 Sek. einrühren.

Etwas abkühlen lassen. In einem kleinen Mixer 30 Sek. lang mahlen, einige Min. abkühlen lassen. Noch 1 TL Kurkuma hinzugeben und weitere 30 Sek. mahlen. In ein kleines Gläschen umfüllen.

3997. Haferwaffeln, April 2010

Vegan; 4 Stück; meine ersten Waffeln.
- 50 g Weizen
- 50 g Hafer
- 1 EL (goldener) Leinsamen (12 g)
- 55 g Sonnenblumenöl
- 100 g Wasser
- 40 g Honig

Weizen, Hafer und Leinsamen mischen und fein mahlen. Mit dem Handrührgerät verrühren, 30-50 Min. (bei mir waren es 40 Min.) stehen lassen. Waffeleisen mit Öl einpinseln, heiß werden lassen. 3-4 EL Teig gleichmäßig darin verteilen und 3-4 Min. backen.

3998. Schnittlauchwaffeln mit Salat, April 2010

Vegan; 2 Waffeln (= 1 Hauptspeise).

Waffeln:

- 10 g Naturreis
- 40 g Dinkel
- 1 gestr. EL (goldener) Leinsamen (12 g)
- 30 g Olivenöl
- 95 g Wasser
- 1 gestr. TL Kräutersalz
- 10 g (Knoblauch)-Schnittlauch
- 20 g Wasser

Salat:

- 100 g Blattsalat
- 1 Tomate (100 g)
- 5 EL Standardsalatsoße (3895)
- 15 g Kokosraspeln
- 25 g Wasser

Reis, Dinkel und Leinsamen mischen und fein mahlen. Öl, 95 g Wasser und Salz hinzugeben und mit einem Löffel verrühren. Abgedeckt etwa 1 Std. stehen lassen, nochmals 20 g Wasser und den gehackten Knoblauchschnittlauch gut unterrühren. Waffeleisen mit Öl einpinseln, heiß werden lassen. 3-4 EL Teig gleichmäßig darin verteilen und 4-5 Min. backen.

Salatsoße, Kokosraspeln und Wasser in einem kleinen Mixer sehr gut verschlagen. Etwa zwei Drittel auf einen großen Teller gießen. Den gewaschenen und gut abgetropften Salat in Streifen schneiden, auf den Teller legen, Rest Dressing darüber geben. Die Tomate in 10 Spalten schneiden und im Kreis auf den grünen Salat legen.

3999. Kreuzkümmelsenf, April 2010

- 50 g gelbe Senfkörner
- 1/2 TL Koriandersamen
- 1/2-1 gestr. TL Kreuzkümmelsamen
- 1 gestr. TL Salz (8 g)
- 1 gestr. TL Kurkuma gem.
- 20 g Honig (nicht zu flüssig)
- 30 g Apfelessig (5 %)
- 45 g Wasser

Senfkörner mit Salz, Kreuzkümmel und Koriander in einem kleinen Mixer fein mahlen (2 x 30 Sek., dazwischen einige Min. Pause). Es geht auch im Thermomix bei größeren Mengen. Restliche Zutaten hinzugeben, mit einem Löffel gut durchrühren und dann noch mal 30 Sek. mixen.

In ein passendes sauberes Gläschen füllen, 12-24 Std. offen stehen lassen (fermentieren), dabei gelegentlich umrühren. Der Senf braucht dann im Kühlschrank noch eine Weile, um zu reifen. Ganz allmählich wird er weniger scharf.

4000. Roggensahne, April 2010

36 Std. Keimzeit; 1 Frühstück.

- 3 EL Roggen
- 1 Banane (120 g netto)
- 1 Apfel (100 g)
- 25 g Cashewnüsse
- 25 ml Sahne

Roggen keimen lassen. Banane schälen, in Scheiben schneiden, Apfel würfeln. Mit der Sahne und den Cashewnüssen unter die Roggenkeime ziehen.

Hinweis: *Kauintensiv und sättigend.*

4001. Maronierter Weißkohleintopf, April 2010

Vegan; 2-3 Hauptspeisen.

- 280 g Maronen brutto (= 175 g netto)
- 380 g Kartoffeln
- 275 g Weißkohl
- 2 Knoblauchzehen
- 1 TL Gemüsebrühextrakt (3895)
- 250 g Wasser
- 30 g Sonnenblumenkerne
- 4 EL Sonnenblumenöl
- 2 TL Zitronensaft
- 1 TL Salz

Maronen in einen kleinen Topf mit Wasser geben; die Maronen müssen mit Wasser bedeckt sein. Zum Kochen bringen. Sobald das Wasser kocht, 4 Min. warten. Wasser abgießen und Maronen schälen (erst die harte, dann die weiche Schale).

Kartoffeln unter fließendem Wasser gut abbürsten und in Scheiben schneiden. Weißkohl kleinschneiden und mit den Kartoffeln, den in Scheiben geschnittenen Knoblauchzehen, dem Gemüsebrühextrakt und 250 g Wasser in einen Kochtopf geben. Bei höchster Einstellung zum Kochen bringen. Sobald Dampf unter dem Deckel entweicht, auf kleinste Einstellung drehen und 7 Min. dünsten. Dann die Maronen (halbiert) hinzugeben, nochmals zum Kochen bringen und wieder herunterstellen und solange dünsten (ca. 7 Min.), bis insgesamt die Dünstzeit 15 Min. beträgt. Sonnenblumenkerne mit Öl, Salz und Zitronensaft und 50 g Wasser verquirlen. Unter das Gemüse rühren und aufkochen lassen.

4002. Lieblauchpesto, April 2010

Vegan; ca. 10 Min. im TM; 1 Honigglas.

- 85 g Bärlauch
- 115 g Liebstöckel (mit Stielen)
- 200 g ungeschälte Erdnüsse (Asialaden)
- 20 g Salz
- 50 g Sonnenblumenöl

Kräuter gründlich waschen und abtropfen lassen. Erdnüsse mahlen (10 Sek./Stufe 8). Umfüllen. Kräuter grob vorschneiden, mit Salz und Öl in den Mixtopf geben. Ebenfalls 10 Sek./Stufe 8 fein zerkleinern. Erdnüsse hinzugeben und kneten lassen auf der Knetstufe. Pestos halten meiner Erfahrung nach gut bis zu einem halben Jahr.

Tipp: *Wer bei den Erdnüssen auf Rohkostqualität achtet (dann sind sie aber vermutlich noch in der Haut), erhält ein Pesto in Rohkostqualität. – Eignet sich als Dip- und Dressinggrundlage, schmeckt aber auch sehr lecker als Aufstrich.*

4003. Rote Bete süßersauer-fruchtig, April 2010

Vegan; 30-35 Min.; 2 Hauptspeisen. Dieses Rezept war ein Geschenk einer Leserin. Das Originalrezept enthält keine Mengenangaben und verwendet u.a. Chiliflocken, die ich durch einen Hauch Chili harrissari ersetzt habe, weil mir das sonst zu scharf wäre. Eine ganz tolle Anregung, vielen Dank!

- 350 g Kartoffeln (netto)
- 260 g Rote Bete (netto)
- 80 g Zwiebeln (netto)
- 35 g Erdnüsse geschält ungesalzen (Asialaden)
- 45 g Erdnussöl
- 50 g Apfelessig
- 1 TL Gemüsebrühextrakt (3825)
- 200 g Wasser
- 1 MS Chili harrissari (3777)
- 1 geh. TL Salz
- 1 kleine Birne (110 g)

Kartoffeln und Rote Bete unter fließendem Wasser gut abbürsten und in feine Streifen schneiden. Zwiebeln schälen, in dünne Scheiben schneiden. Erdnussöl in einer Pfanne heiß werden lassen, Gemüse und Erdnüsse hineingeben und 5 Min. bei großzügiger Hitze anbraten. Essig, Extrakt, Wasser und Chili mischen. Zu dem Gemüse gießen. Als Gemüsepfanne 15 Min. dünsten. Birne würfeln, mit dem Salz unterrühren und auf höchster Einstellung köcheln, bis nur noch wenig Flüssigkeit übrig ist (= einkochen).

Hinweis: *Die Zutaten im Originalrezept sind: Kartoffeln, Rote Bete, Zwiebeln; Kokosnussöl, Erdnüsse, Balsamicoessig, Gemüsebrühe, Chiliflocken, Honig nach Geschmack und Rosinen.*

4004. Grobschrotbrot, April 2010

Für vier Profi-Brotbackformen (4 x 1300 g).

Ansatz:
- Sauerteig (ca. 150 g)
- 300 g lauwarmes Wasser
- 300 g Roggen

Vorteig:
- 600 g Sauerteig
- 1300 g Roggen
- 1600 g Wasser
- 200 g Sonnenblumenkerne

Hauptteig:
- 300 g Wasser
- 900 g Roggen
- 200 g Emmer
- 1 EL Koriandersamen
- 1 EL Kümmelsamen
- 50 g Olivenöl
- 2 geh. EL Salz
- etwas Butter für die Formen

Morgen des Vortages: 300 g Roggen fein mahlen, mit Sauerteig und 300 g Wasser in einer größeren Schüssel gut verrühren. Die Schüssel in eine Plastiktüte stecken und auf der Fensterbank etwa 10-12 Std. stehen lassen.

Vorabend: Von dem Sauerteig 150 g abnehmen und in einem Glas mit Schraubdeckel im Kühlschrank als neuen „Starter" aufbewahren. 1300 g Roggen schroten (Stufe 6/9, Hawos Novum). Mit 600 g Sauerteig, 200 g Sonnenblumenkernen und 1600 g Wasser in der Teigknetmaschine 4 Min. verrühren. Teigschüssel mit Plastik abdecken und bis zum nächsten Morgen stehen lassen (ca. 12 Std.).

Backmorgen: 900 g Roggen und Emmer mischen und fein mahlen. Dabei Koriander und Kümmel in der „1. Ladung" mit mahlen. Salz unterrühren. Mit Öl und Wasser zu dem Vorteig geben. Alles gut verrühren (10 Min. in der Maschine). Butter zerlassen und die Kastenformen damit einfetten. Teig hineinfüllen, gut einsprühen.

Die Formen mit Gärfolie abdecken oder in eine Plastiktüte stecken. 1,5 Std. gehen lassen. Ofen 20 Min. auf 250 °C (Umluft) vorheizen. Mit einem Messer einschneiden,

Brote in den Ofen schieben und 25 Min. bei 250 °C backen. Auf 175 °C herunterstellen und weitere 35 Min. backen. Auf dem Boden des Ofens steht eine ofenfeste Form mit Wasser. Auf ein Kuchengitter stürzen (Klopfprobe), mit Wasser einsprühen und abkühlen lassen.

Tipp: *Wer keinen ungemahlenen Koriander/Kümmel hat, gibt die gemahlenen Gewürze mit dem Salz unter das Mehl.*

4005. Kakao ohne Milch, April 2010

- 3 TL Carob
- 1 TL Kakao
- 25 g Sahne
- 40 g Honig
- 1 TL Haselnussöl
- ca. 500 ml kochendes Wasser

Carob in eine große Tasse sieben. Kakao, Sahne, Honig und Öl hinzugeben und mit einem Löffel gut verrühren.

Mit kochendem Wasser langsam übergießen, dabei mit einem Schneebesen schlagen.

Tipp: Das Haselnussöl kann man durch Mandelöl etc. ersetzen oder einfach weglassen. – Statt 3 TL Carob und 1 TL Kakao kann man auch nur 2 TL Kakao nehmen - das wird dann „klassischer".

4006. Schwarzbrot mit Gerste, April 2010

Für eine große Zenker-Backform plus zwei Profi-Brotbackformen.
Ansatz:
- Sauerteig (ca. 150 g)
- 250 g lauwarmes Wasser
- 250 g Roggen

Vorteig:
- 500 g Sauerteig
- 1500 g Roggen
- 1500 g Wasser

Hauptteig:
- 500 g Wasser
- 60 g Leinsamen
- 240 g Sonnenblumenkerne
- 2,5 EL Salz
- 2 EL Brotgewürz
- 4 EL Olivenöl
- 1 EL Honig
- 320 g Nacktgerste
- 80 g Buchweizen
- 300 g Wildroggen (oder Roggen)
- 300 g Roggen

Vorabend: Roggen mittelfein schroten (Stufe 4/9, Hawos Novum). Alten Sauerteigansatz, Wasser und Roggen in einer größeren Schüssel gut verrühren. Die Schüssel in eine Plastiktüte stecken und auf der Fensterbank etwa 10-12 Std. stehen lassen.

Backtag: Morgens von dem Sauerteig 150 g abnehmen und in einem Glas mit Schraubdeckel im Kühlschrank als neuen „Starter" aufbewahren. 1500 g Roggen schroten. Mit 500 g Sauerteig und 1500 g Wasser in der Teigknetmaschine 4 Min. verrühren. Teigschüssel mit Plastik abdecken und 7 Std. stehen lassen.

Gerste, Buchweizen und Wildroggen mischen und sehr grob schroten (zwischen 6 und 6,5 in der Hawos Novum). 300 g Roggen fein mahlen. Alle Zutaten nun zum Vorteig geben. Alles verrühren (10 Min. in der Maschine). Die Kastenformen einfetten und den Teig hineinfüllen, gut einsprühen. Formen mit Gärfolie abdecken und 3 Std. ruhen lassen.

In den letzten 20 Min. den Ofen auf 225 °C (Umluft) vorheizen, das Backblech ist bereits im Ofen. Brote in den Ofen schieben und auf 175 °C herunterschalten, 120 Min. backen (Klopfprobe). Auf dem Boden des Ofens steht eine ofenfeste Form mit Wasser. Auf ein Kuchengitter stürzen, mit Wasser einsprühen und abkühlen lassen. Erst am nächsten Tag anschneiden.

4007. Weißkohl mit Linsen marokkanisch, April 2010

Vegan; 1 Hauptspeise.

- 50 g gelbe Linsen
- 20 g Trockenpflaumen
- 1 TL Gemüsebrühextrakt (3825)
- 12 g marokkanische Salzzitronen (5/3653)
- 200 g Wasser
- 230 g Weißkohl
- 1/2 TL Salz
- 2 EL Sonnenblumenöl

Linsen in eine Pfanne geben. Pflaumen halbieren und mit Extrakt und Wasser unterrühren. Zitronen kleinschneiden und hinzufügen. Weißkohl in Streifen schneiden und darüberstreuen. Deckel auflegen und auf höchster Einstellung zum Kochen bringen, bis Dampf unter dem Deckel austritt. Auf kleinste Einstellung drehen und 16 Min. dünsten. Salz und Öl unterrühren.

Tipp: Petersilie als Dekoration wäre sicher schön!

4008. Libanisierte Linsensuppe, April 2010

Vegan; ca. 30 Min. im TM; 4 Hauptspeisen. – Frei nach einem Rezept aus dem Buch „Vegetarisch Kochen: libanesisch" (1. Auflage) und der Version von C., bei der ich die Suppe kennen gelernt habe.

- 40 g Kokosöl
- 160 g Zwiebel (netto)
- 1 TL Kreuzkümmel ganz
- 100 g Rundkorn-Naturreis
- 150 g gelbe Linsen
- 1,5 l warmes Wasser
- 3 TL Kräutersalz
- 1 EL Zitrone oder Essig
- etwas Dill

Kokosöl im Mixtopf erhitzen (3 Min./60 °C/Stufe 1). Zwiebeln schälen, halbieren und zugeben. 10 Sek./Stufe 4 zerkleinern. Kreuzkümmel hinzugeben. Reis grob schroten (Stufe 6/9, Hawos Novum). Mit Linsen und Wasser in den Mixtopf geben und 21 Min./100 °C/Stufe 1-2 garen (sobald die Suppe sprudelnd kocht, auf 90 °C herunterstellen). Salz und Essig hinzugeben, und dann pürieren (10-20 Sek./Stufe 6-8). Teller füllen, mit Dill dekorieren.

Tipp: Das Originalrezept bzw. Christianes Herstellung ist etwas anders: Der Rundkornreis wird 2 Std. eingeweicht, verwendet werden „normale" Linsen, die 12 Std. eingeweicht wurden. Dadurch ist die Kochzeit etwas länger als mit gelben Linsen und geschrotetem Reis. Außerdem werden die Zwiebeln getrennt mit dem Kreuzkümmel angebraten.

4009. Spinat-Blumenkohlsalat, April 2010

Keimzeit 3-4 Tage

Soße:
- 30 g Rhabarber
- 1 TL Kräutersalz (3/2008)
- 20 g Senfrosinen (3992 o. Ä.)
- 1 TL Senf (6 g; z. B. 3999)
- 30 g Olivenöl
- 30 g Wasser

Feste Zutaten:
- 85 g Blumenkohl
- 125 g Spinat brutto
- 50 g gekeimte Linsen

Blumenkohl kleinschneiden. Spinat waschen, abtropfen lassen und die Stellen ganz unten abschneiden, in Streifen schneiden.

Dressingzutaten in einem kleinen Mixer erst ohne Wasser gut miteinander mixen, dann das Wasser einarbeiten. Zu dem Spinat geben und gut vermischen. In die Mitte die Linsen streuen.

Tipp: Statt Rhabarber eignen sich auch ein Stück Apfel und 2 TL Zitronensaft.

4010. Porridge, April 2010

Teil eines Frühstücks für eine Person.

- 30 g Nackthafer
- 250 g Wasser
- 1 Prise Salz
- 1 EL Sahne
- 1-2 TL Honig

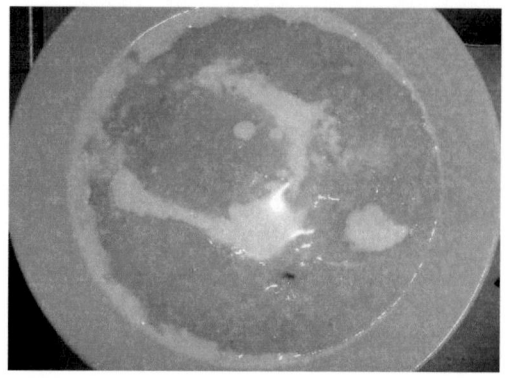

Hafer flocken. Mit Wasser und Salz zum Kochen bringen. Herdplatte abschalten und bei geschlossenem Deckel ca. 15-20 Min. quellen lassen. In einer kleinen Schüssel mit Sahne und Honig verrühren. Warm essen.

Tipp: *Eine kleine Prise gem. Vanille ergibt schon fast ein „Luxusporridge".*

4011. Löwucola-Pesto, April 2010

Vegane Rohkost.

- 100 g Löwenzahnblätter
- 60 g Rucola
- 100 g Sonnenblumenkerne
- 3 TL Salz
- 1/2 TL Würzpfeffer (3913 o. Ä.)
- 2 TL Zitronensaft
- 100 g Olivenöl
- 50 g Rosinen

Kräuter gründlich waschen und abtropfen lassen. Kräuter und Kerne fein mahlen (TM: 10 Sek./Stufe 4; 10 Sek./Stufe 6). Restliche Zutaten hinzufügen und zu einer glatten Masse verarbeiten (wechselnd zwischen Stufen 4-8, zwischendurch immer die Masse mit einem Spatel von der Wand ziehen).

In ein mit heißem Wasser ausgespültes Honigglas und noch ein kleines Glas geben. Oberfläche mit Öl begießen. Im Kühlschrank aufbewahren. Pestos halten meiner Erfahrung nach locker bis zu einem halben Jahr.

4012. Pfannenkartoffel mit Kichererbsensoße, April 2010

Vegan; 25 Min.; 1 Hauptspeise.

Gemüse:	Soße
Kartoffeln	30 g Kichererbsen
30 g Olivenöl	1 TL Kräutersalz
30 g Wasser	2 EL Olivenöl
280 g Kartoffeln	1 gestr. TL gem. Cumin
etwas Salz	300 g Wasser
	1 TL Zitronensaft
	etwas Dill

Öl und Wasser in eine Pfanne geben. Möglichst gleich große Kartoffeln unter fließendem Wasser gut abbürsten, längs („flach") halbieren. Mit der Schnittfläche in die Pfanne legen. Deckel auflegen, auf höchster Einstellung zum Kochen bringen, bis Dampf unter dem Deckel entweicht. Auf kleinste Einstellung drehen und 20 Min. dünsten (in dieser Zeit die Soße und evtl. eine Rohkost zubereiten). Mit etwas Salz bestreuen.

Kichererbsen fein mahlen (z. B. in einem kleinen Mixer) und mit dem Wasser verschlagen. Salz, Öl und Cumin ebenfalls unterrühren. In einen Topf geben und unter ständigem Rühren zum Kochen bringen. Auf kleinste Einstellung drehen und rühren, bis es kaum noch köchelt. Deckel auflegen und auf kleinster Einstellung nachquellen lassen, bis die Kartoffeln fertig sind. Kartoffelstücke mit der gebräunten Seite nach oben auf einen Teller legen, mit Soße und evtl. Rest Öl umgießen, mit etwas Dill bestreuen.

4013. Tiefkühl-Pepp, April 2010

Einweichen + 10-15 Min.; 1 FKG.

- 3 EL Sechskorngetreide
- 70 g Wasser
- 1 Banane (130 g netto)
- 1 Apfel (100 g)
- 1 TL Zitronensaft
- 60 g Rhabarber
- 50 g aufgetaute Pflaumen
- 40 g Sahne
- 10 g Mandeln

Abends: Getreide grob schroten und im Wasser über Nacht einweichen lassen (nicht in den Kühlschrank stellen). Banane schälen in Stücke schneiden, Rhabarber ebenfalls vorschneiden. Mit Zitronensaft, Pflaumen und Sahne in einem kleinen Mixer gut verquirlen. Apfel kleinschneiden, mit dem Obst unter das Getreide rühren. Mit den Mandeln dekorieren.

4014. Brotlinge, April 2010

12 Std. Quellzeit + 35 Min.; 2-3 Portionen.

- 165 g altes Brot
- 250 g Wasser
- 50 g Möhre
- 40 g Zwiebel
- 1 Knoblauchzehe
- 30 g Sonnenblumenkerne
- 1/2 TL gem. Cumin
- 10 g Sonnenblumenöl
- 1 TL Kräutersalz
- Hochwertiges Erdnussöl zum Backen

Brot in Stücke schneiden, Wasser aufgießen und gut abgedeckt 12 Std. quellen lassen. Zwischendurch umrühren. Zwiebel und Knoblauch schälen. Zusammen mit der Möhre und den Sonnenblumenkernen fein raffeln. Cumin, Öl und Salz unterkneten.

Öl in einer Pfanne gut heiß werden lassen, mit einem EL kleine Bratlinge formen und in das heiße Fett setzen. Bei einer Keramik-beschichteten Pfanne jetzt die Hitze herunterdrehen (z. B. auf 9 von 12). Deckel auflegen und 5 Min. braten lassen. Umdrehen und nochmals mit aufgelegtem Deckel 5 Min. bei nochmals reduzierter Hitze (7/12) braten lassen.

4015. Salatcreme, April 2010

Ca. 10 Min.. Ähnlich wie die Standardsoße hält sie sich auch ewig. Für den TM die vierfache Menge nehmen – die dickliche Creme lässt sich gut mit geschlagenen saftigen Früchten, Wasser oder Sahne verlängern.

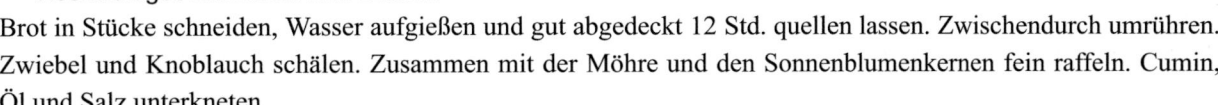

- 1/2 TL schwarze Pfefferkörner
- 1 gestr. TL Koriandersamen
- 2 TL Salz
- 2 TL getr. Gemüse oder Kräuter
- 1/2 TL getr. Orangenschale
- 135 g Sonnenblumenöl (o. Ä.)
- 85 g Apfelessig
- 1 EL Honig (40 g)
- 1 TL Senf scharf (10 g)

Pfeffer, Salz, getrocknetes Gemüse, getr. Orangenschale und Koriander im größeren Becher des Mixers mit dem flachen Messer fein mahlen. Die restlichen Zutaten hinzugeben und mit dem hochstehenden Messer 1 Min.; 4 Min. stehen lassen und nochmals 1 Min. schlagen. (Mit TM 2 Min. auf Turbo). In ein Glas mit dem Schraubdeckel geben, verschließen und in den Kühlschrank stellen.

4016. Spitzkohl-Wildkräutersalat, April 2010

Ca. 10 Min.; 1 Vorspeise.

- 150 g Spitzkohl
- 25 g gemischte Wildkräuter
- 1 EL Salatcreme (4015)
- 1 EL Senfrosinen (3992)
- 3 EL Wasser

Spitzkohl in feine Streifen schneiden. Wildkräuter sorgfältig waschen, trockenschleudern und hacken. Auf den Spitzkohl streuen. Salatcreme mit Senfrosinen und Wasser in einem kleinen Mixer gut durchschlagen, über die Wildkräuter gießen. Eine kleine Blüte in die Mitte setzen (oder ein paar Möhrenraspeln, Nüsse etc.)

Tipp: *Statt Wildkräutern gehen auch gezüchtete Kräuter.*

4017. Wildkräuter-Rhabarber-Pesto, April 2010

Vegane Rohkost; im TM

- 50 g Mandeln
- 60 g Rhabarber
- 1 EL Salz
- 70 g gemischte Wildkräuter
- 50 g Sonnenblumenöl

Kräuter gründlich waschen und abtropfen lassen. Alle Zutaten bis auf das Öl in den Mixtopf geben, auf Stufe 4 und ansteigend bis 6 schlagen. Öl hinzugeben und weiter zerkleinern. Die Nüsse bleiben etwas grob (wer sie feiner möchte, muss sie vorher fein mahlen). In kleine Gläser geben. Oberfläche mit Öl begießen. Im Kühlschrank aufbewahren. Das Pesto ist relativ flüssig.

4018. Schneller Salat, April 2010

Vegan. Ein Salat (mit einer Scheibe Brot danach erhält man eine gute Hauptspeise für eine Person), der mit allen Vorbereitungen und Reinigen der Geräte nicht mehr als etwa 10 Min. beansprucht. Wenn man statt der hier aufgeführten Soße auch noch die Standardsalatsoße (3895) nimmt, kann man noch mehr Zeit sparen.

Dressing:
- 1/2 Mandarine (ca. 40 g netto)
- 10 g Sonnenblumenkerne
- 1 TL Kräutersalz (3/2008)
- 1 TL Zitronenschaum (5/3586)
- 2 EL Sonnenblumenöl

Feste Zutaten:
- 1 Möhre (50 g)
- 1 Stück Fenchel (85 g)
- 40 g Rotkohl
- 85 g Eisbergsalat
- 1/2 Mandarine (s.o.)

Deko: 5 schwarze Oliven

Dressingzutaten in einem kleinen Mixer 30 Sek. gut durchmixen und in eine Schüssel geben. Salat wenn nötig waschen, abtropfen lassen und trockenschleudern. In Streifen schneiden und in die Schüssel geben. Restliches Gemüse kleinschneiden, zum Salat geben und alles mit dem Dressing verrühren. Die Mandarinenstückchen der zweiten Mandarinenhälfte im Kreis auf den Salat legen, dazwischen die Oliven platzieren.

Tipp: *Wer keine Oliven mag, nimmt z. B. kleine Petersilienbüschel.*

4019. Kicherkartoffelpüree mit Wildkräutersoße, April 2010

Vegan; 18 Std. einweichen + 90 Min. kochen + 25 Min. Arbeit;
1 Hauptspeise.

Püree:
- 130 g gekochte Kichererbsen (etwa 50 g roh)
- 50 g Wasser
- 125 g Kartoffeln
- 1 gestr. TL Salz
- 20 g Sonnenblumenöl
- 3 EL Wasser

Soße:
- 30 g Sonnenblumenöl
- 1 Zwiebel (45 g brutto)
- 25 g gemischte Wildkräuter

Kartoffeln unter fließendem Wasser gut abbürsten, in Scheiben schneiden. 50 g Wasser in einen kleinen Topf geben, Kartoffelscheiben hinzufügen. Deckel auflegen, auf höchster Einstellung zum Kochen bringen, bis Dampf unter dem Deckel entweicht. Auf kleinste Einstellung drehen und 15-16 Min. dünsten (in dieser Zeit die Soße und evtl. eine Rohkost zubereiten). Kichererbsen, Salz, Öl und Wasser hinzugeben und mit einem Pürierstab pürieren.

Zwiebel schälen, kleinschneiden und in das Öl geben. Auf höchster Einstellung anbraten, dann auf mittlerer Einstellung einige Min. braten. Wenn die Zwiebeln leicht braun sind, gut gewaschene und kleingehackte Wildkräuter mitbraten. Püree auf einen Dessertteller häufeln, mit der Soße übergießen.

Tipp: Statt der gemischten Wildkräuter eignen sich auch Löwenzahn oder Kräuter aus dem Garten.

4020. Vegane Bechamelkartoffeln mit gefüllten Paprika

25 Min.; teils Rohkost; 2 Hauptspeisen.

Paprika:
- 1 gelbe Paprika (220 g netto)
- 2 Blätter Salat (30 g)
- 50 g Fenchel
- 165 g Möhre
- 1 EL Salatcreme (40159
- 1 EL Wasser

Paprika längs durchschneiden, Stiel, Kerne und weiße Wände entfernen. Jede Hälfte auf einen Dessertteller stellen. Wenn sie nicht gut stehen, an einer Stelle etwas „flach schneiden". Daneben je ein gewaschenes Salatblatt legen. Fenchel und Möhre grob vorschneiden und zusammen mit Salatcreme und Wasser fein raffeln. Die Paprika damit füllen, den Rest auf die Salatblätter setzen.

Kartoffeln:
- 420 g Kartoffeln
- 125 g Wasser

Soße:
- 30 g Sonnenblumenkerne
- 1 EL Zitronensaft
- 1 TL Salz
- 35 g Sonnenblumenöl
- 25 g + 55 g Wasser
- 1 EL geh. Petersilie

Kartoffeln unter fließendem Wasser gut abbürsten, in Scheiben schneiden. Mit 125 g Wasser in einen Topf geben, Deckel auflegen und auf höchster Einstellung zum Kochen bringen. Sobald Dampf unter dem Deckel entweicht, auf kleinster Einstellung 14-15 Min garen. Kerne, Zitronensaft, Salz, Öl und 25 g Wasser in einem kleinen Mixer sehr gut und glatt verschlagen. 55 g Wasser hinzugeben und nochmals durchschlagen. Zu den Kartoffeln geben und vorsichtig mit dem Kochwasser verrühren. Mit gehackter Petersilie bestreuen.

4021. Hirsecreme, April 2010

- 100 g Hirse
- 240 g Wasser
- 10 g Cashewnüsse
- 1 gestr. TL Salz
- 1 TL Zitronensaft
- 2 EL Olivenöl
- 50 g Wasser
- einige Pistazien

Hirse mit 240 g Wasser aufsetzen. Zum Kochen bringen und dann auf kleinster Einstellung 19-20 Min. köcheln. Die restlichen Zutaten miteinander verquirlen (z. B. in einem kleinen Mixer) und unter die Hirse rühren. In Nocken auf einen Teller setzen und mit Pistazien bestreuen.

4022. Hirsedatschi, April 2010

Vegan; Vorbereitung: Hirse kochen (möglichst einen Rest nehmen, sonst 30 g kochen).

- 75 g gekochte Hirse
- 30 g Dinkel
- 1 EL (goldener) Leinsamen
- 2 EL Olivenöl
- 1 TL Kräutersalz
- 5 EL Wasser
- 1 Zwiebel (30 g brutto)
- 20 g Kokosöl

Dinkel fein mahlen. Mit Hirse, Leinsamen, Öl, Salz und Wasser gut verrühren. Eine Weile zum Quellen stehen lassen. Zwiebel schälen und in Ringe schneiden. Kokosöl bei höchster Einstellung zerlassen, Zwiebeln kurz anbraten, dann den Teig darauf verteilen. In der offenen Pfanne 3-4 Min. braten, Einstellung auf mittelhoch (8 von 12) stellen, drehen und auf der anderen Seite ebenfalls braten. Es bilden sich einzelne Stücke.
Stücke auf einen Teller geben, mit etwas Petersilie bestreuen.

4023. Knusperfrühstück, April 2010

Vegane Rohkost; 1 FKG.

- 1 Banane (netto 110 g)
- 1 Apfel (105 g)
- 2 EL Sechskorngetreide (o. Ä.)
- 1 EL Buchweizen
- 20 g Cashewnussmus
- 15 g (roher) Agavennektar
- 10 g Zitronensaft (1 EL)
- 6 Mandeln

Banane schälen in Stücke schneiden, Apfel würfeln, beides mischen und in eine Glasschüssel geben. Sechskorngetreide schroten, mit Buchweizen mischen und über das Obst streuen. Nussmus, Agavennektar und Zitronensaft mit einem Löffel verrühren, über das Getreide gießen. Mit den Mandeln dekorieren.

***Tipp:** Wem das beim Essen zu trocken ist, der kann noch etwas Wasser unterrühren.*

4024. Gekreuztes Einzelbrot, April 2010

Selten genug, dass ich nur ein Brot backe, ganz für mich.

Ansatz
- Sauerteig (ca. 150 g)
- 90 g lauwarmes Wasser
- 85 g Roggen

Teig:
- 200 g Wasser
- 1/2 Würfel Biohefe
- 2 TL Koriander
- 1 TL Kreuzkümmel
- 300 g Roggen
- 180 g Weizen
- 120 g Dinkel
- 50 g Basmatinaturreis
- 300 g Wasser
- 1 EL Öl
- 2 TL Salz
- 1 TL Honig (20 g)
- Butter für die Form

Vorabend: Roggen fein mahlen. Alten Sauerteigansatz, Wasser und Roggen in einer größeren Schüssel gut verrühren. Die Schüssel in eine Plastiktüte stecken und auf der Fensterbank etwa 10-12 Std. stehen lassen.

Backtag: Morgens von dem Sauerteig 150 g abnehmen und in einem Glas mit Schraubdeckel im Kühlschrank als neuen „Starter" aufbewahren. Hefe in 200 g Wasser auflösen. Roggen, Weizen, Dinkel und Gewürze mischen und fein schroten (Stufe 2/9, Hawos Novum). Reis fein mahlen (reinigt auch die Mühle).

Mit 175 g Sauerteig, Öl, Salz und Honig in der Teigknetmaschine 10 Min. verkneten. Teigschüssel mit Plastik abdecken und 3,5 Std. stehen lassen. Nochmals 4 Min. kneten.

Eine Profi-Kastenform (zu klein!) Einfetten und den Teig hineinfüllen, gut einsprühen. Form mit Gärfolie abdecken und 1 Std. ruhen lassen. In den letzten 5 Min. den Ofen auf 250 °C (Umluft) vorheizen, das Backblech ist bereits im Ofen. Brot in den Ofen schieben, 20 Min. backen und auf 200 °C herunterschalten. 40 Min. backen, aus der Form nehmen und ohne Form noch 10 Min. backen (Klopfprobe). Auf dem Boden des Ofens steht eine ofenfeste Form mit Wasser. Auf ein Kuchengitter stürzen, mit Wasser einsprühen und abkühlen lassen. Erst am nächsten Tag anschneiden.

Tipp: Form unbedingt groß genug wählen, der Teig geht stark. Mir ist der Teig reichlich über die Form gelaufen, ich habe den Teig dann anderweitig verwenden müssen.

4025. Löwenzahnsenf, April 2024

Vegane Rohkost.
- 20 g Löwenzahn (darunter 5 offene Blüten)
- 50 g gelbe Senfkörner
- 1 TL Koriander ungemahlen
- 1 TL Salz (8 g)
- 1 gestr. TL Kurkuma gem.
- 6 g roher Agavennektar
- 30 g Apfelessig (5 %)
- 70 g Wasser
- 10 g Olivenöl

Senfkörner mit Salz und Koriander in einem kleinen Mixer fein mahlen (2 x 30 Sek., dazwischen einige Min. Pause). Es geht auch im Thermomix bei größeren Mengen. Mit Kurkuma verrühren. Löwenzahn in einem Becher auch im kleinen Mixer mit den flüssigen Zutaten fein hacken, die trockenen Zutaten hinzugeben und sehr gut durchmixen. Mahlgut und Kurkuma dann auch noch untermischen.

In ein passendes sauberes Gläschen füllen, 12-24 Std. offen stehen lassen (fermentieren), dabei gelegentlich umrühren.

4026. Mandeldrink fresco, April 2010

Zubereitungsdauer: ca. 5 Min., sehr erfrischend.

- 30-50 g Mandelmus
- 22 g Engelshaar (4/2393)
  (oder ger. Orangenschale + etwas Honig)
- 325 g Wasser
- 1 TL Carob

Alle Zutaten im TM auf höchster Stufe 30 Sek. vermixen.

Tipps: *Ein schönes Getränk, um den Thermomix nach dem Herstellen von Mandelmus „zu reinigen".*

4027. Möhrenweißkohlsalat mit Krone, April 2010

Zubereitungsdauer: ca. 10 Min.

Dressing:
- 20 g Avocado
- 20 g Salatcreme (4015)
- 50 g Wasser

Feste Zutaten:
- 12 Löwenzahnblüten (8 g)
- 100 g Weißkohl
- 100 g Möhre

Dressingzutaten im kleinen Mixer verquirlen.

Eine Blüte zur Seite legen, Weißkohl & Möhre vorschneiden, mit 11 Blüten fein raffeln. Dressing unterrühren, letzte Blüte auflegen.

4028. Lion's Kartoffelpuffer, April 2010

Vegan; ca. 30 Min. Mit einer Rohkost vorher 1 Hauptspeise.

- 215 g Kartoffeln
- 20 g Berglinsen
- 1/2 TL Salz
- 2 EL Olivenöl
- 20 g geschlossene Löwenzahnknospen
- etwas Petersilie

Kartoffeln unter fließendem Wasser gut abbürsten, fein raffeln. Linsen fein mahlen, alles verrühren (Knospen ganz lassen).

1 EL Kokosöl auf größter Hitze auslassen, Plätzchen hineingeben, auf 10 drehen, 4 Min. braten, auf 8 drehen, noch mal 4 Min.. Mit etwas Petersilie dekorieren.

4029. Koriandersenf, April 2010

Vegane Rohkost.

- 50 g gelbe Senfkörner
- 1 gestr. TL Koriander ungemahlen
- 1 geh. EL Korianderblätter getr.
- 1 gestr. TL Salz (5 g)
- 1 TL Kurkuma gem.
- 8 g roher Agavennektar
- 40 g Apfelessig (5 %)
- 10 g Sonnenblumenöl
- 70 g Wasser

Senfkörner mit Salz, Korianderblättern und Koriander in einem kleinen Mixer fein mahlen (3 x 20 Sek., dazwischen einige Min. Pause, damit die Temperatur 30 °C nicht überschreitet, das zerstört die feinen Senföle). Es geht auch im Thermomix bei größeren Mengen. Restliche Zutaten hinzugeben, mit einem Löffel gut durchrühren und dann noch mal 30 Sek. mixen. In ein passendes sauberes Gläschen füllen, 12-24 Std. offen stehen lassen (fermentieren), dabei gelegentlich umrühren.

4030. Butterkürbis mit Brotdeckel, April 2010

Vegan. 80 Min. (reine Arbeitszeit viel weniger); 2-3 Haupt-speisen.

- 145 g altes Brot
- 250 g kochendes Wasser
- 680 g Butterkürbis (netto)
- 90 g Fenchel
- 2 geschälte Knoblauchzehen
- 200 g Wasser
- 1 EL Gemüsebrühextrakt (3825)
- 50 g Mandeln
- 1 gestr. TL gem. Muskat
- 1 TL Salz
- 4 EL Öl (davon 1,5 Walnussöl)
- 1 Apfel (110 g)
- 75 g + 75 g Wasser
- 10 g Öl (2,5 TL)

Brot in kleine Stücke brechen oder schneiden, mit dem kochenden Wasser übergießen. Ab und zu umrühren, um die harten Teile aufzuweichen.

Kürbis entkernen, nicht schälen, und in Stücke schneiden. Fenchel würfeln, Knoblauch abziehen und in Scheiben schneiden. In die Pfanne geben. 200 g Wasser mit Gemüsebrühextrakt verrühren, über das Gemüse gießen. Deckel auflegen, auf dem Gitterrost in den kalten Ofen schieben. Bei 225 °C (Umluft) 20 Min. backen.

Mandeln hacken, Apfel raffeln (Zerkleinerer). Brotmasse mit Mandeln, Muskat, Salz, 4 EL Öl, Apfel und 75 g Wasser verrühren und noch ein wenig quellen lassen. Pfanne aus dem Ofen nehmen, Deckel entfernen. Brotmasse auf der Oberfläche verteilen, mit Öl beträufeln. 75 g Wasser an den Rand gießen. Ohne Deckel nochmals 40 Min. bei 225 °C backen.

4031. Rauchlinsen, Mai 2010

Vegan; 12-24 Std. einweichen + ca. 30 Min.; 1 Hauptspeise.

- 100 g grüne Linsen
- 200 g Wasser
- 1 TL Lavis Räuchersalz (3926 o. Ä.)
- 1 gestr. TL Korianderkörner
- 2 EL Mandelöl
- etwas Petersilie

Linsen über Nacht in dem Wasser einweichen (bei mir waren es 24 Std.). Zum Kochen bringen und dann auf kleinster Einstellung 20 Min. köcheln. Salz mit Koriander mahlen, mit dem Öl unter die Linsen rühren. Einen Teller füllen und mit Petersilie dekorieren.

***Tipp**: Wer keinen ungemahlenen Koriander hat, nimmt fertig gemahlenen oder lässt ihn weg.*

4032. Löwenöl, Mai 2010

Vegane Rohkost. – 1 kleines leeres Aufstrichglas.

- 6 g Löwenzahnköpfchen (unten aus der Blüte)
- 18 g Knoblauch (3 große Zehen)
- etwas Ingwer (geschält 2-4 g)
- ca. 80 g Olivenöl

Knoblauch schälen und in Scheiben schneiden. Geschälten Ingwer sehr fein würfeln. Abwechselnd in ein kleines Aufstrichgläschen geben und mit Öl aufgießen. Im Kühlschrank aufbewahren.

4033. Erbsensuppe fein, Mai 2010

Vegan; 12-24 Std. einweichen + ca. 80 Min.; 4-5 Portionen.

- 500 g getr. Grüne Erbsen
- 1,5 Liter Wasser (1500 g)
- 50 g Petersilie (mit Stängel)
- 250 g Kartoffeln
- 1 Zwiebel (50 g netto)
- 500 g Wasser
- 2 TL Gemüsebrühextrakt (3825)
- 2-3 Pr. ger. Muskatnuss
- 2-3 TL Salz
- 4 EL Sonnenblumenöl
- 500 g heißes Wasser

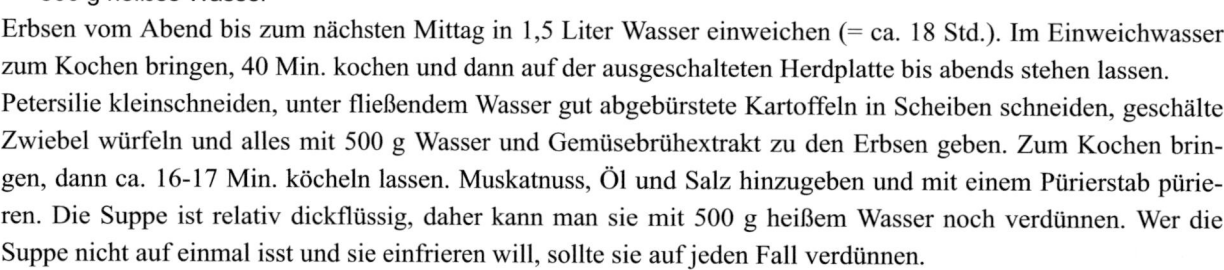

Erbsen vom Abend bis zum nächsten Mittag in 1,5 Liter Wasser einweichen (= ca. 18 Std.). Im Einweichwasser zum Kochen bringen, 40 Min. kochen und dann auf der ausgeschalteten Herdplatte bis abends stehen lassen. Petersilie kleinschneiden, unter fließendem Wasser gut abgebürstete Kartoffeln in Scheiben schneiden, geschälte Zwiebel würfeln und alles mit 500 g Wasser und Gemüsebrühextrakt zu den Erbsen geben. Zum Kochen bringen, dann ca. 16-17 Min. köcheln lassen. Muskatnuss, Öl und Salz hinzugeben und mit einem Pürierstab pürieren. Die Suppe ist relativ dickflüssig, daher kann man sie mit 500 g heißem Wasser noch verdünnen. Wer die Suppe nicht auf einmal isst und sie einfrieren will, sollte sie auf jeden Fall verdünnen.

4034. Schwarzbrot mit Sechskorngetreide, Mai 2010

Für zwei Profi-Brotbackformen und eine kleine Kastenform (18 cm).

Ansatz:
- Sauerteig (ca. 150 g)
- 175 g lauwarmes Wasser
- 175 g Roggen

Vorteig:
- 350 g Sauerteig
- 1000 g Roggen
- 1000 g Wasser

Hauptteig:
- 350 g Wasser
- 200 g Sonnenblumenkerne
- 1 geh. EL Salz
- 1 EL Brotgewürz
- 1,5 EL Olivenöl
- 1 EL Honig
- 250 g Sechskorngetreide
- 100 g Roggen

Abend 2 Tage vorher: Roggen mittelfein schroten (Stufe 4/9, Hawos Novum). Alten Sauerteigansatz, Wasser und Roggen in einer größeren Schüssel gut verrühren. Die Schüssel in eine Plastiktüte stecken und auf der Fensterbank etwa 10-12 Std. stehen lassen.

Morgen des Vortages: Von dem Sauerteig 150 g abnehmen und in einem Glas mit Schraubdeckel im Kühlschrank als neuen „Starter" aufbewahren. 1000 g Roggen schroten. Mit 350 g Sauerteig und 1000 g Wasser in der Teigknetmaschine 4 Min. verrühren. Teigschüssel mit Plastik abdecken und ca. 10-14 Std. stehen lassen.

Vorabend: 250 g Sechskorngetreide sehr grob schroten (7-7,5). 100 g Roggen fein mahlen. Alle Zutaten nun zum Vorteig geben und alles verrühren (10 Min. in der Maschine). Die Kastenformen einfetten und den Teig hineinfüllen, mit Wasser einsprühen. Formen mit Gärfolie abdecken und über Nacht (ca. 7-8 Std.) gehen lassen. Ofen auf 175 °C (Umluft) vorheizen. Brote in den Ofen schieben und 90-100 Min. backen (Klopfprobe). Auf dem Boden des Ofens steht eine ofenfeste Form mit Wasser. Auf ein Kuchengitter stürzen, mit Wasser einsprühen und abkühlen lassen. Erst am nächsten Tag anschneiden.

4035. Gelbgezahnter Honig, Mai 2010

- ca. 400 g dünnflüssiger Honig
- 1 Vanillestange
- 15 Löwenzahnblüten offen

Vanillestange in Stücke schneiden, mit den Blüten in ein leeres Glas geben und mit Honig auffüllen. Glas gut verschließen und mindestens zwei Wochen ziehen lassen.

4036. Spinat-Spargelsalat, Mai 2010

Rohkost; ca. 10 Min.; 1 Portion.

Gemüse:
- 140 g Spinat
- 50 g Spargel (1 geschälte Stange, netto)

Dressing:
- 2 EL Salatcreme (4015)
- 10 g Rhabarber
- 50 g Banane (1/2 netto)
- 30-50 g Wasser

Spinat waschen und gut abtropfen lassen, trockenschleudern und in feine Streifen schneiden. In eine Schüssel geben. Spargel schälen, in feine Scheiben schneiden und in die Mitte des Spinats legen. Dressingzutaten in einem kleinen Mixer verquirlen, am Rand der Schüssel entlang gießen.

4037. Schärflicher Linsenaufstrich, Mai 2010

6 Portionen. 12-24 Std. einweichen.

- 100 g grüne oder schwarze Linsen
- 200 g Wasser
- 2 EL Olivenöl
- 1 Chilischote und
- 1 Knoblauchzehe aus Rosmarinöl (5/3617)
- 50 g Sonnenblumenkerne
- 1/2 TL Salz
- 1 TL Senf (z. B. 4025)

Linsen im Wasser 12-24 Std. einweichen, auf größter Einstellung zum Kochen bringen, dann auf kleinster Einstellung 20 Min. köcheln lassen. Abkühlen lassen. Sonnenblumenkerne in einem kleinen Mixer fein mahlen. Alle Zutaten zusammen pürieren, bis sie möglichst glatt sind. Im Thermomix ging das nicht ganz, schmeckt trotzdem lecker, auch wenn nicht alle Linsen ganz „glatt sind". a der Aufstrich vermutlich nur wenige Tage haltbar ist, portionsweise einfrieren.

4038. Pfannenkartoffel mit Zahn, Mai 2010

Vegan; 1 Hauptspeise.

- 180 g Kartoffeln
- 15 g Löwenzahnknospen geschlossen (ca. 25 Stück)
- 3 EL Sonnenblumenöl
- 2 EL Wasser
- etwas Salz

Wasser und Öl in einer kleinen Pfanne verrühren. Kartoffeln unter fließendem Wasser gut abbürsten und in Scheiben schneiden. Pfanne damit auslegen, Löwenzahnknospen (waschen normalerweise nicht nötig) auf die Kartoffeln legen. Als Gemüsepfanne 16 Min. dünsten.

Hinweis: *Ich habe mehrmals gelesen, dass diese Blüten wie Spargelspitzen schmecken. Ich finde sie bitterer.*

4039. Brotwaffeln mit Salat, Mai 2010

10-12 Std. einweichen; 2 Waffeln.

Waffeln:
- 65 g trockenes Brot
- 120 g + 30 g Wasser
- 50 g Dinkel
- 20 g Olivenöl
- 1/2 TL Salz

Salat:
- 175 g Weißkohl
- 110 g Rote Bete
- 3 EL Standardsalatsoße (3895)
- 2 EL Olivenöl
- 1 gestr. TL Senf (z. B. 3984)
- 2 EL Wasser
- 1 EL Sonnenblumenkerne

Brot in kleine Stücke schneiden, Wasser darübergießen und abgedeckt einweichen. 50 g Dinkel fein mahlen, mit Öl, Wasser und Salz unter das Brot kneten und rühren. Die Wassermenge kann je nach Brotkonsistenz ein wenig schwanken. Der Teig soll zum Schluss dickflüssig sein, etwas dünner als ein schöner Rührteig. Waffeleisen mit Öl einpinseln, heiß werden lassen. 3-4 EL Teig gleichmäßig darin verteilen und jeweils 5 Min. backen.

Salatsoße, Öl, Senf und Wasser mit einer Gabel sehr gut verschlagen. Weißkohl raffeln, auf einen Teller legen, Rote Bete raffeln, danebenlegen, in die Mitte einige Sonnenblumenkerne streuen. Mit dem Dressing begießen.

4040. Kartoffeln mit karibischer Linsensoße

Vegan; ca. 25 Min.; 1 kl. Hauptspeise.

- 50 g gelbe+rote Linsen
- 150-200 g Wasser
- 1/2 TL Salz
- 1 TL Kokosöl
- 1 gestr. TL Karibikgewürz (gekauft)
- 25 g Kokosöl
- 150 g Kartoffeln
- etwas Petersilie

Linsen mit dem Wasser in einem kleinen Topf mit geschlossenem Deckel zum Kochen bringen, sobald es kocht, auf kleinster Einstellung 16 Min. weiter köcheln lassen. Mit Salz, Öl und Gewürz pürieren.

Kartoffeln unter fließendem Wasser gut abbürsten. Längs halbieren. Kokosöl in einer Pfanne zerlassen, Kartoffeln mit der Schnittseite nach unten in das Öl setzen. Deckel auflegen, auf höchster Einstellung zum Kochen bringen. Sobald Dampf unter dem Deckel austritt, auf kleinste Einstellung drehen und 16 Min. dünsten.

Kartoffeln auf einen Teller geben, mit etwas Soße umgießen und mit Petersilie dekorieren.

Tipp: Bei der Wassermenge für die Soße bin ich mir nicht sicher: Mir war das Wasser übergekocht, da habe ich nachgefüllt, natürlich konnte ich das nicht exakt nachfüllen. Es kann also sein, dass ich zu viel Wasser hinzugegeben habe und die Soße daher etwas dünnflüssiger war als geplant.

4041. Löwenfrühstück, Mai 2010

Vegane Rohkost; 1 Frühstück.

- 10 g Löwenzahnblätter
- 1 Apfel (110 g)
- 10 g Rhabarber
- 3 EL Nacktgerste
- 2 Stück Apfelsine (30 g)
- 1 Banane (netto 110 g)
- 10 g Zitronensaft (1 EL)
- 10 g Mandeln
- 50 g Wasser

Banane schälen, ein Drittel zur Seite legen. Löwenzahnblätter waschen und trocken schleudern. Obst in kleine Stücke, Rhabarber in dünne Scheiben und Löwenzahn in feine Streifen schneiden, Gerste flocken. Miteinander in einer Schüssel mischen.

Den größeren Teil der Banane mit Zitronensaft, Mandeln und 50 g Wasser in einem kleinen Mixer gut miteinander verquirlen und unter das Frühstück rühren. Das letzte Bananendrittel in Scheiben schneiden, am Rand der Schüssel entlanglegen. Nussmuss, Agavennektar und Zitronensaft mit einem Löffel verrühren, über das Getreide gießen. Mit den Mandeln dekorieren.

Tipp: Wem das beim Essen zu trocken ist, der kann noch etwas Wasser unterrühren.

4042. Grobschrotbrot mit Mohndeckel, Mai 2010

Vier Profi-Brotbackformen (4 x 1275 g).

Ansatz:
- Sauerteig (ca. 150 g)
- 230 g lauwarmes Wasser
- 200 g Roggen

Vorteig:
- 430 g Sauerteig
- 1300 g Roggen
- 1600 g Wasser
- 200 g Sonnenblumenkerne
- 75 g goldener Leinsamen

Hauptteig:
- 400 g Wasser
- 900 g Roggen
- 100 g Weizen
- 100 g Nacktgerste
- 1 EL Koriander ungemahlen
- 1 EL Kümmel ungemahlen
- 1 EL Anis ungemahlen
- 50 g Olivenöl
- 2 geh. EL Salz
- etwas Mohn (ca. 1-2 EL)
- etwas Butter

Morgen des Vortages: 200 g Roggen fein mahlen, mit Sauerteig und 200 g Wasser in einer größeren Schüssel gut verrühren. Die Schüssel in eine Plastiktüte stecken und auf der Fensterbank etwa 10-12 Std. stehen lassen.

Vorabend: Von dem Sauerteig 150 g abnehmen und in einem Glas mit Schraubdeckel im Kühlschrank als neuen „Starter" aufbewahren. 1300 g Roggen schroten (Stufe 6,5/9, Hawos Novum). Mit 430 g Sauerteig, 200 g Sonnenblumenkernen, 75 g Leinsamen und 1600 g Wasser in der Teigknetmaschine 4 Min. verrühren. Teigschüssel mit Plastik abdecken und bis zum nächsten Morgen stehen lassen (ca. 12 Std.).

Backmorgen: 900 g Roggen und 100 g Weizen mischen und fein mahlen, Gerste flocken. Dabei Koriander, Anis und Kümmel in der „1. Ladung" mit mahlen. Salz unterrühren. Mit Öl und Wasser zum Vorteig geben. Alles gut verrühren (10 Min. in der Maschine).

Butter zerlassen und die Kastenformen damit einfetten. Teig hineinfüllen, mit Wasser einsprühen und mit dem Messer einschneiden. Mit Mohn bestreuen. Die Formen mit Gärfolie abdecken oder in eine Plastiktüte stecken. 80 Min. gehen lassen. Ofen auf 250 °C (Umluft) vorheizen. Brote in den Ofen schieben und 25 Min. bei 250 °C backen; auf 175 °C herunterstellen und weitere 40-45 Min. backen. Auf dem Boden des Ofens steht eine ofenfeste Form mit Wasser. Auf ein Kuchengitter stürzen (Klopfprobe), mit Wasser einsprühen und abkühlen lassen.

Tipps: Wer keinen ungemahlenen Anis/Koriander/Kümmel hat, gibt mit dem Salz die gemahlenen Gewürze unter das Mehl. – Statt mit Mohn kann man die Brote auch mit weiteren Flocken bestreuen.

4043. Gebuchte Kokoswaffeln, Mai 2010

Vegan; 3-4 Waffeln.

- 50 g Buchweizen
- 50 g Dinkel
- 1 EL Leinsamen (12 g)
- 20 g Kokosöl
- 20 g (roher) Agavennektar
- 130 g Wasser
- 10 g Kokosflocken (1 geh. EL)
- 1 Prise Salz

Buchweizen, Dinkel und Leinsamen mischen und fein mahlen. Mit den übrigen Zutaten verrühren und ca. eine Std. ruhen lassen. Backflächen des Waffeleisens mit Öl einpinseln, heiß werden lassen. 3-4 EL Teig gleichmäßig darin verteilen und jeweils 5 Min. backen.

4044. Mungbohnen mit Kokoshauch, Mai 2010

Vegan; 2-4 Std. einweichen + ca. 35 Min.; 1 kl. Hauptspeise.

- 100 g Mungbohnen
- 220 g Wasser
- 1 gestr. TL Salz
- 1 EL Kokosöl

Mungbohnen z. B. von mittags bis abends in dem Wasser einweichen (bei mir waren es 3,5 Std.). Zum Kochen bringen und dann auf kleinster Einstellung 30 Min. köcheln. Salz und Öl unter die Mungbohnen rühren. Fertig. Ich fand's köstlich.

Tipp: Wer „nur" tierweiweißfrei nach Bruker lebt, kann sich auch Schmand oder Crème fraîche unterrühren, auch ein bisschen Butter schmeckt lecker.

4045. Rotkohlarber-Salat, Mai 2010

Vegane Rohkost; schneller Salat für 1 Person.

- 70 g grüner Salat
- 100 g Rotkohl
- 30 g Rhabarber
- 2 gute Prisen Salz
- etwas frisch gem. Pfeffer
- 3 EL Sonnenblumenöl
- 2 TL Apfelessig

Grünen Salat waschen, abtropfen lassen und trockenschleudern. In feine Streifen schneiden und auf einem großen flachen Teller verteilen. Rotkohl in Stückchen, Rhabarber in sehr dünne Scheiben schneiden und auf dem grünen Salat verteilen. Mit Salz und Pfeffer bestreuen. Öl und Essig auf das Gemüse tröpfeln.

4046. Reis in Karibikbuchbett, Mai 2010

Vegan; 12 Std. Einweichen + ca. 40 Min.; kleine Hauptspeise.

- 100 g Basmati-Naturreis
- 250 g Wasser
- 1 EL Kokosöl (20 g)
- 20 g Mandeln
- 1 große Knoblauchzehe (6 g)
- 2 EL Buchweizen (20 g)
- 2 gute Prisen Salz
- 1/2 TL Karibikgewürz (gekauft; oder Curry)
- 150 g Wasser
- Etwas Petersilie

Reis in 250 g Wasser 8-12 Std. einweichen. Im Einweichwasser bei geschlossenem Deckel zum Kochen bringen, auf niedrigster Stufe dünsten, bis alles Wasser aufgesogen ist (ca. 30 Min.)

10 Min. vor Ende der Reisgarzeit das Kokosöl in einer Pfanne erhitzen, Mandeln grob hacken und mit der geschälten, gewürfelten Knoblauchzehe in heißem Fett unter Rühren anbraten. Buchweizen in einem kleinen Mixer fein mahlen, mit Salz, Gewürz und Wasser gut verquirlen. In die Pfanne geben und stocken lassen, Reis in die Mitte schütten und noch etwas garen.

Auf einen Teller geben, den „Reisfladen" dabei ein wenig einklappen und mit Petersilie dekorieren.

4047. Schnelle Ofenpfanne (Weißkohl)

Zwar backt das Gericht im Ofen 45 Min., die Zubereitung an sich geht aber superfix; 1 Hauptspeise.

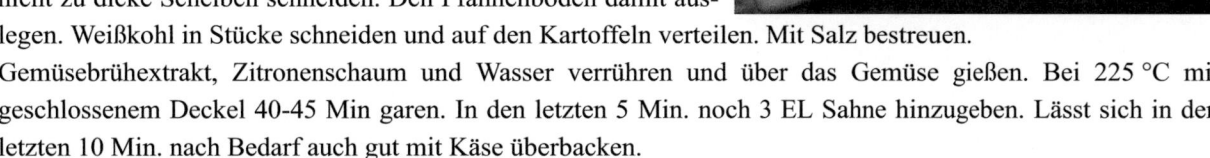

- 3 EL Olivenöl
- 200 g Kartoffeln
- 200 g Weißkohl
- 1 TL Kräutersalz (3/2008)
- 1 TL Gemüsebrühextrakt (3825)
- 1 TL Zitronenschaum (5/3586)
- 240 g Wasser
- Evtl. 3 EL Sahne

Öl auf dem Boden einer ofenfesten Pfanne oder Auflaufform verteilen. Kartoffeln unter fließendem Wasser gut abbürsten und in nicht zu dicke Scheiben schneiden. Den Pfannenboden damit auslegen. Weißkohl in Stücke schneiden und auf den Kartoffeln verteilen. Mit Salz bestreuen.

Gemüsebrühextrakt, Zitronenschaum und Wasser verrühren und über das Gemüse gießen. Bei 225 °C mit geschlossenem Deckel 40-45 Min garen. In den letzten 5 Min. noch 3 EL Sahne hinzugeben. Lässt sich in den letzten 10 Min. nach Bedarf auch gut mit Käse überbacken.

4048. Hafer-Kartoffel-Puffer aus dem Ofen, Mai 2010

Zwar backt das Gericht im Ofen 25 Min., die Zubereitung an sich geht aber superfix; kleine Hauptspeise.

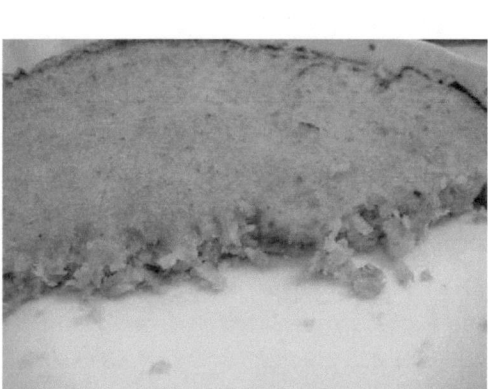

Teig:
- 100 g Nackthafer
- 50 g Wasser
- 2 EL Olivenöl
- 1 Prise Salz
- 1/2 EL Zitronensaft

Belag:
- 100 g Kartoffeln
- 20 g Kokosöl
- 1 Prise Salz
- 50 g Wasser

Hafer flocken, mit den restlichen Teigzutaten verrühren und etwas quellen lassen. Kartoffeln unter fließendem Wasser gut abbürsten und in Scheiben schneiden. Mit den restlichen Belagzutaten in einem kleinen Mixer durchmixen. Teig in einer kleinen Porzellanform verstreichen (einfetten nicht nötig), Belag darauf verteilen. Auf dem Gitterrost in den kalten Ofen schieben und bei 225 °C für 25-30 Min. backen.

4049. Rotkohlspargel-Rohkost, Mai 2010

Rohkost; 1 Salat.

Feste Zutaten:
- 100 g grüner Spargel
- 100 g Rotkohl

Dressing:
- 2 EL Salatcreme (40 g) (4015)
- 10 g Rotkohlstrunk
- 1 TL roher Agavennektar
- 50 g Wasser

Deko:
- etwas Petersilie

Spargel und Rotkohl mit einer Küchenmaschine in gleichmäßig dünne Scheiben schneiden, vermischen. Dressingzutaten in einem kleinen Mixer gut mixen, mit dem Gemüse vermischen. Mit Petersilie dekorieren.

4050. Mischsalat mit Melonenzähnen, Mai 2010

Rohkost; 2-3 Tage Sprosszeit; 1 schneller Salat.

Feste Zutaten:

- 10 g gemischter Salat (Feldsalat, Rucola usw.)
- 50 g grüner Spargel (2 Stangen)
- 15 g Rhabarber
- 40 g Mungbohnensprossen
- 85 g Melone

Dressing:

- 1 EL Salatcreme (40 g) (4015)
- 1/2 TL Senf

Salat in die Mitte eines großen flachen Tellers legen. Spargel und Rhabarber in Scheiben schneiden, mit den Sprossen um den Salat legen. Melonenstücke mit einem Löffel aus der Frucht holen und auf den Rand im Kreis legen. Dressingzutaten mit einer Gabel gut vermischen und über das Gemüse geben.

4051. Marmorbohnensuppe, Mai 2010

Vegan; 12-24 Std. einweichen + ca. 40+30 Min.; ca. 5 Portionen.

- 500 g Marmorbohnen
- 2 (= 2000 g) Liter Wasser
- 200 g Kartoffeln
- 1 geh. TL Paprika edelsüß
- 3 TL Salz
- 90 g Wasser
- 1 Zwiebel (65 g)
- 1 große Knoblauchzehe (8 g)
- 1 MS Chili harrissari (3777)

Bohnen vom Abend bis zum nächsten Mittag in 2 L Wasser einweichen (= ca. 18 Std.). Im Einweichwasser zum Kochen bringen, 40 Min. kochen und dann auf der ausgeschalteten Herdplatte bis abends stehen lassen.

Zwiebel und Knoblauchzehe schälen, würfeln und in die Suppe geben. Unter fließendem Wasser gut abgebürstete Kartoffeln in Scheiben schneiden, mit Paprikapulver, Salz und Wasser in einem kleinen Mixer ganz glatt schlagen und mit der Suppe verrühren. Zum Kochen bringen, ca. 20-24 Min. köcheln lassen. Mit Chili harrissari abschmecken, Teller füllen und mit Petersilie dekorieren.

4052. Löwenblütenzahnsenf, Mai 2010

Rohkost

- 300 ml Blätter von Löwenzahnblüten
- 50 g gelbe Senfkörner
- 1 TL Koriander ungemahlen
- 1 TL Salz (8 g)
- 1 gestr. TL ge,- Kurkuma
- 15 g Honig
- 30 g Apfelessig (5 %)
- 70 g Wasser
- 10 g Olivenöl

Offene Löwenzahnblüten sammeln, die Blüten über dem Blattboden abschneiden und in dem kleinen Becher eines kleinen Mixers sammeln. Honig, Essig, Wasser und Öl hinzugeben und sehr gut mixen. Senfkörner mit Salz und Koriander in dem kleinen Mixer fein mahlen (2 x 30 Sek., dazwischen einige Min. Pause). Es geht auch im Thermomix bei größeren Mengen. Mit Kurkuma verrühren. Die beiden Massen in einen Becher zusammenkippen, rühren und dann mit dem Mixer auch noch untermischen. In ein passendes sauberes Gläschen füllen, 12-24 Std. offen stehen lassen (fermentieren), dabei gelegentlich umrühren.

Hinweis: *Die Blütenblätter sind so leicht, dass die Waage immer noch „0" anzeigte, als der Becher voll mit den Blüten war.*

4053. Weizenflockenbrot, Mai 2010

Für eine 3-Pfund-Form.

- 400 g Weizen für Flocken
- 600 g Weizen für Mehl
- 1 Würfel Bio-Hefe (42 g)
- 50 g Sahne
- 150 g Wasser
- 1 gestr. EL Salz
- 500 g Wasser
- 2 EL Apfelessig
- 1 EL Olivenöl

400 g Weizen flocken, 600 g Weizen fein mahlen, mischen, in die Teigmaschine geben. Hefe mit Sahne und Wasser verrühren. Eine Kuhle in den Weizen drücken, Hefewasser hineingießen und mit etwas Mehl zu einem Brei verrühren. 20 Min. abgedeckt gehen lassen. Die restlichen Zutaten hinzugeben und 8 Min. mit der Maschine (15 Min mit der Hand) kneten. Mit Wasser bestreichen und in eine große Plastiktüte gepackt 90 Min. gehen lassen.

Nochmal 1 Min. durchkneten, in eine gefettete Brotform geben. Mit Wasser besprühen, kreuzweise einschneiden und in Plastik gewickelt 30 Min. gehen lassen. Ofen auf 250 °C (Umluft) vorheizen. Brot in den Ofen schieben und 15 Min. bei 250 °C backen. Auf 190 °C herunterstellen und weitere 45 Min. backen. Auf dem Boden des Ofens steht eine ofenfeste Form mit Wasser. Auf ein Kuchengitter stürzen (Klopfprobe), mit Wasser einsprühen und abkühlen lassen..

4054. Linsen-Haferbrei, Mai 2010

Vegan; ca. 20 Min.; kleine Hauptspeise.

- 50 g Nackthafer
- 50 g gelbe oder rote Linsen
- 500 g Wasser
- 3 Curry-Blätter *
- 1/2 TL Kümmel ganz
- 1 gestr. TL Salz
- 1 EL Sonnenblumenöl
- 1 TL Mexikanische Gewürzmischung **
- etwas Petersilie

* Aus Curryblättern wird kein Curry hergestellt! Sie lassen sich durch die Viertelmenge Lorbeerblätter ersetzen.

** Gekauft; besteht aus: süßem Paprika, Oregano, Cumin, Knoblauch, Paprika scharf, Zwiebel, Ingwer; ersetzen durch: Paprika.

Hafer flocken. Mit Linsen, Wasser, Curryblättern und Kümmel zum Kochen bringen. 15-16 Min. auf kleinster Einstellung köcheln lassen. Ab und zu umrühren. Salz, Öl und Gewürze unterrühren. Einen Suppenteller füllen und mit Petersilie dekorieren.

4055. Kartoffellinsen, Mai 2010

Vegan; ca. 20 Min.; 1 kleine Hauptspeise.

Soße:
- 40 g Wasser
- 20 g Sonnenblumenkerne
- 8 g Zitronensaft (2 TL)
- 1 TL Rauchsalz
- 10 g Sonnenblumenöl
- etwas Petersilie

Feste Zutaten:
- 50 g rote oder gelbe Linsen
- 160 g Kartoffeln
- 200 g Wasser

Kartoffeln unter fließendem Wasser gut abbürsten, in Scheiben schneiden. Mit Linsen und Wasser in einem passenden Topf zum Kochen bringen, auf kleiner Einstellung 15 Min. köcheln lassen. Die Soßenzutaten in einem kleinen Mixer gut verquirlen, unter die heiße Masse rühren und einmal kurz aufkochen. Einen Teller füllen und mit Petersilie dekorieren.

4056. Delisweeta, Mai 2010

Dies ist eine Würzmischung, die man nirgendwo kaufen kann. Sie soll eine Anregung sein, einfach mal ein paar Dinge zusammenzumixen: Dann bekommen wir nämlich eine wirklich einmalige Mischung, die unseren Speisen, in diesem Fall unseren Süßspeisen, eine ganz besondere Note gibt. Im Grunde genommen kann jeder nehmen, was er gerade vorrätig hat. Dies ist dann eine schöne Grundlage für weitere Experimente.

Manche Gewürze hatte ich ungemahlen, andere gemahlen und ungemahlen und einige nur gemahlen vorrätig. Das ist in den meisten Fällen untereinander austauschbar. Wer Ingwer, Zitrone und Vanille selbst mahlen will, sollte sie vorher aber gut trocknen lassen oder dörren!

Ungemahlen:
* 1 Stange Zimt
* 2 x Stück Sternanis
* 1 TL Anis
* 1 TL Koriander
* 5 Gewürznelken
* 6 x Kardamom (ungeschält, also nicht nur die Samen)
* Gemahlen:
* 1 TL Ingwer
* 1 TL Zitronenschale
* 1 TL Zimt
* 1/2 TL Vanille

Die ungemahlenen Gewürze in einem kleinen Mixer 30 Sek. mahlen. Die anderen Zutaten hinzugeben und nochmals 30 Sek. mahlen.

Tipp: *Wer möchte, kann natürlich alle Gewürze in gem. Qualität kaufen. Das geht minimal schneller, ist aber nicht ganz so spannend.*

4057. Curryreis mit Blumenkohl, Mai 2010

Vegan; 8 Std. einweichen + 35 Min. (im TM); 1 Hauptspeise.
* Reis:
* 80 g Vollkornreis
* 185 g Wasser
* 1 TL Lavendelcurry (3982 o. Ä.)
* 1 TL Haselnussöl
* 15 g Rosinen

Gemüse:
* 380 g Blumenkohl
* 500 g Wasser
* 1 TL Salz
* Varoma, 20 Min
* 20 g gem. Sonnenblumenkerne
* 2 Tl Zitronenschaum (5/3586)
* + Kochwasser nach Gutdünken (ca. 100 g)

Reis einweichen, mit Curry, Rosinen & Öl vermischen. Aufkochen, auf kleinster Flamme 30 Min dünsten.

Blumenkohl in Röschen in den Gareinsatz, auf Varoma 20 Min dünsten.

Sonnenblumenkerne fein mahlen (kleiner Mixer), mit Zitronenschaum und Blumenkohlkochwasser verrühren. Soße getrennt servieren.

4058. Mungbratlinge, Mai 2010

Vegan; 36 Std. Keimzeit; + ca. 35 Min.; 4 Bratlinge.

- 50 g Mungbohnen
- 100 g Kartoffeln
- 50 g gekeimte Sonnenblumenkerne
- 1 EL Sonnenblumenöl
- 1 EL Wasser
- 2 TL Zitronensaft
- 17/2 TL Salz
- 20 g Leinsamen
- Hochwertiges Erdnussöl zum Backen

Möglicher Salat dazu:

- 100 g Chinakohl
- 100 g gemischtes Gemüse
- 2 Prisen Salz
- frisch gem. Pfeffer
- 2 EL Sonnenblumenöl
- 2 TL Zitronensaft

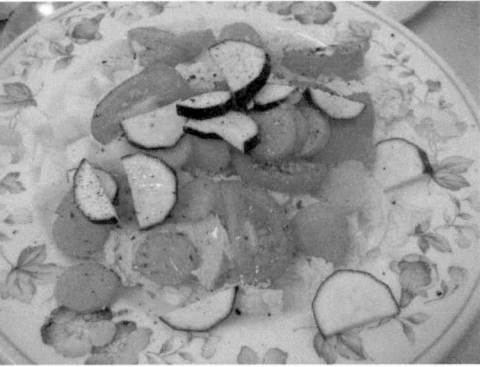

Mungbohnen ganz fein mahlen (kleiner Mixer). Kartoffeln unter fließendem Wasser abbürsten, vorschneiden, mit gekeimten Kernen, Öl, Wasser, Zitronensaft und Salz zu einer glatten Masse verschlagen. Mit Bohnenmehl und Leinsamen verrühren. Ca. 20 Min. stehen lassen.

Öl in einer Pfanne gut heiß werden lassen, mit einem EL 4 Bratlinge formen und in das heiße Fett setzen. Bei einer Keramik-beschichteten Pfanne jetzt die Hitze herunterdrehen (z. B. auf 7-9 von 12). Deckel auflegen und 3 Min. braten lassen. Umdrehen und nochmals mit aufgelegtem Deckel 4-5 Min. bei nochmals reduzierter Hitze (7 von 12) braten lassen.

Für den Salat zuerst den Chinakohl in feine Streifen schneiden, auf einen flachen Teller geben. Das restliche gemischte Gemüse (rot und grün machen sich gut) kleinschneiden, drauflegen. Salzen, pfeffern und mit Öl und Zitronensaft begießen. Vor den Bratlingen essen!

Tipp: Die Bratlinge haben eine sehr feine Struktur. Wer es gröber möchte, raffelt die Kartoffeln und die Kerne. Dazu schmeckt gut selbstgemachter Senf oder auch ein Pesto.

4059. Mungbechamelbohnen, Mai 2010

Vegan; 8-10 Std. einweichen + ca. 30 Min.; 1 Hauptspeise.

Bohnen:

- 100 g Mungbohnen
- 250 ml Wasser

Soße:

- 20 g Sonnenblumenkerne
- 8 g Zitronensaft (2 TL)
- 1 gestr. TL Salz
- 20 g Olivenöl

Mungbohnen 8-10 Std. in 250 ml Wasser einweichen. Dann zum Kochen bringen, anschließend auf kleiner Einstellung 15-20 Min. garen.

Die Soßenzutaten für die Bohnen in einem kleinen Mixer gut verquirlen, unter die heiße Masse rühren und einmal kurz aufkochen.

4060. Blitzschokolade, Mai 2010

Ca. 3 Min.

- 1 TL Kakao
- 1 TL Kokosöl
- 1 TL Honig
- Wasser

Kakao, Kokosöl und Honig in einer größeren Tasse verrühren. Mit kochendem Wasser aufgießen.

4061. Wildgemischter Blumenkohlsalat, Mai 2010

Vegan; ca. 10 Min.; 1 Vorsalat.

- Dressing:
- 20 g Cashewnüsse
- 1/2 TL Salz
- 1/2 gestr. TL Delisweeta (4056)
- 2 TL Zitronensaft
- 2 EL Sonnenblumenöl
- 70 g Wasser

Gemüse:

- 30 g grüner Salat
- 130 g Blumenkohl
- 30 g gemischte Wildkräuter

Dressingzutaten gut verquirlen. Salate waschen, trocken schleudern. Kopfsalat kleinschneiden, einen Teller damit auslegen. Blumenkohl ebenfalls kleinschneiden, darauflegen. Oben mit gehackten Wildkräutern bestreuen. Die Hälfte des Dressings mit einem TL in Streifen darauf verteilen. Dressing getrennt servieren, falls es zu viel ist, den Rest im Kühlschrank für den nächsten Tag aufbewahren.

Tipp: Delisweeta ergibt hier einen etwas ungewöhnlicher Geschmack, wer es lieber etwas herkömmlich möchte, lässt es weg oder nimmt eine Prise Curry.

4062. Kartoffeln in wilder milder Currysauce, Mai 2010

Vegan; ca. 25 Min.; 1 Hauptspeise.

Kartoffeln:

- 200 g kleine Kartoffeln
- 50 g Wasser
- 1 EL Sonnenblumenöl

Soße:

- 20 g Cashewnüsse
- 1/2 TL Salz
- 20 g Sonnenblumenöl
- 1/2 TL Lavendelcurry (3982)
- 75 g Wasser
- 30 g gemischte Wildkräuter

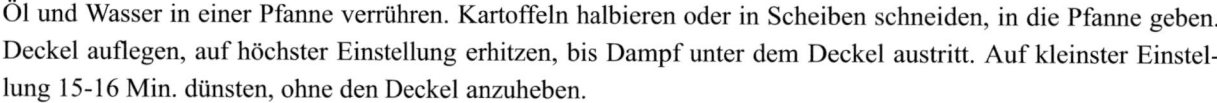

Öl und Wasser in einer Pfanne verrühren. Kartoffeln halbieren oder in Scheiben schneiden, in die Pfanne geben. Deckel auflegen, auf höchster Einstellung erhitzen, bis Dampf unter dem Deckel austritt. Auf kleinster Einstellung 15-16 Min. dünsten, ohne den Deckel anzuheben.

Wildkräuter fein hacken. Die Soßenzutaten ohne die Kräuter in einem kleinen Mixer ganz glatt quirlen, in der Pfanne mit der Kochflüssigkeit verrühren, einmal aufkochen, dann die Kräuter unterrühren. Auf einen Teller geben.

4063. Kartoffeln in Senfsoße, Mai 2010

Vegan; Ca. 25 Min.; 1 Hauptspeise.

Kartoffeln:
- 200 g kleine Kartoffeln
- 3 EL Wasser
- 3 EL Sonnenblumenöl

Soße:
- 20 g Cashewnüsse
- 1/2 TL Salz
- 20 g Kokosöl
- 1 TL Löwenblütenzahnsenf (4052 o. Ä.)
- 75 ml Wasser

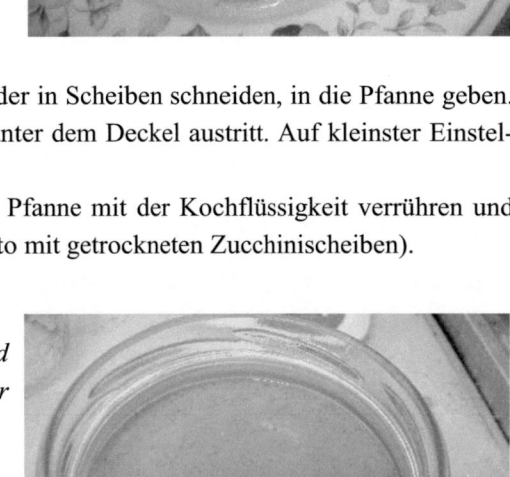

Öl und Wasser in einer Pfanne verrühren. Kartoffeln halbieren oder in Scheiben schneiden, in die Pfanne geben. Deckel auflegen, auf höchster Einstellung erhitzen, bis Dampf unter dem Deckel austritt. Auf kleinster Einstellung 15-16 Min. dünsten.

Soßenzutaten in einem kleinen Mixer ganz glatt quirlen, in der Pfanne mit der Kochflüssigkeit verrühren und einmal aufkochen. Auf einen Teller geben und dekorieren (im Foto mit getrockneten Zucchinischeiben).

4064. Salatcreme Löwenbiss, Mai 2010

24 Std. Trockenzeit; + 5 Min. (im TM); die Soße ist dicklich und lässt sich gut mit geschlagenen saftigen Früchten, Wasser oder Sahne verlängern.

- 22 g getr. Löwenzahnblätter
- 2 TL schwarzen Pfeffer ganz
- 5 gestr. TL Koriander ganz
- 6 TL Salz
- 2 TL getr. Zitronenschale
- 600 g Sonnenblumenöl
- 450 g Apfelessig
- 150 g Honig
- 50 g Löwenzahnblütensenf (4052 o. Ä.)

Vorbereitung: Drei Einschübe des Excalibur mit Löwenzahnblättern belegen und gut trocknen und dann abkühlen lassen. Bis zur Zubereitung der Salatcreme in einem geschlossenen Glas aufbewahren.

Zubereitung: Löwenzahnblätter ganz fein mahlen (1-2 Min./Stufe 10). Pfeffer und Koriander in einem kleinen Mixer mit dem flachen Messer fein mahlen. Mit Salz und Zitronenschale mischen. Mit den restlichen Zutaten in den Thermomix geben und sehr gut durchschlagen (3 Min auf Turbo).

In zwei 750-ml Gläser mit Schraubdeckel geben, verschließen und in den Kühlschrank stellen.

Tipp: Andere Öle sind ebenso möglich. – wer Pfeffer und Koriander nur gemahlen hat, nimmt die entsprechende Menge gem. Gewürze für das Rezept.

4065. Blumenkohlschmetterling, Mai 2010

Ca. 10 Min. (im TM); Vorspeise.

- 2 Blätter Salat (30 g)
- 120 g Blumenkohl
- 20 g Rhabarber
- 2 EL Salatcreme „Löwenbiss" (4064)

Dressing in den Mixtopf geben. Blumenkohl und Rhabarber vorschneiden, ebenfalls in den Mixtopf geben. 10 Sek./Stufe 4; 1 Sek./Stufe 1 zerkleinern. Die Salatblätter mit den Strunkenden gegeneinander legen, Strunk ggf. flachschneiden. Blumenkohlmischung in die Mitte setzen.

4066. Ravioli „Der Wilderspenstigen Löwung", Mai 2010

Vegan; 4 Portionen (etwa 17-18 Ravioli) (für 2 Personen bzw. 2 Mahlzeiten).

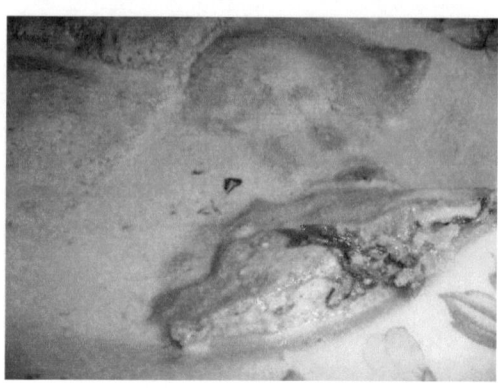

Ravioli:

- 155 g Emmer
- 45 g Dinkel
- 1 TL Rote-Bete-Salz (3897 o. Ä.)
- 100 g Wasser
- 3 TL Öl
- 1 Zwiebel (55 g brutto)
- 30 g Öl
- 50 g Wildkräuter
- 30 g Mandeln
- 1 gute Prise Salz

Soße:

- 30 g Mandeln
- 1/2 TL Salz
- 2 TL Zitronensaft
- 2 TL Löwenöl (= 10 g) (4032 o. Ä.)
- 15 g Sonnenblumenöl
- 150 g Wasser

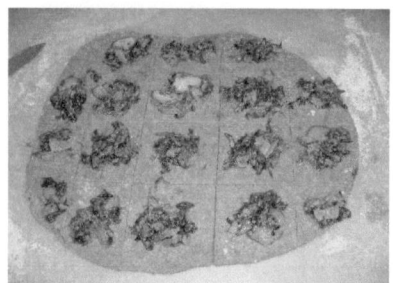

Emmer mit dem Dinkel mischen und fein mahlen. Mit Salz, 100 g Wasser und 3 TL Öl zu einem glatten Teig verarbeiten. Abgedeckt eine Std. ruhen lassen.

Für die Füllung die gehackte Zwiebel in das heiße Öl geben, anbraten, bis die Zwiebelstücke an den Ecken leicht gebräunt sind. Mandeln mahlen in einem kleinen Mixer. Gewaschene und gut trockengeschleuderte Wildkräuter fein hacken. Mit Mandeln und Salz zu den Zwiebeln geben, kurz durchrösten. Abkühlen lassen.

Den Teig teilen (je 150 g) und jede Hälfte dünn auf Mehl ausrollen. Dabei kontrollieren, dass sich der Teig immer gut von der Unterlage löst. Beide Hälften sollten in etwa die gleiche Form haben. Mit einem Messer auf einer Hälfte Quadrate vormarkieren und etwas Füllung in die Mitte der Quadrate geben.

Die zweite Teighälfte vorsichtig darüber legen. Die Stellen, wo die Füllung liegt, sind erhaben. Dazwischen mit einem Teigrädchen fest die Linien ziehen, sodass die einzelnen Teigstücke sich voneinander lösen.

Jedes Teigstück nochmal am Rand fest zusammendrücken und auf einem Gitterrost stehen lassen (ca. 30 Min.).

Soßenzutaten in einen Mixbecher geben (aber erst nur 50 g von dem Wasser), gut durchmixen und in eine kleine Pfanne gießen. Den Becher mit dem Rest Wasser nachspülen, dieses Wasser ebenfalls in die Pfanne geben. Aufkochen und etwas köcheln lassen.

Wasser in einem Wasserkochtopf aufkochen, in einen großen flachen Topf umfüllen, 1-2 TL Salz hinzufügen und auf dem Herd zum Kochen bringen. Die Hälfte der Ravioli vorsichtig mit einem Schaumlöffel hineingeben, auf mittlerer Hitze 6 Min. ziehen lassen.

Mit dem Schaumlöffel wieder aus dem Wasser nehmen, abtropfen lassen. 3-4 Ravioli auf einen Teller geben, mit Soße übergießen.

4067. Würzschwarzbrot, Mai 2010

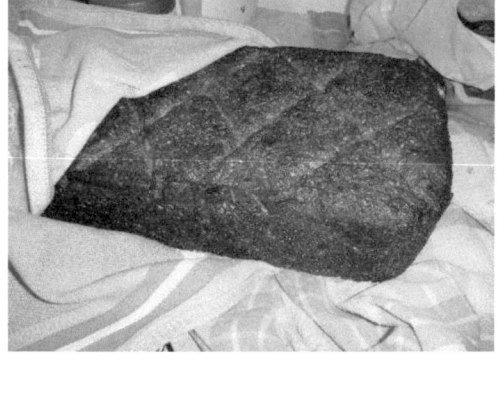

Vorteig:
- Sauerteig (ca. 200 g)
- 550 g Wasser
- 500 g Roggen

Teig:
- 550 g Roggen
- 1 EL Koriander
- 1 EL Anis
- 1 EL Kümmel
- 2 gestr. EL Salz (besser etwas weniger)
- 50 g Sesam ungeschält
- 50 g Sonnenblumenkerne
- 100 g Leinsamen
- 1 EL Honig (50 g)
- 320 g Wasser
- Butter für die Form

Vorabend: Roggen fein mahlen. Alten Sauerteigansatz, Wasser und Roggen in der Teigknetmaschine 2 Min verrühren. Die Schüssel in eine Plastiktüte stecken und auf der Fensterbank etwa 10-12 Std. stehen lassen.

Backtagmorgen: Von dem Sauerteig 150 g abnehmen und in einem Glas mit Schraubdeckel im Kühlschrank als neuen „Starter" aufbewahren. Die Gewürze flocken (am besten in einem Handflocker; oder grob schroten z. B. mit einem kleinen Mixer), Roggen fein schroten (Stufe 4/9, Hawos Novum).

Mit dem restlichen Sauerteig, den Gewürzen, 320 g Wasser, Salz und Honig in der Teigknetmaschine 10 Min. verkneten. Teigschüssel mit Plastik abdecken und 2 Std. stehen lassen. Nochmals 2 Min. kneten.

Eine große Profi-Kastenform einfetten und den Teig hineinfüllen, gut einsprühen. Form mit Gärfolie abdecken und 90 Min. ruhen lassen. Dann den Ofen 20 Min auf 250 °C (Umluft) vorheizen, das Backblech ist bereits im Ofen. Brot in den Ofen schieben, 30 Min. backen und auf 170 °C herunterschalten. 40 Min. backen, aus der Form nehmen (Klopfprobe). Auf dem Boden des Ofens steht eine ofenfeste Form mit Wasser. Auf ein Kuchengitter stürzen, mit Wasser einsprühen und abkühlen lassen. Erst am nächsten Tag anschneiden.

4068. Kartofwurzelpfanne, Mai 2010

Vegan; ca. 25 Min.; 1 Hauptspeise.

Gemüse:
- 5 EL Olivenöl (50 g)
- 225 g Kartoffeln
- 150 g Petersilienwurzel
- 50 g Porree (weißer Teil)

Soße:
- 20 g Sonnenblumenkerne
- 1 gestr. TL Salz
- 1/2 TL Curry
- 2 TL Zitronenschaum (5/3586)
- 2 EL Sonnenblumenöl
- 50 g Wasser

Öl in eine Pfanne geben. Kartoffeln in Scheiben schneiden, den Boden der Pfanne damit auslegen. Petersilienwurzel ebenfalls in Scheiben, Porree in Ringe schneiden und auf die Kartoffeln legen. Deckel auflegen, bei höchster Einstellung zum Kochen bringen, bis deutlich Dampf unter dem Deckel entweicht. Auf kleinster Einstellung 15 Min. dünsten, ohne den Deckel anzuheben.

Die Soßenzutaten 30 Sek. in einem kleinen Mixer mischen. Kalt oder gewärmt zu dem Essen reichen.

4069. Raviolilasagne mit Argan-Salat, Mai 2010

Ca. 35 Min.; 1 Hauptspeise; Ravioli siehe 4066 – Dies war das erste Mal, das ich Arganöl probiert habe. Ich hatte mir 100 ml gegönnt. Es ist schweineteuer und auch lecker, aber nicht so lecker, dass ich das unbedingt brauche. Andere, nicht ganz so teure Nuss-öle schmecken mir genauso gut. – Der Apfelessig läuft sozusagen außer Konkurrenz: Ein Geschenk von einer Frau, die ihn selbst herstellt. Der Duft alleine schon ist umwerfend!

Salat:
- 30 g Kopfsalat
- 70 g Möhre
- 60 g Blumenkohl
- 45 g Salatgurke
- 2 EL Arganöl
- 2 TL Apfelessig
- Kräutersalz (3/2008)
- frisch gem. Pfeffer
- 100 g Kohlrabi netto
- 100 g Fenchel
- 1-2 EL Mungbohnensprossen

Lasagnesoße:
- 30 g Sonnenblumenkerne
- 1/2 TL Salz
- 20 g Sonnenblumenöl
- 8 g Zitronensaft
- 1 TL Paprikapulver edelsüß
- 75 g Wasser
- 50 g Wasser
- 2 EL getr. Brotkrumen

Lasagne:
- Ravioli und Soße (Rest)

Erst den Salat zubereiten und essen: Kopfsalat waschen, trockenschleudern, in Streifen schneiden und als kleinen Kranz auf einen großen Teller legen. Möhren in Scheiben geschnitten in die Mitte geben. Blumenkohl klein-schneiden, auf vier Eckpunkte verteilen. Gurkenscheiben halbieren, in die Zwischenräume zwischen dem Blumenkohl legen. Mit Salz und Pfeffer bestreuen, mit Öl und Essig besprenkeln.

Die Ravioli am Vortag schon in die Lasagneform legen und mit dem Rest dazugehöriger Soße begießen. In einer Plastiktüte im Kühlschrank aufbewahren. Die Zutaten für die Lasagnesoße in einem kleinen Becher zu einer glatten Soße verschlagen, erst mit 75 g Wasser, folgend 50 g unterschlagen. Über die Ravioli gießen. Mit getrockneten Brotkrumen bestreuen. Im kalten Ofen auf dem Gitterrost bei 225 °C für 25 Min. backen.

Tipps: Wer keine getrockneten Brotkrumen hat, kann Paniermehl oder Sonnenblumenkerne verwenden.

4070. Bountydrink (veganer Kakao), Mai 2010

Vegan; ca. 5 Min.; Tasse von 700 ml.
- 1 EL Nackthafer (15 g)
- 1 EL Kokosraspeln (10 g)
- 1 TL Kakao (4 g)
- 1 TL Carob (4 g)
- 1 TL Walnussöl (4 g)
- 1 Prise Getreidekaffee
- 25 g (roher) Agavennektar
- ca. 600 g kochendes Wasser

Nackthafer und Kokosraspeln im kleinen Becher eines kleinen Mixer (z. B. Mr. Magic) fein mahlen. Kakao, Carob, 1 Prise Getreidekaffee, Walnussöl und Agavennektar hinzu-geben, mit einem kleinen Löffel verrühren, sodass möglichst keine trockenen Teile mehr am Rand oder Boden haften. Den Becher zur Hälfte mit heißem Wasser auffüllen, nochmal gut durchmischen.

In eine große Tasse füllen, Becher mit kochendem Wasser füllen, umschwenken und in die Tasse geben. Tasse mit kochendem Wasser auffüllen.

Tipps: Wer es ganz schlicht möchte, kann Kokosraspeln, Öl und Getreidekaffee weglassen - schmeckt immer noch lecker!

4071. Löwenwaffeln, Mai 2010

Vegan; glutenfrei; 2 Waffeln.

- 50 g Basmatinaturreis
- 10 g Leinsamen gold (1 gestr. EL)
- 10 g Sonnenblumenöl
- 120 g Wasser
- 1/2 TL Salz
- 9 Löwenzahnblüten offen
- 3 große Blätter Löwenzahn

Reis mit Leinsamen mischen und fein mahlen, mit Öl, Wasser und Salz verrühren. Der Teig soll zum Schluss dickflüssig sein, etwas dicker als ein schöner Rührteig. Mindestens eine Std. ruhen lassen. Löwenzahnblüten und -blätter ganz fein schneiden und unterrühren.

Waffeleisen mit Öl einpinseln, heiß werden lassen. 3-4 EL Teig gleichmäßig darin verteilen und jeweils 5 Min. backen.

Tipp: *Schmeckt auch süß mit rohem Agavennektar oder Honig.*

4072. Brokkolikartoffeln in Senfsoße, Mai 2010

Vegan; 1 Hauptspeise.

Gemüse:

- 35 g Wasser
- 25 g Sonnenblumenöl
- 275 g Kartoffeln (netto)
- 225 g Brokkoli

Soße:

- 20 g Sonnenblumenkerne
- 2 g Ingwer frisch
- 1 TL Kräutersalz (3/2008)
- 8 g Senf (4025 o. Ä.)
- 6 g Honig
- 125 g Wasser
- 10 g Öl

Wasser und Öl in einer Pfanne verrühren. Kartoffeln unter fließendem Wasser gut abbürsten und in Scheiben schneiden. Den Boden damit auslegen. Den Brokkoli kleinschneiden, auf die Kartoffeln geben. Bei höchster Einstellung zum Kochen bringen. Sobald Dampf unter dem Deckel entweicht, auf kleinste Einstellung drehen und 15 Min. dünsten.

Sonnenblumenkerne, Ingwer und Salz in einem kleinen Mixer gut mahlen. Restliche Soßenzutaten hinzugeben (aber nur 100 g Wasser) und gut vermischen. Zu dem Gemüse geben, den Becher mit den restlichen 25 g Wasser nachspülen, auch in die Pfanne geben. Aufkochen lassen und vorsichtig unterrühren.

4073. Liebstöckelsenf, Mai 2010

- 30 g Liebstöckel (Stiele)
- 50 g gelbe Senfkörner
- 1 gestr. TL Koriander ungemahlen
- 1 gestr. TL Salz (8 g)
- 1 gestr. TL Kurkuma gem.
- 10 g Honig (nicht zu flüssig)
- 30 g Apfelessig (5 %)
- 70 g Wasser
- 10 g Sonnenblumenöl

Senfkörner mit Salz und Koriander in einem kleinen Mixer fein mahlen (2 x 30 Sek., dazwischen einige Min. Pause). Es geht auch im Thermomix bei größeren Mengen. Umfüllen. Liebstöckel in dem Becher fein hacken, die flüssigen Zutaten und den Honig hinzugeben, sehr gut durchmixen. Mahlgut und Kurkuma dann auch noch untermischen. In ein passendes sauberes Gläschen füllen, 12-24 Std. offen stehen lassen (fermentieren), dabei gelegentlich umrühren.

Tipp: *Wer keinen frischen Liebstöckel hat, nimmt 2 TL getrockneten Liebstöckel und mahlt ihn mit den Senfkörnern.*

4074. Kartoffelhaferplätzchen, Mai 2010

Vegan; ca. 35 Min.; 6 Plätzchen.

- 140 g Kartoffeln
- 50 g Nackthafer
- 20 g Löwenzahnblätter
- 2 EL Sonnenblumenöl
- 70 g Wasser
- 1/2 TL Salz
- 2 EL Kokosöl zum Backen

Kartoffeln unter fließendem Wasser gut abbürsten, vorschneiden und im Speedy (bzw. Küchenmaschine, Handraspel) raspeln.

Hafer flocken, Löwenzahnblätter waschen und fein schneiden: mit Kartoffeln, Öl, Wasser und Salz zu einer glatten Masse rühren und etwas stehen lassen.

Öl in einer Pfanne gut heiß werden lassen, mit einem EL Plätzchen in das heiße Fett setzen. Bei einer Keramikbeschichteten Pfanne jetzt die Hitze herunterdrehen (z. B. auf 7-9 von 12). Auf jeder 3 Min. braten lassen. Sehr vorsichtig umdrehen (zerfallen leicht).

Tipp: Wer sich nicht dem Stress aussetzen will, gleichzeitig frisch zu essen und zu braten, stellt den Ofen (Umluft) auf 70-90 °C und hält die Plätzchen dort eine Weile warm.

4075. Übernächtigtes Hefebrot, Mai 2010

Ergibt 1 Brot mit ca. 2400 g Teiggewicht.

- 20 g frische Bio-Hefe
- 900 g Wasser
- 570 g Weizen
- 130 g Emmer
- 140 g Gerste
- 220 g Roggen
- 2 EL Salz
- 1 EL Brotgewürz geschrotet
- 1/2 EL Honig
- 150 g Sonnenblumenkerne
- 150 g Dinkel
- 50 g Wasser
- Butter für die Form

Abends: Hefe in 900 g Wasser verrühren. Getreide mischen, fein mahlen. Salz und Brotgewürz unter das Mehl mischen. Hefewasser, Kerne und Honig hinzugeben und 8 Min. mit der Teigmaschine kneten lassen. Die Teigschüssel sollte sehr großzügig bemessen sein, da der Teig stark geht. Teigschüssel in eine Plastiktüte stecken und übernacht gehen lassen.

Morgens: Dinkel fein mahlen, mit dem Wasser 4 Min unter den Teig kneten lassen. Eine große Brotbackform (Dr. Oetker, Profiemail-Form, 35 cm) mit zerlassener Butter einfetten. Teig einfüllen und 30 Min. unter einer großen Plastiktüte gehen lassen (bei mir war der Teig deutlich gegangen). Ofen auf 250 °C (Umluft) vorheizen, auf den Boden eine ofenfeste Form mit Wasser stellen. In dieser Zeit geht das Brot noch. Brot oben einschneiden, mit Wasser einsprühen. Brot einschieben, 20 Min. bei 250 °C und 35 Min. bei 200 °C backen lassen. Klopfprobe machen (wenn man unten gegen das Brot (natürlich nicht mehr in der Form) klopft, muss es hohl klingen). Aus der Form kippen, mit Wasser einsprühen und auf einem Gitterrost auskühlen lassen.

Hinweis: Da ich das Brot verschenkt habe, kann ich weder ein Foto vom Anschnitt einstellen noch etwas zum Geschmack sagen.

4076. Streichzarte Cocoscreme, Mai 2010

Zubereitungsdauer: ca. 5 Min.

- 30 g Kokosöl
- 1 TL Kakaopulver
- 15 g Honig
- 15 g Koskosraspeln

Alle Zutaten mit einem Löffel gut verrühren. Sofort essbereit. Wer es etwas fester möchte, stellt die Creme eine Weile in den Kühlschrank. Schmeckt gut als Aufstrich oder auch als Nachtisch.

4077. Cannelloni Sonnenschein, Mai 2010

Vegan; 6 Cannelloni = 2 Portionen.

Teig:
- 90 g Dinkel
- 10 g Leinsamen
- 1 Prise Salz
- 1 EL Sonnenblumenöl
- 40 g Wasser

Füllung:
- 25 g Roggen
- 25 g Nackthafer
- 50 g Sonnenblumenkerne
- 10 g Petersilie
- 2 EL Kürbiskernöl
- 100 ml Wasser

Soße:
- 50 g Mandeln
- 20 g Zitronensaft
- 1 gestr. TL Salz
- 30 g Öl
- 1 TL Paprika edelsüß
- 250 g Wasser
- 2 EL Sesam ungeschält

Dinkel mit Leinsamen mischen und fein mahlen. Mit Salz, 40 g Wasser und 1 EL Öl zu einem glatten Teig verarbeiten. Abgedeckt eine Std. ruhen lassen (bzw. nach einer halben Std. mit den restlichen Vorbereitungen beginnen).

Für die Füllung Roggen, Hafer und Sonnenblumenkerne flocken (am besten in einem Handflocker). Petersilie fein hacken, mit dem Flockgut, Öl und Wasser verrühren.

Den Teig vierteln. Jedes Viertel dünn und in der Breite der Lasagneform ausrollen. Längs in drei Teile schneiden, der Länge nach mit Füllung belegen. Den Teig zu einer Rolle darüber schlagen, festdrücken und je 6 Stück in eine Lasagneform legen.

Die Soßenzutaten, zuerst nur mit 100 g Wasser, in einem kleinen Mixer sehr gut verschlagen. Je eine Hälfte über die Cannelloni gießen, mit je 1 EL Sesam bestreuen. In den kalten Ofen auf den Gitterrost setzen, bei 225 °C (Umluft) 25 Min. und bei 200 °C nochmals 10 Min. backen.

4078. Mandelwaffeln mit Rhabarberpüree, Mai 2010

Vegan; ergibt 3 Waffeln.

Waffeln:
- 100 g Dinkel
- 30 g Mandeln
- 1 EL Mandelöl
- 30 g Sonnenblumenöl
- 1 gem. LS Vanille
- 1 Prise Salz
- 40 g Honig
- 130 g Wasser

Püree:
- 20 g Erdnüsse
- 50 g Rhabarber
- 1 kleiner Apfel (90 g)
- 1 EL Zitronensaft (10 g)
- 2 TL Engelshaar (4/2392)
- 2 TL roher Agavennektar

Dinkel fein mahlen, Mandeln ebenfalls fein mahlen (in einem kleinen Mixer). Mit den restlichen Zutaten mit einem Handrührgerät gut verrühren, abdecken und 60-90 Min. stehen lassen. Waffeleisen mit Öl einpinseln, heiß werden lassen. 3-4 EL Teig gleichmäßig darin verteilen und jeweils 5 Min. backen.

Erdnüsse in einem kleinen Mixer fein mahlen. Rhabarber und Apfel kleinschneiden, mit Saft, Engelshaar und Agavennektar fein schlagen. In eine kleine Schüssel geben und mit etwas Engelshaar garnieren.

Tipp: Die Waffeln kleben ein bisschen am Waffeleisen, also bitte ganz vorsichtig mit einer Gabel und einem Holzstück (z. B. Rückteil eines Backpinsels) ablösen. – Ich fand das Püree sehr lecker zu den Waffeln, meinem Gast gefiel die Kombination nicht so gut, obwohl er das Püree an sich auch sehr lecker fand, so für sich alleine.

4079. Kartoffeln in grüner Soße (mit Melonensalat), Mai 2010

Vegan; ca. 25 Min.; 1 Hauptspeise.

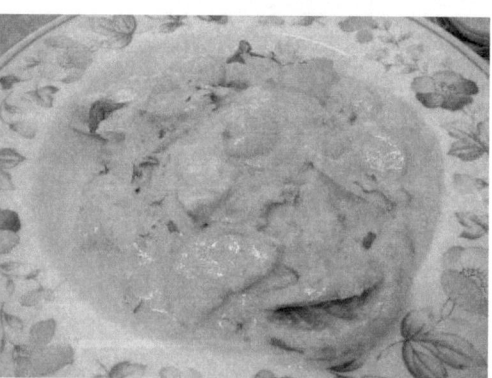

Salat:
- 1/4 kleine Melone (150 g netto)
- 40 g Möhre
- 110 g Rote Bete
- 2,5 EL Argonöl
- 2 TL Zitronensaft
- 1 gute Prise Salz

Kartoffeln:
- 190 g kleine Kartoffeln
- 1 EL Sonnenblumenöl
- 60 g Wasser

Soße:
- 25 g Sonnenblumenkerne
- 1/2 TL Salz
- 1 TL Gartenmix (3783 o. Ä.)
- 1 MS Löwenblütenzahnsenf (4052 o. Ä.)
- 75 g Wasser + 20 g
- 4-5 Blätter Löwenzahn (4 g)

Erst den **Salat** zubereiten und essen: Melone in vier Spalten schneiden, schälen und in einem Viereck auf einen großen Teller stellen. Möhre und Rote Bete kleinschneiden, mit Öl, Zitronensaft und Salz mischen und zwischen die Melonenscheiben legen.

Öl und Wasser in einer Pfanne verrühren. Kartoffeln unter fließendem Wasser gut abbürsten und in Scheiben schneiden, in die Pfanne geben. Als Gemüsepfanne 15-16 Min. dünsten. Soßenzutaten (75 g Wasser) in einem kleinen Mixer ganz glatt quirlen, in die Pfanne gießen (den Rest mit 20 g Wasser ausspülen und auch hinzufügen) mit der Kochflüssigkeit verrühren und einmal aufkochen. Den gewaschenen und in schmale Streifen geschnittenen Löwenzahn unterziehen.

4080. Remscheider Tricolore

Vegane Rohkost; 2 Std. Keimzeit; 1 Hauptspeise.

Dressing:
- 3 EL Standardsalatsoße (3895)
- 1 kleine Knoblauchzehe
- 2 EL Sonnenblumenöl
- 2 EL Wasser
- 1 TL Rote-Bete-Salz (3897 o. Ä.)

Gemüse:
- 200 g Kohlrabi (netto)
- 200 g Rotkohl (netto)
- 50 g gekeimte rote Linsen
- etwas Dill

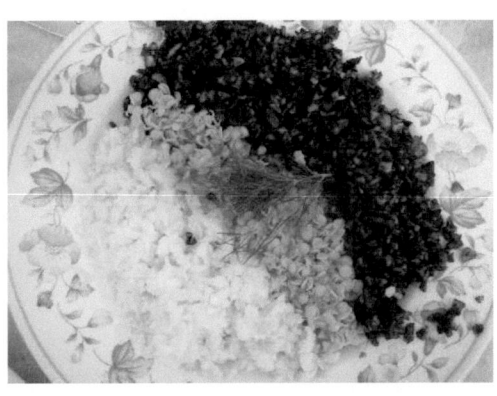

Dressingzutaten mit einem kleinen Mixer sehr gut mixen. Kohlrabi und Rotkohl getrennt fein raffeln. Jeweils 3-4 EL in einem Halbkreis auf einen großen Teller (gegenüber) legen. Den Mittelgang mit Linsen ausstreuen. Das Dressing über die Linsen geben und mit ein wenig Dill dekorieren.

Tipp: Andere gekeimte Linsen sind genauso gut.

4081. Cannelloni-Haschee mit Sprossmungsalat

36-48 Std. Sprosszeit; 1 Hauptspeise.
- 40 g Mungbohnen

Salat:
- 100 g Mungbohnen
- 75 g Rote Bete
- 25 g Zucchini
- 1 EL Salatcreme Löwenbiss (4046 o. Ä.)
- 1 EL Rosmarinöl (5/3617 o. Ä.
- 4 EL Wasser

Haschee
- 5 Cannelloni (z. B. 4077)
- 1 EL Kokosöl
- 25 g Sonnenblumenkerne
- 20 g Sonnenblumenöl
- 1 Prise Salz (oder ohne)
- 50 ml Wasser
- Etwas Petersilie

Mungbohnen keimen lassen. Nochmals durchspülen und auf einen großen Essteller geben. Mit gewürfelter Roter Bete und in Scheiben geschnittener Zucchini belegen. Salatcreme, Öl und Wasser verrühren und darüber gießen.

Cannelloni in Stücke schneiden. Kokosöl bei großer Hitze in einer keramikbeschichteten Pfanne zerlassen. Cannelloni darin anbraten und von beiden Seiten gut rösten. Kerne, Öl, Salz und Wasser gut in einem kleinen Mixer verquirlen, dazugießen und Cannellonistücke darin wenden. Auf einen Teller geben und mit etwas Petersilie garnieren.

4082. Habaneros in Honig
- 4 getr. Habaneros
- 1 Glas Akazienhonig

Habaneros mit einer Schere kleinschneiden. Alles in das Honigglas geben und umrühren.

Tipps: Achtung, nach dem Umrühren ist schon der Löffel mit dem Honig sehr scharf. Hält Jahre.

4083. Salatcreme Peppermint, Mai 2010

Ca. 10 Min. – Wer es mit dem TM machen will, nimmt die vier-fache Menge. – Die Soße ist dicklich und lässt sich gut mit geschlagenen saftigen Früchten, Wasser oder Sahne verlängern.

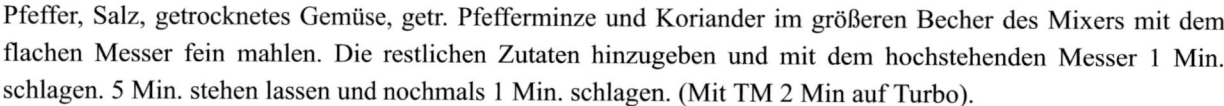

- 1/2 TL schwarze Pfefferkörner
- 1 gestr. TL Koriandersamen
- 2 TL Salz
- 2 TL getr. Gemüse oder Kräuter
- 1/2 TL getr. Pfefferminze
- 150 g Sonnenblumenöl
- 75 g Apfelessig
- 1 EL Honig (35 g)
- 1 TL Senf (10 g)

Pfeffer, Salz, getrocknetes Gemüse, getr. Pfefferminze und Koriander im größeren Becher des Mixers mit dem flachen Messer fein mahlen. Die restlichen Zutaten hinzugeben und mit dem hochstehenden Messer 1 Min. schlagen. 5 Min. stehen lassen und nochmals 1 Min. schlagen. (Mit TM 2 Min auf Turbo).

In ein Glas mit dem Schraubdeckel geben, verschließen und in den Kühlschrank stellen. Ist sehr lange haltbar.

Lässt sich mit Sahne oder Wasser 1:2 verdünnen (1 EL Salatcreme + 2 EL Wasser/Sahne)

Tipp: *Wer Pfeffer und Koriander nur gemahlen hat, nimmt die entsprechende Menge. – Statt Pfefferminz geht auch etwas anderes aus der süßlichen Richtung wie Orangen-, Zitronen- oder Pampelmusenschale.*

4084. Kartoffelreissuppe libanesisch + Rotkohlsalat, Mai 2010

Ca. 25 Min.; 1 Hauptspeise.
Rotkohlrohkost:

Dressing:
- 1/2 TL haltbarer Meerrettich
- 2 TL Zitronensaft
- 2 Prisen Salz
- 2 EL Sonnenblumenöl
- 2 EL Wasser

Feste Zutaten:
- 160 g Rotkohl
- 30 g Petersilie
- 10 g Sonnenblumenkerne

Suppe:
- 25 g Naturreis
- 140 g Kartoffeln (nettto)
- 1 Knoblauchzehe
- 1/2 gestr. TL Kreuzkümmel
- 300 g Wasser
- 1 gestr. TL Salz
- 2 TL Zitronensaft
- 1 EL Kürbiskernöl

Rohkost: Rotkohl und Petersilie getrennt fein raffeln (zusammen ist schwierig, weil die Petersilie „nach oben" steigt). Die Dressingzutaten miteinander verrühren, mit dem Gemüse mischen. Mit Sonnenblumenkernen bestreuen.

Suppe (im TM): Reis flocken, Kartoffeln unter fließendem Wasser gut abbürsten und vorschneiden. Knoblauch schälen. Reis, Kartoffeln, Knoblauch, Kreuzkümmel und Wasser in den Mixtopf geben. Kochen 19 Min./100 °C/ Stufe 1. Am Anfang einige Sek. auf 7 drehen, damit das Gemüse zerkleinert wird. Sobald die Suppe „blubbert", Temperatur auf 90 °C stellen. Mit Salz, Zitronensaft und Kürbiskernöl abschmecken. Einen Teller füllen und mit Petersilie dekorieren.

Tipp: *Die Suppe ist relativ dickflüssig, wer gerne „dünne Suppen" isst, sollte zum Kochen 400 g Wasser nehmen. – Das Kürbisöl gibt der Suppe die grüne Farbe. Jedes andere Öl ist vom Geschmack her auch möglich und gibt eine andere Nuance.*

4085. Meerrettich-Orangensauce, Mai 2010

Vegan; ca. 5 Min.

- 20 g Sonnenblumenkerne
- 1 gestr. TL Salz
- 20 g Olivenöl
- 1-2 TL Meerrettich (aus dem Glas)
- 1 TL Zitronensaft
- 1 kleine Apfelsine (120 g netto)
- 50 g Wasser

Alle Soßenzutaten, ohne Wasser, mit Hilfe eines kleinen Mixers 30 Sek. lang gut mixen. Wasser hinzugeben, nochmals 25 Sek. mixen.

Hinweis: Kann auch als Dip verwendet werden. – Die Sauce kann kalt zum Essen gereicht oder unter das Gemüse gerührt und kurz aufgekocht werden.

4086. Sauerlinsen mit Frühlingsplatte, Mai 2010

Ca. 25 Min.; 1 Hauptspeise.

Frühlingsplatte Gemüse:
- 60 g grüner Salat
- 15 g Spargel geschält
- 15 g Rhabarber
- 45 g Rotkohl
- 65 g Tomaten (2 kleine)

Dressing:
- 12 g Mandeln
- 1 TL Kerbelwürze (3728 o. Ä.)
- 1 EL Salatcreme Löwenbiss (4064 o. Ä.)
- 40 g Wasser
- Etwas Petersilie zur Dekoration

Linsen:
- 95 g gelbe und rote Linsen
- 245 g Wasser
- 1 Knoblauchzehe
- 12 g Mandeln
- 1 gestr. TL Salz
- 20 g Sonnenblumenöl
- 2-4 TL Apfelessig
- 50 g Wasser

Frühlingsplatte: Salat waschen, trockenschleudern, in Streifen schneiden und auf einem großen Teller verteilen. Das restliche Gemüse kleinschneiden und jeweils in eine Ecke für sich legen. Dressingzutaten in einem kleinen Mixer gut mischen, drüber verteilen. Mit Petersilie dekorieren.

Linsen: Linsen mit geschälter, in Scheiben geschnittener Knoblauchzehe und Wasser bei größter Einstellung zum Kochen bringen. Auf kleinster Einstellung 15-16 Min. köcheln. Mandeln, Salz, Sonnenblumenöl, Essig und Wasser in einem kleinen Mixer gut verschlagen, unter die Linsen rühren. Einen Teller füllen und mit etwas Petersilie dekorieren.

Tipp: Mit 2 TL Essig sind die Linsen leicht säuerlich, wer das deutlicher möchte, nimmt mehr Essig.

4087. Kartoffeln in Soße Pink, Mai 2010

Vegan; 1 Hauptspeise.

- 20 g Sonnenblumenöl
- 90 g Wasser
- 330 g Kartoffeln (netto)
- 80 g Brokkolistrunk
- 80 g Möhre
- 20 g Nackthafer
- 1 TL Rote-Bete-Salz (3897)
- 2 TL Zitronenschaum (5/3586)
- 100-150 g Wasser

Wasser und Öl in einer Pfanne verrühren. Kartoffeln unter fließendem Wasser gut abbürsten und in Scheiben schneiden. Den Boden damit auslegen. Brokkoli und Möhre kleinschneiden, auf die Kartoffeln legen. Als Gemüsepfanne 15 Min. dünsten. Hafer mit Salz in einem kleinen Mixer fein mahlen. Zitronenschaum und Wasser hinzugeben und gut vermischen. Zu dem Gemüse geben. Aufkochen lassen und vorsichtig unterrühren.

Tipp: Bei 100 g Wasser für die Soße wird diese ziemlich fest, wer lieber eine flüssige Soße möchte, experimentiert am besten mit der Wassermenge.

4088. Kartoffelwaffeln, gefüllte Tomate auf Salatbett, Mai 2010

Vegan; ergibt 4 Waffeln (Hauptmahlzeit für 2 Personen).

Waffeln:

- 100 g Dinkel
- 1 EL Leinsamen (10 g)
- 30 g Sonnenblumenöl
- 1 Kartoffel (70 g)
- 160 g Wasser
- 1 gestr. TL Gemüsesalz (3866)
- 10 g Schnittlauch

Gefüllte Tomate:

- 100 g Kopfsalat
- 1 EL Salatcreme (4015 o. Ä.
- 1 EL Sonnenblumenöl
- 50 g Wasser
- 2 Tomaten (240 g)
- 1 Stange Spargel (90 g)
- 1 gestr. TL Salz
- 2 TL Zitronensaft
- 1 EL Sonnenblumenöl
- 10 g Sonnenblumenkerne
- 2 EL Salatsoße oder Wasser
- Tomateninneres

Dekoration:

- Mungbohnensprossen oder Schnittlauch

Waffeln: Dinkel fein mahlen. Kartoffel unter fließendem Wasser gut abbürsten in Stücke schneiden. Leinsamen in einem kleinen Mixer fein mahlen. Mit Kartoffel, 30 g Öl, Salz und 100 g Wasser im Mixer verquirlen. Mit Dinkel und weiteren 60 g Wasser verrühren. Abgedeckt etwa stehen lassen bis Tomate fertig und gegessen ist. Schnittlauch hacken und unterziehen. Waffeleisen mit Öl einpinseln, heiß werden lassen. 3-4 EL Teig gleichmäßig darin verteilen und 5-6 Min. backen.

Gefüllte Tomaten auf Salatbett: Kopfsalat waschen und trockenschleudern. In Streifen schneiden. Salatcreme, 1 EL Öl und 50 g Wasser verschlagen, mit dem Salat mischen, etwas ziehen lassen. Dann Salat leicht abtropfen lassen und auf zwei große Teller verteilen. Von den Tomaten einen Deckel abschneiden, das Innere mit einem Löffel entfernen und in einen Mixbecher geben. Spargel schälen, in Scheiben schneiden, die nochmals halbieren. Mit Salz, Zitronensaft und 1 EL Öl verrühren. Die Tomaten füllen, Restspargel auf eine Seite legen, den Tomatendeckel jeweils dazwischen. Sonnenblumenkerne, Salz und 2 EL von der aus den Salatblättern getropften Soße zum Tomateninnern geben. Sehr gut verquirlen, halb über die Tomaten und drumherum gießen. Oben auf die Tomaten ein paar Sprossen streuen.

4089. Salisher Blumenkohlhafer, Mai 2010

Vegan; schnell, wenn Blumenkohl sauber, 1 Hauptspeise.

- 75 g Nackthafer
- 420 g Blumenkohl (netto)
- 500 ml Wasser
- 1 TL Gemüsebrühextrakt (3825)
- 1 TL Räuchersalz „Salish" (Orlando o. Ä.)
- 25 g Paniermehl
- 1 EL Öl

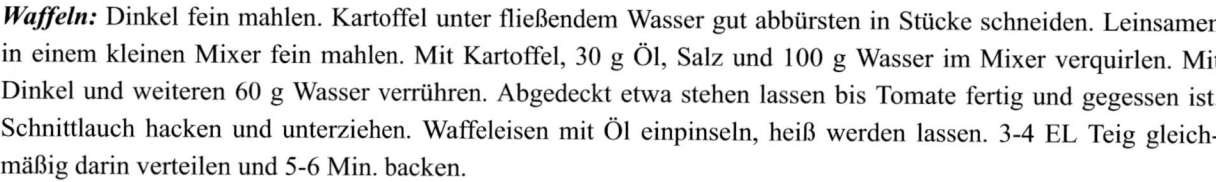

Eine Auflaufform mit Öl auspinseln. Hafer in die Form flocken. Blumenkohl kleinschneiden und darüber schichten. Mit Salz bestreuen. Wasser mit Extrakt verrühren und darüber gießen. Deckel auflegen und auf dem Gitterrost in den kalten Ofen schieben, 40 Min. bei 225 °C backen.

Mit Paniermehl bestreuen, Öl darüber träufeln und offen noch 10 Min. unter den heißen Grill stellen.

4090. Sesamkringel Remscheider Art, Mai 2010

Vegan; ergibt 16 Kringel.

- 20 g Mandeln
- 250 g Wasser
- 30 g frische Bio-Hefe
- 400 g Weizen
- 150 g Nackthafer
- 1 geh. TL Salz
- 25 g Sesam ungeschält
- 40 g Olivenöl
- 50-60 g Wasser
- 2-3 EL Sesam

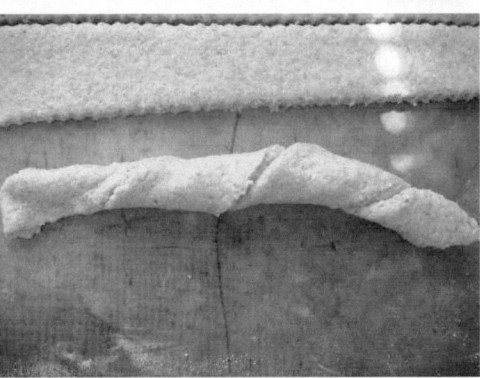

Mandeln in einem kleinen Mixer fein mahlen. 50 g Wasser hinzugeben, ganz gründlich schlagen. Dann weitere 200 g Wasser hinzugeben und nochmals gut durchschlagen. Hefe in dem Mandelwasser auflösen. Weizen fein mahlen. In die Mitte eine Kuhle drücken, Hefewasser mit einem Teil Mehl zu einem Brei verarbeiten und abgedeckt 15 Min. stehen lassen.

Hafer flocken. Sesam flocken (möglichst im Handflocker und ganz fein)! Alle Zutaten miteinander verkneten (Teigknetmaschine: 5-6 Min.). Zu einer Kugel unter Spannung formen, abgedeckt mit Gärfolie in einer Schüssel 40 Min. gehen lassen. Nochmals kräftig mit der Hand durchkneten. Zwei Untertassen bereitstellen, auf eine Sesam schütten, in die andere etwas Wasser gießen.

Teig vierteln (jeweils etwa 240 g), jedes Viertel zu einer Kugel unter Spannung formen und mit jeder Kugel wie folgt fortfahren: Zu einem Rechteck ausrollen, Teigdicke etwa 1/2 cm, etwa doppelt so lang wie breit. Der Länge nach mit einem Teigrädchen in vier Streifen schneiden. Jeden Streifen um sich selbst verdrehen, die Enden schließen und zusammendrücken. Den Ring erst kurz in das Wasser auf der Untertasse halten. Ohne ihn umzudrehen, in den Sesam drücken. Mit dem Sesam nach oben auf ein mit Dauerbackfolie ausgelegtes Backblech legen (reicht für 2 Bleche). Beide Bleche mit Gärfolie abdecken.

Ofen 20 Min. auf 250 °C (Umluft) vorheizen, auf dem Boden steht eine ofenfeste Form mit Wasser. Beide Bleche einschieben und bei 225 °C 16-20 Min. backen (Klopfprobe machen). Auf ein Kuchengitter geben und auskühlen lassen. Schmecken auch warm sehr lecker!

4091. Brokkoli la Thaia, Mai 2010

Vegan; schnell; 1-2 Hauptspeisen.

- 200 g Kokosmilch
- 200 g Wasser
- 1/2 TL Lavendel-Curry (3982 o. Ä.)
- 1 TL Rosensalz (4/2789 o. Ä.)
- 250 g Kartoffeln
- 200 g Brokkoli
- 3 EL Kokosraspeln (35 g)
- 2 EL Sonnenblumenöl

Kokosmilch und Wasser in einer ofenfesten Pfanne mit Curry und Salz verrühren. Kartoffeln unter fließendem Wasser gut abbürsten und in Scheiben schneiden, in die Pfanne legen. Brokkolistrunk in feine Scheiben schneiden, den Rest in Röschen teilen und auf die Kartoffeln schichten. Deckel auflegen und auf den Gitterrost im Ofen geben. Bei 225 °C (Umluft) 45 Min. lang backen. Mit Kokosraspeln bestreuen, mit etwas Öl beträufeln und 10 Min. grillen.

4092. Porridge, Mai 2010

Ca. 25 Min.; Teil eines Frühstücks für eine Person.

- 30 g Nackthafer
- 250 g Wasser
- 1 Prise Salz
- 1 EL Sahne
- 1-2 TL Honig

Hafer flocken. Mit Wasser und Salz zum Kochen bringen. Herdplatte abschalten und bei geschlossenem Deckel ca. 15-20 Min. quellen lassen. In einer kleinen Schüssel mit Sahne und Honig verrühren. Warm essen.

Tipp: *Wer möchte, nimmt statt Honig etwas rohen Agavennektar. – Eine kleine Prise gem. Vanille macht daraus schon fast ein „Luxusporridge".*

4093. Kartoffeln in Flocken (mit scharfen Rotkrautschiffchen), Mai 2010

Vegan; ca. 25 Min.; 1 Hauptspeise.

Kartoffeln:

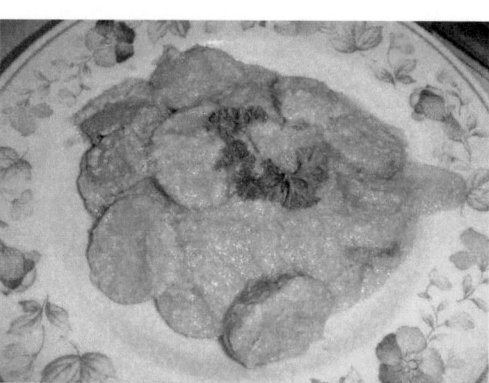

- 15 g Kokosöl (1 EL)
- 70 g Wasser
- 175 g Kartoffeln
- 15 g Sonnenblumenkerne
- 20 g Hirse
- 1 TL Maldon-Räuchersalz (o. Ä.)
- 120 ml Wasser
- etwas Petersilie

Salat:

- 145 g Rotkohl
- 1 Prise Kräutersalz (3/2008)
- 15 g Kerbelwürze (3728 o. Ä.)
- 10 g Rosmarinöl (5/3617 o. Ä.)
- 1 TL Zitronensaft
- 55 g Chinakohl (2 Blätter)
- etwas Petersilie

Kartoffeln: Öl und Wasser in eine Pfanne geben. Kartoffeln halbieren oder in Scheiben schneiden, in die Pfanne geben. Deckel auflegen, auf höchster Einstellung erhitzen, bis Dampf unter dem Deckel austritt. Auf kleinster Einstellung, ohne den Deckel zu öffnen, 14 Min. dünsten.

Kerne und Hirse zusammen flocken (in einem robusten Handflocker). Mit Salz und Wasser verrühren, quellen lassen. Unter die heißen Kartoffeln rühren, einmal aufkochen. Auf einen Teller geben und mit etwas Petersilie dekorieren.

Erst den **Salat** zubereiten und essen: Rotkohl mit Salz, Kerbelwürze, Öl und Zitronensaft fein raffeln. Die beiden Chinakohlblätter auf einen großen Teller legen, mit einem EL die Rotkohlmasse in die Blätter setzen, mit etwas Petersilie bestreuen.

4094. Kartoffeltarte mit Mungspitzen, Mai 2010

Vegan; Sprosszeit; + ca. 45 Min.; 1 Hauptspeise.

Teig:
- 75 g Dinkel
- 2-4 g frische Hefe
- 1 EL Olivenöl
- 50 g Wasser
- 1 Prise Salz
- 75 g Kartoffeln
- 1 Knoblauchzehe

Belag:
- 30 g Sonnenblumenkerne
- 2 TL Zitronensaft
- 1-2 Prisen Salz
- 20 g Sonnenblumenöl
- 100 g Wasser
- 10-15 g Sesamsaat

Salat:
- 65 g Mungbohnensprossen
- 15 g Petersilie
- 50 g Möhre
- 60 g Spargel (netto)
- 1-2 Prisen Salz
- 2 TL Zitronensaft
- 2 EL Kürbiskernöl

Tarte: Dinkel fein mahlen, mit Hefe, 1 EL Öl, 50 g Wasser und 1 Prise Salz gut verkneten. Zu einer Kugel unter Spannung formen, abdecken und 30 Min. gehen lassen. Kartoffel unter fließendem Wasser abbürsten, Knoblauch schälen. Beides in feine Scheiben schneiden.

Eine kleine Pizzaform (22-24 cm) mit Öl einpinseln. Den Teig auf bemehlter glatter Fläche mit Hilfe von Streumehl etwa in Größe der Pizzaform mit der Hand auseinanderdrücken. Auf die Hälfte, dann auf ein Viertel klappen, in die Form transportieren und wieder auseinanderklappen (muss dafür gut gemehlt sein). In die Form drücken. Kartoffeln und Knoblauch gleichmäßig darauf verteilen.

Belagzutaten (ohne Sesam) in einem kleinen Mixer ganz homogen schlagen (erst nur mit der Hälfte Wasser). Über die Kartoffeln gießen, mit Sesam bestreuen. Auf den Gitterrost im kalten Ofen stellen, 25 Min. bei 225 °C (Heißluft) backen.

Salat: Für den Salat Petersilie, vorgeschnittene Möhre und geschälten vorgeschnittenen Spargel im Zerkleinerer fein raffeln. Mit abgetropften Mungbohnensprossen, Salz, Zitronensaft und Öl verrühren.

4095. Löwenmeisters Brokkolipesto, Mai 2010

Vegane Rohkost; ca. zwei Honiggläser.
- 50 g Löwenzahnblätter
- 1 Ästchen Waldmeister (hatte ich im eigenen Garten)
- 70 g Sonnenblumenkerne
- 290 g Brokkoli
- 1 Knoblauchzehe
- 1 EL Salz (20 g)
- 150 g Olivenöl

Herstellung im TM: Löwenzahnblätter waschen und abtropfen lassen. Alle Zutaten bis auf das Öl in den Thermomix geben, auf Stufe 4 (1 Min.) und ansteigend bis 6 schlagen. Öl hinzugeben und weiter zerkleinern. Die Nüsse bleiben etwas grob (wer sie feiner möchte, muss sie vorher fein mahlen). In kleine Gläser geben. Oberfläche mit Öl begießen. Im Kühlschrank aufbewahren. Pestos halten meiner Erfahrung nach locker bis zu einem halben Jahr.

Tipp: Ohne TM dieses Pesto in einem Mixer oder einer Küchenmaschine herstellen. – Eignet sich als Dip- und Dressinggrundlage, schmeckt aber auch sehr lecker als Aufstrich.

4096. Würzhaferschwarzbrot, Mai 2010

Vorteig:

- Sauerteig (ca. 200 g)
- 550 ml Wasser
- 500 g Roggen

Teig:

- 400 g Roggen
- 150 g Nackthafer
- 1 EL Fränkisches Brotgewürz (o. Ä.)
- 1 geh. EL Salz
- 50 g Sesamkörner
- 50 g Sonnenblumenkerne
- 100 g Leinsamen
- 1 EL Honig (50 g)
- 2 EL Olivenöl (25 g)
- 310 g Wasser
- etwas Butter für die Form

Vorabend: Roggen fein mahlen. Alten Sauerteigansatz, Wasser und Roggen in der Teigknetmaschine 2 Min verrühren. Die Schüssel in eine Plastiktüte stecken und auf der Fensterbank etwa 10-12 Std. stehen lassen.

Backtag: Morgens von dem Sauerteig 150 g abnehmen und in einem Glas mit Schraubdeckel im Kühlschrank als neuen „Starter" aufbewahren. Roggen schroten (Stufe 5/9, Hawos Novum), Hafer flocken.

Mit dem restlichen Sauerteig, den Gewürzen, Öl, 310 g Wasser, Salz und Honig in der Teigknetmaschine 10 Min. kneten lassen. Teigschüssel mit Plastik abdecken und 2 Std. stehen lassen. Nochmals 2 Min. kneten.

Eine große Profi-Kastenform einfetten und den Teig hineinfüllen, mit Wasser einsprühen. Form mit Gärfolie abdecken und 90 Min. ruhen lassen. Ofen 20 Min auf 250 °C (Umluft) vorheizen, das Kuchengitter ist bereits im Ofen. Brot in den Ofen schieben, 30 Min. backen und auf 170 °C herunterschalten. 30 Min. backen, aus der Form nehmen (Klopfprobe). Auf dem Boden des Ofens steht eine ofenfeste Form mit Wasser.

Auf ein Kuchengitter stürzen, mit Wasser einsprühen und abkühlen lassen. Erst am nächsten Tag anschneiden.

Tipp: Form unbedingt groß genug wählen.

4097. Schnittlauch-Kartoffeln, RotTomGrün-Salat, Mai 2010

Vegan; 1 Hauptspeise.

Kartoffeln:

- 20 g Kokosöl
- 80 g Wasser
- 290 g Kartoffeln (netto)
- 10 g Schnittlauch
- 2 Prisen Salz
- etwas frisch gem. schwarzer Pfeffer

Salat:

- 65 g Kopfsalat
- 2 kleine Tomaten (70 g)
- 45 g Rotkohl
- 2-3 EL Kürbiskernöl
- 2 TL Apfelessig
- Salz

Kartoffeln: Wasser und Kokosöl in eine Pfanne geben. Kartoffeln unter fließendem Wasser abbürsten, in Scheiben schneiden und in die Pfanne geben.. Als Gemüsepfanne 15 Min. dünsten. (In der Zwischenzeit Salat zubereiten und essen.) Salzen, pfeffern und gehackten Schnittlauch unterziehen. Servieren.

Salat waschen, trockenschleudern, kleinschneiden und auf einem großen Teller verteilen. Tomaten in Scheiben schneiden, darauf verteilen, gehackten Rotkohl darüberstreuen. Salz dazu geben, Öl und Essig darüber träufeln.

4098. Porree-Dhal, Juni 2010

Vegan; schnell; 1-2 Hauptspeisen.

- 80 g rote Linsen
- 260 g Porree
- 115 g Zwiebel (netto)
- 135 g Kartoffel
- 60 g Kokosmilch
- 440 g Wasser
- 1 TL Rosensalz (4/2789)
- 1 TL Gemüsebrühextrakt (3825)
- 1 TL Lavendelcurry (3982 o. Ä.)

Porree und Kartoffeln säubern. Zwiebel schälen. In die Pfanne geben wie folgt: Linsen/Porree/Zwiebel/Kartoffeln. Rest miteinander verquirlen, drüber gießen. Deckel auflegen und auf den Gitterrost in den kalten Ofen geben. Bei 225 °C (Umluft) 45 Min. lang backen.

***Tipps:** Zwiebeln möglichst klein schneiden, sie garen am schlechtesten.*

4099. Rotkohlhirseauflauf, Juni 2010

Vegan; 1-2 Hauptspeisen.

- 65 g Hirse
- 210 g Rotkohl
- 1 kleiner Apfel (85 g)
- 30 g Cashewnüsse
- 250 g Wasser
- 2 EL Sonnenblumenöl
- 1 TL Gemüsebrühextrakt (3825)
- 1 TL Kräutersalz (3/2008)
- 1/2 TL Senf
- 1-2 EL Haselnussöl (o. Ä.)

Hirse in eine feuerfeste Form (z. B. eine Alugusspfanne) geben. Rotkohl und Apfel kleinschneiden, mischen und mit den Cashewnüssen darüber verteilen. Die restlichen Zutaten (bis auf das Haselnussöl) miteinander verquirlen und über das Gemüse gießen. Deckel auflegen und im Ofen auf dem Gitterrost 1 Std. bei 225 °C backen. Einen Teller füllen und mit etwas Haselnussöl beträufeln.

***Tipp:** Bei dieser Flüssigkeitsmenge wird alles gar, die Hirse setzt jetzt leicht gebräunt am Pfannenboden an, so ähnlich wie man das vom persischen Reis kennt. Das ist lecker - aber wer das nicht möchte, muss etwas mehr Wasser nehmen.*

4100. Herber Orangendip, Juni 2010

Vegan; ca. 5 Min.; passt gut zu Bratkartoffeln.

- 30 g Sonnenblumenkerne
- 1 gestr. TL Kräutersalz (3/2008)
- 20 g Sonnenblumenöl
- 6 g Zitronensaft (2 TL)
- 75 g Wasser
- 30 g Salzorange (4056)
- 2 TL Gomasio (3928)

Alle Soßenzutaten, erst nur mit 50 g Wasser, mit Hilfe eines kleinen Mixers 30 Sek. lang gut mixen. Dann das restliche Wasser hinzugeben, nochmals 25 Sek. mixen.

***Hinweis:** Reste lassen sich gut in ein Salatdressing einarbeiten.*

4101. Kohlrabipuffer, Juni 2010

Vegan; ca. 45 Min.; 1 Hauptspeise (7 Puffer)

- 100 g Dinkel
- 20 g Sonnenblumenkerne
- 1 gestr. TL Maldon Räuchersalz (o. Ä.)
- 20 g Sonnenblumenöl
- 6 g Essig
- 60 + 150 g Wasser
- 1 kleine Kohlrabi (200 g brutto)
- ein paar Scheiben Möhre
- etwas Rote-Bete-Salz (3897)
- 4-6 TL Kokosöl

Dinkel fein mahlen. Sonnenblumenkerne, Räuchersalz, Öl, Essig und 60 g Wasser im größeren Becher eines kleinen Mixers sehr gut mixen (ca. 40 Sek.). Rest Wasser, dann in zwei Portionen das Mehl untermischen. In eine Schüssel füllen. Kohlrabi schälen, in dünne Scheiben und dann in feine Streifen schneiden, unter den Teig rühren. Einen gehäuften TL Kokosöl in einer Pfanne (bei mir eine keramikbeschichtete) auf recht hoher Stufe heiß werden lassen, 3 Kleckse Teig hineinsetzen. 3 Min. braten, wenden und nochmals 3 Min. braten. Neues Fett in die Pfanne geben und weiter backen, die Hitze kann jetzt etwas herunter gestellt werden.

Die Puffer mit Möhrenscheiben garnieren.

Hinweis: *Gut dazu passt, ein süßer Chutney oder selbstgemachter Ketchup.*

4102. Salatcreme Zimtvorrat, Juni 201

Zubereitungszeit ca. 5 Min.

- 2 TL schwarzen Pfeffer ganz
- 4 gestr. TL Koriander ganz
- 6 TL Salz
- 8 TL getr. Gemüse oder Kräuter
- 2 TL getr. Orangenschale
- 1 gestr. TL Zimt
- 560 g Sonnenblumenöl
- 350 g Apfelessig
- 2-3 EL Honig (105 g)
- 4 TL Senf scharf (40 g)

Pfeffer, Salz, getrocknetes Gemüse, getr. Orangenschale und Koriander im größeren Becher des Mixers mit dem flachen Messer fein mahlen. Mit Salz und Zimt mischen. Mit den restlichen Zutaten in den Thermomix geben und sehr gut durchschlagen (3 Min auf Turbo). In Gläser mit Schraubdeckel geben, verschließen und im Kühlschrank aufbewahren.

Tipps: Jedes andere Öl eignet sich genauso gut. Wer Pfeffer und Koriander nur gemahlen hat, nimmt die entsprechende Menge (etwas weniger) gemahlen. Die Soße ist dicklich und lässt sich gut mit geschlagenen saftigen Früchten, Wasser oder Sahne verlängern.

4103. Erdbeeraroma, Juni 2010

1 Hauptspeise.

- 450 g Erdbeeren

Soße:

- 20 g Sahne
- 20 g Cashewnussmus (3/1706)
- 30 g (roher) Agavennektar

Erdbeeren waschen, abtropfen lassen und in eine Schüssel geben. Die Soßenzutaten in einem kleinemn Mixer sehr gut durchschlagen und in eine kleine flache Schale umgießen. Zu den Erdbeeren reichen. Man kann sie dann am Stiel packen und in die Soße dippen.

Tipp: *Anderes Nussmus schmeckt sicher auch; wer mag, kann noch mit ein bisschen Carob würzen.*

4104. Blitzcarobade, Juni 2010

Zubereitungsdauer: ca. 3 Min.

- 1 geh. TL Carob
- 1 geh. TL Mandelmus
- 2 TL Orangenblütenhonig
- Wasser

Carob, Nussmus und Honig in einer größeren Tasse verrühren. Mit kochendem Wasser aufgießen und gut verrühren.

4105. Blumenkohl mit Hirse, Juni 2010

Vegan. 3-4 Std. einweichen + 10 Min.; 1 Hauptspeise.

- 95 g Hirse
- 260 g Wasser
- 25 g marokkanische Salzzitronen (5/3653)
- 260 g Blumenkohl
- 50 g Möhre
- 30 g Sonnenblumenkerne
- 1 TL Salz
- 2 EL Sonnenblumenöl

Hirse in Wasser einweichen. Salzzitronen unterrühren. Blumenkohlröschen & Möhrenscheiben darauflegen, Kerne drüber streuen. Deckel auflegen, auf höchste Einstellung und aufkochen. Weiter als Gemüsepfanne 16 Min. dünsten.

Mit Salz bestreuen, Öl drüber träufeln.

Tipp: So wird mit einem bisschen Extragewürz ein ganz normales Essen apart.

4106. Saure Chamoffeln, Juni 2010

Vegan; 1 Hauptspeise.

- 15 g Kokosöl (1 TL)
- 50 g Wasser
- 20 g Apfelessig
- 180 g Kartoffeln
- 15 g Zwiebeln (netto)
- 135 g Champignons

- etwas Kräutersalz (3/2008)
- 1 geh. TL Dinkelmehl
- 1 EL Wasser
- etwas Petersilie
- etwas Dressing

Wasser und Kokosöl in eine Pfanne geben. Kartoffeln unter fließendem Wasser gut abbürsten und in Scheiben schneiden und in die Pfanne geben. Zwiebeln würfeln, Champignons (Schmutz abbürsten) in Scheiben schneiden und auf die Kartoffeln legen. Bei höchster Einstellung zum Kochen bringen. Sobald Dampf unter dem Deckel entweicht, auf kleinste Einstellung drehen und 15 Min. dünsten. (In der Zwischenzeit einen Salat zubereiten und essen.) Salzen und Rest eines Dressings unterziehen. Mehl in 1 EL Wasser verrühren, unter die Kartoffeln rühren und einmal kurz aufkochen. Auf einen Suppenteller geben, ggf. mit Petersilie dekorieren.

4107. Blitzschokolade Nr. 2, Juni 2010

Vegan; ca. 3 Min.

- 1 TL Kakaopulver
- 1 TL Cashewnussmus (3/1706)
- 1 EL (roher) Agavennektar
- Wasser

Kakao, Nussmus und Agavennektar in einer größeren Tasse verrühren. Mit kochendem Wasser aufgießen.

4108. Feinschrotbrot, Juni 2010

Für vier Profi-Brotbackformen (4 x 1300 g)

Vorteig:
- Sauerteig (ca. 150 g)
- 900 g Roggen
- 1000 g Wasser

Hauptteig:
- 1000 g Roggen
- 650 g Weizen
- 1 EL Koriander ungemahlen
- 400 g Sonnenblumenkerne
- 50 g Olivenöl
- 2 EL Salz (55 g)
- 50 g Honig
- 1300 g Wasser

Vorabend: 900 g Roggen schroten (Stufe 3/4, Hawos Novum), mit Sauerteig und 1000 g Wasser in der Knetschüssel der Teigknetmaschine 4 Min. verrühren lassen. Die Schüssel in eine Plastiktüte stecken und auf der Fensterbank etwa 10-12 Std. stehen lassen.

Backmorgen: Von dem Sauerteig 150 g abnehmen und in einem Glas mit Schraubdeckel im Kühlschrank als neuen „Starter" aufbewahren. 1000 g Roggen schroten (Stufe 4/9 Hawos Novums), Weizen mit Koriander fein mahlen (Koriander als erstes mit mahlen). Alle Zutaten zu dem Vorteig geben und verrühren lassen (10 Min. in der Maschine). Zwei Std. gehen lassen (in Plastiktüte).

Butter zerlassen und die Kastenformen damit einfetten. Teig hineinfüllen, einschneiden, mit Wasser einsprühen und wieder in der Plastiktüte 90 Min. gehen lassen. Ofen 20 Min. auf 250 °C (Umluft) vorheizen. Brote in den Ofen schieben und 20 Min. bei 250 °C backen, dann 30 Min. bei 200 °C und schließlich noch 15 Min. auf 175 °C backen. Auf dem Boden des Ofens steht eine ofenfeste Form mit Wasser.

Auf ein Kuchengitter stürzen (Klopfprobe), mit Wasser einsprühen und abkühlen lassen.

Tipp: Verwendet man gem. Gewürze, gibt man dese mit dem Salz unter das Mehl.

4109. Wirsing mit Sauce, Juni 2010

Vegan; ca. 30 Min.; 1 Hauptspeise.
- 150 g Wasser
- 1 TL Gemüsebrühextrakt (3825)
- 200 g Wirsing
- 100 g Gemüsezwiebel
- 15 g Walnüsse

Soße:
- 40 g Scharfe Dauerpflaumen (3848)
- 35 g Sonnenblumenkerne
- 2 TL Zitronenschaum (5/3586)
- 1 TL Kräutersalz (3/2008)
- 50+50 g Wasser

Wasser und Extrakt in eine Pfanne, darauf Wirsing, Zwiebel, Walnüsse. Als Gemüsepfanne 15-16 Min. dünsten. Soßenzutaten im kleinen Mixer. Unterrühren, aufkochen.

4110. Orangengötterspeise, Juni 2010

2-3 Desserts.

- 2 Orangen (= 200 ml Saft)
- 200 ml Wasser
- 1 TL Agar Agar
- 2 EL Kokosraspeln
- 4-6 TL Zitrone
- 50-70 g Honig
- zur Dekoration: Gojibeeren

Orangen schälen und in einem kleinen Mixer „verflüssigen". Agar Agar mit 2 EL Wasser verrühren. Das restliche Wasser einrühren, zum Kochen bringen und 2 Min. köcheln lassen. Vom Herd nehmen und Orangensaft, Zitronensaft, Kokosraspeln und Honig einrühren. In Schüsselchen gießen, am Rand Gojibeeren entlang legen. Abkühlen lassen und in den Kühlschrank stellen.

Hinweis: Die Menge von Zitronensaft und Honig richtet sich nach Süße- bzw. Säuregehalt der Apfelsinen.

4111. Cannelloni auf Vorrat + Linsensalat, Juni 2010

Vegan; 4 Portionen (6 Cannelloni); drei Portionen ohne Soße waren eingefroren; 48 Std. Keimzeit für Linsen.

Teig:
- 180 g Dinkel
- 20 g Leinsamen
- 2 Prisen Salz
- 3 EL Sonnenblumenöl
- 90 g Wasser

Füllung:
- 75 g Haselnüsse
- 200 g Champignons
- 4 EL Nackthafer
- 2 EL Sonnenblumenöl
- 1-2 Prisen Salz
- frisch gem. Pfeffer

Soße:
- 120 Sonnenblumenkerne
- 50 g Zitronensaft
- 1 TL Salz
- 70 g Öl
- 2 geh. TL Paprika edelsüß
- 1000 g Wasser

Salat:
- 200 g Linsensprossen
- 4 Stangen Spargel (240 g netto)
- 280 g Champignons
- 80 g Möhrenscheiben

Dressing:
- 120 g Löwensalatcreme (4064)
- 80 g Senfrosinen (3992 o. Ä.)
- 4 TL Zitronensaft
- 120 g Wasser

Dinkel mit Leinsamen mischen und fein mahlen. Mit Salz, 90 g Wasser und 3 EL Öl zu einem glatten Teig verarbeiten. Abgedeckt 1 Std. ruhen lassen. Für die Füllung Haselnüsse und Champignons fein hacken, Hafer flocken. Flocken, Champignonmasse, Öl, Salz und Pfeffer und Wasser verrühren. Den Teig vierteln. Jedes Viertel dünn und in der Breite der Lasagneform ausrollen. Dann in sechs Teile längs schneiden, jedes Teil ausrollen. Der Länge nach mit Füllung belegen. Den Teig zu einer Rolle über die Füllung schlagen, festdrücken und je 6 Stück in eine Lasagneform legen.

Soßenzutaten im TM verschlagen. Je ein Viertel über die Cannelloni gießen. In den kalten Ofen auf den Gitterrost setzen, bei 225 °C (Umluft) 30 Min. backen.

Für den Salat: Linsensprossen auf vier Tellern verteilen, Spargel schälen, in Scheiben schneiden und einen Rand um die Sprossen legen. Champignons in Scheiben schneiden, auf die Linsen häufeln. Salatsoßenzutaten im großen Becher eines kleinen Mixers gut verquirlen und über den Salat geben. Möhrenscheiben als farbigen Kontrast oben drauf geben.

Zum Einfrieren: Die Cannelloni dicht mit Haushaltsfolie abdecken. Jeweils eine Form in eine Plastiktüte stecken und so einfrieren. Rechtzeitig auftauen und dann frische Soße darüber gießen.

4112. Mungäne Champignons, Juni 2010

Vegan; 8-10 Std. einweichen; Sprosszeit Dinkel + ca. 30 Min.;
1 Hauptspeise.

Gemüse:

- 75 g Mungbohnen
- 180 g Wasser
- 35 g Champignons
- 25 g Zwiebel (netto)
- etwas Kräutersalz (3/2008)
- 2 EL Sonnenblumenöl

Salat:

Dressing:

- 10 g Haselnüsse
- 1 gestr. TL Kräutersalz (3/2008)
- 15 g Rhabarber
- 10 g Zitronensaft
- 2 EL Sonnenblumenöl
- 1 Löwenzahnblüte aus „Gelbgezahnter Honig" (4035)
- 1-2 TL (roher) Agavennektar
- 30 ml Wasser

Feste Zutaten:

- 65 g grüner Salat
- 90 g Dinkelsprossen
- 1 Tomate (115 g)

Mungbohnen 8-10 Std. in 180 ml Wasser einweichen. Champignons in dünne Scheiben schneiden, Zwiebel würfeln und zu den Bohnen geben. Zum Kochen bringen, anschließend auf kleiner Einstellung 16 Min. garen. Salz und Öl unterrühren.

Salat zubereiten und als Erstes essen: Dressingzutaten in einem kleinen Mixer gut verquirlen. Salat waschen, abtropfen lassen und trockenschleudern. In Streifen schneiden und auf einen großen Teller legen. Sprossen darüber verteilen. Tomate halbieren, jede Hälfte in Scheiben schneiden. Gefächert jeweils auf eine Seite des Tellers legen. Dressing darüber verteilen.

4113. Gomasiogemüsepfanne, Juni 2010

Vegan; mit Beilage 1 Hauptspeise.

Gemüse:

- 65 g Wasser
- 135 g Champignons
- 2 kleine Cocktailtomaten
- 90 g Möhre
- 100 g Wirsing

Soße:

- 20 g Sonnenblumenkerne
- 1 EL Gomasioöl (3928 oder Gewürz + Öl)
- 1 kleine Mandarine (50 g netto)
- 35 g Wasser
- 1 TL Kräutersalz (3/2008)

Wasser in eine Pfanne geben. Gemüse ggf. putzen und kleinschneiden, in die Pfanne legen. Bei höchster Einstellung zum Kochen bringen. Sobald Dampf unter dem Deckel entweicht, auf kleinste Einstellung drehen und 15 Min. dünsten. In der Zwischenzeit die Soßenzutaten 40-50 Sek. in einem kleinen Mixer verquirlen. Unter das Gemüse rühren, evtl. einmal aufkochen.

4114. Reis mit Salatdressing, Juni 2010

Vegan; 12 Std. einweichen + ca. 40 Min.; 1 Hauptspeise.

Reis:
- 100 g Rundkornnaturreis
- 250 g Wasser
- 20 g Kokosöl
- 15 g Zwiebel (netto)

Gemüse:
- 50 g Kopfsalat
- 20 g Möhre
- 100 g Tomate (1 größere)

Deko: Etwas Petersilie

Dressing:
- 1 Stück Apfel (40 g)
- 10 g Rhabarber
- 10 g Haselnüsse
- 1 TL Gartenmix (3783)
- 25 g Sonnenblumenöl
- 1 TL Zitrone
- 1 gestr. TL Kräutersalz (3/2008)
- 50 g Wasser

Reis in 250 g Wasser 8-12 Std. einweichen. Im Einweichwasser bei geschlossenem Deckel zum Kochen bringen, auf niedrigster Stufe dünsten, bis alles Wasser aufgesogen ist (ca. 30 Min.). Dann etwas Salz unterrühren.

Dressingzutaten in einem kleinen Mixer gut verquirlen. Kopfsalat waschen, trockenschleudern und in Streifen schneiden. Auf einem großen flachen Teller verteilen, 4 EL Dressing darüber geben. Möhre raffeln, in die Mitte geben. Tomate halbieren, jede Hälfte in Scheiben schneiden und fächerartig auf zwei Seiten des Tellers geben. Nochmals 2 EL Dressing darauf verteilen.

Reis auf einen Teller geben, mit etwas Petersilie dekorieren. An den Rest das restliche Dressing gießen.

4115. Apridip-Kartoffeln mit Sommersalat, Juni 2010

Vegan; 1 Hauptspeise.

Apridipip:
- 20 g Sonnenblumenkerne
- 1 gestr. TL Kräutersalz (3/2008)
- 1 Knoblauchzehe (geschält)
- 20 g Öl
- 3 TL Apfelessig
- 1 Aprikose (40 g netto)
- 30 g Wasser

Kartoffeln:
- 190-200 g Kartoffeln
- 20 g Olivenöl
- etwas Kräutersalz (s. o.)
- frisch gem. Pfeffer

Salat:
- 65 g Chinakohl
- 1 Stange Spargel (40 g geschält)
- 50 g Erdbeeren (netto)
- 20 g Möhre
- 30 g Zucchini
- 2 Prisen Kräutersalz
- frisch gem. Pfeffer
- 3 TL Apfelessig
- 2-3 EL Sonnenblumenöl

Dip: Dipzutaten in einem kleinen Mixer zu einer homogenen Masse schlagen (ca. 1 Min.).

Kartoffeln: Olivenöl in eine 20-cm keramikbeschichtete Pfanne geben. Kartoffeln unter fließendem Wasser gut abbürsten und in 8-10 mm dicke Scheiben schneiden und nebeneinander in die Pfanne legen. Bei höchster Einstellung zum Kochen bringen. Sobald Dampf unter dem Deckel entweicht, auf kleinste Einstellung drehen und 15 Min. dünsten. (In der Zwischenzeit Salat zubereiten und essen.) Salzen, pfeffern, umdrehen und noch ein paar Min. auf höchster Einstellung ohne Deckel rösten. Auf einen Teller geben, Dip daneben klecksen. Der Dip ist reichlich!

Salat: Chinakohl in feine Streifen schneiden, auf einen Teller legen. Geschälten Spargel, gewaschene Erdbeeren und Möhre in Scheiben schneiden, auf dem Chinakohl verteilen. Zucchini in feine Scheiben zerteilen und am Rand auslegen. Salz, pfeffern und Essig sowie Öl darauf träufeln.

4116. Champignoffelcremesuppe, Juni 2010

Vegan; 30-35 Min. im TM; 4 Hauptspeisen.

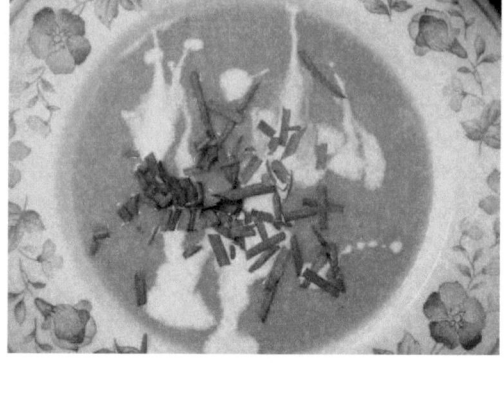

- 320 g Champignons (weiße und braune)
- 1 Zwiebel (70 g netto)
- 200 g Kartoffel
- 1 große Knoblauchzehe (10 g)
- 1 Liter Wasser (1000 g)
- 1 EL Gemüsebrühextrakt (3825)
- 1-2 TL Salz
- 1 TL Koriandersenf (4029 o. Ä.)
- 6 TL Zitronensaft
- 3 EL Sonnenblumenöl
- Knoblauchschnittlauch zur Dekoration
- Ggf. Sahne

Champignons ggf. putzen (Schmutz mit einem Pinsel abstauben, nicht waschen!), Kartoffeln unter fließendem Wasser abbürsten, Knoblauchzehe schälen. Kartoffeln grob vorschneiden. Das gesamte Gemüse raffeln (TM: 20 Sek./Stufe 4). Wasser und Gemüsebrühextrakt hinzugeben und garen (15 Min./100 °C/Stufe 1).

Salz, Senf, Zitronensaft und Öl hinzugeben und pürieren (20-30 Sek./Stufe 8, langsam hochdrehen und kleinen Deckel gut festhalten). Teller füllen, mit Knoblauchschnittlauch bestreuen, wer mag, lässt 1-2 EL Sahne in die Suppe träufeln, sieht hübsch aus.

Tipp: Normaler Schnittlauch oder Petersilie geht genauso gut!

4117. Grünkrümelbrot, Juni 2010

Eine große 35 cm-Profiemail-Backform. Dies ist das Original für ein Rezept, das im Wunderkessel veröffentlicht wurde, ich habe es mit nur ganz geringen Abweichungen gebacken. Ich hoffe, dass die Autorin im Wunderkessel klar gemacht hat, dass das Rezept nicht von ihr ist. Ich habe es einem Buch entnommen, dessen Titel ich leider nicht mehr herausfinde, da ich ihn mir nicht auf die Kopie geschrieben hat. Ich bitte den bzw. die Autorin, falls sie dies hier sehen, dies mir nicht zu verübeln..

- 4 g Hefe
- 1000 g kaltes Wasser
- 1100 g Weizen
- 200 g Grünkern
- 1 EL gem. Brotgewürz
- 1 geh. EL Salz
- 60 g ungeschälter Sesam
- Butter für die Form
- 2-3 EL Leinsamen

Vorabend: Hefe mit dem Wasser in die Knetteigmaschine geben und 4-6 Min. verrühren, bis sich die Hefe gelöst hat. Getreide mischen und fein mahlen. Mit Brotgewürz, Salz und Sesam mischen, zu dem Hefewasser geben und 5 Min. kneten lassen. Die Schüssel in eine Plastiktüte stecken und auf der Fensterbank etwa 10-12 Std. stehen lassen.

Backmorgen: Nochmal durchkneten lassen (3 Min.), bis alle Luft entwichen ist. Brotform einfetten, mit Leinsamen ausstreuen und den Teig hineinfüllen. Mit Wasser einsprühen und wieder in der Plastiktüte 15 Min. gehen lassen. In dieser Zeit den Ofen auf 250 °C (Umluft) vorheizen. Brot in den Ofen schieben, Temperatur auf 225 °C stellen und 50 Min. backen. Auf dem Boden des Ofens steht eine ofenfeste Form mit Wasser. Auf ein Kuchengitter stürzen (Klopfprobe), mit Wasser einsprühen und abkühlen lassen.

Tipp: Der Teig lässt sich auch ohne Maschine herstellen: am Vorabend nur einmal gut durchrühren, am nächsten Morgen kneten, bis die Luft entwichen ist.

4118. Fruchtsalat Spargeltarzan, Juni 2010

Vegane Rohkost; leichte Speise für 2 Personen. – Eigentlich wollte eine Freundin zum Waffelessen kommen - aber uns war beiden zu warm, und sie wollte nur eine „Miniportion". Dies war das gelungene Ergebnis.

Feste Zutaten:

- 1 Apfel (105 g)
- 2 Aprikosen (80 g brutto)
- 1 Stange Spargel (45 g netto)
- 1 Banane (200 g brutto)
- 250 g Honigmelone (brutto)

Soße:

- 2 EL Zitronensaft
- 2 EL roher Agavennektar * (oder flüssiger Honig)

Dekoration:

- 2 EL Walnüsse

Aprikosen entsteinen, Spargel und Banane schälen und in Scheiben schneiden. Melone mit dem Löffel aus der Schale holen. Aprikosen und Apfel würfeln. Obst und Spargel auf zwei Schüsseln verteilen. Zitronensaft und Agavennektar verrühren, über das Obst verteilen, gut umrühren. Mit grob zwischen den Händen zerdrückten Walnüssen bestreuen. Vor dem Essen kalt stellen.

4119. Blumenkohl fruchtig in Cremesoße, Juni 2010

Rohkost; ca. 30 Min.; 3 Vorspeisen.

Feste Zutaten:

- 430 g Blumenkohl netto
- 3 Aprikosen (115 g brutto)
- 2 Äpfel (235 g)
- 1 Zweig Ingwerminze
- 50 g Walnüsse

Dressing:

- 30 g Sonnenblumenkerne
- 1 gestr. TL Salz
- 25 g Aprikosenkernöl
- 25 g Senfrosinen (3992 o. Ä.)
- 50 g Wasser
- 1 EL Apfelessig (15 g)

Dekoration:

- 2 Blatt Zitronenmelisse

Blumenkohl mit dem Messer in Scheibchen schneiden, Aprikosen entsteinen und mit den Äpfeln in Schnitze schneiden. Ingwerminze sehr fein hacken und alles mischen. Walnüsse zwischen den Händen gut zerdrücken und ebenfalls unterrühren. Die Dressingzutaten einem kleinen Mixer gut verquirlen und mit den festen Zutaten vermischen. Mit etwas Zitronenmelisse (oder Minze) dekorieren.

Tipp: Ingwerminze hatten mir Freunde aus eigenem Anbau mitgebracht, sie harmonisierte phantastisch zu der ganzen Rohkost. Sie ist sicherlich nicht an „jeder Ecke" zu bekommen. Im Zweifelsfall würde ich sie einfach weglassen, andere Minze passt nicht unbedingt so gut dazu. – Statt Aprikosenkernöl passt auch ein Nussöl oder einfach Sonnenblumenöl.

4120. Gartenkresse scharf, Juni 2010

- 50 g Gartenkresse *
- 1 TL Salz
- 1 TL Habaneros-Honig (4062 o. Ä.)
- 60 g Sonnenblumenöl
- 1 TL Löwensenf (10 g, 4025 o. Ä.)

Gartenkresse ggf. waschen und trockenschleudern. Mit Salz, Honig, Öl und Senf im kleinen Becher eines kleinen Mixers fein schlagen. In ein kleines Gläschen umfüllen, beschriften und im Kühlschrank aufbewahren.

* Ist eine winterharte Staude, schmeckt anders als gewöhnliche Gartenkresse.

4121. Liebstöckl-Kresse-Pesto, Juni 2010

Vegane Rohkost; 2 Honiggläser.

- 55 g Walnüsse
- 55 g Kürbiskerne
- 70 g Gartenkresse (s. Hinweis 4120)
- 130 g Liebstöckel
- 10 g Knoblauch (netto)
- 20 g Salz
- 125 g Sonnenblumenöl

Herstellung im Thermomix: Kräuter gründlich waschen und abtropfen lassen. Nüsse kurz zerkleinern (4 Sek./Stufe 8). Die Kräuter grob vorschneiden. Stängel, die nicht allzu hart sind, mit verwenden. Alle Zutaten in den Thermomix geben, auf Stufe 4 und ansteigend bis 6 schlagen. In mit kochendem Wasser „sterilisierte" Gläser geben. Oberfläche mit Öl begießen. Im Kühlschrank aufbewahren. – Pestos halten meiner Erfahrung nach bis zu 6 Monaten.

Tipp: *Eignet sich als Dip- und Dressinggrundlage, schmeckt aber auch sehr lecker als Aufstrich.*

4122. Würzschwarzbrot grünkernig, Juni 2010

Ansatz:

- Sauerteig (ca. 200 g)
- 550 g Wasser
- 500 g Roggen

Teig:

- 400 g Roggen
- 150 g Grünkern
- 1 EL Brotgewürz
- 1 geh. EL Salz
- 50 g Sesam ungeschält
- 50 g Sonnenblumenkerne
- 100 g Kürbiskerne
- 1 EL Honig (45 g)
- 3 EL Olivenöl (40 g)
- 320 g Wasser
- Butter für die Form

Vorabend: Roggen fein mahlen. Alten Sauerteigansatz, Wasser und Roggen in der Teigknetmaschine 2 Min. verrühren. Die Schüssel in eine Plastiktüte stecken und auf der Fensterbank etwa 10-12 Std. stehen lassen.

Backtag: Morgens 150 g vom Sauerteig abnehmen und in einem Glas mit Schraubdeckel im Kühlschrank als neuen „Starter" aufbewahren. Roggen und Grünkern mischen und mahlen. Mit dem restlichen Sauerteig, den Gewürzen, Öl, 320 g Wasser, Salz und Honig in der Teigknetmaschine 10 Min. verkneten. Teigschüssel mit Plastik abdecken und 2 Std. stehen lassen. Nochmals 3 Min. kneten.

Eine große Profi-Kastenform einfetten und den Teig hineinfüllen, gut einsprühen. Form mit Gärfolie abdecken und 90 Min. ruhen lassen. Ofen auf 250 °C (Umluft) vorheizen, das Kuchengitter ist bereits im Ofen. Brot in den Ofen schieben, 30 Min. backen und auf 170 °C herunterschalten. 30 Min. backen, aus der Form nehmen (Klopfprobe). Auf dem Boden des Ofens steht eine ofenfeste Form mit Wasser. Auf ein Kuchengitter stürzen, mit Wasser einsprühen und abkühlen lassen. Erst am nächsten Tag anschneiden.

4123. Oregano-Kokos-Streich, Juni 2010

Vegan.

- 20 g Oregano frisch (mit Ästen)
- 60 g Kokosöl
- 1 gestr. TL Salz
- 20 g Kokosraspeln

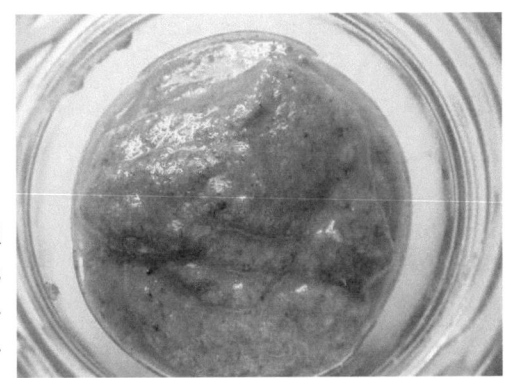

Herstellung im kleinen Mixer: Kräuter gründlich waschen und abtropfen lassen. Mit den anderen Zutaten im kleinen Becher des Mixers gut schlagen. Wenn die Masse glatt ist, in ein mit kochendem Wasser „sterilisiertes" Glas geben. Im Kühlschrank aufbewahren. – Pestos halten meiner Erfahrung nach locker bis zu einem halben Jahr.

Tipp: *Eignet sich auch zu Hülsenfruchtgerichten als Würze.*

4124. Liebstöckel-Aprikosen, Juni 2010

Vegane Rohkost

- 75 g Liebstöckel (inklusive Stängel, wenn sie nicht zu dick sind)
- 2 TL Salz (14 g)
- 200 g Öl
- 100 g getr. Aprikose
- 12 g Knoblauch (netto)

Liebstöckel ggf. waschen und trockenschleudern. Mit Salz und 50 g Öl in den großen Becher eines kleinen Mixers fein schlagen. Restliche 150 g Öl hinzugeben und nochmals gut durchschlagen. In ein mit kochendem Wasser ausgespültes Glas geben. Aprikosen vierteln und mit der Liebstöckelmasse verrühren. Im Kühlschrank aufbewahren.

4125. Oreganoöl, Juni 2010

- ca. 450-470 ml Sonnenblumenöl
- 4-5 Ästchen Oregano frisch

Oregano waschen und trocknen lassen.

In eine leere 0,5-Liter-Flasche geben und mit Öl auffüllen.

4126. Brotgewürz, Juni 2010

Dies sind zwei Vorschläge für Brotgewürze. Mit den Gewürzen lässt sich experimentieren. Mann kann auch die Gewürze beim Mehlmahlen mit in die Mühle zu geben. Nachteil: kleinere Mengen sind schwieriger zu dosieren, die Mühle nimmt Geruch an und sollte zur Reinigung z. B. mit Reis beschickt werden.

Geschrotet:

- 1 EL Koriander
- 1 EL Kümmel
- 1 EL Anis

Brotgewürz **geschrotet**: Die Gewürze locker mischen und flocken. (Handflocker lässt besser fein flocken). Wer keinen Flocker hat, kann die Gewürze auch kurz in einem kleinen Mixer hacken.

Gemahlen:

- 2 EL Koriander
- 1 EL Kümmel
- 1 EL Anis

Die 4 EL Gewürze locker vermischen und im kleinen Becher eines kleinen Mixers 60 Sek. mit dem flachen Messer mahlen. 10 Min. warten und nochmals 60 Sek. mahlen. Die Gewürze jeweils in ein kleines Glas mit Schraubdeckel geben und die Beschriftung nicht vergessen.

4127. Salat mit Brot, Juni 2010

Mungbohnen Keimen; 1 Hauptspeise, vor allem, wenn Zeit knapp.
Dressing:

- 2 EL Apfelessig
- 2 EL Aprikosenkernöl
- 1 EL Wasser
- 1 TL roher Agavennektar
- 1 Prise Salz
- Etwas frisch gem. schwarzer Pfeffer

Feste Zutaten:

- 1 Zweig schwarzer Basilikum
- 75 g Mungbohnensprossen
- 115 g Spitzkohl
- 10 g Kürbiskerne

Dressingzutaten in einer Schüssel mit einer Gabel gut verquirlen. Basilikum kleinhacken und unterziehen. Spitzkohl in feine Streifen schneiden, mit Sprossen und Kernen unter das Dressing mischen. Mit etwas Basilikum dekorieren. Zwei Scheiben Brot dazu reichen.

Tipps: *Aprikosenkernöl ist recht teuer. Genauso gut lässt sich ein anderes Nuss- oder hochwertes Öl nehmen. – Schwarzer Basilikum lässt sich durch „normalen" ersetzen.*

4128. Weißkohl mit Kirschreis, Juni 2010

Vegan; 8 Std. einweichen; evtl. Obst auftauen; + 35 Min.;
1 Hauptspeise.

Reis:

- 100 g Vollkornreis
- 250 g Wasser
- 1 TL Haselnussöl
- Salz
- 75 g Süßkirschen

Gemüse:

- 65 g Wasser
- 205 g Weißkohl
- 100 g Möhre
- Prise Kümmel
- Kirschsaft auffüllen auf 50 g
- 1 EL Gomasioöl (3928 o. Ä.)
- 1 TL Salz

Reis 8 Std. einweichen, mit Öl vermischen. Aufkochen, auf kleinster Flamme 30 Min. dünsten. Kirschen miterhitzen am Ende, nicht kochen. Salzen.

65 g Wasser in eine Pfanne geben. Gemüse kleinschneiden, mit Kümmel in die Pfanne geben. Auf größter Einstellung zum Kochen bringen, dann auf kleinster Einstellung 16 Min. dünsten. Dabei den Deckel nicht anheben. Flüssigkeit, Gomasio, Salz unterrühren.

4129. Grünkohl-Champion, Juni 2010

Beilage erforderlich; 1 Hauptspeise.

- 40 g Olivenöl
- 60 g Zwiebeln (netto)
- 230 g Champignons
- 140 g Grünkohl
- 1 TL Kräutersalz (3/2008)
- 1 TL Hamasio (3928)
- 1 Portion Kidneyketchup (4/2262)
- 100 g Wasser

Erst Zwiebeln, dann Pilze und Grünkohl im heißen Öl anbraten.

Salzen, 100 g Wasser hinzufügen und bei höchster Einstellung zum Kochen bringen. Sobald Dampf unter dem Deckel entweicht, auf kleinste Einstellung drehen und 15 Min. dünsten. Kidneyketchup und Homasio hinzufügen, einmal aufkochen.

4130. Mungpüree mit spitzer Pimpernelle, Juni 2010

48-60 Std. Keimzeit; + 20-25 Min. im TM; 1 Hauptspeise.

Mungbohnen:

- 300 g Wasser
- 100 g Mungbohnen
- 2 EL Erdnussmus (3/1751)
- 1/2 TL Salz
- 1 TL Gemüsebrühextrakt (3825)
- etwas Basilikum

Salat:

- 110 g Spitzkohl
- 1/2 Apfel (50 g)
- 5 g Pimpernelle
- 85 g Honigmelone
- 1 EL Löwensalatcreme (4064 o. Ä.)
- 1 MS Chili harrissari (3777)

Mungbohnen im Wasser einweichen. Mit Erdnussmus in den Mixtopf geben und garen (17 Min./100 °C/Stufe 1). Wenn 100°C erreicht sind, auf 90 °C stellen. Salz und Gemüsebrühextrakt hinzugeben, 20 Sek./Stufe 8 pürieren. Auf einen Teller geben, mit etwas Basilikum dekorieren.

Während die Mungbohnen köcheln, Salat zubereiten und essen: Spitzkohl in Streifen schneiden, Apfel würfeln und beides mit gehacktem Pimpernelle in einer Schüssel mischen. Dressingzutaten mit einem kleinen Mixer fein schlagen, über den Salat gießen und unterziehen. Mit etwas Pimpernelle dekorieren.

Tipp: *Ich habe die Pimpernelle geschenkt bekommen. Ein seltener Genuss! Schmeckt sicher auch mit Petersilie oder Schnittlauch.*

4131. Obstsalat mit Brot danach, Juni 2010

1 Hauptspeise.

Dressing:

- 20 g Sahne
- 15 g Cashewnussmus
- 10 g Blüten aus gelbgezahntem Honig (4035 o. Ä.)
- 10 g Honig
- 1 MS gem. Vanille

Obst:

- 100 g Erdbeeren (netto)
- 60 g Banane (netto)
- 2 Aprikosen (90 g netto)
- 80 g Honigmelone (netto)
- 2 Scheiben Brot

Dressingzutaten in einem kleinen Mixer gut vermixen. Obst vorbereiten: Erdbeeren waschen, Stiel und Blätter abzupfen, halbieren. Banane in Scheiben, entsteinte Aprikosen und Melone in Streifen schneiden. Mischen und mit dem Dressing übergießen. Danach gibt es zwei Scheiben Brot.

Tipp: *Die Sahne kann man auch weglassen, stattdessen etwas Wasser nehmen. – Die Obstzusammensetzung war sehr lecker, andere Kombinationen sind genauso gut möglich.*

4132. Spargel auf Sauerampfer, Juni 2010

Rohkost; 15 Min.; 1 Vorspeise.

Dressing:

- 14 g Zitronensaft
- 1 Aprikose (45 g netto)
- 1 TL Rote-Beete-Salz (3897 o. Ä.)
- 12 g Ingwerat (davon 10 g Ingwer) (3/1977)
- 10 g Aprikosenkernöl
- 20 g Walnussöl

Feste Zutaten:

- 50 g Sauerampfer
- 2 Stangen Spargel (120 g netto)
- 1/2 Avocado entsteint (75 g netto)

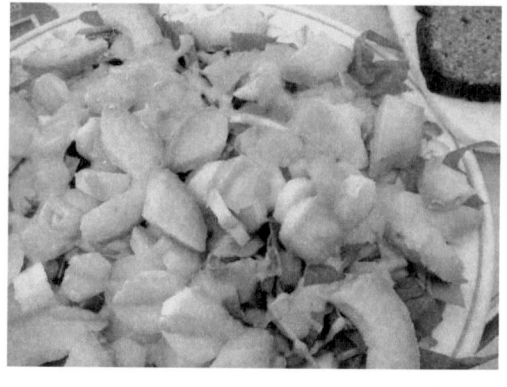

Dressingzutaten in einem kleinen Mixer gut vermixen (ca. 45 Sek.).

Sauerampfer waschen, in Streifen schneiden und auf einem großen Teller verteilen. Den Großteil des Dressings (bis auf ca. 2 EL) darüber geben. Spargel schälen, in Scheiben schneiden, auf dem Sauerampfer verteilen. Avocado halbiert in Scheiben schneiden und am Rand wie „Zähne" entlang legen. Mit dem Rest Soße beträufeln, in die Mitte noch etwas Sauerampfer legen.

Tipp: *Aprikosenkernöl ist recht teuer. Ich finde es lecker. Genauso gut lässt sich ein anderes Nuss- oder hochwertes Öl nehmen.*

4133. Sauerampfereis ohne Sahne, Juni 2010

Rohkost; 7 Portionen.

- 20 g Sauerampfer
- Saft und Fleisch von einer großen Zitrone (70 g)
- 1 Banane (140 g netto)
- 1 Avocado (180 g netto)
- 95 g Honig
- 30 g Cashewnussmus
- 40 g Wasser
- Dekoration: einige Kürbiskerne

Sauerampfer gründlich waschen und trockenschleudern. In ganz feine Stückchen schneiden. Zitrone auspressen. Mit geschälter Banane und Avocado (beides grob vorschneiden), Honig, Nussmus und Wasser ganz glatt in einem kleinen Mixer verschlagen. Dann noch kurz den Sauerampfer unterrühren. Je 2 EL in 7 Silicon-Muffinförmchen füllen. Ein oder zwei Kürbiskerne in jedes Eis stecken.

Auf einem Brettchen im Tiefkühlschrank festwerden lassen. Dann in einer verschließbaren Plastikdose aufbewahren. 15 Min. vor dem Essen aus dem Kühlschrank nehmen.

4134. Sauerampfereis mit Sahne, Juni 2010

7 Portionen.

- 20 g Sauerampfer
- Saft und Fleisch einer kleinen Zitrone (35 g)
- 50 g Honig
- 25 g Orangeat
- 250 g Sahne
- etwa 1,5 TL Orangeat als Dekoration

Sauerampfer gründlich waschen und trockenschleudern. In ganz feine Stückchen schneiden.

Zitrone auspressen. Mit Honig und Sauerampfer verrühren. Sahne mit dem Handrührgerät steif schlagen, Honigmasse unterziehen, dann noch das Orangeat unterheben. Je 1 guten EL in 7 Silicon-Muffinförmchen füllen, 2-3 Stückchen Orangeat in die Mitte legen.

Tipp: *Noch besser passt Zitronat, aber ich habe gerade keines.*

4135. Grünkohl auf Reis, Juni 2010

Vegan; 12 Std. einweichen; 1 Hauptspeise.

- 30 g Olivenöl
- 250 g Wasser
- 1 TL Gemüsebrühextrakt (3825)
- 100 g Naturreis
- 150 g Grünkohl
- 200 g Tomaten
- 2-3 TL Hamasio (3928 o. Ä.)

Öl mit Wasser und Gemüsebrühextrakt in einer Pfanne verrühren, Reis darin 12 Std. einweichen. 10 Min. köcheln lassen. Grünkohl waschen, abtropfen lassen und in feine Streifen schneiden, auf den Reis legen. Tomaten in Scheiben schneiden, damit den Grünkohl bedecken. Deckel auflegen und bei höchster Einstellung zum Kochen bringen. Sobald Dampf unter dem Deckel entweicht, auf kleinste Einstellung drehen und 20 Min. dünsten. Mit Hamasio bestreuen.

4136. Bratkartoffeln wild mit Blumenkohlsalat wild, Juni 2010

Vegan; ca. 20 Min.; 1 Hauptspeise.

Gemüse:

- 40 g Olivenöl
- 200 g Kartoffeln
- etwas Kräutersalz (3/2008)
- 10 g Wildkräuter

Salat:

- 50 g Kopfsalat
- 150 g Blumenkohl
- 1 EL Löwensalatcreme (4064; 25 g)
- 1 Aprikose (50 g netto)
- 12 g Mandelmus (2/1247)
- 30 g Wasser
- 1-2 Prisen Kräutersalz
- 10 g Wildkräuter
- 3 Scheiben Möhre

Kartoffeln: Öl in eine kleine Pfanne geben. Kartoffeln unter fließendem Wasser gut abbürsten und in Scheiben schneiden. Pfanne damit auslegen. Bei höchster Einstellung zum Kochen bringen. Sobald Dampf unter dem Deckel entweicht, auf kleinste Einstellung drehen und 15 Min. dünsten. Salzen, vorsichtig auf einen Teller geben. Wildkräuter waschen, trockenschleudern, klein schneiden und kurz in dem Öl anbraten, über die Kartoffeln gießen.

Blumenkohlsalat: Salat waschen, trockenschleudern, in Streifen schneiden und auf einen großen Teller legen. Blumenkohl in dünne Scheiben schneiden und auf dem Salat verteilen. Salatcreme, entsteinte Aprikose, Mandelmus, Salz und Wasser mit einem kleinen Mixer gut vermischen und auf dem Blumenkohl verteilen. Wildkräuter waschen, trockenschleudern, klein schneiden und auf das Dressing geben. Die Möhrenscheiben als Dekoration in die Mitte legen.

Tipp: Wer keine Wildkräuter hat, behilft sich mit Petersilie oder Schnittlauch.

4137. Fenchelschwarzbrot, Juni 2010

Ansatz:

- Sauerteig (ca. 200 g)
- 550 g Wasser
- 500 g Roggen

Teig:

- 400 g Roggen
- 120 g Grünkern
- 30 g Nackthafer
- 1 EL Fenchel
- 1 EL Brotgewürz gem. (4126)
- 1 geh. EL Salz

- 50 g Sesam ungeschält
- 115 g Kürbiskerne
- 35 g Sonnenblumenkerne
- 1 EL Honig (50 g)
- 330 g Wasser
- Butter für die Form

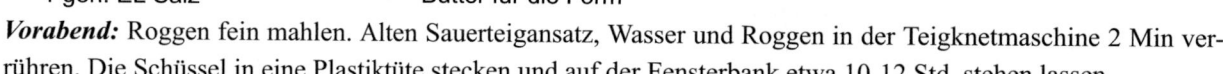

Vorabend: Roggen fein mahlen. Alten Sauerteigansatz, Wasser und Roggen in der Teigknetmaschine 2 Min. verrühren. Die Schüssel in eine Plastiktüte stecken und auf der Fensterbank etwa 10-12 Std. stehen lassen.

Backtag: Morgens von dem Sauerteig 150 g abnehmen und in einem Glas mit Schraubdeckel im Kühlschrank als neuen „Starter" aufbewahren. Getreide mischen und mit dem Fenchel fein schroten (Stufe 4/9, Hawos Novum). Mit dem restlichen Sauerteig, den Gewürzen, 330 g Wasser, Salz und Honig in der Teigknetmaschine 10 Min. verkneten lassen. Teigschüssel mit Plastik abdecken und 2 Std. stehen lassen. Nochmals 2 Min. kneten. Eine große Profi-Kastenform einfetten und den Teig hineinfüllen, mit Wasser einsprühen. Form mit Gärfolie abdecken und 90 Min. ruhen lassen. Ofen auf 250 °C (Umluft) vorheizen, das Backblech ist bereits im Ofen. Brot in den Ofen schieben, 25 Min. backen und auf 170 °C herunterschalten. 35 Min. backen, aus der Form nehmen (Klopfprobe). Auf dem Boden des Ofens steht eine ofenfeste Form mit Wasser.

Auf ein Kuchengitter stürzen, mit Wasser einsprühen und abkühlen lassen. Erst am nächsten Tag anschneiden.

4138. Bratkartoffeln mit Wilddip und Wildsalat, Juni 2010

Vegan; Sprosszeit für Mungbohnen; + ca. 20 Min.; 1 Hauptspeise.

Salat (feste Zutaten):

- 30 g Sauerampfer
- 15 g Wildkräuter
- 105 g Mungbohnensprossen
- 20 g Champignons (1 Pilz)
- 30 g Möhre

Dressing:

- 1/2 Knoblauchzehe
- 2 Aprikosen (netto 80 g)
- 10 g Zitronensaft
- 20 g Walnussöl
- 1/2 TL Gartenmix (3783)
- 20 g Wasser

Gemüse:

- 15 g Olivenöl
- 235 g Kartoffeln
- etwas Kräutersalz (3/2008)

Dip:

- 20 g Erdnussmus (3/1751)
- 20 g Wasser
- 1/2 TL Salz
- 25 g Wildkräuter

Öl in eine kleine Pfanne geben. Kartoffeln unter fließendem Wasser gut abbürsten und in Scheiben (7-8 mm) schneiden. Pfanne damit auslegen. Bei höchster Einstellung zum Kochen bringen. Sobald Dampf unter dem Deckel entweicht, auf kleinste Einstellung drehen und 12 Min. dünsten. Kartoffeln umdrehen und Herd nochmals hochstellen und noch 4 Min. braten. Salzen, vorsichtig auf einen Teller geben. Wildkräuter waschen, trockenschleudern, kleinschneiden. Mit Erdnussmus, Wasser und Salz im kleinen Mixer vermengen und neben die Kartoffeln gießen.

Sauerampfer und Wildkräuter waschen und trockenschleudern. Von einem besonders hübschen Wildkraut für die Dekoration ein wenig zur Seite legen. Rest kleinschneiden, Champignons und Möhren in Scheiben schneiden, mit Mundbohnen und Wildsalat mischen. Dressingzutaten mit einem kleinen Mixer gut vermischen und untermischen. Das übriggebliebene Wildkraut in die Mitte legen.

Tipp: Wer keine Wildkräuter hat, behilft sich mit Petersilie oder Schnittlauch.

4139. Kartoffel-Grünkernpuffer mit Salat, Juni 2010

Vegan; ca. 35 Min.; 4 Plätzchen.

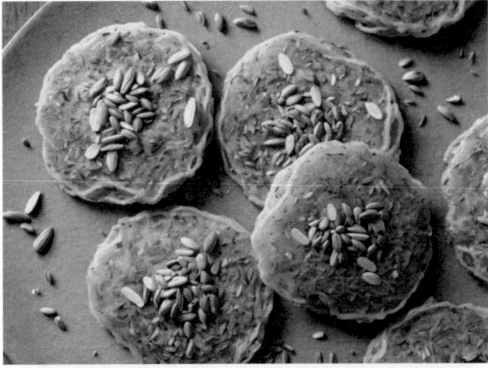

- 30 g Grünkern
- 1/2 TL Curry
- 1 Kartoffel (155-160 g)
- 1/2 TL Salz
- 2 EL Olivenöl
- 50 g Wasser
- 1 Knoblauchzehe
- 1 EL Sonnenblumenkerne
- 3-4 EL Erdnussöl zum Ausbacken
- etwas Petersilie

Salat:
- 50 g Eisberg- oder Kopfsalat
- 1 Stange Spargel (50 g netto)
- 15 g Rhabarber
- 1 Tomate (100 g)
- etwas Kräutersalz (3/2008)
- frisch gem. schwarzer Pfeffer
- 2 EL Sonnenblumenöl
- 2 TL Zitronensaft oder -schaum (5/3586)
- 1-2 EL gehackter Dill

Grünkern flocken und mit Curry mischen. Kartoffeln unter fließendem Wasser gut abbürsten, vorschneiden und mit der geschälten, in Scheiben geschnittenen Knoblauchzehe, Salz, Olivenöl und Wasser in einem kleinen Mixer zu einer homogenen Masse schlagen. Mit Grünkern und Sonnenblumenkernen in einer Schüssel verrühren und zum Quellen stehen lassen (mindestens 15 Min.).

Eisberg- bzw. Kopfsalat wenn nötig gut waschen und abtropfen lassen, in Streifen schneiden und auf einem großen Teller ausbreiten. Spargel schälen und genau wie den Rhabarber in Scheiben schneiden, auf den Salat lecken. Tomate halbieren, in Scheiben schneiden und in zwei Halbkreisen „oben" und „unten" auf den Salat legen. Salzen, pfeffern, mit Öl und Zitronensaft beträufeln. Dill als Kreis am Rand auslegen.

Erdnussöl in eine Pfanne geben (gut geeignet: keramikbeschichtet). Heiß werden lassen, mit einer Suppenkelle vier Puffer in die Pfanne geben (ist eine 24-cm Pfanne, wer eine kleinere Pfanne hat, backt in zwei Durchgängen). Auf hohe mittlere Hitze drehen, 4 Min. auf einer Seite braten, dann 4 Min. auf der anderen Seite.

Auf einen Teller rutschen lassen und mit Petersilie (oder Möhrenscheibchen) dekorieren).

Tipp: Statt Curry auch: Paprikapulver, Kümmel o. Ä. nehmen oder weglassen. – Statt frischem Zitronensaft sich auch ein guter Essig. – Zum Braten der Puffer kann man statt Erdnussöl auch Kokosöl (hochwertiges!) nehmen.

4140. Austernpilze in Zitronensoße, Juni 2010

Vegan; ca. 15 Min.; 1 kleine Hauptspeise.

- 30 g Kokosöl
- 325 g Austernpilze
- 30 g Sonnenblumenkerne
- 1 TL Salz
- 20 g Zitronensaft
- 30 g Sonnenblumenöl
- 100 g Wasser

Kokosöl in eine Pfanne geben und heiß werden lassen. Pilze zerpflücken, in die Pfanne geben. Deckel auflegen, bei höchster Einstellung zum Kochen bringen, bis deutlich Dampf unter dem Deckel entweicht. Auf kleinster Einstellung 7-8 Min. dünsten, ohne den Deckel anzuheben. Die Soßenzutaten unter die Pilze rühren und einmal aufkochen.

Hinweis: Gut als Beilage schmeckt dazu Reis, Hirse oder Brot. – Diese Soße erinnert mich im Geschmack ein wenig an eine Sauce Hollandaise - und das ganz ohne Tierprodukte! Cremig wie Schmand ist sie auf jeden Fall. Ein sehr leckeres Essen!

4141. Dicke Linsencreme mit Sommerrohwirsing, Juni 2010

Ca. 25 Min.; 1 Hauptspeise.

Linsencreme:
- 100 g gelbe oder rote Linsen
- 250 g Wasser
- 10 g Oregano-Kokos-Streich (4123 o. Ä.)
- 1/2 TL Kräutersalz (3/2008)

Salatgemüse:
- 150 g (Sommer-)Wirsing
- 50 g Blumenkohl

Dressing:
- 10 g Erdnussmus (3/1751)
- 10 g Gartenkresse scharf (4120)
- 1 Aprikose (50 g netto)
- 10 g Walnussöl
- 1 Prise Kräutersalz (3/2008)
- 30 g Wasser
- 1/2 Aprikose

Linsencreme: Linsen mit Wasser zum Kochen bringen und 15-16 Min. auf kleinster Einstellung köcheln lassen. Oregano-Kokos- streich und Salz unterrühren. Mit einem Pürierstab pürieren. Wer sehr hungrig ist, kann noch eine Scheibe Brot dazu essen. Vorher gibt es die Wirsingrohkost:

Wirsing ganz fein raffeln (im TM 40 Sek., ansteigend von Stufe 4 auf 8) und in eine Schüssel geben. Blumen- kohl kleinschneiden und obenauf streuen. Dressingzutaten in einem kleinen Mixer glatt mixen und auf den Blumenkohl geben. Eine halbe Aprikose in Streifen schneiden und als Dekoration in die Mitte legen.

4142. Mexikosoße auf Gemüse, Juni 2010

Vegan; ca. 20 Min.; mit Beilage 1 Hauptspeise.

Für das Gemüse:
- 65 g Wasser
- 1 TL Gemüsebrühextrakt (3825)
- 300-350 g gemischtes Gemüse

Soße:
- 30 g Cashewnüsse
- 1 Knoblauchzehe geschält
- 1 gestr. TL Salz
- 1 TL Mexikanisches Gewürz *
- 20 g Olivenöl
- 6 g Zitronensaft
- 100 ml Wasser

* Gekauft; besteht aus: süßem Paprika, Oregano, Cumin, Knoblauch, Paprika scharf, Zwiebel, Ingwer; ersetzen durch: Paprika.

Wasser und Extrakt in einer Pfanne verrühren. Gemüse kleinschneiden und in die Pfanne geben. Deckel auf- legen, bei höchster Einstellung zum Kochen bringen, bis deutlich Dampf unter dem Deckel entweicht. Auf kleinster Einstellung 15 Min. dünsten, ohne den Deckel anzuheben.

Die Soßenzutaten - allerdings erst nur mit 50 ml Wasser - mit Hilfe eines kleinen Mixers 30 Sek. lang gut mixen. Dann das restliche Wasser hinzugeben, nochmals 25 Sek. mixen. Über das heiße Gemüse geben und einmal kurz aufkochen.

Hinweis: Gut als Beilage schmecken dazu Reis, Hirse oder Brot.

4143. Tandoori-Hirse, Juni 2010

36 Std. Keimzeit + ca. 25 Min.; 1 Hauptspeise.

- 100 g Hirse
- 250 g Wasser
- 10 g Sonnenblumenöl
- 1/2 TL Tandoorigewürz (s. Vowort)
- 1/2 TL Kräutersalz (3/2008)
- 2 EL Wasser
- Deko: einige Linsensprossen

Salatgemüse:
- 50 g gekeimte Linsen
- 130 g Blumenkohl
- 1 Blatt Sommerwirsing (40 g)

Dressing:
- 1 Aprikose entsteint (35 g netto)
- 1 kleine Knoblauchzehe geschält
- 1 TL Gartenmix (3783 o. Ä.)
- 10 g Sonnenblumenkerne
- 40 g Wasser

Hirse mit Wasser und Öl zum Kochen bringen. 20 Min. auf kleinster Einstellung köcheln/quellen lassen. In der Zwischenzeit den Salat zubereiten. 2 EL des Salatdressings mit Salz, Tandoorigewürz und Wasser verrühren, unter die Hirse mischen. Auf einen Teller füllen, mit ein paar Linsensprossen dekorieren.

Salat: Dressingzutaten in einem kleinen Mixer sehr gut mixen (2 EL für die Hirse verwahren). Blumenkohl in Röschen teilen, Strunk und Wirsingblatt sehr fein zerkleinern. Dressing über das Gemüse geben.

4144. Einkrümelbrot ad alpha, Juni 2010

Eine große 35 cm-Profiemail-Backform.

- 4 g Hefe
- 1000 g kaltes Wasser
- 820 g Weizen
- 280 g Dinkel
- 200 g Roggen
- 1 EL Koriander
- 1 EL Salz
- 60 g ungeschälter Sesam
- Butter zum Fetten der Form
- 2-3 EL Leinsamen

Vorabend: Hefe mit dem Wasser in die Knetteigmaschine geben und 4-6 Min. verrühren, bis sich die Hefe gelöst hat. Getreide mischen und fein mahlen. Koriander flocken und mit Mehl, Salz und Sesam mischen, zu dem Hefewasser geben und 3 Min. kneten lassen. Schüssel in eine Plastiktüte stecken und auf der Fensterbank etwa 10-12 Std. stehen lassen.

Backmorgen: Nochmal gut kneten lassen (3 Min.), bis alle Luft entwichen ist. Brotform einfetten, mit Leinsamen ausstreuen und den Teig hineinfüllen, Gut einsprühen und wieder in der Plastiktüte 15 Min. gehen lassen. In dieser Zeit den Ofen auf 250 °C (Umluft) vorheizen. Brot in den Ofen schieben, Temperatur auf 225 °C stellen und 50-60 Min. backen. Auf dem Boden des Ofens steht eine ofenfeste Form mit Wasser. Auf ein Kuchengitter stürzen (Klopfprobe), mit Wasser einsprühen und abkühlen lassen.

Tipp: Wer keinen ungemahlenen Koriander hat, gibt mit dem Salz das gem. Gewürz unter das Mehl. – Der Teig lässt sich auch ohne Maschine herstellen: am Vorabend nur einmal gut durchrühren, am nächsten Morgen kneten, bis die Luft entwichen ist.

4145. Riesensommersalat (mit Brot), Juni 2010

Vegan; 1 Hauptspeise.

Dressing:
- 1 EL Walnussöl (o. Ä.)
- 1 EL Sonnenblumenöl
- 1 TL (roher) Agavennektar (oder Honig)
- 1 MS Löwenzahnsenf (4025 o. Ä.)
- 1 TL Kräutersalz (3/2008)
- frisch gem. schwarzer Pfeffer
- 1 Knoblauchzehe

Feste Zutaten:
- 1 Tomate (100 g)
- 150 g Salatgurke
- 165 g Kopfsalat
- 10 g Sonnenblumenkerne

Dressingzutaten in einem kleinen Mixer gut verschlagen. Kopfsalat gut waschen, trockenschleudern und klein-schneiden. Tomate und Gurke in Scheiben schneiden, mit Salat und Dressing gut verrühren, mit Sonnenblumen-kernen bestreuen.

4146. Macakao, Juni 2010

Ca. 3 Min.

- 1 TL Kakao
- 1 TL Macapulver
- 1 TL Carob
- 4 TL Agavendicksaft
- 2 EL Sahne
- kochendes Wasser

Alle Zutaten außer dem Wasser in einer größeren Tasse verrühren.
Mit kochendem Wasser aufgießen.

Tipps: Maca ist im Moment ja völlig „in". Da es eine getr. gem. Wurzel ist, mag es rohköstig sein, sicherlich aber nicht vollwertig, das es in den linken Spalten der Kollathtabelle zu verorten ist. Das heißt, ich hätte es mir vermutlich nicht gekauft. Es war ein nettes Geschenk, und nun habe ich 200 g zum Austesten. :-) Den Geschmack an sich finde ich nicht besonders betörend. Die Mengen, die man braucht, um die zugesprochenen konzentrati-ons- und energieerhöhenden Wirkungen zu verspüren (etwa 1 EL pro Tag), werde ich daher kaum „schaffen".

4147. Campoffeln in grüner Soße

Ca. 25 Min.; 1 Hauptspeise.

- 185 g kleine Kartoffeln
- 100 g Champignons
- 75 g Wasser
- 20 g Kürbiskernmus (o. Ä.)
- 1 TL Zitronensaft (6 g)
- 65 g Wasser
- 1/2 TL Kräutersalz

Wasser in eine kleine (20 cm) Pfanne geben. Kartoffeln unter flie-ßendem Wasser gut abbürsten, in Scheiben schneiden, Cham-pignons ebenfalls in Scheiben schneiden und zusammen in die Pfanne geben. Als Gemüsepfanne 15-16 Min. dünsten, ohne den Deckel anzuheben. Die Soßenzutaten in einem kleinen Mixer ganz glatt quirlen, in der Pfanne mit der Kochflüssigkeit verrühren und einmal aufkochen.

4148. Altbrot-Brot, Juni 2010

Für drei Profi-Brotbackformen (3 x 1325 g) und eine kleine Kastenform (1 x 800 g)

Ansatz:
- Sauerteig (ca. 150 g)
- 200 g lauwarmes Wasser
- 200 g Roggen
- 200 g altes Brot
- 505 g Wasser

Vorteig:
- 400 g Sauerteig
- 1000 g Roggen
- 1200 g Wasser

Hauptteig:
- 150 g Wasser
- 600 g Roggen
- 500 g Weizen
- 1 EL Kümmel ungemahlen
- 50 g Olivenöl
- 2 EL Salz
- 125 g Sonnenblumenkerne
- etwas Butter für die Form

Morgen des Vortages: Roggen fein mahlen, mit Sauerteig und 200 g Wasser in einer größeren Schüssel verrühren.

Die Schüssel in eine Plastiktüte stecken und auf der Fensterbank etwa 10-12 Std. stehen lassen.

Altes Brot in kleine Stücke brechen oder schneiden, mit dem Wasser übergießen. Gut abgedeckt solange einweichen, wie der Sauerteig geht.

Vorabend: Vom Sauerteig 150 g abnehmen und in einem Glas mit Schraubdeckel im Kühlschrank als neuen „Starter" aufbewahren. 1000 g Roggen schroten (Stufe 5,5/9 Hawos Novum). Mit 400 g Sauerteig, dem eingeweichten Brot (vorher mit der Hand grobe Stücke zerbrechen) und 1200 g Wasser in der Teigknetmaschine 4 Min. verrühren. Teigschüssel mit Plastik abdecken und bis zum nächsten Morgen stehen lassen (ca. 12 Std.).

Backmorgen: 600 g Roggen und Weizen mischen und fein mahlen. Dabei den Kümmel zusammen mit der „1. Ladung" mahlen. Salz und Sonnenblumenkerne unterrühren. Mit Öl und Wasser zu dem Vorteig geben. Alles gut verrühren (10 Min. in der Maschine).

Butter zerlassen und die Kastenformen damit einfetten. Teig hineinfüllen, gut einsprühen und die Formen mit Gärfolie abdecken oder in eine Plastiktüte stecken. 1,5 Std. gehen lassen. Ofen auf 250 °C (Umluft) vorheizen.

Mit einem Messer einschneiden, Brote in den Ofen schieben und 25 Min. bei 250 °C backen, dann auf 175 °C herunterstellen und weitere 35 Min. backen. Auf dem Boden des Ofens steht eine ofenfeste Form mit Wasser.

Auf ein Kuchengitter stürzen (Klopfprobe), mit Wasser einsprühen und abkühlen lassen.

Tipp: Wer keinen ungemahlenen Kümmel hat, gibt mit dem Salz gemahlenen Kümmel unter das Mehl. – Weiterverwendung von altem Brot ist keine Erfindung von mir, das wurde immer schon mit Brotresten gemacht und ist auch heute noch in vielen Bäckereien, gerade auch Biobäckereien, üblich. Dies erzählte mir einmal eine Verkäuferin in einem Reformhaus, als ich abends sah, dass sie an dem Tag kaum Brote verkauft hatten.

Zutaten ausgerechnet für ein Brot zu 1175-1200 g Teiggewicht:

Ansatz: Sauerteig 150 g, 50 g lauwarmes Wasser, 50 g Roggen; 50 g altes Brot, 100 g Wasser

Vorteig: 100 g Sauerteig, 200 g Roggen, 300 g Wasser

Hauptteig: 40 g Wasser, 150 g Roggen, 125 g Weizen, 2 TL Kümmel ungemahlen, 15 g Olivenöl, 2 TL Salz, 40 g Sonnenblumenkerne

4149. Wirsingpesto mit Maca, Juni 2010

Vegane Rohkost; 48 Std. Keimzeit; 2 Honiggläser.

- 100 g Sonnenblumenkerne
- 300 g Wirsing
- 70 g Sonnenblumenkeime
- 1 flach gestr. EL Salz
- 1 EL Macapulver
- 125 g Sonnenblumenöl

Beschrieben im TM: Wirsing waschen und abtropfen lassen. Nüsse kurz zerkleinern (4 Sek. Stufe 8). Wirsing grob vorschneiden. Alle Zutaten ohne Öl in den Thermomix geben, auf Stufe 4 und ansteigend bis 6 schlagen. Dann Öl hinzugeben und nochmals auf Stufe 8 mixen.

In mit kochendem Wasser „sterilisierte" Gläser geben. Oberfläche mit Öl begießen. Im Kühlschrank aufbewahren. Pestos halten meiner Erfahrung nach locker bis zu einem halben Jahr.

Tipp: *Wer keinen Thermomix hat, kann dieses Pesto auch in einem Mixer oder einer Küchenmaschine herstellen. Eignet sich als Dip- und Dressinggrundlage, schmeckt aber auch sehr lecker als Aufstrich.*

4150. Macartoffeln, Juli 2010

Ca. 25 Min.; 1 Hauptspeise.

- 1 große Kartoffel (210 g)
- 70 g Wasser
- 1 TL Gemüsebrühextrakt (3825)
- 10 g Macapulver
- 1/2 TL Salz
- 20 g Sonnenblumenöl
- 1 TL Zitronensaft
- 1 Knoblauchzehe

Wasser in eine kleine (20 cm) Pfanne geben. Kartoffeln unter fließendem Wasser gut abbürsten, in dünne Scheiben schneiden, Gemüsebrühextrakt in Wasser einrühren und Kartoffeln hinzugeben. Deckel auflegen, auf höchster Einstellung erhitzen, bis Dampf unter dem Deckel austritt. Auf kleinster Einstellung ohne Deckelöffnen 15-16 Min. dünsten. Macapulver, Salz, Sonnenblumenöl, Zitronensaft und zerquetschte Knoblauchzehe miteinander verrühren. Kartoffeln vom Herd nehmen, Maca-Ölmischung unterrühren.

4151. Curryhirse mit Bratweißkohl, Juli 2010

Vegan; 3-4 Std. einweichen + ca. 25 Min.; 1 Hauptspeise.

- 100 g Hirse
- 250 g Wasser
- 1 TL Lavendelcurry (3982 o. Ä.)
- 2 Prisen Salz
- 260 g Weißkohl
- 40 g Olivenöl
- 2 Prisen Salz

Hirse im Wasser 3-6 Std. einweichen. Mit Curry verrühren, zum Kochen bringen. 5 Min. köcheln lassen, dann die Herdplatte abstellen und 15 Min. nachquellen lassen. Mit Salz vermischen.

Weißkohl in feine Stücke schneiden. Öl in der Pfanne erhitzen, Weißkohl unter Rühren bei mittlerer Einstellung anbraten. Deckel auflegen und auf kleiner Einstellung brutzeln lassen. Zwischendurch immer wieder einmal durchrühren. Etwa 15-18 Min. braten, salzen. Je die Hälfte Hirse und Weißkohl auf einen Teller geben und ggf. mit einer Soße halb übergießen (hier: Meerrettich-Orangensauce, 4085).

4152. Mungerlei, Juli 2010

10-12 Std. Einweichzeit + ca. 25 Min.; 1 Hauptspeise.

- 50 g Mungbohnen
- 125 g Wasser
- 135 g Kartoffeln (netto)
- 1 Knoblauchzehe
- 100 g Wasser
- 1,5 TL Gemüsebrühextrakt (3825)
- 2 TL Zitronensaft
- 2 TL Oregano-Kokos-streich (4123 o. Ä.)
- 1 Prise Salz
- 2 TL Sonnenblumen-kernmus (2/1480

Mungbohnen in einem kleinen Topf im Wasser einweichen. Kartoffeln unter fließendem Wasser gut bürsten, in Stücke schneiden. Knoblauchzehe schälen, in Scheiben schneiden. Beides zu den Mungbohnen geben. Deckel auflegen, auf höchster Einstellung erhitzen, bis Dampf unter dem Deckel austritt. Auf kleinster Einstellung, ohne den Deckel zu öffnen, 16 Min. dünsten. Die restlichen Zutaten (Wasser, Extrakt, Zitronensaft, Streich, Salz, Nussmus) hinzugeben, unterrühren und erhitzen, bis sich alles gelöst hat. Wer Petersilie im Haus hat - ein bisschen als Dekoration auflegen.

4153. Sauerteigbrot für Anfänger, Juli 2010

Für eine 30 cm-Brotbackform (1600 ml Wasser müssen hinein-passen); nach einem Rezept der Adler-Mühle.

Ansatz:
- Sauerteig (ca. 150 g)
- 250 g lauwarmes Wasser
- 250 g Roggen

Hauptteig:
- 500 g Roggen
- 2 TL Brotgewürz (4126)
- 2 TL Salz
- 325 g Wasser
- Butter für die Form

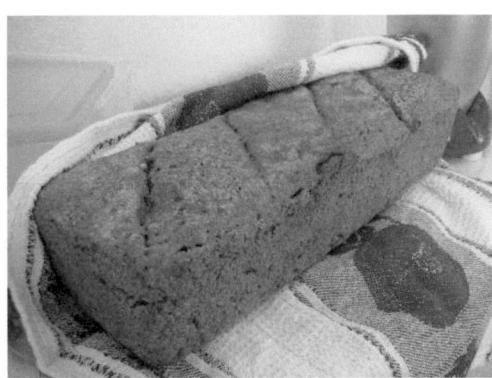

Vorabend: 250 g Roggen fein mahlen, mit Sauerteig und 250 g Wasser in einer Schüssel gut verrühren. Die Schüssel in eine Plastiktüte stecken und auf der Fensterbank über Nacht stehen lassen.

Backmorgen: Roggen fein schroten (Stufe 2/9, Hawos Novum) und mit Salz und Brotgewürz mischen. 150 g vom Sauerteig in ein Schraubglas geben und in den Kühlschrank für nächste Brote geben. Den Rest des Sauerteigs (also 500 g) mit dem Roggenschrot und 325 g Wasser mischen. Alles gut verrühren/verkneten (10 Min. in der Maschine).

Kastenformen einfetten. Teig hineinfüllen, gut einsprühen und die Formen mit Gärfolie abdecken oder in eine Plastiktüte stecken. 3 Std. gehen lassen. Dann den Ofen 20 Min. auf 250 °C (Umluft) vorheizen. Mit einem Messer einschneiden, nochmals einsprühen. Brot in den Ofen schieben und 50 Min. bei 180 °C backen. Auf dem Boden des Ofens steht eine feuerfeste Form mit Wasser. Auf ein Kuchengitter stürzen (Klopfprobe), mit Wasser einsprühen und abkühlen lassen.

Tipp: Im Originalrezept werden 300 g Wasser verwendet. Das ist viel zu wenig! Ich würde sogar 350 g Wasser empfehlen.

4154. Hafer-Lauch-Senf, Juli 2010

Ca. 25 Min.; Hauptmahlzeit für 1 Person

- 80 g Nackthafer
- 1 TL Gemüsebrühextrakt
- 1 EL Olivenöl
- 300 g Wasser
- 285 g Porree
- 1 Tomate (120 g)

Soße:
- 1 TL Salz
- 1 TL Rosensenf (3991 o. Ä.)
- 45 g Sahne
- 1 EL Wasser

Hafer, Extrakt, Öl, Wasser, darauf Porree und geviertelte Tomate in die Pfanne geben. Auf höchster Einstellung zum Kochen bringen, dann auf kleinster Einstellung 15 Min garen. Soßenzutaten verquirlen, drüber gießen.

4155. Schnellfladen, Juli 2010

- 250 g Dinkel
- 2 EL Olivenöl
- 1 TL Salz
- 175 g Wasser
- 1/2 TL Bertram-Gewürz
- 1/2 Würfel Bio-Hefe
- 3 TL Olivenöl
- 1 EL Sesam

Herstellung des Fladenteigs im TM: Dinkel in der Getreidemühle fein mahlen. Mit Salz und Bertram mischen. Öl, Wasser in den Mixtopf gießen. Mehl darüber schütten, Hefe darüber verkrümeln und 2,5 Min. auf der Knetstufe laufen lassen.

Mit nassen Händen drei Brötchen aus dem Teig „ziehen" und formen, auf ein mit Dauerbackfolie ausgelegtes Backblech legen und flach drücken. Mit dem Finger jeweils drei Mulden hineindrücken, Öl hineingeben. Mit Sesam bestreuen. In den kalten Ofen schieben und 25 Min. bei 200 °C backen. Auf ein Kuchengitter legen.

4156. Pokohl, Juli 2010

Ca. 25 Min.; 2 Hauptmahlzeiten.

- 115 g gelbe Linsen
- 300 g Porree (netto)
- 250 g Weißkohl
- 1/2 Zwiebel (ca. 40 g netto)
- 1 Knoblauchzehe
- 290 ml Wasser
- 2 TL Kräutersalz (3/2008)
- 30-50 ml Sahne

Linsen in Pfanne geben, Gemüse putzen, erst Weißkohl, dann Porree, oben drauf, Zwiebel und Knofi dazwischen. Wasser dazu. 16 Min dünsten (als Gemüsepfanne), Salz und Sahne hinzufügen, verrühren.

4157. Kartoffeln mit Azukisoße, Juli 2010

Vegan; 24 Std. einweichen / sprossen; 1 Hauptspeise.

Dip:
- 3 EL Linsen *
- 100 g Azukibohnen *
- 250 g Wasser
- 1 Knoblauchzehe geschält
- 1 MS Chili harrissari (3777)
- 20 g Olivenöl
- 1 TL Kräutersalz (3/2008)
- 75 g Azukibohnen
- Kartoffelkochwasser aufgefüllt auf 60 g mit kochendem Wasser

Kartoffeln:
- 75 g Wasser
- 1 TL Gemüsebrühextrakt (3825)
- 200 g Kartoffeln

* *Dies sind mehr, als für dieses Rezept gebraucht werden; der Rest passt kalt schön unter einen Salat.*

Azukibohnen in einem kleinen Topf in 250 g Wasser 24 Std. einweichen; im Einweichwasser aufkochen, auf kleinster Einstellung 35 Min. köcheln lassen.

75 g Wasser und Gemüsebrühextrakt in einer kleinen Pfanne verrühren. **Kartoffeln** unter fließendem Wasser abbürsten und in Scheiben schneiden und nebeneinander in die Pfanne legen. Bei höchster Einstellung zum Kochen bringen. Sobald Dampf unter dem Deckel entweicht, auf kleinste Einstellung drehen und 16 Min. dünsten. Leicht salzen und auf einen Teller geben. **Dipzutaten** mit einem kleinen Mixer zu einer glatten Creme schlagen, an einer Seite an den Rand der Kartoffeln geben.

Tipp: *Schmeckt sicher auch mit anderen Bohnensorten.*

4158. Steckrübe in Restaurantqualität, Juli 2010

Vegan; ca. 25 Min.; 2 Hauptmahlzeiten. – Mein Gast (ein Käseliebhaber) war hin und weg. Preiswert, wenig Arbeit, lecker: Was will man mehr?

Gemüse:

- 100 g Wasser
- 10 g Olivenöl
- 1 TL Gemüsebrühextrakt (3825)
- 300 g Kartoffeln
- 300 g Steckrüben

Guss:

- 40 g Sonnenblumenkerne
- 2 TL Kräutersalz (3/2008)
- 45 g Sonnenblumenöl
- 20 g Zitronensaft
- 1 Mandarine (60 g netto)
- 100 g Wasser
- 50 g Wasser
- Petersilie

Wasser, Öl, Extrakt in Pfanne verrühren. Kartoffeln unter fließendem Wasser abbürsten, in Scheiben schneiden und in die Pfanne geben. Steckrübe putzen, in Streifen schneiden, auf die Kartoffeln legen. Als Gemüsepfanne 14 Min. garen. Ofen (mit Grill) auf 250 °C vorheizen.

Kerne, Salz, Öl, Saft, Mandarine fein mixen (kleiner Mixer), dann mit Wasser. Stehen lassen (dickt nach). Auf das Gemüse gießen, ohne Deckel 10-15 Min. im Grill überbacken.

4159. Riesensommersalat, Juli 2010

Vegan; 48 Std. Linsen sprossen; mit etwas Brot sehr sättigend.

- 3 EL kleine Linsen (brauchte ich nicht alle)

Dressing:

- 1 Knoblauchzehe (geschält)
- 35 g Sonnenblumenöl
- 15 g Apfelessig
- 1 gestr. TL Salz
- 1 TL haltbarer Gartenmix (3783 o. Ä.)

Gemüse:

- 170 g Kopfsalat
- 1/2 rote Paprikaschote (70 g)
- 70 g Linsensprossen
- 1 EL Dill
- 1 EL Petersilie
- 1-2 Scheiben Brot

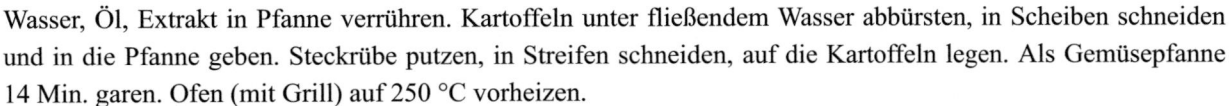

Linsen 48 Std. sprossen lassen.

Dressingzutaten in einem kleinen Mixer sehr gründlich mixen und in eine große Schüssel geben. Salat waschen, trockenschleudern und in Streifen schneiden, zum Dressing geben. Paprika würfeln, in die Mitte schütten, Linsensprossen am Rand verteilen.

Mit Brot servieren und erst kurz vor dem Essen mischen.

Tipp: Die restlichen Linsen halten sich in einer verschließbaren Plastikdose noch 1-3 Tage im Kühlschrank.

4160. Rübstiel mit Reis, Juli 2010

Vegan; 4 bzw. 12-24 Std. einweichen; 2 Hauptspeisen.

- 150 g Reis oder Hirse
- 45 g Rosinen
- 45 g Walnüsse
- 20 g Walnussöl
- 300 g Wasser
- 400 g Rübstiel
- 2 TL Salz
- 10-20 g Walnussöl

Reis und Hirse einweichen (12 bzw. 4 Std.). In einer Pfanne mit Rosinen, Walnüssen, 20 g Walnussöl und Wasser mischen. Rübstiel gut waschen, abtropfen lassen, in Streifen schneiden. Auf den Reis legen. Bei höchster Einstellung zum Kochen bringen. Sobald Dampf unter dem Deckel entweicht, auf kleinste Einstellung drehen und 20 Min. dünsten. Mit 10-20 g Walnussöl beträufeln und salzen.

4161. Currymung mit Bratchamp, Juli 2010

10-12 Std. Bohnen einweichen; + ca. 25 Min.; 1 Hauptspeise.

- 75 g Mungbohnen
- 225 g Wasser
- 1 gestr. TL Kräutersalz (3/2008)
- 1/2 TL Würzcurry (3962 o. Ä.)
- 1 geh. TL Erdnussmus (3/1751)
- 3 TL Zitronensaft
- 2 EL Erdnussöl
- 150 g Champignons

Mungbohnen in einem kleinen Topf im Wasser einweichen. Deckel auflegen, auf höchster Einstellung erhitzen, bis Dampf unter dem Deckel austritt. Auf kleinster Einstellung, ohne den Deckel zu öffnen, 15 Min. dünsten. Die restlichen Zutaten (Zitronensaft, Salz, Nussmus, Curry) hinzugeben, unterrühren, bis sich alles gelöst hat. Sobald die Mungbohnen köcheln, die Champignons braten: In einer kleinen Pfanne Öl heiß werden lassen, Champignons von beiden Seiten 4 Min gut anbraten. Deckel auflegen und auf kleiner Einstellung 4 Min. garen lassen. Bohnen und Champignons nebeneinander auf einen großen Teller geben, mit etwas Petersilie dekorieren.

4162. Porree-Sellerie-Pfanne, Juli 2010

Vegan; Hauptspeise für 2 Personen.

Gemüse:
- 60 g Olivenöl
- 40 g Wasser
- 200 g Kartoffeln (netto)
- 300 g Porree (netto)
- 150 g Sellerie (netto)

Soße:
- 30 g Sonnenblumenkerne
- 1 geh. TL Salz
- 30 g Sonnenblumenöl
- 1 Apfelsine (115 g netto)
- 50 g Wasser

Olivenöl & Wasser mischen, dann in Lagen Kartoffelscheiben, Porree, Sellerie (teils geschält). Bei höchster Einstellung zum Kochen bringen. Sobald Dampf unter dem Deckel entweicht, auf kleinste Einstellung drehen und 15 Min. dünsten. Soßenzutaten 45 Sek. im kleinen Mixer mischen. Über das Essen gießen und aufkochen. Rest im Becher mit 25 g Wasser ausspülen und an den Rand gießen.

4163. Spitzkohl-Roggen, Juli 2010

Vegan; 2 Hauptspeisen.

- 110 g Roggen
- 330 g Wasser
- 1 TL Gemüsebrühextrakt (3825)
- 550 g Spitzkohl netto

Soße:
- 10 g Zitronensaft (1 EL)
- 35 g Sonnenblumenöl
- 2 TL Salz
- 50-80 ml Wasser

Roggen flocken. Wasser und Gemüsebrühextrakt in einer Pfanne mischen, Roggen unterrühren. Spitzkohl in feine Streifen schneiden und obenauflegen. Als Gemüsepfanne 15 Min. dünsten. Soßenzutaten 20 Sek. mixen. Mit dem Gemüse verrühren, dabei zusammenhängende Roggenstücke zerkleinern.

4164. Cannelloni mit Wild-Brotfüllung, Juli 2010

Vegan; 4-8 Std. Brot einweichen; 2 Hauptspeisen.

Teig:
- 90 g Dinkel
- 10 g Leinsamen
- 1 Prise Salz
- 1 EL Olivenöl
- 40 g Wasser

Füllung:
- 50 g Brot
- 55 g Wasser
- 40 g Wildkräuter
- 1 TL Rosinen
- 1 EL Olivenöl

Soße:
- 35 g Sonnenblumenkerne
- 20 g Zitronensaft
- 1 gestr. TL Salz
- 35 g Sonnenblumenöl
- 1 gestr. TL Paprika edelsüß
- 250 g Wasser

Dinkel mit Leinsamen mischen und fein mahlen. Mit Salz, 40 g Wasser und 1 EL Öl zu einem glatten Teig verarbeiten. Abgedeckt 1 Std. ruhen lassen (bzw. nach 30 Min. mit den restlichen Vorbereitungen beginnen).

Für die Füllung 4-8 Std. vorher das Brot in Stücke schneiden, mit 55 g Wasser übergießen, gut in Plastik einwickeln. Dann das eingeweichte Brot mit den gewaschenen und vorgeschnittenen Wildkräutern, den Rosinen und dem Öl zu einer weichen Paste verarbeiten (z. B. in einem kleinen Mixer).

Den Teig wiegen, halbieren und mit jeder Hälfte wie folgt vorgehen: zu einer Rolle formen, flachdrücken und in 6 Teile schneiden, jedes Teil ausrollen. Der Länge nach mit Füllung belegen. Den Teig zu einer Rolle darüber schlagen, festdrücken und je 6 Stück in eine Lasagneform legen.

Die Soßenzutaten in einem kleinen Mixer sehr gut verschlagen, dabei zuerst nur 50 ml Wasser nehmen. Über die Cannelloni gießen. In den kalten Ofen auf den Gitterrost setzen, bei 225 °C (Umluft) 30 Min. backen.

Tipps: Zum Einfrieren/Verwahren: Die Cannelloni dicht mit Haushaltsfolie abdecken. In eine Plastiktüte stecken und so einfrieren bzw. in den Kühlschrank stellen. Wenn nötig, rechtzeitig auftauen und dann frische Soße darüber gießen.

4165. Kartoffelsalat lauwarm mit Dill, Juli 2010

Ca. 25 Min. (dazwischen 1-2 Std. Pause); 1 Hauptspeise.

Kartoffeln:
- 50 g Wasser
- 10 g Kokosöl (oder ein anderes Öl)
- 1 TL Gemüsebrühextrakt (3825)
- 250 g Kartoffeln

Dressing:
- 2 Prisen Salz
- 2 EL Zitronensaft
- 2 EL Olivenöl
- 10 g Zwiebel (netto)
- 5 g Dill gehackt (1 EL)

Wasser, Öl und Extrakt in einer kleinen Pfanne verrühren. Kartoffeln unter fließendem Wasser gut abbürsten, in Scheiben schneiden und in die Pfanne geben. Als Gemüsepfanne 15-16 Min. dünsten.

Kartoffeln mit dem restlichen Kochwasser (max. 1-2 EL) in eine Schüssel geben. Salz, Zitronensaft und Olivenöl hinzugeben, vorsichtig umrühren. Zwiebel sehr fein würfeln, mit dem gehackten Dill unterheben. Abgedeckt 1-2 Std. stehen lassen.

Tipp: Gut schmecken auch gekochte Kichererbsen untergemischt.

4166. Schnittlauchbrötchen Nr. 2, Juli 2010

Vegan; ergibt 10 Brötchen zu je 85-88 g Teiggewicht.

Vorabend:
- 200 g Weizen
- 210 g Wasser

Backmorgen:
- 20 g = 1/2 P Biohefe
- 100 g Wasser
- 250 g Weizen
- 50 g Hafer
- 2 TL Salz
- 20 g Schnittlauch, fein gehackt
- 15 g Kokosöl

Herstellung des Teigs in der Teigknetmaschine.

Vorabend: Weizen in der Getreidemühle fein mahlen. Mit 210 g Wasser verrühren, mit Plastik abdecken und über Nacht stehen lassen.

Morgen: Morgens die Hefe in 100 g Wasser verrühren. Getreide mischen und mahlen. Etwa 5 geh. EL Mehl zu dem Hefewasser geben und verrühren. Abgedeckt 15 Min. stehen lassen.

Alle Zutaten in die Maschine geben und 7 Min. kneten lassen (mit der Hand: 15 Min. kneten). Dann kurz mit der Hand durchkneten, eine Kugel unter Spannung formen. In eine Schüssel geben, mit Plastik abdecken und 30-45 Min. gehen lassen.

Auf einer glatten mit Streumehl abgedeckten Fläche die Brötchen formen: je 85-88 g abwiegen, gut durchkneten, zu einer Kugel unter Spannung formen, in der Hand zu Brötchen rollen. Nebeneinander auf ein mit Dauerback-folie ausgelegtes Backblech legen. Einsprühen, einschneiden und unter Plastik 20 Min. gehen lassen.

In dieser Zeit den Ofen auf 250 °C (Umluft) vorheizen, auf dem Boden steht eine ofenfeste Schale mit Wasser. Blech einschieben. Ofen auf 200 °C stellen und 20 Min. backen.

Klopfprobe machen (wenn es hohl klingt, sind die Brötchen fertig), mit Wasser einsprühen und auf einem Kuchengitter auskühlen lassen.

4167. Kartoffel-Hirsesalat lauwarm mit Petersilie, Juli 2010

Vegan; ca. 25 Min. (dazwischen 1-2 Std. Pause); 1 Hauptspeise.

- 160 g Wasser
- 50 g Hirse
- 1 mittelgroße Kartoffel (115 g)
- 1 gestr. TL Salz
- 10 g Zitronensaft
- 25 g Sonnenblumenöl
- 1/2 TL Paprikapulver edelsüß
- 20 g fein gehackte Petersilie

Wasser und Hirse in einer kleinen Pfanne verrühren. Kartoffel unter fließendem Wasser gut abbürsten, in Scheiben schneiden und in die Pfanne geben. Deckel auflegen, auf höchster Einstellung zum Kochen bringen, bis Dampf unter dem Deckel austritt. Auf kleinste Einstellung drehen und 15 Min. dünsten. Hitze abdrehen und noch 5 Min. nachquellen lassen.

Salz, Zitronensaft, Öl und Paprika mit einer Gabel verquirlen. Petersilie, gekochte Kartoffeln und Hirse hinzugeben und gut vermischen. Abgedeckt 1-2 Std. stehen lassen.

4168. Sauerteigbrot für fortgeschrittene Anfänger, Juli 2010

Für eine 30 cm-Brotbackform (Volumen mind. 1600 ml).

Ansatz:
- Sauerteig (ca. 150 g)
- 250 g lauwarmes Wasser
- 250 g Roggen

Hauptteig:
- 450 g Roggen
- 50 g Hafer
- 2 TL Brotgewürz gem. (4126)
- 2 geh. TL Salz
- 50 g Leinsamen
- 1 geh. EL Maca (optional)
- 400 g Wasser
- etwas Butter für die Form

Vorabend: 250 g Roggen fein mahlen, mit Sauerteig und 250 g Wasser in einer Schüssel verrühren. Die Schüssel in eine Plastiktüte stecken und auf der Fensterbank über Nacht stehen lassen.

Backmorgen: Roggen und Hafer fein mahlen (Stufe 1,5 von 9, Hawos Novum) und mit Salz, Leinsamen, Maca und Brotgewürz mischen. 150 g vom Sauerteig in ein Schraubglas geben und in den Kühlschrank für nächste Brote geben. Den Rest des Sauerteigs (also 500 g) mit dem Roggenschrot und 400 g Wasser mischen. Alles gut verrühren/verkneten (10 Min. in der Maschine).

Kastenformen einfetten. Teig hineinfüllen, gut einsprühen und die Formen mit Gärfolie abdecken oder in eine Plastiktüte stecken. 3 Std. gehen lassen. Ofen auf 250 °C (Umluft) vorheizen. Auf dem Boden des Ofens steht eine ofenfeste Form mit Wasser. Mit einem Messer längs einschneiden, nochmals einsprühen. Brot in den Ofen schieben und 10 Min. bei 250 °C, dann 40 Min. bei 175 °C, aus der Form nehmen und nochmals 10 Min bei 175 °C backen. Auf ein Kuchengitter stürzen (Klopfprobe), mit Wasser einsprühen und abkühlen lassen.

4169. Blumenkohl-Dill-Rohkost, Juli 2010

Vegane Rohkost; 1 Hauptspeise.

Dressing:
- 2 EL Walnussöl (o. Ä.)
- 1 EL Zitronensaft
- 1 gestr. TL Salz

Gemüse:
- 140 g Blumenkohl
- 140 g Eisbergsalat
- 8-10 g Dill

Öl, Zitronensaft und Salz mit einer Gabel verquirlen. Blumenkohl ggf. säubern, kleinschneiden. Eisbergsalat in dünne Streifen schneiden, Dill fein hacken und alles mit dem Dressing gut mischen.

4170. Dinkeltopf, Juli 2010

36-48 Std. Keimzeit + 25 Min.; 1 Hauptspeise. Angeregt von einem Rezept aus dem wunderbaren Buch „Vegetarisch kochen - libanesisch" von Abla Maalouf-Tamer.

- 1,5 EL Sesamöl nativ
- 30 g Sesam ungeschält
- 80 g Dinkel
- 325 g Wasser
- 1 gestr. TL Salz
- etwas frisch gem. Pfeffer
- 1-2 MS Chili harrissari (3777)
- 1 TL Gemüsebrühextrakt (3825)
- etwas Petersilie als Dekoration

Sesamöl in einem Topf bei höchster Hitze erhitzen und die Sesamkerne darin rösten (Hitze auf mittlere Temperatur drehen), bis sie anfangen zu springen. Dinkel grob schroten (Stufe 5-6, Hawos Novum) und zu dem Sesam geben. Etwa 2 Min. unter Rühren anbraten.

Mit Wasser ablöschen, sofort gut rühren, damit sich keine Klumpen bilden. Salz, Pfeffer, Gemüsebrühextrakt und Chili hinzufügen und das Getreide zum Kochen bringen. Auf kleinster Einstellung etwa 16 Min. zugedeckt köcheln lassen; bei einem Elektroofen nach 10 Min. die Platte abdrehen. Auf einen Teller geben und mit etwas Petersilie dekorieren.

Tipp: Eignet sich auch als Beilage zu gekochtem Gemüse. – Dazu schmeckt sicher auch eine Nusssoße oder etwas zerlassene Butter (oder noch etwas Öl). Wobei ich nichts dabei vermisst habe.

4171. Hirselinsen mit libanesischem Paprikasalat, Juli 2010

Vegan; ca. 25 Min.; 1 Hauptspeise.

- 50 g Hirse
- 50 g gelbe Linsen
- 300 g Wasser
- 1 gestr. TL Salz
- 1-2 EL Walnussöl
- 1 TL Gemüsebrühextrakt (3825)
- 3 TL Zitronensaft
- 1 MS Chili harrissari (3777)
- 2 EL gehackte Petersilie

Salat:

- 2 EL Sonnenblumenöl
- 1 EL Apfelessig
- 1/2 TL Salz
- 3 getr. (frische) Blätter Minze (bzw. 1 TL)
- frisch gem. schwarzer Pfeffer
- 6 g Zwiebel
- 1 Stange Spargel (40 g netto)
- 1/2 gelbe Paprika (105 g netto)
- 65 g Eisbergsalat

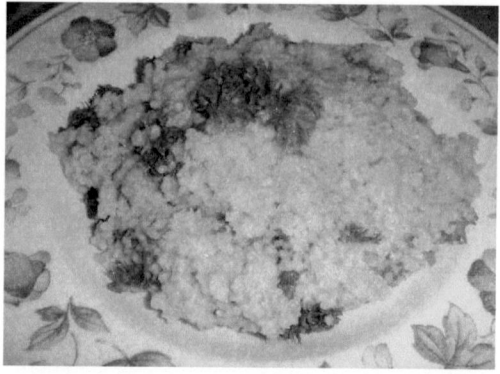

Hirse, Linsen und Wasser aufkochen, auf kleinste Einstellung drehen und 16 Min. dünsten. Salz, Öl, Gemüsebrühextrakt, Zitronensaft und Chili unterrühren und noch etwas nachquellen lassen. Gehackte Petersilie unterrühren.

Für den Salat Salz, Essig, Öl, mit einer Gabel verquirlen. Getrocknete Minze zwischen den Fingern zerreiben bzw. frische Minze kleinschneiden und unter das Dressing rühren. Das Gemüse ggf. waschen, Spargel schälen, alles kleinschneiden und unter das Dressing rühren.

Hinweis: *Libanesische Gerichte enthalten häufig Minze als Würze.*

4172. Gemüse unter Senfsoße, Juli 2010

Vegan; 2 Hauptspeisen.

Gemüse:

- 60 g Wasser
- 1 TL Gemüsebrühextrakt
- 600 g gemischtes Gemüse, hier
  - Möhren
  - Tomaten
  - Sellerie
  - Weißkohl,
  - Lauch

Soße:

- 30 g Sonnenblumenkerne
- 2 TL Zitronensaft
- 1 TL Kräutersalz
- 1/2 Apfel (55 g)
- 4 g Senf
- 100 g Wasser
- 30 g Olivenöl

Wasser und Gemüsebrühextrakt in einer Pfanne verrühren. Gemüse ggf. waschen, putzen und kleinschneiden und in die Pfanne geben. Bei höchster Einstellung zum Kochen bringen. Sobald Dampf unter dem Deckel entweicht, auf kleinste Einstellung drehen und 15 Min. dünsten.

Sonnenblumenkerne, Zitronensaft, Öl, kleingeschnittenen Apfel, Senf, Salz und 50 g Wasser in einem kleinen Mixer gut zerkleinern. Restliches Wasser hinzugeben und nochmals gut vermischen. Zu dem Gemüse geben, aufkochen lassen.

4173. Chinesische Bratkartoffeln, Juli 2010

Vegan; 1 Hauptspeise.

- 30 g Wasser
- 30 g Olivenöl
- 150 g Kartoffeln
- 275 g Chinakohl
- etwas Salz

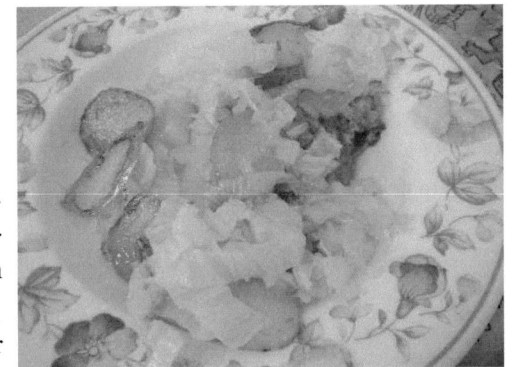

Wasser und Öl einer keramikbeschichteten Pfanne verrühren. Kartoffeln ggf. unter fließendem Wasser abbürsten und in Scheiben schneiden, den Pfannenboden damit belegen. Chinakohl in feine Streifen schneiden und auf die Kartoffeln geben.

Als Gemüsepfanne 15 Min. dünsten. Salzen und so auf den Teller geben, dass die gebräunten Seiten der Kartoffeln oben liegen.

4174. Liebstöckel-Feigen, Juli 2010

Vegane Rohkost; ein 500-ml-Glas.

- 75 g Liebstöckel
  (inklusive Stängel,
  wenn nicht zu dick)
- 2 TL Salz (10 g)
- 220 g Öl
- 200 g getr. Feigen
- 12 g Knoblauch (netto)

Liebstöckel ggf. waschen und trockenschleudern. Mit Salz und 50 g Öl im großen Becher eines kleinen Mixers fein schlagen. Restliche 170 g Öl hinzugeben und nochmals gut durchschlagen. In ein mit kochendem Wasser ausgespültes Glas (mit 500 ml Volumen) geben. Geschälten Knoblauch in Scheiben schneiden, Feigen vierteln oder achteln (je nach Größe) und mit der Liebstöckelmasse verrühren. Im Kühlschrank aufbewahren.

Tipp: *Größere Mengen lassen sich noch einfacher im Thermomix oder Hochleistungsmixer zubereiten.*

4175. Gekochte Kartoffeln mit Öl, Juli 2010

48 Std. Keimzeit; + 25 Min.; 1 Hauptspeise oder Beilage(n)

- 245 g Kartoffeln
- 80 g Wasser
- 1 gestr. TL Kräutersalz
- 15 g Porree (weißer Teil)
- 15 g Olivenöl

Wasser in eine kleine Keramikpfanne (20 cm Durchmesser) gießen. Kartoffeln unter fließendem Wasser gründlich abbürsten. In Scheiben schneiden und in die Pfanne geben. Deckel auflegen, auf höchster Einstellung zum Kochen bringen. Auf kleinste Einstellung drehen und, ohne den Deckel anzuheben, 16 Min. dünsten. Kartoffeln mit restlichem Kochwasser in einem tiefen Teller geben, salzen und mit der Gabel zerdrücken. Wenn sie eine cremige Konsistenz haben, Porree in feine Streifen schneiden, darüber streuen und mit Olivenöl beträufeln.

4176. Chinakohl-Tomatensalat, Juli 2010

Rohkost; 1 Vorspeise.

Dressing:
- 2 EL Sonnenblumenöl
- 1 TL Walnussöl
- 1 EL Zitronensaft
- 1 gestr. TL Salz
- 1 MS gem. Pfeffer
- 2 EL Wasser

Gemüse:
- 1 größere Tomate (135 g)
- 4 mittelgroße Blätter Chinakohl (100 g)
- 1 EL Petersilie gehackt

Dressingzutaten in einer Schüssel mit der Gabel verquirlen. Tomate in Hälften, dann in Scheiben und den Chinakohl in Streifen schneiden. Unter das Dressing ziehen und mit Petersilie bestreuen.

4177. Azuffeln, Juli 2010

24 Std. einweichen + ca. 50 Min.; 1 Hauptspeise.

Bohnen:

- 50 g Azukibohnen
- 125 g Wasser

Kartoffeln:

- 230 g Kartoffeln
- 15 g Kokosöl
- 50 g Wasser
- 1 gestr. TL Salz
- 1 gestr. TL Sumach (s. Vorwort)
- 1 TL Erdnussmus (3/1751)
- 6 g Porree (weißer Teil)

Azukibohnen 24 Std. in Wasser einweichen. 30-40 Min. weichkochen und leicht salzen (hatte ich am Vortag bereits gekocht).

Wasser und Kokosöl in eine kleine Keramikpfanne (20 cm Durchmesser) geben. *Kartoffeln* unter fließendem Wasser gründlich abbürsten. In Scheiben schneiden und in die Pfanne geben. Deckel auflegen, auf höchster Einstellung zum Kochen bringen. Auf kleinste Einstellung drehen und, ohne den Deckel anzuheben, 15 Min. dünsten. Bohnen, Salz, Sumach und Erdnussmus hinzugeben, einmal kurz aufkochen. In einen Suppenteller füllen, Porree in Ringe schneiden und darüber verteilen.

Tipps: Wer nicht so gerne Öl mag, kann zerlassene Butter nehmen.

4178. Maca-Eis mit Frucht, Juli 2010

9 Portionen; hier schmeckt mir Maca.

- 125 g Aprikosen netto
- 50 g Mandeln
- 30 g Sahne
- 20 g Macapulver
- 220 g Sahne
- 130 g Johannisbeeren (brutto)

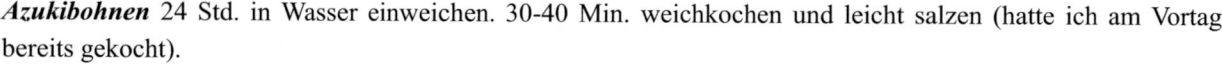

Aprikosen entkernen. Mit Mandeln, Sahne und Macapulver zu einer Creme verarbeiten (z. B. mit dem glatten Messer eines kleinen Mixers). Sahne steif schlagen, Maca-Masse auf der kleinen Stufe gut unterziehen. Johannisbeeren waschen und vom Stiel zupfen, ebenfalls unterheben. In 9 Silicon-Muffinförmchen je 1 geh. EL füllen und einfrieren (wenn sie fest sind, in eine gut schließende Plastikdose geben).

4179. Bäriges Broteis, Juli 2010

8 Portionen

- 70 g Brot
- 50 g flüssiger Honig
- 45 g Sahne
- 75 g schwarze Johannisbeeren (netto)
- 75 g Erdbeeren (netto)
- 200 g Sahne
- 1/2 TL gem. Vanille

Brot in kleine Würfel schneiden. Mit Honig und Sahne übergießen, mehrere Std. abgedeckt stehen lassen, ab und zu umrühren. Brotmasse in den größeren Becher eines kleinen Mixers geben, geputzte Beeren hinzufügen und zu einer glatten Masse mixen. Sahne steif schlagen, Brotmasse auf der kleinen Stufe gut unterziehen. In 8 Silicon-Muffinförmchen je 2 EL füllen und einfrieren (wenn sie fest sind, in eine gut schließende Plastikdose geben).

4180. Schrotbrötchen spezial, Juli 2010

10 Brötchen. – Aus „Silva-Brotbackbuch", Albonico/Pichler

Vorabend:

- 50 g Roggen
- 100 g Dinkel
- 250 g Wasser

Backmorgen:

- 20 g = 1/2 P Biohefe
- 100 g Wasser
- 10 g Maca
- 350 g Weizen
- 2 TL Salz
- 1 TL Ras al Hamout (oder Pfeffer)
- 1 EL Leinsamen

Vorabend: Roggen und Dinkel schroten (Stufe 5-6, Hawos Novum), mit 250 g Wasser verrühren und über Nacht abgedeckt bei Raumtemperatur stehen lassen.

Morgens: Wasser und Maca in einem kleinen Mixer verquirlen, Hefe darin auflösen. Weizen fein mahlen, mit Salz und Ras al Hamout mischen. Alle Zutaten in den Thermomix geben und 2,5 Min. auf der Knetstufe kneten. Auf einem bemehlten Brett nochmals gut mit der Hand durchkneten, eine Kugel unter Spannung formen. In eine Schüssel geben, mit Plastik abdecken und 60 Min. gehen lassen.

Eine Rolle formen, diese in 8 bis 10 gleiche Portionen schneiden und zu gleichmäßigen Kugeln formen. Auf ein mit Dauerbackfolie ausgelegtes Backblech setzen und nochmals 20 Min. gehen lassen. In dieser Zeit den Backofen auf 250 °C vorheizen, auf dem Boden steht eine ofenfeste Schale mit Wasser. Mit Wasser einsprühen, mit Leinsamen bestreuen und mit der Schere je zweimal einschneiden. Blech einschieben. 5 Min. backen, Ofen auf 200 °C stellen und weitere 20-25 Min. backen.

Klopfprobe machen (wenn es hohl klingt, sind die Brötchen fertig), mit Wasser einsprühen und auf einem Kuchengitter auskühlen lassen.

4181. Würzschwarzbrot Nr. 2, Juli 2010

Angelehnt an Würzschwarzbrot, die Änderungen sind gering - ich habe die Salzmenge korrigiert, die Körner „vereinheitlicht", Wassermenge angepasst und Roggen gemahlen statt geschrotet.

Ansatz:

- Sauerteig (ca. 150 g)
- 550 ml Wasser
- 500 g Roggen

Hauptteig:

- 550 g Roggen
- 1 EL Brotgewürz (6/4126)
- 2 gestr. EL Salz
- 50 g Sesam ungeschält
- 50 g Sonnenblumenkerne
- 100 g Leinsamen
- 1 EL Honig (50 g)
- 330 g Wasser
- Butter für die Form

Vorabend: Roggen fein mahlen. Alten Sauerteigansatz, Wasser und Roggen in der Teigknetmaschine 2 Min verrühren. Die Schüssel in eine Plastiktüte stecken und auf der Fensterbank etwa 10-12 Std. stehen lassen.

Backtag: Morgens von dem Sauerteig 150 g abnehmen und in einem Glas mit Schraubdeckel im Kühlschrank als neuen „Starter" aufbewahren. Roggen fein mahlen und mit Gewürzen, Salz und Samen mischen. Mit dem restlichen Sauerteig, 330 g Wasser und Honig in der Teigknetmaschine 10 Min. gut verkneten. Teigschüssel gut mit Plastik abdecken und 2 Std. stehen lassen. Nochmals 2 Min. kneten. Eine große Profi-Kastenform einfetten und den Teig hineinfüllen, gut einsprühen. Form mit Gärfolie abdecken und 70 Min. ruhen lassen. Dann den Ofen 20 Min auf 250 °C (Umluft) vorheizen, das Backblech ist bereits im Ofen. Brot in den Ofen schieben, 25 Min. backen und auf 175 °C herunterschalten. 40 Min. backen, aus der Form nehmen (Klopfprobe). Auf dem Boden des Ofens steht eine feuerfeste Form mit Wasser. Nach dem Backen wie gewohnt behandeln (s. 4067).

4182. Kartoffelsalat mit Borretsch, Juli 2010

Vegan; ca. 45 Min.; 1 Hauptspeise.

Kartoffeln:

- 230 g Kartoffeln
- 3 Blätter Borretsch

Soße:

- 20 g Sonnenblumenkerne
- 1 gestr. TL Salz
- 1 Prise Paprika edelsüß
- 1 Prise Schabziegerklee
- 20 g Apfelessig
- 20 g Sonnenblumenöl
- 40 g Wasser

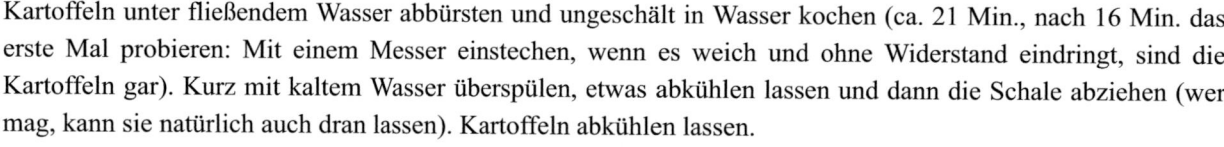

Kartoffeln unter fließendem Wasser abbürsten und ungeschält in Wasser kochen (ca. 21 Min., nach 16 Min. das erste Mal probieren: Mit einem Messer einstechen, wenn es weich und ohne Widerstand eindringt, sind die Kartoffeln gar). Kurz mit kaltem Wasser überspülen, etwas abkühlen lassen und dann die Schale abziehen (wer mag, kann sie natürlich auch dran lassen). Kartoffeln abkühlen lassen.

Die Zutaten für die Soße im kleinen Becher eines kleinen Mixers sehr gut durchschlagen und in eine Schüssel geben. Borretschblätter ganz fein hacken, Kartoffeln in Scheiben schneiden. Beides unter die Soße mischen und gut durchziehen lassen. Mit etwas Basilikum oder einem Gewürz/Kraut dekorieren.

Tipp: *Wer keinen frischen Borretsch hat, nimmt Basilikum. Und natürlich eignen sich auch Petersilie und Schnittlauch! Nur frisch muss das Kraut sein. Der Schabziegerklee schmeckt ziemlich stark durch; wer ihn nicht so gerne isst, lässt ihn lieber weg!*

4183. Zucchinistreich à la Sellerie, Juli 2010

Vegane Rohkost.

- 2 mittelgroße Zucchini (530 g brutto)
- 1 EL Zitronenschaum (5/3586)
- 130 g Porreegrün
- 70 g Stangensellerie
- 100 g Sonnenblumenkerne
- 35 g Salz (1,5 EL)
- 230 g Sonnenblumenöl

Herstellung in einem kräftigen Mixer. Gemüse waschen und grob zerkleinern. Alle Zutaten so lange mixen, bis sie glatt sind. In Honiggläser füllen, die Oberfläche mit Öl begießen und im Kühlschrank aufbewahren.

Pestos halten meiner Erfahrung nach locker bis zu einem halben Jahr.

Tipp: Eignet sich nicht nur als Dip, Dressinggrundlage und Aufstrich, sondern ist auch sehr lecker, wenn man ihn unter gekochte Kartoffelscheiben rührt.

4184. Trockenhefe-Brot mit einem Hauch Granulat, Juli 2010

35 cm Backform. – Grundlage ist das „Vollkornbrot mit einem Krümel Hefe". Da ich keine frische Hefe im Haus hatte, musste ich Trockenhefe nehmen.

- 1 knapper TL Trockenhefe (4 g)
- 1000 g kaltes Wasser
- 1100 g Weizen
- 200 g Roggen
- 1 EL Brotgewürz geschrotet (4126)
- 1 geh. EL Salz
- 60 g Leinsamen
- Butter zum Fetten der Form
- 2-3 EL Leinsamen

Vorabend: Hefe mit dem Wasser in die Knetteigmaschine geben und mit einem Löffel verrühren, bis sich die Hefe gelöst hat. Getreide mischen und fein mahlen. Mit Brotgewürz, Salz und Leinsamen mischen, zu dem Hefewasser geben und 3 Min. kneten lassen. Die Schüssel in eine Plastiktüte stecken und auf der Fensterbank etwa 10-12 Std. stehen lassen.

Backmorgen: Ofen auf 250 °C stellen, er muss 20 Min. vorheizen. In dieser Zeit: noch einmal gut kneten lassen (3 Min.), bis alle Luft entwichen ist. Brotform einfetten, mit Leinsamen ausstreuen und den Teig hineinfüllen. Gut einsprühen, mit einem Messer 1-2 cm tief eine Rille längs einschneiden und ruhen lassen, bis der Ofen 250 °C erreicht hat (waren bei mir etwa 6 Min.). Brot in den Ofen schieben, Temperatur auf 225 °C stellen und 50 Min. backen. Auf ein Kuchengitter stürzen (Klopfprobe), mit Wasser einsprühen und abkühlen lassen.

Tipp: Der Teig lässt sich auch ohne Maschine herstellen: am Vorabend nur einmal gut durchrühren, am nächsten Morgen kneten, bis die Luft entwichen ist.

4185. Praktikantenkringel, Juli 2010

Ergibt 10 Kringel, Zöpfchen oder Ringe. – In der letzten Woche hatte ich einen jungen Mann zu Besuch, der im Büro Praktikum gemacht hat. Außerdem war er an einigen Küchendingen interessiert. Und so haben wir an einem Tag Sesamgebäck gemacht, ich habe mir ein ganz einfaches Rezept ausgedacht. Am nächsten Tag hat er dann das Ganze mit Mohn in Eigenarbeit hergestellt: Genauso lecker, ein Kompliment!

- 1 P frische Hefe (42 g)
- 100 g Wasser
- 500 g Weizen
- 2 gestr. TL Salz
- 50 g Sahne
- 170 g Wasser
- 2-3 EL Sesam
- 2-3 EL Mohn

Hefe in 100 g Wasser verrühren. Weizen fein mahlen. In die Mitte eine Kuhle drücken, Hefewasser mit einem Teil Mehl zu einem Brei verarbeiten und abgedeckt 20 Min. stehen lassen. Salz und Sahne an den Rand des Teigs geben, Wasser hinzufügen und 7 Min. mit der Hand kneten. Eine Kugel unter Spannung bilden, abgedeckt mit Plastikfolie und Handtuch in einer Schüssel 30 Min. gehen lassen. Nochmals kräftig mit der Hand durchkneten.

Zwei Untertassen bereitstellen, auf die eine Sesam schütten, in die andere etwas Wasser. Teig halbieren, jede Hälfte zu einer Kugel unter Spannung formen und mit jeder Kugel wie folgt fortfahren (nicht verwendete Kugeln unter Dauerbackfolie ruhen lassen): In fünf Stücke teilen (je 84-86 g) und wieder jeweils zu einer Kugel unter Spannung formen. In Kringel (längliche Rolle bilden, platt drücken, jeden Streifen um sich selbst verdrehen, die Enden schließen und zusammendrücken), Zöpfchen oder Brezel formen.

Die Teiglinge erst kurz in das Wasser auf der Untertasse halten, dann - ohne sie unzudrehen - in den Sesam (bzw. den Mohn) drücken. Mit der Saat nach oben auf ein mit Dauerbackfolie ausgelegtes Backblech legen (reicht für 2 Bleche). Beide Bleche mit Gärfolie abdecken.

Ofen auf 250 °C (Umluft) vorheizen, auf dem Boden steht eine ofenfeste Form mit Wasser. Beide Bleche einschieben und bei 200 °C 20 Min. backen (Klopfprobe machen). Auf ein Kuchengitter geben, einsprühen und auskühlen lassen. Schmecken auch warm sehr lecker!

Tipp: Veganer nehmen statt der Sahne ein Gemisch aus 2 EL Öl/3 EL Wasser. – Die Gehzeit des Teigs von 30 Min. kann in der kälteren Jahreszeit durchaus länger sein (bis zu 1 Std.); der Teig sollte sich quasi verdoppelt haben.

4186. Kartoffesseln mit Möhren-Brennnesselrohkost

Vegan; ca. 30 Min.; 1 Hauptspeise.

Kartoffeln:

- 10 g Olivenöl
- 60 g Wasser
- 220 g Kartoffeln (3 Stück)
- 14 g Brennnesseln (brutto)
- etwas Salz
- 1 EL Zucchinistreich à la Sellerie (4183 o. Ä.)

Salat:

Dressing:

- 2 EL Sonnenblumenöl
- 2 TL Zitronenschaum *
- 1 Prise Salz
- etwas frisch gemahlener schw. Pfeffer
- 1 Messerspitze Honig

Feste Zutaten:

- 120 g Möhre
- 70 g Aprikosen (netto; 3 ohne Kerne)
- 20 g Brennnesseln
- 3 TL Kokosnussraspeln

Junge **Kartoffeln** unter fließendem Wasser gründlich abbürsten, in Scheiben schneiden. Öl und Wasser in eine Pfanne geben, Kartoffelscheiben hinzufügen. Deckel auflegen, auf höchster Einstellung zum Kochen bringen, bis

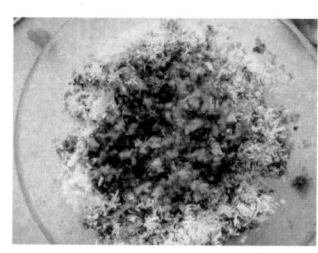

Dampf unter dem Deckel austritt. Ohne den Deckel anzuheben, 15 Min auf kleinster Einstellung dünsten. Brennnesseln waschen, gründlich trockenschleudern, kleinschneiden und unter die Kartoffeln mischen. Zucchinistreich unterrühren, nochmals kurz aufkochen. Für den **Salat** die Dressingzutaten gut verquirlen. Möhren, Aprikosen und gut gewaschene Brennnesseln grob zerkleinern und dann im Zerkleinerer fein raffeln, mit dem Dressing in einer Schüssel mischen. Den Rand mit Kokosraspeln bestreuen.

4187. Kartoffelpuffer kross, Juli 2010

Vegan; ca. 35 Min.; 4-5 Puffer (1-2 Portionen).

- 440 g Kartoffeln
- 2 EL Sonnenblumenkerne
- 30 g Sonnenblumenöl
- 2 EL Buchweizen
- 1 TL Salz
- 4 EL Nackthafer
- etwas frisch gem. Pfeffer
- Olivenöl zum Ausbacken

Kartoffeln unter fließendem Wasser gut abbürsten, vorschneiden und fein raffeln (im Zerkleinerer). Buchweizen mahlen, Hafer flocken. Alle Zutaten gut miteinander verrühren und ein paar Min. stehen lassen.

2-3 EL Olivenöl in eine Pfanne geben (gut geeignet: keramikbeschichtet). Heiß werden lassen, mit einer Suppenkelle vier Puffer in die Pfanne geben (ist eine 24-cm Pfanne, wer eine kleinere Pfanne hat, backt in mehreren Durchgängen). Auf hohe mittlere Hitze drehen, 4 Min. auf einer Seite braten, dann 4 Min. auf der anderen Seite.

Tipp: *Zum Braten der Puffer kann man statt Olivenöl auch Erdnussöl oder Kokosöl (hochwertiges!) nehmen.*

4188. Kartoffelscheiben mit kalter Gurkensuppe, Juli 2010

48 Std. keimen + ca. 30 Min.; 1 Hauptspeise.

Kartoffeln:

- 20 g Kokosöl
- 50 g Wasser
- 225 g Kartoffeln
- etwas Salz
- 1 EL Zucchinistreich à la Sellerie (4183 o. Ä.)

Suppe (Rohkost):

- 240 g Salatgurke
- 70 g Weizensprossen
- 1 TL Salz
- 1 TL Zitronenschaum (5/3586)
- 1 EL Kürbiskernöl
- einige Blättchen Basilikum

Gemüse: Junge Kartoffeln unter fließendem Wasser gründlich abbürsten, in Scheiben schneiden. Öl und Wasser

in eine Pfanne geben, Kartoffelscheiben hinzufügen. Deckel auflegen, auf höchster Einstellung zum Kochen bringen, bis Dampf unter dem Deckel austritt. Ohne den Deckel anzuheben, 15 Min. auf kleinster Einstellung dünsten. Zucchinistreich unterrühren, nochmals kurz aufkochen.

Suppe: Gurke grob vorschneiden und mit den anderen Suppenzutaten in einem starken Mixer so lange schlagen, bis eine glatte Masse entstanden ist. In einen Teller gießen und mit Basilikumblättchen belegen.

4189. Lasagne-Duett, Juli 2010

Vegan; ca. 35 Min. Arbeit; 2 Hauptspeisen.

Teig:

- 90 g Dinkel
- 10 g Leinsamen
- 1 Prise Salz
- 1 EL Olivenöl
- 40 g Wasser

Soße:

- 60 g Sonnenblumenkerne
- 400 g Wasser
- 60 g Olivenöl
- 1 TL Salz
- 2 TL Zitronenschaum (5/3586)
- 1/2 TL Paprikaflocken (oder Pulver)
- eine Prise Schabziegerklee
- etwas frisch gem. schw. Pfeffer

Füllung 1:

- 150 g rote Paprikaschote
- 1 Tomate (105 g)

Füllung 2:

- 2 große Champignons (30-40 g)
- 110 g Kartoffeln
- Olivenöl zum Auspinseln
- 4 TL Sesam ungeschält

Dinkel mit Leinsamen mischen und fein mahlen. Mit Salz, 40 g Wasser und 1 EL Öl zu einem glatten Teig verarbeiten. Abgedeckt eine Std. ruhen lassen (bzw. nach einer halben Std. mit den restlichen Vorbereitungen beginnen). Die Soßenzutaten in einem kleinen Mixer sehr gut verschlagen.

Den Teig in vier Teile teilen, jeden Teil in Größe der Lasagneform dünn ausrollen. Kartoffeln unter fließendem Wasser gut abbürsten, Gemüse in Scheiben, Paprika in Streifen schneiden.

Die Formen mit Öl einpinseln. Jeweils etwas Soße in eine Form geben, darauf etwas Füllung (Paprika oder Champignon), eine Lage Nudelteig darauf legen, darüber wieder etwas Soße, dann die restliche Füllung (Tomate bzw. Kartoffel), darauf die zweite Nudelplatte und dann mit der restlichen Soße abschließen. Mit je 2 TL Sesam bestreuen. In den kalten Ofen auf den Gitterrost setzen, bei 225 °C (Umluft) 30 Min. backen.

4190. Heidelbeereis, Juli 2010

Vegan; Vorbereitung: 6 Std. vorher Obst einfrieren.

- 1 EL Cashewnussmus
- 2 TL Zitronenschaum (5/3586)
- 1/2 TL gem. Vanille
- 500 g gefrorene Heidelbeeren
- 2 Bananen, geschält und in Scheiben eingefroren

Alle Zutaten in einen eisfähigen Hochleistungsmixer geben, auf höchster Geschwindigkeit laufen lassen, bis die Masse homogen ist. Frisch essen und den Rest in Siliconmuffinförmchen einfrieren.

Tipp: *Wenn die Masse ausreichend geschlagen ist, schmeckt auch tiefgekühlt nach 10 Min. Antauen lecker.*

4191. Fruchtiger Sprossensalat, Juli 2010

Rohkost; 48 Std. sprossen; + ca. 10 Min.; 1 Vorspeise.

Dressing:

- 3 EL Standardsalatsoße (3895)
- 1 EL Sesamöl
- 1 TL Paprikaflocken oder gem. Paprika

Salat

- 65 g Eisbergsalat
- 65 g gekeimte Mungbohnen
- 65 g Johannisbeeren (netto)

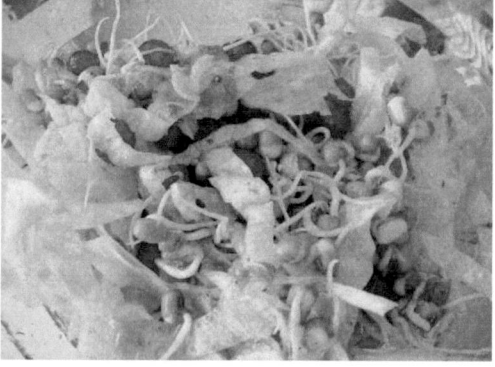

Dressingzutaten mit einer Gabel verquirlen. Johannisbeeren waschen, abzupfen (dann wiegen). Eisbergsalat wenn nötig waschen, in Streifen schneiden. Salat, Sprossen und Johannisbeeren mit dem Dressing vermischen.

4192. Brennendes Pesto, Juli 2010

Vegane Rohkost.

- 150 g Brennnesseln (zarte Spitzen)
- 190 g Sonnenblumenöl
- 100 g Sonnenblumenkerne
- 100 g junger Weißkohl
- 1 leicht geh. EL Salz
- 1 Kohlrabi (240 g brutto)
- 1 Knoblauchzehe
- 1 EL Grillgewürz (gekauft) oder 1 Pr. Chilipulver
- 1 Knoblauchzehe

Herstellung in einem kräftigen Mixer (Thermomix oder Vitamix). Teilmengen auch im kleinen Mixer.

Brennnesseln waschen und trockenschleudern. Von dem Kohlrabi grobe Schadstellen abschneiden, schälen ist nicht erforderlich, grob vorschneiden, ebenso den Kohl. Die Zutaten der Reihenfolge nach in den Mixer geben und sehr gut mixen. Auf Gläser verteilen, die Oberfläche mit Öl begießen. Pestos halten meiner Erfahrung nach locker bis zu einem halben Jahr.

Tipp: Eignet sich nicht nur als Dip, Dressinggrundlage und Aufstrich, sondern ist auch sehr lecker unter gekochte Kartoffelscheiben gerührt!

4193. Brennnessel-Champ-Auflauf mit Gurkenschlange, Juli 2010

Vegan

Auflaufgemüse:
- 250 g größere Champignons
- 130 g Kartoffel
- 20 g Brennnesseln

Soße:
- 350 g Wasser
- 1 EL Erdnussmus (3/1751)
- 1 gestr. TL Salz
- 1 TL Zitronenschaum (5/3586)

Rohkost:
- 140 g Salatgurke
- 1 Tomate (90 g)
- 6 g Zwiebel (netto)
- 2 Prisen Salz
- Etwas frisch gem. Pfeffer
- 2 TL Olivenöl
- etwas Petersilie.

Champignons nebeneinander, mit der Wölbung nach oben, in eine feuerfeste Form setzen. Kartoffeln in feine Schnitze, Brennnessel in Streifen schneiden und dazu geben. Die Soßenzutaten in einem starken Mixer gut schlagen und darüber gießen, Deckel auflegen. In den kalten Ofen (Umluft) schieben und 35 Min. bei 200 °C backen.

Für den Salat die Salatgurke mit einem Radischneider in eine lange Schlange schneiden (oder mit einem Messer in dünne Scheiben), in die Mitte eines Desserttellers legen. Tomate halbieren, dann in Scheiben schneiden, am Rand auslegen. Zwiebel fein hacken und über die Gurken streuen. Salzen, pfeffern und mit Öl beträufeln.

4194. Wildzöpfe, Juli 2010

Ergibt 10 Gebäckstücke

- 1 P frische Hefe (42 g)
- 100 g Wasser
- 25 g Wildkräuter gemischt
- 500 g Weizen
- 2 gestr. TL Salz
- 50 g Sahne
- 170 g Wasser
- 2-3 EL Mohn

Hefe in 100 g Wasser verrühren. Weizen fein mahlen. In die Mitte eine Kuhle drücken, Hefewasser mit einem Teil Mehl zu einem Brei verarbeiten und abgedeckt 20 Min. stehen lassen. Wildkräuter waschen, trockenschleudern und in feine Streifen schneiden.

Salz und Sahne an den Rand des Teigs geben, Wasser und Wildkräuter hinzufügen und 4 Min. mit der Teigknetmaschine kneten lassen. Eine Kugel unter Spannung bilden, abgedeckt mit Plastikfolie und Handtuch in einer Schüssel 30 Min. gehen lassen. Nochmals kräftig mit der Hand durchkneten.

Zwei Untertassen bereitstellen, auf die eine Mohn schütten, in die andere etwas Wasser gießen. Teig halbieren, jede Hälfte zu einer Kugel unter Spannung formen und mit jeder Kugel wie folgt fortfahren (nicht verwendete Kugeln unter Dauerbackfolie ruhen lassen):

In fünf Stücke teilen (je 88-90 g) und wieder jeweils zu einer Kugel unter Spannung formen. Zöpfchen (oder Brezel / Kringel) formen. Die Teiglinge erst kurz in das Wasser auf der Untertasse halten. Ohne sie umzudrehen, in den Mohn drücken. Mit der Saat nach oben auf ein mit Dauerbackfolie ausgelegtes Backblech legen (reicht für 2 Bleche). Beide Bleche mit Gärfolie abdecken.

Ofen auf 250 °C (Umluft) vorheizen, auf dem Boden steht eine ofenfeste Form mit Wasser. Beide Bleche einschieben und bei 200 °C 20 Min. backen (Klopfprobe machen). Auf ein Kuchengitter geben, einsprühen und auskühlen lassen. Schmecken auch warm sehr lecker!

4195. Sommerknäckebrot, roh, Juli 2010

Vegane Rohkost

- 1 rote Paprikaschoten (185 g netto)
- 1 Knoblauchzehe geschält
- 1 Tomate (95 g)
- 175 g Möhren
- 200 g Sonnenblumenkerne
- 1 TL Salz
- 1,5 TL Zitronenschaum (5/3586)
- 1 TL Ras al-Hanout (oder Zitronensaft)
- 50 g Buchweizen
- 50 ml Sonnenblumenöl
- evtl. noch etwas Salz

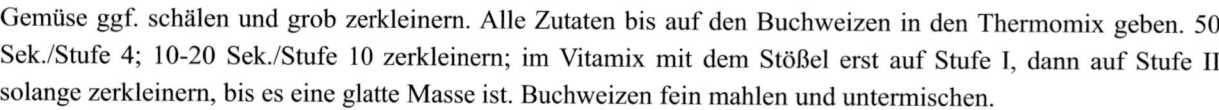

Gemüse ggf. schälen und grob zerkleinern. Alle Zutaten bis auf den Buchweizen in den Thermomix geben. 50 Sek./Stufe 4; 10-20 Sek./Stufe 10 zerkleinern; im Vitamix mit dem Stößel erst auf Stufe I, dann auf Stufe II solange zerkleinern, bis es eine glatte Masse ist. Buchweizen fein mahlen und untermischen.

Auf 3 Paraflexx-Folien ausstreichen, eventuell mit einem Teigrädchen Stücke vormarkieren, auf die Einschübe geben. In einem Dörrgerät trocknen (Excalibur: 41 °C, 26 Std.).

4196. Utilis wildes Bauernbrot. Juli 2010

Nach einem Rezept aus „Silva-Brotbackbuch" von Heide und Gerold Albonico / Max Pichler (1982).

Ansatz:

- Sauerteig (ca. 150 g)
- 130 g Wasser
- 125 g Roggen

Vorteig:

- 250 g (weißer) Dinkel zum Mahlen
- 250 g (weißer) Dinkel zum Schroten
- 200 g (Champagner-)Roggen
- 500 g Wasser

Hauptteig:

- 250 g (Champagner-)Roggen
- 1 EL Salz
- 50 g Wasser
- 50 g Wildkräuter
- Butter für die Form

Morgen vorher: Roggen fein mahlen. Alten Sauerteigansatz, Wasser und Roggen verrühren. Die Schüssel in eine Plastiktüte stecken und auf der Fensterbank etwa 10-12 Std. stehen lassen.

Vorabend: Vom Sauerteig 150 g abnehmen und in einem Glas mit Schraubdeckel im Kühlschrank als neuen „Starter" aufbewahren. 250 g weißen Dinkel fein mahlen, 250 g weißen Dinkel und 200 g Roggen schroten (4,5/9, Hawos Novum) und mit 250 g Sauerteig in der Teigknetmaschine 3 Min. verkneten. Ich musste noch ein wenig mit dem Rührlöffel nacharbeiten, da sich Klumpen gebildet hatten. Teigschüssel in Plastik einpacken und über Nacht (= 12 Std.) stehen lassen.

Backmorgen: 250 g Roggen fein mahlen. Wildkräuter waschen, trockenschleudern und kleinschneiden. Mit Mehl, 50 g Wasser und Salz zu dem Ansatz geben und 10 Min. gut verkneten.

Eine passende Brotform (hier sogenannte „Dreipfünder-Form") einfetten und den Teig hineinfüllen, mit Wasser einsprühen. Form mit Gärfolie abdecken und 2-3 Std. ruhen lassen. Ofen auf 250 °C (Umluft) vorheizen, das Backblech ist bereits im Ofen. Brot in den Ofen schieben, 5 Min. backen und auf 200 °C herunterschalten. 50 Min. backen, aus der Form nehmen (Klopfprobe). Auf dem Boden des Ofens steht eine ofenfeste Form mit Wasser. Auf ein Kuchengitter stürzen, mit Wasser einsprühen und abkühlen lassen. Erst am nächsten Tag anschneiden.

4197. Kartoffel-Meer + kalte Tomaten-Paprikasuppe, Juli 2010

Vegan; Arbeit ca. 30 Min.; 1 Hauptspeise.

Kartoffel-Meer:
- 10 g Kokosöl
- 60 g Wasser
- 270 g Kartoffeln
- 15 g Sonnenblumenkernmus (2/1480)
- 1 TL Zitronenschaum (5/3586)
- 1 TL Meerrettich, eingelegt
- 90 ml Wasser
- 2 Prisen Salz
- 1 EL geh. Petersilie

Suppe (Rohkost):
- 1 Tomate (135 g)
- 1 rote Paprika (165 g netto)
- 30 g Cashewnussmus (3/1706)
- 1/2 TL Zitronenschaum
- 200 g Wasser
- 6-8 Basilikumblättchen

Junge Kartoffeln unter fließendem Wasser gründlich abbürsten, in Scheiben schneiden. Öl und Wasser in eine Pfanne geben, Kartoffelscheiben hinzufügen. Deckel auflegen, auf höchster Einstellung zum Kochen bringen, bis Dampf unter dem Deckel austritt. Ohne den Deckel anzuheben, 15 Min auf kleinster Einstellung dünsten. Sonnenblumenpaste, Zitronenschaum, Meerrettich, Wasser und Salz in einem kleinen Mixer gut mixen, unter die Kartoffeln rühren und nochmals kurz aufkochen. Mit Petersilie bestreuen.

Suppe (vorher): Aus der Paprika den Stiel drehen und die Körner entnehmen, die Wände grob vorschneiden und mit den anderen Suppenzutaten in einem starken Mixer (Vitamix oder Thermomix) so lange schlagen, bis eine glatte Masse entstanden ist. In einen Teller gießen und mit Basilikumblättchen belegen.

4198. Sonnensenf en masse, Juli 2010

Vegane Rohkost.
- 200 g gelbe Senfkörner
- 4 TL Koriander ungemahlen
- 32 g Salz
- 4 gestr. TL Kurkuma gem.
- 50 g Honig
- 120 g Apfelessig (5 %)
- 250 g Wasser
- 40 g Sonnenblumenkernmus (2/1480)
- 40 g Sonnenblumenöl

Herstellung im Vita- oder Thermomix. Senfkörner mit Salz und Koriander sehr fein mahlen. Kurkuma und restliche Zutaten hinzufügen und sehr gut durchmixen. In passende saubere Gläschen füllen, 12-24 Std. offen stehen lassen (fermentieren), dabei gelegentlich umrühren.

4199. Aprikoseneis, Juli 2010

Vorbereitung: mindestens 12 Std. vorher Obst einfrieren.
- 1 EL Erdnussmus (3/1751)
- 2 TL Zitronenschaum (5/3586)
- 500 g gefrorene Aprikosen (brutto)
- 1 mittelgroße Banane, geschält und in Scheiben eingefroren
- 30 g Honig

Aprikosen entsteinen. Alle Zutaten in einen Hochleistungsmixer geben, auf höchster Geschwindigkeit laufen lassen, bis die Masse homogen ist. Frisch essen, und den Rest in Siliconmuffinförmchen einfrieren.

4200. Nudeln in Knoblauch-Peteröl mit Salat, Juli 2010

Vegan; ca. 35 Min. Arbeit; 1 knappe Hauptspeise.

Teig:
- 50 g Weizen
- 5 g Leinsamen
- 1 Prise Salz
- 2 TL Olivenöl
- 25 g Wasser
- 1,5 L kochendes Wasser
- 1 geh. TL Salz
- 3 EL Olivenöl
- 1 Knoblauchzehe
- 2 EL geh. Petersilie

Salat:
- 25 g Kopfsalat
- 65 g gelbe Paprika
- 1/2 Tomate (80 g)
- 30 g Salatgurke
- 2 Radieschen
- 2-3 Prisen Salz
- frisch gem. schwarzer Pfeffer
- 2 EL Olivenöl
- 1 TL Zitronenschaum (5/3586)
- 2 TL Wasser
- etwas Petersilie

Weizen mit Leinsamen mischen und fein mahlen. Mit Salz, 25 g Wasser und 2 TL Öl zu einem glatten Teig verarbeiten, zu einer Kugel formen. Abgedeckt eine bis zwei Std. ruhen lassen. Den Teig in zwei Teile teilen, jeden Teil dünn ausrollen. Mit einem Teigrädchen in Streifen schneiden und auf einem Kuchengitter liegen lassen.

Für den Salat das Gemüse putzen, kleinschneiden und einigermaßen „nett" auf einem Teller verteilen. Salzen, pfeffern und mit Öl und Zitronen-Wassergemisch beträufeln. Mit etwas Petersilie dekorieren.

1,5 Liter kochendes Wasser (z. B. aus dem Wasserkocher) mit Salz in einem Topf zum Kochen bringen. Nudeln vorsichtig hineingeben und 5 Min. kochen. In dieser Zeit in einer Pfanne die geschälte, in Scheiben geschnittene Knoblauchzehe mit der Petersilie in 3 EL Öl auf mittlerer Hitze anbraten. Nudeln abgießen, abtropfen lassen und in die Pfanne geben. Gut durchrühren und in einen Suppenteller geben.

4201. Salat mit Haferdressing +Tandoori-Kartoffeln, Juli 2010

Vegan; 48 Std. Hafer keimen; 30 Min.; 1 Hauptspeise.

Salat:
- 3 EL Nackthafer
- 1 Tomate (80 g)
- 2 EL Olivenöl
- 1/2 TL Salz
- 1 TL Zitronenschaum (5/3586)
- 1 TL getr. Basilikum
- 140 g Kopfsalat
- 2 Radieschen

Kartoffeln:
- 20 g Kokosöl
- 50 g Wasser
- 200 g Kartoffeln
- etwas Salz
- 1 TL Erdnussmus (3/1751)
- 1/2 TL Tandoorigewürz s. Vorwort)
- Salz nach Geschmack

Gekeimten Hafer mit Tomate, Öl, Salz, Zitronenschaum und Basilikum in einem starken Mixer zu einer fast glatten Masse mischen. Den Kopfsalat waschen, trockenschleudern und in Streifen schneiden. Auf einen großen flachen Teller legen, in die Mitte die Hafermasse geben. Mit einigen Esslöffeln Wasser den Mixer „reinigen", auf den trockenen Salat gießen. Radieschen vierteln und dekorativ am Rand der Hafermasse auslegen.

Kartoffeln unter fließendem Wasser abbürsten, in Scheiben schneiden. Öl, Salz und Wasser in eine Pfanne geben, Kartoffelscheiben zufügen. Als Gemüsepfanne 15 Min. dünsten. Mit Tandoorigewürz bestreuen, Erdnussmus in die Pfanne geben und rühren, bis es sich gelöst hat.

Tipp: *Das Kartoffelgericht war ganz simpel, aber mit jungen Kartoffeln ein Gedicht!*

4202. Apfelsineneis, Juli 2010

10 Portionen.

- 2 kleine Apfelsinen (180 g netto)
- 1/2 TL gem. Vanille
- 1/2 TL Lebkuchengewürz
- 1 MS Paprikapulver edelsüß
- 2 TL Zitronenschaum (5/3586)
- 100 g Orangenblütenhonig
- 250 g Sahne
- 1 Mandarine
- 2 TL Pampelmusat (2/950)

Apfelsinen schälen und in Stücke teilen. Mit Gewürzen, Zitronenschaum und Honig in einem kleinen Mixer fein schlagen. In den Kühlschrank stellen. Sahne mit einem Handrührgerät steif schlagen, die Apfelsinenmasse sehr gut unterziehen. Jeweils 1-2 EL in Silikon-Muffinförmchen füllen, mit ein paar Stückchen Pampelmusat dekorieren. Mandarine schälen, Stücke halbieren und jeweils ein halbes Stück neben das Pampelmusat stecken, mit der Spitze nach oben. Im Tiefkühlschrank fest werden lassen, dann in einer geschlossenen Plastikdose im Tiefkühlschrank aufbewahren. Etwa 10-15 Min. vor dem Verzehr aus dem Tiefkühlschrank nehmen.

4203. Rotkornsalat und Kartoffeldhal, August 2010

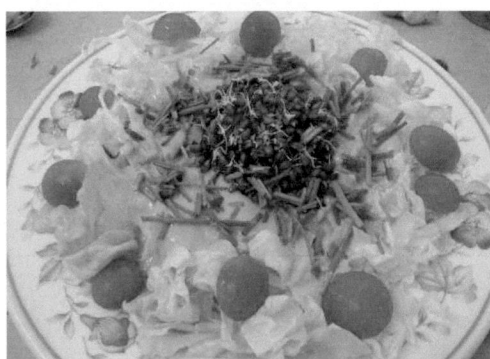

Vegan; 48 Std. keimen + ca. 30 Min.; 1 Hauptspeise.
Salatgemüse:

- 90 g Kopfsalat
- 75 g Weizenkeime (von 3 EL Rotkornweizen)
- 45 g Cocktailtomaten

Dressing

- 1 Aprikose (40 g ohne Kern)
- 1 TL Löwenöl (4032 o. Ä.)
- 10 g Sonnenblumenkernmus (2/1480)
- 3 EL Standardsalatsoße (3895)
- 2 EL Wasser
- 1 EL geh. Schnittlauch

Dhal:

- 105 g Kartoffeln
- 15 g gelbe Linsen
- 40 g rote Linsen
- 15 g Zwiebel (netto)
- 10 g Kokosöl
- 140 g Wasser
- 1 gestr. EL Erdnussmus (3/1751 o. Ä.)
- 1 TL Curry
- 1 TL Sumach (oder Zitronensaft)
- 1/2 TL Salz
- 50 g Wasser
- etwas Petersilie

Salat waschen, trockenschleudern und in Streifen schneiden. Auf einem großen Teller auslegen, in die Mitte die Weizensprossen kippen. Tomaten halbieren und im Kreis um die Sprossen legen. Die Dressingzutaten in einem kleinen Mixer sehr gut schlagen, um die Sprossen gießen. Schnittlauch dekorativ darüber verteilen.

Kartoffeln unter fließendem Wasser gründlich abbürsten, in Scheiben schneiden. Mit Linsen, Öl und 140 g Wasser in eine Pfanne geben, Deckel auflegen, auf höchster Einstellung zum Kochen bringen, bis Dampf unter dem Deckel austritt. Ohne den Deckel anzuheben, 15 Min auf kleinster Einstellung dünsten. Mit Karibikgewürz, Sumach und Salz bestreuen, Erdnussmus und 50 g Wasser in die Pfanne geben und rühren, bis es sich gelöst hat. Einmal kurz aufkochen.

Tipp: *Das Kartoffelgericht war ja ganz simpel, aber mit jungen Kartoffeln ein Gedicht!*

4204. Kinder-Frühstücks-Eis, August 2010

Vegane Rohkost: 12 Std. einfrieren Melone; 24 Std. Keimzeit Rotkornweizen.

- 1 EL Mandelmus (2/1247)
- 1 TL Zitronenschaum (5/3586)
- 400 g Wassermelone, netto gefroren
- 1 kleine Banane, 130 g brutto
- 1 kleiner Apfel 95 g
- 2-3 EL Rotkornweizensprossen

Einen Tag vorher Rotkornweizen zum Sprossen ansetzen. Alle Zutaten außer den Sprossen in einen Hochleistungsmixer füllen,„auf höchster Geschwindigkeit laufen lassen, bis die Masse homogen ist. Mit Sprossen bestreuen. Frisch essen.

Tipp: *Wenn das gut genug geschlagen ist, schmeckt das auch tiefgekühlt, nach 10 Min. Antauen, sehr lecker.*

4205. Rote-Rosenkuchen, August 2010

Nach einem Rezept aus dem Buch „Backen mit Vollkorn" von Elsbeth Blaser. Das Originalrezept ist nicht tiereiweißfrei nach Bruker.

Teig:
- 1 Würfel Bio-Hefe (42 g)
- 150 g Wasser
- 500 g Rotkornweizen (oder Weizen)
- 50 g Wasser
- 70 g Öl
- 1 gute Prise Salz
- 100 g Honig
- 1 TL gem. Orangenschale

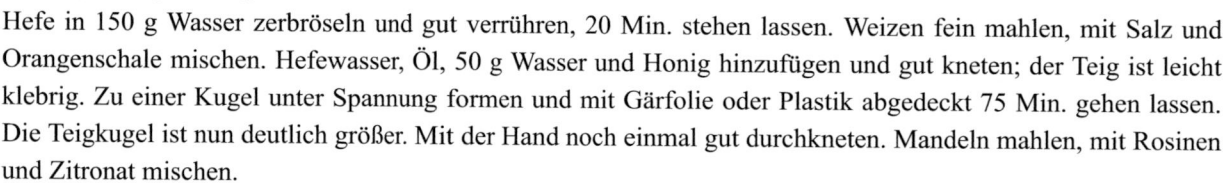

Füllung:
- 75 g Rosinen
- 175 g grüne Rosinen
- 50 g Zitronat
- 50 g Mandeln
- etwas Öl
- 50 g flüssiger Honig

Hefe in 150 g Wasser zerbröseln und gut verrühren, 20 Min. stehen lassen. Weizen fein mahlen, mit Salz und Orangenschale mischen. Hefewasser, Öl, 50 g Wasser und Honig hinzufügen und gut kneten; der Teig ist leicht klebrig. Zu einer Kugel unter Spannung formen und mit Gärfolie oder Plastik abgedeckt 75 Min. gehen lassen. Die Teigkugel ist nun deutlich größer. Mit der Hand noch einmal gut durchkneten. Mandeln mahlen, mit Rosinen und Zitronat mischen.

Teig zu einem Rechteck von ca. 35 x 45 cm ausrollen. Die Füllung gleichmäßig darauf verteilen. Teigplatte von der langen Seite her aufrollen und in 7 gleich lange Stücke schneiden. Eine Springform mit Backpapier überspannen. Eines der Stücke vorsichtig (die lose Füllung fällt sonst heraus) in die Mitte setzen, die anderen sechs Stücke um dieses Stück, jeweils mit einer Schnittfläche nach oben. Teig nochmals 30 Min. gehen lassen, die Oberfläche mit Öl bepinseln. Springform in den kalten Backofen geben und 30 Min. bei 200 °C (Umluft) backen. Den flüssigen Honig darüber träufeln. Auf einem Kuchengitter auskühlen lassen und vorsichtig aus den Formen nehmen.

Hinweis: Die im Buch angegebene erste Gehzeit sind die üblichen lachhaften 30 Min.. Ich wünschte, diese Kochbuchautoren würden mal ehrlich zugeben, dass sie einen Gärofen haben. In einer normalen Küche geht das nur im Hochsommer so schnell! Auch finde ich die Füllung viel zu trocken. Zwar wird im Originalrezept der Teig vor dem Bestreuen mit der Füllung mit weicher Butter bestrichen, das macht nun aber auch keinen Unterschied. Eine Füllung für solche Rollen sollte viel „klebriger" sein.

4206. Linsen-Lasagne, August 2010

Vegan; Linsen 4-6 Std. einweichen.

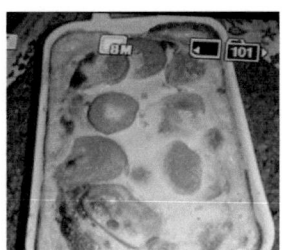

Füllung:
- 55 g Champagnerlinsen
- 165 g Wasser
- 1 kleine Kartoffel (40 g)
- 1 Prise Salz

Teig:
- 50 g Rotkornweizen
  (oder normalen Weizen / Dinkel)
- 1 Prise Salz
- 1 TL Olivenöl
- 25 g Wasser

Soße:
- 1 EL Cashewnussmus (3/1706 o. Ä.)
- 200 g Wasser
- 10 g Olivenöl
- 1/2 TL Salz
- 1 TL Zitronenschaum (5/3586)
- Olivenöl zum Auspinseln
- 1 kleine Tomate (40 g)

Linsen in Wasser 3-4 Std. einweichen. Die Kartoffel gut unter fließendem Wasser abbürsten, in Scheiben schneiden und zu den Linsen geben. Zum Kochen bringen und bei kleinster Einstellung 30-35 Min. köcheln (auf der Packung steht 25 Min, aber da waren meine noch hart). Salzen.

Weizen fein mahlen, mit Salz, 1 TL Olivenöl und 25-30 g Wasser zu einem weichen Teig verarbeiten. Abgedeckt mindestens eine Std. stehen lassen. Mit Hilfe von Mehl zwei Scheiben in Größe einer viereckigen Lasagneform ausrollen, das geht gut mit einem kleinen „Pizzaroller". Eine Form mit Öl auspinseln. Die Zutaten für die Soße in einem Mixer sehr gut miteinander verquirlen. Eine Teigscheibe in die Form legen, mit etwas Soße begießen. Dann die Füllung - die zweite Teigscheibe - die in Scheiben geschnittene Tomate in dieser Reihenfolge in die Form geben. Die restliche Soße darübergießen. In den kalten Ofen auf das Gitterrost setzen, bei 225 °C (Umluft) 30-35 Min. backen.

4207. Gesteckte Bratkartoffeln, August 2010

20-25 Min.; kleine Hauptspeise.

- 30 g Öl
- 45 g Wasser (30 g hätten auch gereicht)
- 220 g Kartoffeln (netto)
- 65 g Steckrübe
- etwas Petersilie

Öl und Wasser in einer Pfanne mischen. Kartoffeln unter fließendem Wasser gut abbürsten, in Scheiben schneiden und Pfanne damit auslegen. Steckrübe würfeln und über die Kartoffeln streuen. Deckel auflegen. Bei höchster Einstellung zum Kochen bringen. Sobald Dampf unter dem Deckel entweicht, auf kleinste Einstellung drehen und 15 Min. dünsten. Dann bei höherer bis starker Einstellung nochmal einige Min. braten. Salzen. Auf einen Teller geben und mit Petersilie bestreuen.

4208. Himbeereis Nr. 2, August 2010

12 Std. vorher Himbeeren, Wasser und Banane einfrieren; Hauptspeise oder 2-3 Desserts.

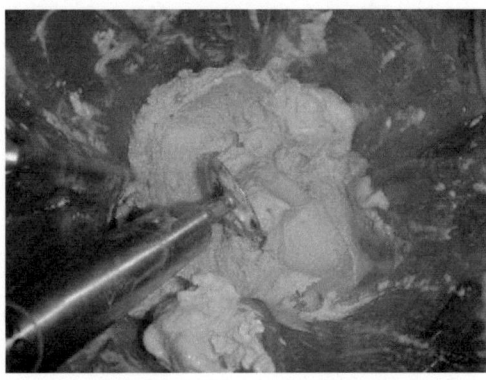

- 400 g tiefgekühlte Himbeeren
- 1 geschälte tiefgekühlte Banane in Scheiben (130 g netto)
- 90 g Sahne
- 1 EL Honig (ca. 40 g)
- ca. 250 g Eiswürfel

Alle angegebenen Zutaten in den Hochleistungsmixer geben. Mit dem Stößel auf das Eis drücken, während das Gerät auf höchster Stufe läuft. Auf Teller geben.

Hinweis: *Wer vegan essen möchte, nimmt statt der Sahne 1 EL Nussmus.*

4209. Drei-Gang-Menü mit Nachtisch zuerst, August 2010

Apfeleis / Salatplatte / Hirsenocken; vegan; reichliches Menü für 1 Person. – Vorbereitung 12 Std. vorher 2 kleine Äpfel vierteln und einfrieren.

1. Vorspeise:
- 145 g gefrorene Apfelviertel
- 145 g Honigmelone, aus dem Kühlschrank
- 2 Cashewnüsse (2 Gojibeeren, 1 Erdbeere usw.)

2. Vorspeise:
- 50 g Kopfsalat
- 2 Cocktailtomaten (35 g)
- 25 g Salatgurke
- 2 EL Kürbiskernöl (oder Sonnenblumenöl)
- 2 TL Apfelessig
- 1-2 Prisen Salz
- etwas frisch gem. Pfeffer
- etwas Petersilie

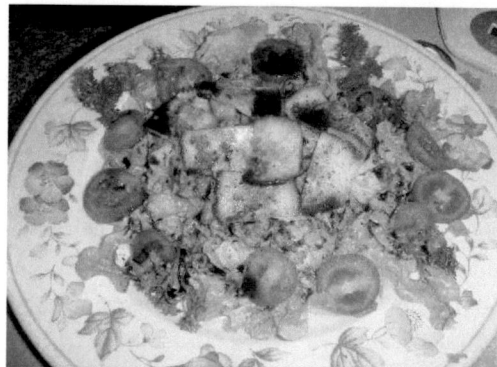

Hirse-Hauptmenü:
- 15 g Kokosöl
- 250 g Wasser
- 75 g Hirse
- 25 g rote Linsen
- 1/2 TL Salz
- 1 gestr. TL Tandoorigewürz (Vorwort)
- 1 gestr. TL Ras al-Hanout (oder Zitronensaft)
- 1 gut geh. TL Cashewnussmus (3/1706)
- 1 TL Zitronenschaum (5/3586)
- 50 ml Wasser
- etwas Petersilie

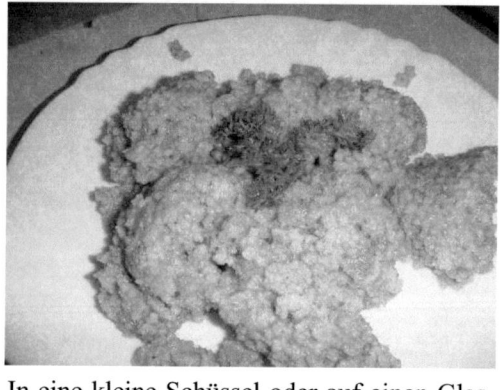

1. Vorspeise: Morgens Äpfel vierteln und einfrieren. Honigmelone in den Kühlschrank legen. Abends einige gefrorene Apfelviertel in den Hochleistungsmixer geben, 145 g Honigmelone (entkernt und geschält) in Stücken hinzufügen. Mit dem Stößel auf das Obst drücken, während das Gerät auf höchster Stufe läuft. In eine kleine Schüssel oder auf einen Glasteller geben, mit Cashewnüssen dekorieren (es ist unglaublich: Das schmeckt ohne was dabei toll!).

2. Vorspeise: Salat waschen und trockenschleudern, in Streifen schneiden und auf einem großen Teller verteilen. Tomaten in feine Scheiben schneiden, in einem Kreis auflegen. Gurke in Scheiben schneiden und in die Mitte geben. Salzen, pfeffern und mit Essig und Öl beträufeln, mit etwas Petersilie garnieren.

Hirse-Hauptspeise: Kokosöl und Wasser in eine keramikbeschichtete Pfanne geben (sonst könnte es anbrennen). Hirse und Linsen hinzugeben, Deckel auflegen. Zum Kochen bringen und dann bei kleinster Einstellung 20 Min. garen/quellen lassen. Salz, Gewürze, Cashewnussmus und Wasser unterrühren, bis alles gut vermischt ist. Mit einem Eisportionierer (oder einem EL) Nocken auf einen Teller setzen, mit Petersilie garnieren.

4210. Schokoeis, August 2010

Vorbereitung: mindestens 12 Std. vorher Wasser einfrieren.
- 2 TL Kakao
- 2 TL Honig (ca. 30 g)
- 2-3 EL Sahne
- 250 g Eiswürfel

Alle Zutaten in den Hochleistungsmixer geben. Mit dem Stößel auf das Eis drücken, während das Gerät auf höchster Stufe läuft. In eine kleine Schüssel oder auf einen Glasteller geben.

4211. Rot-Weiß-Brötchen, August 2010

Vegan; 10 Brötchen.

- 1 P Trockenhefe (9 g)
- 150 g Wasser
- 350 g Rotkornweizen (oder normaler Weizen / Dinkel)
- 150 g Dinkel
- 2 gestr. TL Salz
- 150 g Wasser
- 2 EL Olivenöl

TM: Hefe in 150 g Wasser verrühren. Weizen und Dinkel mischen, fein mahlen. In die Mitte eine Kuhle drücken, Hefewasser mit einem Teil Mehl zu einem Brei verarbeiten und abgedeckt 20 Min. stehen lassen.

Alle Zutaten in den Mixtopf geben und auf der Knetstufe 2,5 Min. kneten. Den Teig auf einer glatten Fläche mit der Hand kräftig nachkneten. Zu einer Kugel unter Spannung formen, in einer Plastiktüte abgedeckt mit einem Handtuch 45 Min. gehen lassen. Nochmals kräftig mit der Hand durchkneten. Der Teig ist gerade leicht klebrig. Teig halbieren, jede Hälfte zu einer Kugel unter Spannung formen und mit jeder Kugel wie folgt fortfahren (nicht verwendete Kugeln unter Dauerbackfolie ruhen lassen):

In fünf Stücke teilen (je 82-84 g) und wieder jeweils zu einer Kugel unter Spannung formen. Mit einer kleinen Kaiserbrötchen-Form eindrücken oder mit dem Messer einschneiden. Blech mit Gärfolie abdecken. Ofen auf 250 °C (Umluft) vorheizen, auf dem Boden steht eine ofenfeste Form mit Wasser. Blech einschieben und bei 200 °C 20 Min. backen (Klopfprobe machen). Auf ein Kuchengitter geben, einsprühen und auskühlen lassen.

Tipp: *Wer möchte, dass der Teig schneller geht, nimmt 2 Päckchen Trockenhefe.*

4212. Mangoeis, August 2010

Vegane Rohkost: Vorbereitung: 12 Std. vorher Wasser und Banane einfrieren. Mango min. 1 Std. in den Kühlschrank legen. – Reicht als 1 Hauptspeise.

- 1 Mango (450 g brutto)
- 1 geschälte tiefgekühlte Banane in Scheiben (130 g netto)
- ca. 250 g Eiswürfel

Alle Zutaten in den Vitamix/Hochleistungsmixer geben. Mit dem Stößel auf das Eis drücken, während das Gerät auf höchster Stufe läuft. Auf Teller geben.

4213. Schokoeis etwas cremiger, August 2010

12 Std. vorher Wasser einfrieren.

- 2 TL Kakao
- 2 TL Honig (ca. 30 g)
- 1/2 Banane (40 g)
- 1 EL Erdnussmus (3/1751)
- 1 EL Rum
- 250 g Eiswürfel

Alle angegebenen Zutaten in den Vitamix geben. Mit dem Stößel auf das Eis drücken, während das Gerät auf höchster Stufe läuft. In eine kleine Schüssel oder auf einen Glasteller geben.

4214. Drei-Gang-Menü Nr. 2, August 2010

Vegan; Melonensorbet / Salatplatte / Pestokartoffeln; vegan; 1 reichliche Haupt-speise. – 12 Std. Wasser und Melonenstücke einfrieren; Dinkel 36-48 Std. Keimzeit.

1. Vorspeise:
- 115 g gefrorene Melone
- 1/2 kleine Banane (40 g netto)
- 125 g Eiswürfel
- 10 Cashewnüsse

2. Vorspeise, Salat:

- 65 g Kopfsalat
- 3-4 Cocktailtomaten (50 g)
- 30 g Dinkelkeime

2. Vorspeise, Dressing:
- 1 TL Zitronenschaum (5/3586)
- 15 g Löwenöl (4032 o. Ä.)
- 4 g Löwensenf (4025 o. Ä.)

- 15 g Petersilie
- 1 Prise Salz
- 20 g Wasser

Pestokartoffeln:
- 20 g Olivenöl
- 30 g Wasser
- etwas Salz
- 175 g Kartoffeln
- 1/2 TL Curry (z. B. 3962 o. Ä.)
- 2 TL Brennendes Pesto (4192)

1. Vorspeise: Morgens Melone in Stücke schneiden und einfrieren. Eiswürfel herstellen. Abends alle angegebenen Zutaten (die Banane war nicht eingefroren) in den Hochleistungsmixer geben. Mit dem Stößel auf das Obst drücken, während das Gerät auf höchster Stufe läuft. In eine kleine Schüssel oder auf einen Glasteller geben.

2. Vorspeise: Salat waschen und trockenschleudern, in Streifen schneiden und auf einem großen Teller verteilen. Tomaten in feine Scheiben schneiden, in die Mitte legen, Keime um die Tomate streuen. Dressingzutaten in einem kleinen Mixer sehr gut verschlagen, über den Salatrand gießen.

Pestokartoffeln: Olivenöl und Wasser in eine keramikbeschichtete Pfanne geben. Kartoffeln unter fließendem Wasser gut abbürsten und in Scheiben schneiden. In die Pfanne geben und salzen. Als Gemüsepfanne 15 Min. dünsten. Curry und Pesto unterrühren, bis alles gut vermischt ist.

4215. Schokoeis vegan, August 2010

12 Std. Wasser einfrieren.

- 2 TL Kakao
- 3 größere weiche Datteln
- 1 EL Cashewnussmus (3/1706)
- 170 ml Eiswürfel

Alle angegebenen Zutaten außer den Eiswürfeln in den Vitamix geben. Auf kleiner, dann ansteigender Geschwindigkeit vermischen. Eiswürfel hinzugeben. Mit dem Stößel auf das Eis drücken, während das Gerät auf höchster Stufe läuft. In eine kleine Schüssel oder auf einen Glasteller geben.

Tipp: Die Datteln waren noch nicht ganz zerkleinert. Eventuell sollte man sie mit etwas Wasser schlagen, damit sie wirklich fein werden, oder einweichen.

4216. Rotkornbrot, August 2010

Eine große 35 cm-Profiemail-Backform.

- 1 knapper TL Trockenhefe (4-6 g)
- 1100 g kaltes Wasser
- 875 g Rotkornweizen
- 225 g Weizen
- 200 g Roggen
- 1 EL Brotgewürz geschrotet
- 1 geh. EL Salz
- 60 g Leinsamen
- Butter zum Fetten der Form
- 2-3 EL Leinsamen

Vorabend: Hefe mit dem Wasser in die Knetteigmaschine geben und mit einem Löffel verrühren, bis sich die Hefe gelöst hat. Getreide mischen und fein mahlen. Mit Brotgewürz, Salz und Leinsamen mischen, zu dem Hefewasser geben und 3 Min. kneten lassen. Schüssel in eine Plastiktüte stecken und auf der Fensterbank etwa 10-12 Std. stehen lassen.

Backmorgen: Ofen auf 250 °C stellen, er muss 20 Min. vorheizen. In dieser Zeit: noch einmal gut kneten lassen (5 Min.), bis alle Luft entwichen ist. Brotform einfetten, mit Leinsamen ausstreuen und den Teig hineinfüllen, Gut einsprühen, mit einem Messer 1-2 cm tief eine Rille längs einschneiden und ruhen lassen, bis der Ofen 250 °C erreicht hat (waren bei mir etwa 6 Min.). Unten im Ofen steht eine mit Wasser gefüllte feuerfeste Form. Brot in den Ofen schieben, Temperatur auf 225 °C stellen und 50 Min. backen. Auf ein Kuchengitter stürzen (Klopfprobe), mit Wasser einsprühen und abkühlen lassen.

Tipp: *Der Teig lässt sich auch ohne Maschine herstellen: am Vorabend nur einmal gut durchrühren, am nächsten Morgen kneten, bis die Luft entwichen ist.*

4217. Nougateis vegan, August 2010

Vegan; Wasser 12 Std. einfrieren.

- 2 TL Kakao
- 3 größere weiche Datteln
- 30 g Wasser
- 1 EL Cashewnussmus (30 g; 3/1706)
- 45 g Banane (netto)
- 2 TL Macadamianussöl
- 160 ml Eiswürfel

Vitamix: 2 weiche große Datteln in 30 g Wasser einweichen (10 Std.). Mit noch einer Dattel, Kakao, Cashewnussmus, Banane und Macadamianussöl auf kleiner Stufe pürieren. 160 g Eiswürfel (Wasser) hinzugeben, mit Stößel auf höchster Stufe zu cremigem Eis schlagen.

4218. Kräutersalz angeräuchert, August 2010

- 125 getr. Kräuter (vor allem Petersilie, Schnittlauch, Dill)
- 50 g Salish-Rauchsalz
- 65 g Maldon-Rauchsalz
- 500 g Meersalz

Den großen Beutel Kräuter habe ich auf 8 Excalibur-Einschüben bei 50 °C ca. 14 Std. getrocknet. Mit dem Salz zusammen im Thermomix fein mahlen.

Tipp: *Oder anderes Rauchsalz.*

4219. Champignonpizza, August 2010

2 Pizzen / vegan.

Teig:

- 250 g (Rotkorn-)Weizen
- 1 TL Rote-Bete-Salz (3897 o. Ä.)
- 1/2 TL Trockenhefe (2 g)
- 140 g Wasser
- 3 EL Olivenöl

Champignons:

- 4 EL Sonnenblumenöl
- 200 g Champignons
- 1 Knoblauchzehe
- 2 TL Pizzakräuter

Belag:

- 50 g Sonnenblumenkerne
- 2 TL Zitronenschaum (5/3485)
- 1 gestr. TL Salz
- 50 ml Olivenöl
- 150 g Wasser
- 1 TL Paprikaflocken (oder Paprika edelsüß)

Teig (morgens): Aus den Teigzutaten einen Hefeteig herstellen (klebrig; im TM 2,5 Min). Kugel formen, abgedeckt im Kühlschrank 10 Std. stehen lassen.

Abends: Teig teilen (je 200 g). Ausrollen, auf geölte Pizzaform. Ofen vorheizen 200°C, 5 Min. backen. Mit je 2 EL Öl bepinseln. 200 g Champignons, 1 Knoblauchzehe in Scheiben darauf verteilen. Mit 2 TL Pizzakräuter (zwischen Fingern zerrieben) bestreuen.

Belag: Belagzutaten im kleinen Mixer mischen, mit einem EL auf Pizzen verteilen. In den noch heißen Ofen geben, 25 Min. bei 200 °C backen.

4220. Champagnerbrot, August 2010

Champagner-Linsen (3 EL) 2 Tage Keimzeit.

Ansatz:

- Sauerteig (ca. 100 g)
- 300 g Roggen
- 300 g Wasser

Hauptteig:

- 550 g Sauerteig (s.o.)
- 90 g Roggen
- 610 g (Champagner)-Roggen
- 1 EL Kümmel
- 1 EL Salz
- 600 g Wasser
- 115 g Sonnenblumenkerne
- 115 g Linsensprossen
- Butter für die Form

Vorabend: Roggen fein mahlen. Alten Sauerteigansatz, Wasser und Roggen gut verrühren. Die Schüssel in eine Plastiktüte stecken und auf der Fensterbank etwa 10-12 Std. stehen lassen.

Backmorgen: Vom Sauerteig 150 g abnehmen und in einem Glas mit Schraubdeckel im Kühlschrank als neuen „Starter" aufbewahren. Roggen mischen und mit dem Kümmel fein mahlen. Mit Salz mischen und mit den restlichen Zutaten in der Teigknetmaschine 10 Min. verkneten. 2 1/4 Std., abgedeckt mit Plastikfolie, gehen lassen. Eine passende Brotform (z. B. Zenker 30 x 11) einfetten und den Teig hineinfüllen, gut einsprühen. Form mit Gärfolie abdecken und 1 Std. gehen lassen. Ofen auf 250 °C (Umluft) vorheizen, das Backblech ist bereits im Ofen. Teig mit einem Messer drei- bis viermal schräg einschneiden. Brot in den Ofen schieben, 15 Min. backen und auf 200 °C herunterschalten. 40 Min. backen, aus der Form nehmen (Klopfprobe). Auf dem Boden des Ofens steht eine ofenfeste Form mit Wasser. Auf ein Kuchengitter stürzen, mit Wasser einsprühen und abkühlen lassen. Erst am nächsten Tag anschneiden.

4221. Haferbrot, August 2010

Reicht für ein großes Brot (30 x 11 cm Form).

- 1 Würfel Bio-Hefe (42 g)
- 100 g Wasser
- 300 g Nackthafer
- 200 g Wildroggen
- 500 g Urdinkel (oder Dinkel)

- 20 g Salz (1 EL)
- 60 g Sesamsaat ungeschält
- 680 g Wasser
- 3 EL Olivenöl
- 4 EL Nackthafer

Hefe in 100 g Wasser auflösen. Getreide mischen und mahlen, mit Salz und Sesam verrühren. Alle Zutaten gründlich miteinander verkneten (Brotmaschine: 10 Min.). Mit Folie abdecken und 1 Std. gehen lassen.

Nochmals eine Min. durchkneten. Eine große Zenker-Brotform mit Butter einfetten. 3 EL Hafer flocken, die Form damit ausstreuen. Den Teig hineingeben (ist sehr klebrig) und mit nassen Händen zusammendrücken. Den 4. EL Hafer ebenfalls flocken, oben auf das Brot streuen. Mit Wasser einsprühen und mit einem scharfen Messer einmal längs einschneiden. 30 Min. gehen lassen. Ofen auf 250 °C vorheizen (Umluft), auf dem Boden steht eine ofenfeste Schale mit Wasser. In dieser Zeit geht das Brot noch, das Backblech wird mit vorgeheizt.

Brot einschieben, 15 Min. auf 250 °C und 40 Min. bei 200 °C backen. Aus der Form kippen und die Klopfprobe machen. Auf einem Gitterrost abkühlen lassen.

4222. Multigemüsesuppe, August 2010

Vegan; ca. 30 Min.; ca. 4 Hauptspeisen.

- Etwa 1000 g verschiedene Gemüse, je max. 150 g (bei mir: 150 g Tomaten, 135 g Gemüsezwiebel, je 120 g Kohlrabi und Petersilienwurzel, 115 g Weißkohl, je 100 g Möhre, Steckrübe und Kartoffel, je 35 g Kohlrabigrün und Petersilie)
- 100 g Buchweizen
- 3 TL Gemüsebrühextrakt (3825)
- 2 Knoblauchzehen
- 1750 g Wasser
- 3 TL Salz
- 2-4 EL Öl

Gemüse waschen, putzen (Kartoffeln unter fließendem Wasser abbürsten) und ggf. schälen (Zwiebel, Kohlrabi). In Stücke schneiden und in einen großen Topf geben. Geschälten in Scheiben geschnittenen Knoblauch, Gemüsebrühextrakt, Buchweizen und Wasser hinzufügen. Deckel auflegen und zum Kochen bringen. Wenn das Wasser richtig sprudelt, auf kleine Einstellung (zwischen 1 und 2 von 12) drehen und 20 Min. köcheln lassen. Mit Salz (erst einmal 2 TL probieren) und Öl abschmecken.

4223. Champignonpfannkuchen, August 2010

Vegan; 1 kleine Hauptspeise.

- 75 g Dinkel
- 1/2 TL Salz
- 1 Prise Pfeffer
- 1 TL Paprikaflocken (oder gem. Paprika)
- 1 Pr. getr. Minze
- 150 g Wasser
- 90 g Champignons
- 10 g Petersilie
- 55 g Erdnussöl zum Braten

Dinkel fein mahlen. Salz, Pfeffer, Paprika und Minze unterrühren, mit einer Gabel das Wasser unterschlagen. 15-30 Min. ruhen lassen. Champignons fein raffeln, Petersilie fein hacken, beides in den Teig einrühren.

Öl in einer keramikbeschichteten Pfanne heiß werden lassen, mit einem Löffel kleine Pfannkuchen in die Pfanne setzen (ich bekam eine 24-cm-Pfanne dicht gedrängt voll). Auf beiden Seiten goldbraun oder braun backen, je nach Geschmack.

Hinweis: *Schmecken kalt und warm.*

4224. Freibrot, August 2010

Frei ist das Brot, weil ich in keinem anderen Rezept nachgeschaut habe, weder in einem Buch noch bei mir selbst, einfach mal schauen, was die Erfahrung so bringt. Aussehen tut's nett. Es ist als Geschenk gedacht, ich weiß also nicht, wie's schmecken wird.

Ansatz:

- Sauerteig (ca. 150 g)
- 200 g Roggen
- 200 g Wasser

Vorteig:

- 260 g Roggen
- 240 g Dinkel
- 100 g Sonnenblumenkerne
- 400 g Sauerteig
- 400 g Wasser

Hauptteig:

- 125 g Roggen
- 125 g Dinkel
- 1 EL Honig (30 g)
- 3 EL Olivenöl
- 75 g Wasser
- 1 TL Salz
- je 1 TL Koriander, Fenchel, Kümmel, Anis
- Butter für die Form

Morgen vorher: 200 g Roggen fein mahlen. Alten Sauerteigansatz, 200 Wasser und Roggen gut verrühren. Die Schüssel in eine Plastiktüte stecken und auf der Fensterbank etwa 10-12 Std. stehen lassen.

Vorabend: Vom Sauerteig 150 g abnehmen und in einem Glas mit Schraubdeckel im Kühlschrank als neuen „Starter" aufbewahren. Roggen und Dinkel mischen und schroten (Stufe 5/9; Hawos Novum). Mit Sauerteig, Sonnenblumenkernen und 400 g Wasser verkneten (10 Min. in der Teigknetmaschine). Mit Plastik gut abdecken und über Nacht stehen lassen.

Backmorgen: 125 g Roggen und 125 g Dinkel mischen und fein mahlen. Gewürze flocken (in einem Handflocker; oder im Magic grob mahlen), mit Salz unter das Mehl rühren. Mehl und restliche Zutaten (Honig, Öl, Wasser) zu dem Sauerteigansatz geben und nochmals gut kneten (10 Min. in der Teigknetmaschine).

Eine passende Brotform (z. B. Zenker 30 x 11) einfetten und den Teig hineinfüllen, gut einsprühen. Form mit Gärfolie abdecken und 90 Min. gehen lassen. Ofen auf 250 °C (Umluft) vorheizen, das Backblech ist bereits im Ofen. Auf dem Boden des Ofens steht eine ofenfeste Form mit Wasser. Teig mit einem Messer drei- bis viermal schräg einschneiden. Brot in den Ofen schieben, 15 Min. backen und auf 200 °C herunterschalten. 40 Min. backen, aus der Form nehmen (Klopfprobe). Auf ein Kuchengitter stürzen, mit Wasser einsprühen und abkühlen lassen. Erst am nächsten Tag anschneiden.

4225. Eisschokolade, August 2010

Herstellung im Vitamix; ca. 1 Min..

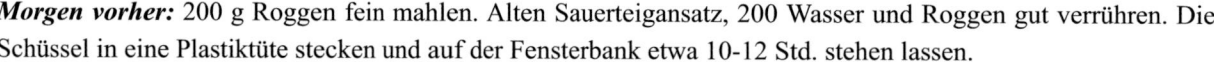

- Ca. 1 EL Haselnussmus
- 2-3 gehäufte TL Kakao
- 1 TL Honig
- 400 ml Wasser
- Eiswürfel

Kakao, Honig und 100 ml Wasser in den „dreckigen" Container geben, auf langsamer Geschwindigkeit anfangen und dann auf hoher Geschwindigkeit 40 Sek. rühren. Dann das restliche Wasser hinzugeben, nochmals auf Hochgeschwindigkeit 10 Sek. durchrühren lassen. Bis zur gewünschten Höhe mit Eiswürfeln (Wasser) auffüllen und gut durchmixen. Ist nicht sehr süß, richtig schön zum Durstlöschen.

4226. Riesenfrankenlaib, August 2010

Vegan; nach einem Rezept aus dem Buch „Backen mit Vollkorn" von Elsbeth Blaser.

Ansatz:
- Sauerteig (ca. 150 g)
- 250 g Roggen
- 250 g Wasser

Teig:
- 1000 g Roggen
- 250 g Weizen
- 2 EL Kümmel
- 2 EL Anis
- 700 g Wasser
- 1 EL Salz (20 g)
- 1 Würfel Bio-Hefe (42 g)
- 500 g Sauerteig (s.o.)
- etwas Mohn zum Bestreuen

Vorabend: 250 g Roggen fein mahlen. Alten Sauerteigansatz, 250 g Wasser und Roggen gut verrühren. Die Schüssel in eine Plastiktüte stecken und auf der Fensterbank etwa 10-12 Std. stehen lassen.

Backmorgen: Vom Sauerteig 150 g abnehmen und in einem Glas mit Schraubdeckel im Kühlschrank als neuen „Starter" aufbewahren. Roggen und Weizen mischen und fein mahlen). Mit Gewürzen und Salz mischen.

Wasser, zerbröckelte Hefe und 500 g Sauerteig in der Teigknetmaschine (bei Handgerät: In der Rührschüssel) 4 Min. rühren lassen. Mehl hinzugeben und alles 6 Min. unterkneten lassen. Mit nassen Händen zu einer Kugel formen und in der Schüssel 90 Min. gehen lassen. Nochmals gründlich 2 Min. durchkneten, mit den nassen Händen einen länglichen Brotlaib formen und auf ein mit Dauerbackfolie ausgelegtes Backblech legen. In die beiden Enden des Brotes je ein Schaschlikstäbchen stecken, in eine große Plastiktüte schieben und 30 Min. gehen lassen. Dann Backofen auf 250 °C vorheizen.

Die evtl. auseinandergelaufene Masse mit den Händen wieder fest zusammendrücken. Dreimal schräg einschneiden, mit Mohn bestreuen. In den vorgeheizten Backofen schieben. 15 Min bei 250 °C, dann 40 Min bei 200 °C backen. Klopfprobe machen. Auf ein Kuchengitter stürzen, mit Wasser einsprühen und abkühlen lassen. Erst am nächsten Tag anschneiden.

Hinweis: Die Teigruhe des rohen Laibs ist vermutlich etwas zu lang. Im Buch steht „Teigruhe 30 bis 40 Min.. [...] und Backhofen auf 250 °C vorheizen." Das habe ich so verstanden, dass das Vorheizen nach den 30 Min erfolgen soll, was vermutlich nicht so gemeint ist. Klare Ausdrucksweise ist immer hilfreich!

Ich habe die Mengen des Originalrezepts verdoppelt. Es wird ein wirklich riesiges Brot. Die einzige Zutat, die ich nicht verdoppelt habe, war die Hefe. Das wird mir sonst zu „hefig". Und es ist auch sonst sehr gut gegangen.

4227. Bananencreme-Eis, August 2010

Vegan; 12 Std. vorher Wasser/Bananen einfrieren.

- 170 g Eiswürfel
- 85 g gefrorene Bananenscheiben
- 80 g Banane frisch
- 1 TL Zitronenschaum (5/3586)
- 1 TL Cashewnussmus

Alle angegebenen Zutaten in der aufgeführten Reihenfolge in den Vitamix geben. Auf kleiner, dann ansteigender Geschwindigkeit vermischen. Mit dem Stößel auf das Eis drücken, während das Gerät auf höchster Stufe läuft. In eine kleine Schüssel oder auf einen Glasteller geben.

Tipp: Wer es gerne sehr süß mag, gibt Datteln oder 1-2 TL Honig hinzu. Bei reifen Bananen finde ich das nicht nötig.

4228. Kichererbsen-Gnocchi mit Soße, August 2010

- 75 g Kichererbsen
- 1/2 TL Cumin (Kreuzkümmel)
- 1 Prise Salz
- 1 EL Olivenöl (12 g)
- 45 g Wasser
- 1 TL Curry
- 20 g Kokosöl
- 1 Knoblauchzehe
- 1 EL Erdnussmus
- 1 TL Zitronenschaum (5/3586)
- 1 Gemüsebrühextrakt (3825)
- 125 ml Wasser
- 1 EL geh. Petersilie

Kichererbsen und Cumin zusammen in einem kleinen Mixer (z. B. Mr. Magic) fein mahlen. In einer Schüssel mit Salz, Olivenöl und 45 g Wasser zu einem Teig verkneten, der nur wenig klebt. Abgedeckt eine Std. quellen lassen. 1,5 Liter Wasser in einem Heißwassergerät aufkochen, in einen Topf geben, Salz hinzufügen. Auf dem Herd zum Kochen bringen. Aus je etwa 1 gestr. TL Kichererbsenteig längliche kleine Rollen formen und in das kochende Wasser geben. Hitze so klein stellen, dass die Gnocchi nur ziehen, nicht kochen. Nach etwa 8-9 Min. sind sie fertig (wenn sie alle oben schwimmen) (Kochwasser auffangen und für Salatdressings verwenden).

Kokosöl in einer kleinen Pfanne zerlassen. Curry und geschälte, gehackte Knoblauchzehe darin anbraten. Erdnussmus und Zitronenschaum einrühren, Gemüsebrühextrakt und Wasser hinzugeben und köcheln lassen, bis die Soße die gewünschte Konsistenz hat. Zum Schluss die gehackte Petersilie einrühren.

Hinweis: Die Gnocchi sind zerfallen, wenn sie kochen oder zu lange im kochenden Wasser sind. Also vorsichtig beobachten! Auch die Soße sollte nicht zu knapp bemessen sein, da die Gnocchi recht trocken von innen sind.

4229. Zitronenjoghurteis ohne Joghurt, August 2010

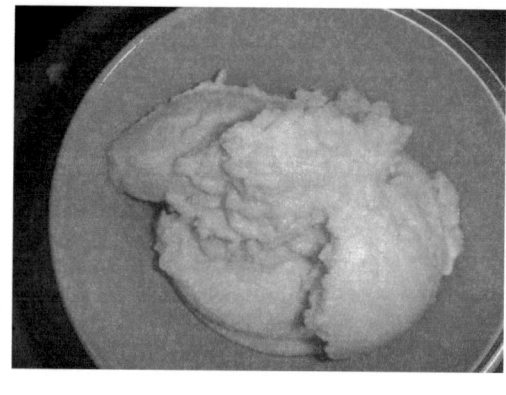

Rohkost; mind. 12 Std. Wasser einfrieren; schmeckte mir fast wie ein Joghurteis, obwohl gar keins enthalten ist.

- 170 g Eiswürfel
- 2 EL Zitronenschaum (5/3586)
- 1 TL Honig
- 1 TL Cashewnussmus

Alle angegebenen Zutaten in der aufgeführten Reihenfolge in den Vitamix geben. Auf kleiner, dann ansteigender Geschwindigkeit vermischen. Mit dem Stößel auf das Eis drücken, während das Gerät auf höchster Stufe läuft. In eine kleine Schüssel oder auf einen Glasteller geben.

Hinweis: Ich war überrascht, dass der Honig reichte; zum Glück hatte ich nicht mit mehr angefangen!

4230. Pimp Your Potatoes, August 2010

Ca. 25 Min.; 1 Hauptspeise.
Chinakohl-Salat:

- 25 g Senfrosinen (3992 o. Ä.)
- 1 Mandarine (75 g netto)
- 3 EL Standardsalatsoße (3895)
- 140 g Chinakohl
- 1 Tomate (100 g)
- 1 EL Schnittlauch

Kartoffeln:

- 50-60 g Wasser
- 300 g Kartoffeln (netto)
- 10 g Pimpernelle frisch
- 1 TL Lavis Räuchersalz (3926 o. Ä.)
- 2 EL Olivenöl

Kartoffeln: Wasser in eine Pfanne geben. Kartoffeln unter fließendem Wasser gut abbürsten, in Scheiben schneiden und ebenfalls in die Pfanne legen. Deckel auflegen, auf höchster Einstellung zum Kochen bringen, bis Dampf unter dem Deckel entweicht. Auf kleinste Einstellung drehen und 16 Min. dünsten (in dieser Zeit den Salat zubereiten). Pimpernelle klein hacken, mit Salz und Olivenöl unter die Kartoffeln rühren, bis alle Kartoffeln vom Öl benetzt sind. Auf einen Suppenteller geben und nach dem Salat essen.

Salat: Senfrosinen, geschälte und in Stücke geteilte Mandarine und Salatsoße im Becher eines kleinen Mixers gut verschlagen. In eine Schüssel geben. Chinakohl in Streifen schneiden, hinzufügen. Tomate halbieren. Eine Hälfte würfeln und mit dem Chinakohl vermischen. Restliche Tomatenhälfte in vier Spalten schneiden und auf die „vier Ecken" legen. Mit Schnittlauch gut bestreuen.

Tipp: *Keine Pimpernelle? Dann eben Schnittlauch, Petersilie, oder was gerade im Haus ist. – Die Senfrosinen sind eine sehr schöne Grundlage für süß-scharfe Soßen.*

4231. Pekannuss-Paste, August 2010

- Ca. 300 g Pekannüsse
- 1 EL Sonnenblumenöl

Nüsse erst auf variabler Stufe fein mahlen. Dann auf höchster Stufe – immer mit dem Stößel arbeiten – und variabler Einstellung abwechselnd bearbeiten, bis die gewünschte Konsistenz erreicht ist. Geht nicht in Rohkostqualität in sinnvoller Zeit.

Tipps: *Herstellung im Vitamix. Das Problem der Herstellung von Nussmusen im Vitamix ist, dass manche Nüsse für sich gesehen zu trocken sind, um ein flüssiges Nussmus zu ergeben. Mit viel Öl lässt sich das dann erreichen, aber das kann ja nicht Sinn der Sache sein. – Wichtig ist auch, dass der Trockenbehälter des Vitamix nicht über 700 ml gefüllt wird (nicht den Nassbehälter nehmen, geht noch schlechter).*

4232. Pekakakao kalt, August 2010

- ca. 1 EL Pekannuss-Paste
- Einige Eiswürfel
- 1 EL Carob
- 1 TL Maca (oder weglassen)
- 1 EL grüne Rosinen
- Wasser

Herstellung im Vitamix:

Alle Zutaten bis auf das Wasser im Vitamix eine Weile schlagen. Dann Wasser auffüllen (z. B. bis 700 ml) und sehr gut durchschlagen. Im Kühlschrank kühlen.

Hinweis: *Eignet sich gut als „Reinigungsverwertung" nach Herstellung von Nussmus*

4233. Gewürzbrot Nr. 2, August 2010

Gibt 2 Brote a 1300 g Teiggewicht (geht stark, also ausreichend große Formen wählen!)

Ansatz:
- Sauerteig (ca. 150 g)
- 400 g Roggen
- 425 g Wasser

Teig
- 800 g Roggen
- 400 g Dinkel
- 1 P Trockenhefe
- 2 EL Kümmel
- 2 EL Koriander
- 1 TL Anis
- 1 TL Fenchel
- 1/2 TL Kardamomkapseln
- 1 geh. EL Salz
- 700 g Wasser
- 825 g Sauerteig (s. oben)

Vorabend: 400 g Roggen fein mahlen. Alten Sauerteigansatz, 425 g Wasser und Roggen mit der Teigknetmaschine 3 Min gut verrühren. Die Schüssel in eine Plastiktüte stecken und auf der Fensterbank etwa 10-12 Std. stehen lassen.

Backmorgen: Vom Sauerteig 150 g abnehmen und in einem Glas mit Schraubdeckel im Kühlschrank als neuen „Starter" aufbewahren. Roggen und Dinkel mischen und fein mahlen. Gewürze im Handflocker flocken (Kardamom 2 x durchgeben), mit dem Salz und der Trockenhefe untermischen. Mehl in die Schüssel zum Sauerteig geben, Hälfte des Wassers hinzufügen und 10 Min. kneten lassen. Dabei den Rest des Wassers hinzugießen. 80 Min. gehen lassen. Nochmals gründlich 2 Min durchkneten, zwei Profibackformen mit Butter einfetten und den Teig darauf verteilen. In eine große Plastiktüte schieben und 30 Min. gehen lassen. Backofen auf 250 °C vorheizen.

Teig einschneiden und in den vorgeheizten Backofen schieben. 20 Min bei 250 °C, dann 30 Min bei 200 °C backen. Klopfprobe machen. Auf ein Kuchengitter stürzen, mit Wasser einsprühen und abkühlen lassen. Erst am nächsten Tag anschneiden.

Hinweis: Da ich telefoniert habe, ist mir die zweite Gehzeit zu lang geworden, eigentlich wollte ich den Ofen schon in dieser Zeit vorheizen. Daher ist mir der Teig dann auch „pilzartig" über die Form gelaufen.

4234. Hanfcurry, August 2010

Ungemahlen:
- 1 EL Koriandersamen (6 g)
- 1 geh. EL Kreuzkümmel (14 g)
- 1 EL Hanfsamen (6 g)
- 1 TL schwarzer Pfeffer (4 g)
- 1 TL grüner Pfeffer getrocknet (2 g)
- 2 gestr. TL gelbe Senfkörner (8 g)
- 1 TL Bockshornkleesamen (6 g)
- 5 Gewürznelken
- 1 getr. rote Chili

Gemahlen:
- 2,5 TL Kurkuma

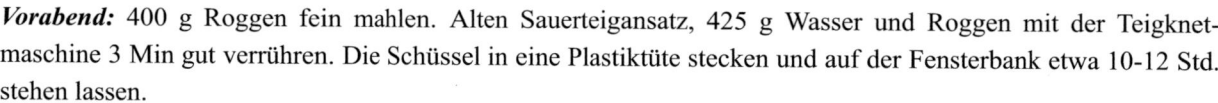

Die ungemahlenen Gewürze in einer beschichteten Pfanne unter Rühren auf mittlerer Einstellung (7 von 12) erwärmen, bis sie gut duften. Das dauert etwa 5-6 Min. Wer zu lange röstet, erhält ein bitteres Curry. Kurz vor Ende noch 1 TL gem. Kurkuma hinzugaben und 10 Sek. einrühren.

Etwas abkühlen lassen. Noch 1,5 TL Kurkuma hinzugeben und in einem kleinen Mixer (z. B. Mr. Magic) zweimal 30 Sek. lang mahlen, dazwischen einige Min. abkühlen lassen. In ein kleines Gläschen umfüllen.

4235. Kichererbsen in indischer Pilzsoße, August 2010

Vegan; 48 Std. Keimzeit + ca. 25 Min.; 1 Hauptspeise.

- 100 g Kichererbsen
- 20 g Kokosöl
- 1 TL Hanfcurry (4234 o. Ä.)
- 2 dünne Scheiben Ingwer ungeschält
- 1 geschälte Knoblauchzehe
- 70 g Champignons
- 1 TL Rauchsalz (oder normales Salz)
- 1 TL Zitronenschaum (5/3586)
- 1 geh. TL Pecannussmus (4231 o. Ä.
- 90 ml Kochwasser / Wasser

Kichererbsen 48 Std. lang keimen lassen.

Kokosöl in einer Keramikpfanne erhitzen, Curry kurz darin anbraten. Ingwer und Knoblauch würfeln und mit den abgetropften Kichererbsen hinzugeben. Champignons in dünne Scheiben schneiden, hinzugeben und verrühren. Deckel auflegen, auf höchster Einstellung erhitzen, bis Dampf unter dem Deckel austritt. 10 Min. dünsten. Wasser, Salz, Zitronenschaum und Nussmus hinzugeben, unter Rühren aufkochen, Deckel wieder auflegen und bei kleinerer Einstellung 4-5 Min. köcheln lassen.

4236. Carobnusseis, August 2010

Vegane Rohkost; 12 Std. Wasser einfrieren.

- 200 g Eiswürfel
- 1 entsteinte weiche Dattel (ca. 20 g)
- 3 geh. TL Carob
- 2 TL Pekannussmus

Alle Zutaten in der aufgeführten Reihenfolge in den Vitamix geben. Auf kleiner, dann ansteigender Geschwindigkeit vermischen. Mit dem Stößel auf das Eis drücken, während das Gerät auf höchster Stufe läuft. In eine kleine Schüssel oder auf einen Glasteller geben.

4237. Zitronen-Tomaten in Öl, August 2010

Reicht für ein leeres Honigglas.

- 3-4 kg Tomaten
- 2 groß Bio-Zitronen
- 2 TL grüner Pfeffer
- Sonnenblumenöl

Tomaten halbieren und bei 60 °C trocknen (alles andere dauert zu lang für meinen Geschmack). Die Zitronen mit einem Sparschäler schälen, die Schalenstücke in 2-3 cm breite Stücke schneiden. Abwechselnd mit den getrockneten Tomatenhälften und grünem Pfeffer in ein Honigglas geben. Öl darübergießen, bis oben mit Öl abgeschlossen ist.

Hinweis: *Vermutlich geht das auch mit Olivenöl. Da ich diese Dinge aber im Kühlschrank aufbewahre, mache ich das nicht gerne, denn Olivenöl wird dann fest („gefriert"), während Sonnenblumenöl seine Konsistenz behält.*

4238. Haferfladen unfreiwillig, August 2010

Vegan; nach einem Rezept aus „Backen mit Vollkorn" von Elsbeth Blaser.

- 500 g Wasser
- 1 Würfel Bio-Hefe (42 g)
- 680 g Dinkel
- 250 g Hafer
- Zum Bestreuen: Sesam, Schwarzkümmel

- 1 EL Anis
- 1 TL Fenchel
- 1 EL Salz (20 g)

Hefe mit Wasser in der Teigknetmaschine 2 Min. verrühren. Getreide mischen, fein mahlen. Gewürze 2 x mit dem Handflocker flocken, mit dem Salz unter das Getreide rühren und alles zu dem Hefewasser geben. 7 Min. in der Maschine kneten lassen. Schüssel in eine große Plastiktüte geben und 45 Min. gehen lassen.

Nochmals 2 Min. kneten lassen, dann mit der Hand auf einem mit Dauerbackfolie ausgelegten Backblech auseinanderstreichen. Mit einem Keramikmesser (das schneidet nicht so leicht in die Folie) in rechteckige Stücke schneiden. Mit Wasser einsprühen, mit Sesam und Schwarzkümmel bestreuen und in einer großen Plastiktüte 20 Min. gehen lassen. In dieser Zeit den Backofen auf 250 °C (Umluft) vorheizen. Auf dem Boden steht eine ofenfeste Form mit Wasser.

20-25 Min. bei 250 °C backen. Die Schnitte nachschneiden, als einzelne Stücke auf Kuchengitter geben und mit Wasser einsprühen.

Tipp: *Die Backtemperatur ist eine Nachlässigkeit von mir, ich habe vergessen, die Hitze herunterzustellen. Zum Glück hat es die Fladen nicht ruiniert, aber normalerweise hätte ich beim Einschieben auf 200 oder 225 °C heruntergeschaltet. – Das Originalrezept soll Brötchen ergeben. Das ist ein Witz! Ich möchte wirklich gerne jemandem zusehen, der diesen Teig mit nur 500 g Dinkel zu Brötchen formen kann. Der klebt nämlich so teuflisch, dass ich selbst nach Zugabe von 180 g mehr Mehl keine Brötchen formen konnte.*

4239. Vanille-Tomaten in Öl, August 2010

Reicht für ein halbes Honigglas.

- 3-4 kg Tomaten
- 2 Stangen Vanille
- Sonnenblumenöl

Tomaten halbieren und bei 60 °C trocknen (alles andere dauert zu lang für meinen Geschmack). Die Vanillestangen in 1-cm-lange Stücke schneiden. Abwechselnd mit den getrockneten Tomatenhälften in ein Glas geben, das etwa 250-300 ml fasst. Öl darüber gießen, bis oben mit Öl abgeschlossen ist.

Hinweis: Vermutlich geht das auch mit Olivenöl. Olivenöl wird im Kühlschrank fest, Sonnenblumenöl behält seine Konsistenz.

4240. Nuss-Tomaten in Öl, August 2010

Reicht für ein Glas mit 500 ml + ein Glas mit 250-300 ml Volumen.

- 3-4 kg Tomaten
- 4-8 Knoblauchzehen
- 4 EL grüne Rosinen
- 4 EL Cashewnüsse

Tomaten halbieren und bei 60 °C trocknen (alles andere dauert zu lang für meinen Geschmack). Knoblauchzehen schälen, in Stücke schneiden. Alle Zutaten abwechselnd mit den getrockneten Tomatenhälften in die Gläser geben. Öl darüber gießen, bis oben mit Öl abgeschlossen ist.

4241. Kartoffeln à la Thai, August 2010

Vegan; ca. 25 Min.; 1 Hauptspeise.

- 25 g Kokosöl
- 130 g Kartoffeln
- 200 g Champignons
- 130 g Kokosmilch
- 1 TL Hanfcurry (4234 o. Ä.)
- 1 gestr. TL Salz
- 1 geh. TL Erdnussmus
- 1 TL Zitronenschaum (5/3586)

Kokosöl in eine Pfanne geben. Kartoffel gründlich unter flie-ßendem Wasser abbürsten, mit den Champignons in Scheiben schneiden. In die Pfanne geben, mit Curry und Salz bestreuen und Kokosmilch dazugießen. Untereinander rühren, Deckel auflegen und bei höchster Einstellung zum Kochen bringen, bis Dampf unter dem Deckel entweicht. Dann auf kleinster Einstellung 15 Min. dünsten. Mit Salz und Zitronenschaum abschmecken, Erdnussmus einrühren und nochmals aufkochen, damit es etwas dickt. Mit etwas Petersilie gar-nieren.

Tipp: *Gut schmecken auch ein paar Cashewnüsse, die mitgekocht werden.*

4242. Zitronensorbet, August 2010

Vegan; 12 Std. Wasser einfrieren.

- 320 g Eiswürfel
- 1 entsteinte weiche Dattel (ca. 20 g)
- 2 EL Zitronenschaum (5/3586)
- 50 g Trauben

Alle angegebenen Zutaten in der aufgeführten Reihenfolge in den Vitamix geben. Auf kleiner, dann ansteigender Geschwindigkeit vermischen. Mit dem Stößel auf das Eis drücken, während das Gerät auf höchster Stufe läuft, bis sich fast das „typische" Quadrat bildet.

4243. Sauerteigbrot für Fortgeschrittene Nr. 2, August 2010

Für eine 30 cm-Zenker-Brotbackform (sie fasst 2200 g Teig).

Ansatz:
- Sauerteig (ca. 150 g)
- 325 g lauwarmes Wasser
- 300 g Roggen

Hauptteig:
- 600 g Roggen
- 150 g Nackthafer
- 1 EL Brotgewürz geschrotet (4126)
- 1 EL Salz
- 450 g Wasser
- 100 g Leinsamen
- etwas Butter für die Form

Vorabend: 300 g Roggen fein mahlen, mit Sauerteig und 325 g Wasser in einer Schüssel verrühren. Die Schüssel in eine Peng-Schüssel geben, den Deckel verschließen und auf der Fensterbank über Nacht stehen lassen. Der Deckel hat sich geöffnet-

Backmorgen: Roggen und Hafer fein mahlen, mit Salz und Brotgewürz mischen. 150 g vom Sauerteig in ein Schraubglas geben und in den Kühlschrank für nächste Brote geben. Den Rest des Sauerteigs (also ca. 625 g) mit Mehl, Leinsamen und 450 g Wasser mischen. Alles gut verrühren/verkneten (10 Min. in der Maschine).

Kastenform einfetten. Teig hineinfüllen, gut einsprühen und die Form füllen; mit Gärfolie abdecken oder in eine Plastiktüte stecken. 3 Std. gehen lassen. In den letzten 20 Min. den Ofen auf 250 °C (Umluft) vorheizen.

Mit einem Messer einschneiden, nochmals einsprühen. Brot in den Ofen schieben, 10 Min. bei 250 °C, 50 Min. bei 180 °C und nochmals 10 Min. ohne Form backen. Auf dem Boden des Ofens steht eine ofenfeste Form mit Wasser. Auf ein Kuchengitter stürzen (Klopfprobe), mit Wasser einsprühen und abkühlen lassen.

4244. Beluga-Ofenerbsen, August 2010

36-48 Std. Keimzeit + 45-60 Min., 1 Hauptspeise.

- 50 g Kichererbsen
- 50 g Beluga-Linsen
- 100 g Champignons
- 1 Knoblauchzehe
- 30 g Erdnussmus (3/1751)
- 1 EL Zitronenschaum (5/3586)
- 1/2 TL gem. Kreuzkümmel
- 2 dünne Scheiben Ingwer
- 1 TL Hanfcurry (4234 o. Ä.
- 1 TL Salz
- 125 g Kokosmilch
- 150 g Wasser

Kichererbsen und Linsen getrennt 36-48 Std. vorher zum Keimen ansetzen. Die Keimlänge reicht von kaum sichtbar bis max. 1 mm.

Keime abspülen, in eine ofenfeste Pfanne geben. Champignons und geschälte Knoblauchzehe in Scheiben schneiden, hinzufügen. Nussmus, Zitronenschaum, Cumin, Ingwer, Salz, Curry und Kokosmilch in einem kleinen Mixer gut verquirlen, dann das Wasser untermischen und über die Keime gießen. Deckel auflegen, in den kalten Ofen schieben und 30 Min. bei 225 °C backen, Deckel abnehmen und weitere 10 Min. backen..

4245. Bountylike-Icecream, September 2010

12 Std. vorher Wasser einfrieren.

- 230 g Eiswürfel
- 1 entkernte weiche Dattel (20 g netto)
- 3 TL Kakao
- 50 g Kokosmilch
- 1 EL Kokoschips
- 1 EL grüne Rosinen

Eiswürfel, Dattel, Kakao und Kokosmilch in der aufgeführten Reihenfolge in den Vitamix geben. Auf kleiner, dann ansteigender Geschwindigkeit vermischen. Mit dem Stößel auf das Eis drücken, während das Gerät auf höchster Stufe läuft. Kurz vor Ende Kokoschips und Rosinen hinzufügen. In eine kleine Schüssel oder auf einen Glasteller geben.

4246. Buchweizenbrot mit Hefegranulat, September 2010

Eine große 35 cm-Profiemail-Backform.

- 1 knapper TL Trockenhefe (4 g)
- 1000 g kaltes Wasser
- 630 g Weizen
- 420 g Dinkel
- 250 g Buchweizen
- 1 EL Brotgewürz geschrotet (4126)
- 1 geh. EL Salz
- 60 g Leinsamen
- Butter für die Form

Vorabend: Hefe mit dem Wasser in die Knetteigmaschine geben und mit einem Löffel verrühren, bis sich die Hefe gelöst hat. Getreide mischen und fein mahlen. Mit Brotgewürz, Salz und Leinsamen mischen, zu dem Hefewasser geben und 3 Min. kneten lassen. Schüssel in eine Plastiktüte stecken und auf der Fensterbank etwa 10-12 Std. stehen lassen.

Backmorgen: Ofen auf 250 °C stellen, er muss 20 Min. vorheizen. In dieser Zeit: Nochmal gut kneten lassen (3 Min.), bis alle Luft entwichen ist. Brotform einfetten und den Teig hineinfüllen, Gut einsprühen, mit einem Messer 1-2 cm tief schräge Rillen einschneiden und ruhen lassen, bis der Ofen 250 °C erreicht hat (waren bei mir etwa 6 Min.). Brot in den Ofen schieben, Temperatur auf 225 °C stellen und 50 Min. backen.

Auf ein Kuchengitter stürzen (Klopfprobe), mit Wasser einsprühen und abkühlen lassen.

4247. Kartoffeln sauer scharf, September 2010

Vegan; 1 kleine Hauptspeise.

- 30 g Kokosöl
- 230 g Kartoffeln (netto)
- 2 EL Kokosraspeln
- 10 g Zitronensaft (1 EL)
- 1 MS Chili harrissari (3777)
- 1 TL Kräutersalz (3/2008)
- 25-40 g Wasser

Öl in eine Pfanne geben und auf mittlerer Einstellung erhitzen. Kartoffeln unter fließendem Wasser gut abbürsten und in Scheiben schneiden. In das heiße Fett legen, Raspeln darüber streuen. Hitze hochdrehen, Deckel auflegen. Bei höchster Einstellung zum Kochen bringen. Sobald Dampf unter dem Deckel entweicht, auf kleinste Einstellung drehen. Die restlichen Zutaten mit einer Gabel verquirlen und nach 1-2 Min. zu den Kartoffeln geben. Dann noch 15 Min. dünsten.

Hinweis: *Die Vorlage für dieses Rezept hat mir Gabi K. „geschenkt". Es ist eines ihrer Lieblingsgerichte. Sie wird ihr Rezept vermutlich kaum wiedererkennen, aber es hat mich zu köstlichen Kartoffeln inspiriert. Ihre Vorlage mit Rote Bete hatte ich hier schon vorgestellt.*

4248. Basilikumkonzentrat im Vitamix, September 2010

- 350 g Basilikum (mit den weichen Stielen)
- 20 g Salz
- 40 g Sonnenblumenöl

Im Vitamix zubereiten: Basilikum waschen, trockenschleudern und mit Salz und Öl in den Vitamix geben. Mit dem Stößel auf höchster Stufe zu einer glatten Creme verarbeiten. Ist so unverdünnt leicht bitter, eben ein Konzentrat. In Gläser umfüllen (mehr als ein Honigglas, aber nicht 2 ganze Gläser voll). Oberfläche mit Öl als Schutz begießen.

4249. Basilikum-Zucchini-Streich. September 2010

- 70 g Basilikumkonzentrat (42489
- 1 Zucchini (190 g)
- 100 g Sonnenblumenkerne
- 50 g Sonnenblumenöl

Zutaten im Vitamix zu einer feinen Paste verarbeiten. In leere Schraubgläser umfüllen.

4250. Petersilienwürze, September 2010

Wie Gemüsebrühextrakt zu verwenden.

- 220 g großblättrige Petersilie mit Stängel
- 150 g Sellerieblätter mit Stängel
- 40 g Salz

Alle Zutaten in den Vitamix geben, mit dem Stößel in wenigen Min. zu einer glatten Paste verarbeiten.

In leere Schraubgläser geben, Oberfläche ggf. mit Öl abdecken.

4251. Olinetti, September 2010

- 8 g Olivenkraut
- 215 g Olivenöl
- 4 g Knoblauch geschält

Knoblauch in Scheiben schneiden und mit dem Olivenkraut in ein kleines Schraubglas geben. Mit Olivenöl auffüllen.

4252. Salbeicreme, September 2010

- 85 g frischer Salbei (mit Stängel)
- 20 g Ingwer (ungeschält)
- 85 g Cashewnüsse
- 10 g Salz
- 85 g Olivenöl

Zutaten im Vitamix zu einer feinen Paste verarbeiten. In leere Schraubgläser umfüllen.

4253. Sauerpesto, September 2010

- 18 g Sauerampfer
- 15 g große Gartenkresse
- 22 g Pimpernelle
- 150 g Sonnenblumenkerne
- 35 g Apfelessig
- 20 g Salz
- 150 g Olivenöl

Kräuter waschen, trocknen und grob vorschneiden. Alle Zutaten in den Mixtopf des TM geben und auf Stufe 4 bis 8 solange mixen, bis die gewünschte Konsistenz erreicht ist. Ich wollte es nicht ganz pastös, die Sonnenblumenkerne sind „gehackt", nicht gemahlen.

4254. Kichererbsen-Linsen-Bratlinge à la India, Sep. 2010

Vegan. Vorbereitung: 36-48 Std. keimen lassen.

- 50 g Kichererbsen und
- 50 g Beluga-Linsen
- 20 g Zwiebel (netto)
- 6 g Knoblauch (netto)
- 15 g Ingwer (ungeschält)
- 1 TL getr. Minze
- 1 TL Kreuzkümmel
- 1/2 TL Asafoetida
- 1 TL Salz
- 1 kleine Kugel Chili harrissari (3777)
- 10 g Kichererbsen

Soße:
- 10 g Kokosraspeln oder -chips
- 1 TL getr. Minze
- 1 Prise Salz
- 2-3 Prisen Cumin gem.
- 50 ml Wasser

Kichererbsen und Linsen getrennt keimen lassen. Eingeweichte Hülsenfrüchte (10 g Kichererbsen) mit geschälter Zwiebel, geschältem Knoblauch, ungeschältem Ingwer, Gewürzen und Salz pürieren. 10 g Kichererbsen in einem kleinen Mixer mahlen, mit dem Rest verkneten. 30-45 Min. quellen lassen.

Kokosöl in einer Pfanne erhitzen und sieben frikadellengroße Bratlinge in dem heißen Fett auf mittlerer Hitze von beiden Seiten insgesamt ca. 10 Min. braten lassen. Die Soßenzutaten verquirlen (Kokos erst mahlen).

4255. Vanilleeis vital, September 2010

Mindestens 12 Std. vorher Wasser einfrieren.

- 170 g Eiswürfel
- 1 EL Cashewnussmus (30 g)
- 1/2 TL gem. Vanille
- 2 TL Honig
- 1-2 EL Wasser

Zutaten in der aufgeführten Reihenfolge in den Vitamix geben. Auf kleiner, dann ansteigender Geschwindigkeit vermischen. Mit dem Stößel auf das Eis drücken, während das Gerät auf höchster Stufe läuft. Erst mit 1 EL Wasser probieren.

4256. Schnittlauchsalz mit Fenchelaroma, Sep. 2010

- 42 g getrockneter Schnittlauch
- 2 g getrockneter Fenchel
- 440 g Salz

Getrocknete Kräuter in den Vitamix (Dry container) pressen und fein mahlen. Salz hinzugeben und fein mahlen. In Schraubgläser füllen (gibt ein 750-ml-Glas).

Tipps: *Hier ist der Thermomix geeigneter, im Vitamix blieben dunkle „Ecken" übrigen, die sich nicht mit dem Salz mischten. – Diese Menge getrockneter Schnittlauch entspricht etwa einer halben Einkaufstüte voll Schnittlauch!*

4257. Viernussmus, September 2010

- 55 g Macadamianüsse
- 55 g Cashewnüsse
- 100 g Sonnenblumenkerne
- 100 g Mandeln ungeschält
- 1-4 TL Sonnenblumenöl

Zutaten in der aufgeführten Reihenfolge (ohne Öl) in den Vitamix, Dry Container, geben. Auf kleiner, dann ansteigender Geschwindigkeit vermischen. Mit dem Stößel auf die Masse drücken, während das Gerät auf höchster Stufe läuft. Je nach Frischegrad und Ölgehalt der Nüsse richtet sich die Menge des Öls, das man hinzufügt. Ohne Öl gibt es möglicherweise eine Paste - auch lecker, aber eben nicht flüssig.

4258. Salatsoße asiatisch, September 2010

Zubereitungszeit ca. 10 Min..

- 200 g Apfelessig
- 200 g Sonnenblumenöl
- 200 g Wasser
- 1 schwach geh. EL Salz
- 1/2 EL Pfeffer
- 1/2 EL Harissa (trocken, gekauft)
- 1 EL Honig
- 3 EL Asiakräutermischung (gekauft)

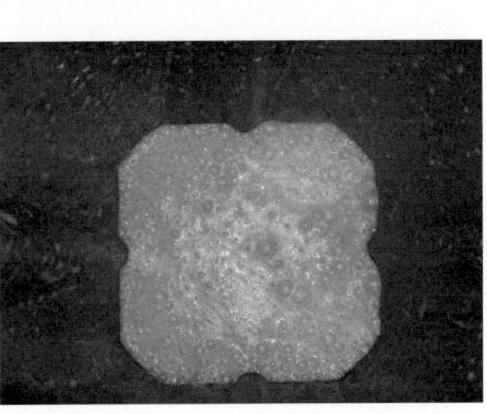

Alle Zutaten in den Vitamix geben, erst langsam und dann auf höchster Stufe gut durchmixen.

In ein Glas mit Schraubdeckel geben, verschließen und in den Kühlschrank stellen.

Tipp: *Schmeckt auch mit anderen Ölsorten.*

4259. Mangopulver, September 2010

Zubereitungszeit ca. 10 Min..

- 2 frische grüne Mangos
- 1 Zitrone

Eine Mango gut waschen und ungeschält in Streifen vom Stein abschneiden. Im Vitamix mit langsam ansteigender Geschwindigkeit zu einem Brei mixen. Ausgestrichen im Dörrgerät bei 40 °C durchtrocknen. Zitrone und zweite Mango schälen (Fruchtfleisch anderweitig verwenden), Schale ebenfalls trocknen. Im kleinen Mixer zu feinem Pulver mixen und in gut verschlossenem Schraubglas aufbewahren.

Tipp: *Schmeckt gut in Salatsoßen, zu Eis und Fruchtsalaten.*

4260. Sojaschrotbrot, September 2010

Eine große 35 cm-Profi-Email-Backform

- 4 g Trockenhefe
- 1000 g kaltes Wasser
- 1100 g Dinkel
- 200 g Buchweizen
- 100 g Sojabohnen
- 1 EL Brotgewürz geschrotet (4126)
- 2 flach gestr. EL Salz
- 30 g Leinsamen
- Butter zum Fetten der Form

Vorabend: Hefe mit dem Wasser in der Knetteigmaschine mit einem Löffel verrühren, bis sich die Hefe gelöst hat. Getreide mischen und fein mahlen. Soja in einem kleinen Mixer schroten. Mit Brotgewürz, Salz, Mehl und Leinsamen mischen, zu dem Hefewasser geben und 3 Min. kneten lassen. Die Schüssel in eine Plastiktüte stecken und auf der Fensterbank etwa 10-12 Std. stehen lassen.

Backmorgen: Ofen auf 250 °C vorheizen. In dieser Zeit: Nochmal gut kneten lassen (3 Min.), bis alle Luft entwichen ist. Brotform einfetten und den Teig hineinfüllen, mit Wasser einsprühen, mit einem Messer kreuzweise 1-2 cm tief schräge Rillen einschneiden und ruhen lassen, bis der Ofen 250 °C erreicht hat. Brot in den Ofen schieben, Temperatur auf 225 °C stellen und 50 Min. backen. Auf ein Kuchengitter stürzen (Klopfprobe), mit Wasser einsprühen und abkühlen lassen.

4261. Vindaloopaste, September 2010

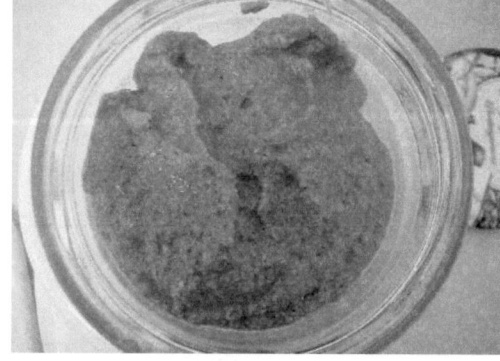

- 1 rote Peperoni (brutto 12 g)
- 1 EL Koriander
- 1 EL Cumin
- 1 EL Bockshornkleesaat
- 2 TL schwarze Senfkörner
- 1 TL schwarzer Pfeffer
- 1 TL grüner Pfeffer getrocknet
- 1 TL ger. Zitronenschale
- 3-4 getr. Curryblätter
- 1 TL Kurkuma
- 1 TL Honig (10 g)
- 100 g Apfelessig

Koriander, Cumin, Bockshornklee, Senf- und Pfefferkörner in einer kleinen Pfanne bei mittlerer Hitze anrösten, bis sie beginnen zu duften. Diese Gewürze in einem kleinen Mixer fein mahlen. Peperoni klein schneiden, mit Kernen, Kurkuma, Honig, Zitronenschale und Essig hinzugeben. Zu einer Paste verarbeiten. In einem Schraubglas im Kühlschrank aufbewahren.

4262. Kalter Tiger alias Kalter Hund, September 2010

Tiereiweißfrei nach Bruker. Foto von Pixabay.

Teig:

- 150 g Kamut (oder Dinkel / Weizen)
- 100 g Dinkel
- 1 Prise Salz
- 1 LS gem. Vanille
- 50 g Mandeln
- 50 g Olivenöl
- 50 g Honig (1 geh. EL)
- 50 g Wasser + 1 EL

Schokomasse:

- 150 g Kokosöl
- 185 g Honig
- 1 Prise Salz
- 1/2 TL gem. Vanille
- 1 TL Cognac
- 50 g Kakaopulver

Kamut und Dinkel mischen, in der Getreidemühle fein mahlen. Mandeln fein mahlen (z. B. in einem Mr. Magic). Mehl und Mandeln mit Salz und Vanille mischen. Öl, Honig und Wasser hinzugeben, mit dem Handrührgerät (Knethaken) zu einem mürben Teig verarbeiten, der sich ausrollen lässt. Ich habe, damit er geschmeidig genug ist, noch einen EL Wasser untergeknetet. In eine Plastikschüssel mit Deckel geben und eine Std. ruhen lassen.

Auf eine Fläche von etwas unter 30 x 45 cm ausrollen; mit einem Teigrädchen in Stücke schneiden (etwa die Größe von Butterkeksen(. In den kalten Ofen schieben und 20 Min. bei 175 °C backen. Wenn die Kekse kalt sind, eine kleine Kastenform mit Haushaltsfolie auskleiden.

Für die Schokomasse das Kokosöl auf kleiner Flamme erhitzen, bis es flüssig ist. Mit einem Mixer oder auch einem Handrührgerät mit den anderen Zutaten vermischen. Eine Lage Schokolade auf den Boden streichen, eng mit Keksen belegen. Eventuelle Lücken mit Bruchstücken füllen. Darauf eine Schicht Schokomasse, dann wieder Kekse usw. Die letzte Schicht sollte aus Keksen bestehen sein. In den Kühlschrank stellen und fest werden lassen. Hält sich eingepackt sehr lange. Möglichst mit einem Elektromesser schneiden,

Hinweis: Ich habe zwei Fehler gemacht: 1. Erst die Masse gemacht, dann die Form mit Folie ausgelegt. Unbedingt andere Reihenfolge einhalten. 2. Ich habe die Masse nachgesüßt. Fehler insoweit, dass das Kokosöl sich zum Teil absetzte. Daher vorher gleich alle Zutaten zusammengeben, schnell arbeiten. – Etwas weniger Honig reicht auch.

4263. Vollkorntaler, September 2010

- 200 g Erdnüsse (ungesalzen, ungeröstet)
- 350 g Dinkel
- 1 P Backpulver
- 250 g Olivenöl
- 200 g Honig
- 150 g Nackthafer
- 100 g (grüne) Rosinen
- 1 TL Delifrut (Brecht; oder Zimt)
- 1 Prise Salz

Zubereitung im TM: Erdnüsse fein mahlen (30 Sek./Stufe 4; 10-15 Sek./Stufe 10). Dinkel in der Mühle fein mahlen. Mit den anderen Zutaten zu den gemahlenen Nüssen geben und auf der Knetstufe 2-3 Min. verarbeiten. Aus dem Thermomix stürzen. Zwischen den Händen kleine Fladen (ca. 3 x 4 cm große Ovale) formen und nebeneinander auf insgesamt drei mit Dauerbackfolie ausgelegte Backbleche legen. In den kalten Ofen (Umluft) schieben. Bei 175 °C etwa 20 Min. backen. Auf einem Kuchengitter auskühlen lassen.

4264. Pflaumeneis da Vinci, September 2010

Dieses Eis ist dem Kaninchen Vinci gewidmet, das in dem Garten rumgehoppelt ist, aus dem die leckeren Pflaumen für dieses Eis gekommen sind.

- 1 TL Zitronenschaum (5/3586)
- 25 g Mandelmus
- 1 frische Banane (100 g netto)
- 285 g tiefgekühlte Pflaumen

Zutaten in der aufgeführten Reihenfolge in den Vitamix geben. Auf kleiner, dann ansteigender Geschwindigkeit vermischen. Mit dem Stößel auf das Eis drücken, während das Gerät auf höchster Stufe läuft, bis sich die „4 Quadrate" bilden.

4265. Pflaumen-Trauben-Eis, September 2010

- 1 TL Zitronenschaum (5/3586)
- 20 g Walnussmus (3/2143)
- 100 g süße kernlose Trauben
- 260 g tiefgekühlte Pflaumen

Zutaten in der aufgeführten Reihenfolge in den Vitamix geben. Auf kleiner, dann ansteigender Geschwindigkeit vermischen. Mit dem Stößel auf das Eis drücken, während das Gerät auf höchster Stufe läuft, bis sich die „4 Quadrate" bilden.

4266. Kekskuchen (kalter Hund), September 2010

Teig:
- 400 g Vollkornplätzchen

Schokomasse:
- 150 g Kokosöl
- 140 g Honig
- 1/2 TL gem. Vanille
- 2 TL Rum
- 50 g Kakaopulver

Plätzchen mahlen (z. B. einige Sek./Stufe 8 im TM). Eine kleine Kastenform mit Haushaltsfolie auskleiden.

Für die Schokomasse das Kokosöl auf kleiner Einstellung erhitzen, bis es flüssig ist. Mit einem Mixer oder auch einem Handrührgerät gut mit den anderen Zutaten vermischen. Eine Lage Schokolade auf den Boden streichen, mit einer Schicht „Keksmehl" belegen. Eventuelle Lücken mit Bruchstücken füllen. Darauf eine Schicht Schokomasse, dann wieder Kekse usw. Die letzte Schicht sollte Keksmehl sein. In den Kühlschrank stellen und gut fest werden lassen. Hält sich eingepackt sehr lange.

Hinweis: *Man kann die Plätzchen auch nur brechen, statt sie zu mahlen. Gute Verwertung für Plätzchen, die nicht ganz so dolle gelungen sind.*

4267. Indische Kartoffel-Pilzpfanne, September 2010

Vegan.

- 150 g Champignons
- 100 g Kartoffeln
- 1 EL Sesam
- 1 EL Kokosraspeln
- 1 EL Sonnenblumenöl
- 1 EL Urad dal (weiße Linsen)
- 6 g Zwiebel
- 1 Knoblauchzehe (geschält)
- 1 Scheibe Ingwer
- Salz
- 5 getr. Curryblätter
- 1/2 TL Kurkuma
- 10 g Dillstängel
- 75 ml Wasser
- 1/2 TL gem. Koriander

Kartoffeln unter fließendem Wasser gut abbürsten, in dünne Scheiben schneiden. Champignons in 0,5 cm dicke Scheiben schneiden.

1 EL Sesamsamen in der trockenen Pfanne auf mittlerer Hitze (7 von 12) rösten, bis sie gut riechen oder goldbraun sind. In einen Mixbecher umschütten, in die Pfanne 1 EL Öl geben. In das heiße Öl Urad dal einrühren, nach einer Weile - gehackt - Zwiebel, Knoblauch und Ingwer. Einige Sek. rühren, eine Prise Salz, dann Curryblätter, Kurkuma und Dillstängel einrühren. Nach weiteren ca. 20-30 Sek. unter Rühren das Gemüse und 75 ml Wasser hinzugeben und nochmals etwas salzen. Deckel auflegen und 10 Min. auf unveränderter Hitze köcheln lassen, nach 5 Min. evtl. etwas niedriger stellen (5 von 12).

Sesam mit Kokosraspeln im kleinen Mixer grob mahlen. Mit dem Koriander unter das Gemüse rühren, Deckel wieder auflegen und weitere 4 Min. garen.

4268. Indische Pizza, September 2010

Getreide und Kichererbsen 36-48 Std. keimen; + 15 Min.; 1 Hauptspeise. Genau genommen müsste es heißen: Pizza im indischen Stil, denn dies ist keinesfalls ein echtes indisches Gericht. Aber mir kam das so vor, als müsste Pizza in Indien so gemacht werden.

Zum Keimen:
- 50 g Dinkel
- 75 g Kichererbsen

Teig:
- 30 g Sonnenblumenöl
- Keime von Dinkel (80 g)
- Keime von Kichererbsen (175 g)
- 1/2 TL Rauchkräutersalz (o. Ä.)
- 1/2 TL Asafoetida
- 1/2 TL Koriander gem.
- 1/2 TL Cumin gem.
- 1/2 TL Curry

Belag:
- 20 g Zwiebel (netto)
- 1 geschälte Knoblauchzehe

Guss:
- 25 g Sonnenblumenkerne
- 1 LS Vindaloopaste (4261)
- 1 TL Rauchkräutersalz (o. Ä.)
- 20 g Sonnenblumenöl
- 1 TL Zitronenschaum (5/3586)
- 125 g Wasser
- etwas Schwarzkümmel
- etwas ungeschälter Sesam

Teigzutaten in der aufgeführten Reihenfolge in den Vitamix geben. Auf kleiner, dann ansteigender Geschwindigkeit vermischen. Mit dem Stößel herunterdrücken, bis eine glatte Paste erreicht ist.

Eine 24 cm-Email-Pizzaform gut einölen, Teig hineingeben und mit der nassen Hand ausbreiten. Zwiebel und Knoblauch in ganz dünne Scheiben schneiden, darauf verteilen.

Die Gusszutaten im Vitamix ganz glatt und schaumig schlagen, über die Zwiebeln gießen. Rechts und links mit Schwarzkümmel, in der Mitte mit Sesam bestreuen. In den kalten Ofen schieben und bei 200°C 10 Min., dann bei 225 °C 20 Min. backen.

Hinweis: *Ich habe sehr zurückhaltend gewürzt. – Es reichen auch 50 g Kichererbsen. Ich hatte nur gerade noch 75 g in der Tüte übrig. – Bei einem nächsten Versuch würde ich etwas mehr Wasser in den Teig geben, er war etwas zu trocken.*

4269. Kekskuchen für Faule, September 2010

- 75 g Kokosraspeln
- 150 g Kokosöl
- 130 g Honig
- 1/2 TL gem. Vanille
- 1 gestr. TL Kardamom
- 2 TL Rum
- 25 g Kakaopulver
- 25 g Carob
- 400 g Vollkornplätzchen

Kokosraspeln im TM fein mahlen (20 Sek./Stufe 10). Kokosöl hinzugeben, flüssig werden lassen (5-6 Min., 37,5 °C/Stufe 1-2). Rum hinzugeben. Vanille, Kakao, Carob und Kardamom mischen. Honig zum Öl geben. Bei Stufe 4-5 langsam die Kakaomasse hinzurieseln lassen. Wenn alles gut gemischt ist, die Plätzchen hinzugeben und auf Stufe 10 etwa 20-30 Sek. mischen lassen.

Je 1,5-2 EL Masse in Silikonmuffinförmchen geben, mit einem TL gut festdrücken und im Kühlschrank fest werden lassen.

Hinweis: Gute Verwertung für Plätzchen, die nicht ganz so dolle gelungen sind. – Wer es schokoladiger möchte, nimmt nur 300 g Plätzchen.

4270. Rote-Linsensuppe mit Ingwer und Paprika, September 2010

Ca. 30 Min.; ca. 4 Hauptspeisen (7-8 Teller). Angelehnt an ein Rezept aus dem Buch „Vegetarisch kochen - indisch" von Yashoda Aithal.

- 300 g rote Linsen
- 1 Liter Wasser
- 6 g frischer Ingwer, fein geschnitten
- 1 spitze, rote Paprikaschote (40 g netto)
- 1/4 TL Kurkuma
- 1 Knoblauchzehe geschält
- 1 TL Honig (6 g)
- 500 g Wasser
- 3 EL Zitronensaft
- 4 Curryblätter
- 1 EL Butter (20 g)
- 3 TL Salz
- 1 erbsgroßes Stück Vindaloopaste (4261)

Linsen in den TM einwiegen. Paprika entkernen und in feine Scheiben schneiden, Ingwer und Knoblauchzehe fein würfeln. Mit Wasser, Kurkuma und Honig hinzugeben. 21 Min./100 °C/Stufe 1 kochen. Wenn die Flüssigkeit blubbert (etwa nach 9 Min.), auf 90 °C stellen. Bei mir waren Linsen und Paprika dann gar.

500 g Wasser, Zitronensaft, zwischen den Händen grob zerriebene Curryblätter, Butter, Salz und ein winziges Stück Vindaloopaste hinzugeben, nochmals kurz aufkochen (5 Min./100 °C/Stufe 1).

4271. Dattelsoße, September 2010

Angelehnt an:„Vegetarisch kochen - indisch", Yashoda Aithal.

- 2 größere weiche Datteln, entsteint
- 1/4 TL Salz
- 1 Pr. gem. Chili oder Peperoni
- 1/2 TL Tamarinden-Paste (oder 4259)
- 1 TL gem. Koriander
- 40+20 g Wasser

Datteln zerkleinern. Mit den restlichen Zutaten (außer 20 g Wasser) in den kleinen Becher eines kleinen Mixers geben und gut durchmixen. Rest Wasser hinzufügen und nochmals gut durchmischen.

4272. Walnuss-Haferbrot, September 2010

Ansatz:
- Sauerteig (ca. 150 g)
- 200 g Roggen
- 200 g Wasser

Vorteig:
- 500 g Roggen
- 100 g Sonnenblumenkerne
- 400 g Sauerteig
- 500 g Wasser

Hauptteig:
- 150 g Roggen
- 100 g Hafer
- 1 EL Honig (30 g)
- 3 EL Olivenöl
- 1 gestr, EL Salz
- 2 TL gem. Brotgewürz (4126)
- 30 g Walnüsse
- Butter für die Form

Morgen vorher: 200 g Roggen fein mahlen. Alten Sauerteigansatz, 200 g Wasser und Roggen gut verrühren. Die Schüssel in eine Plastiktüte stecken und auf der Fensterbank etwa 10-12 Std. stehen lassen.

Vorabend: Vom Sauerteig 150 g abnehmen und in einem Glas mit Schraubdeckel im Kühlschrank als neuen „Starter" aufbewahren. Roggen schroten (Stufe 5/9; Hawos Novum). Mit Sauerteig, Sonnenblumenkernen und 500 g Wasser gut verkneten (10 Min. in der Teigknetmaschine). Mit Plastik gut abdecken und über Nacht stehen lassen.

Backmorgen: 150 g Roggen und 100 g Hafer mischen und fein mahlen. Gewürze und Salz unter das Mehl rühren. Mehl und restliche Zutaten (Honig, Öl, zwischen den Händen zerdrückte Walnüsse) zu dem Sauerteigansatz geben und nochmals gut kneten (10 Min. in der Teigknetmaschine).

Eine passende, große Brotform einfetten und den Teig hineinfüllen, gut einsprühen. Form mit Gärfolie abdecken und 90 Min. gehen lassen. Ofen auf 250 °C (Umluft) vorheizen, der Gitterrost ist bereits im Ofen. Auf dem Boden des Ofens steht eine ofenfeste Form mit Wasser. Teig mit einem Messer drei- bis viermal schräg einschneiden. Brot in den Ofen schieben, 15 Min. backen und auf 200 °C herunterschalten. 40 Min. backen, aus der Form nehmen (Klopfprobe). Auf ein Kuchengitter stürzen, mit Wasser einsprühen und abkühlen lassen. Erst am nächsten Tag anschneiden.

4273. Linsen-Curry mit Champs, September 2010

Vegan; angelehnt an ein Rezept aus „Indisch Kochen", Naumann & Göbel-Verlag.

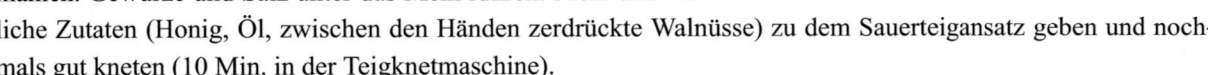

- 70 g Belugalinsen
- 140 g Wasser
- 115 g Champignons
- 1-2 TL Garam Masala (4361 oder Curry)
- 1 TL Zitronenschaum (5/3586)
- 2 EL Wasser
- 1 Knoblauchzehe

- 10 g Zwiebel
- 1-2 Scheiben Ingwer
- 1 gestr. TL Hanfcurry (4234 o. Ä.)
- 1 TL Kurkuma
- 1/2 TL Rauchkräutersalz (o. Ä.)
- 20 g Kokosöl

Linsen mit dem Wasser aufsetzen, zum Kochen bringen und auf kleiner Einstellung 20 Min. köcheln. In dieser Zeit die anderen Sachen vorbereiten: Pilze in dünnere Scheiben schneiden, mit Garam Masala bestreuen und einem Mix aus Zitronenschaum und Wasser beträufeln. Knoblauchzehe und Zwiebel schälen, kleinschneiden. Ingwer ungeschält kleinschneiden. Curry und Kurkuma in einer kleinen Glasschale bereitstellen.

Kokosöl in einer Pfanne auf mittlerer Hitze (7/12) erhitzen. Knoblauch, Zwiebel und Ingwer einrühren. Sobald die Zwiebeln leicht glasig sind, die Gewürze hinzugeben und einige Sek. mitrösten. Pilze hinzufügen, durchrühren und den Deckel auflegen. Einige Min. anbraten. Linsen mit dem restlichen Kochwasser hinzugeben. Deckel wieder auflegen und immer noch auf mittlerer Hitze 10 Min. köcheln lassen, dabei in den letzten 5 Min. auf 5 oder 6 herunterdrehen. Auf einen Teller geben, mit etwas Petersilie dekorieren. Mit Dattelsoße servieren.

4274. Rosinensoße, September 2010

Angelehnt an ein Rezept aus dem Buch „Vegetarisch kochen -
indisch" von Yashoda Aithal.

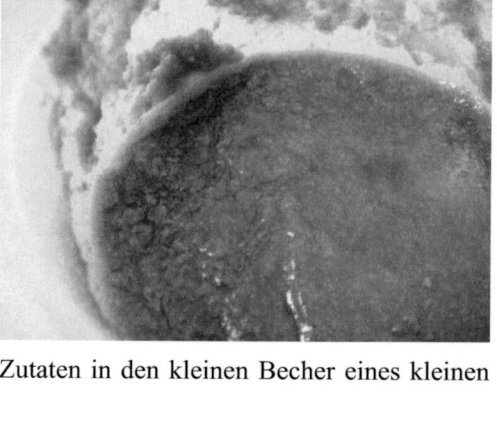

- 50 g grüne Rosinen
- 100 g Wasser
- 1 LS Salz
- 1 Pr. Chili
- 1/2 TL Rauchkräutersalz
- 1 gestr. TL Tamarinden-Paste (oder 4259)
- 1 TL gem. Kreuzkümmel
- 30 g Wasser

Rosinen in 100 g Wasser 3-4 Std. einweichen. Mit den restlichen Zutaten in den kleinen Becher eines kleinen
Mixers geben und gut durchmixen.

4275. Zitronenkonzentrat, September 2010

Beim indischen Kochen taucht häufig „Tamarindenpaste" auf. Da
es sehr teuer ist und säuerlich schmeckt, probiere ich dies als
Ersatz. Ich lasse es jetzt erst einmal einige Wochen im Kühl-
schrank stehen.

- 500 g geschälte Zitronen (zum Trocknen)
- 1 kleine geschälte Zitrone (50 g)
- 350 g kochendes Wasser
- 1 TL Salz
- 100 g Honig

500 g Zitronen schälen, auch das Weiße möglichst gut entfernen,
wenn es dicke Zitronen sind. In ca. 5 mm dicke Scheiben schneiden und 48-60 Std. bei 40 °C trocknen.
In eine Schüssel geben, mit kochendem Wasser übergießen und 30 Min. ziehen lassen. Mit der kleinen frischen
halbierten Zitrone, Salz und Honig und dem Einweichwasser pürieren (z. B. TM). In ein Schraubglas geben und
im Kühlschrank aufbewahren.

4276. Knoblauch-Ingwer-Paste, September 2010

Nach mehreren Rezepten aus dem Internet.

- 50 g Ingwer ungeschält
- 50 g Knoblauch geschält
- 30 g Sonnenblumenöl
- 1 TL Salz

Ingwer in Scheiben schneiden, größere Knoblauchzehen zerteilen.
Mit Öl und Salz mit dem hochstehenden Messer eines kleinen
Mixers zu einer Paste schlagen.

Hinweis: *Diese Paste ist ein Bestandteil vieler indischer Rezepte*
und keine Erfindung von mir. Da ich sie aber momentan viel ver-
wende, will ich wenigstens erklären, wie es geht.

4277. Roti Ute-Made (indisches Brot), September 2010

- 50 g Kamut
- 1/2 TL Kurkuma
- 172 TL Schwarzkümmel ganz
- gem. Chili, 1 Prise
- 1 TL Sonnenblumenöl
- 30 g Wasser
- etwas Reismehl
- Öl

Kamut fein mahlen und mit den anderen Zutaten erst verrühren, dann gut kneten. Abdecken und ca. 30 Min. ruhen lassen. In zwei Teile teilen. Jeweils den Teig handgroß ausrollen. Beide mit Öl bestreichen (mit dem Finger), mit Reismehl bestreuen und mit den „Butterseiten" aufeinander legen. Nun dünn ausrollen.

In einer Keramikpfanne den Boden mit Öl benetzen (z. B. mit einem Stück Papier von einer Haushaltsrolle). Sehr heiß werden lassen. Das Brot hineingeben und 2-3 Min. auf einer Seite backen. Es bilden sich Blasen. Umdrehen, und auf der anderen Seite ebenfalls 2 Min. braten. Aus der Pfanne nehmen und beide Teile auseinanderziehen und einmal (wer kann: zweimal) zusammenklappen. So erhält man 2 hauchdünne Fladen.

4278. Indische Süßkartoffelpfanne, September 2010

- 1 EL Öl

(1)
- 1 getr. Chilischote
- ½ TL Senfsamen
- 1 Prise Fenchelsamen
- ½ TL Kreuzkümmel ganz
- 6 Curryblätter (oder ohne)
- 12 g Zwiebel

(2)
- 1 Prise Kurkuma
- 1 Prise Asafoetida
- 6 g Ingwer
- 1 TL Knoblauch-Ingwer-Paste (4276)
- 170 g Süßkartoffeln
- 50 ml Wasser
- 1 Prise Chilipulver
- 1 TL gem. Koriander

(3)
- 1 gestr. TL Salz
- 1 guter TL Tamarindenpaste (s. 4275)
- 5 g Honig
- 2 TL gem. Sesam
- 2 TL gem. Kokosnussraspeln

1 EL Öl auf hoch-mittlerer Einstellung (7/12) erhitzen, darin die Gewürze unter (1) kurz anbraten, bis die Senfkörner knacken. Zwiebeln hinzugeben und unter Rühren glasig werden lassen.

Die Gewürze unter (2), gefolgt von der Knoblauch-Ingwer-Paste einrühren. Süßkartoffeln in Stifte schneiden und ebenfalls kurz mit anbraten. 50 g Wasser hinzugeben, Chilipulver und Koriander unterrühren. Deckel auflegen. Sobald Dampf unter dem Deckel entweicht, auf kleinster Einstellung 10 Min. dünsten.

2 TL Sesam und 2 TL Kokosnussraspeln fein mahlen, mit den anderen Zutaten aus (3) zu den Süßkartoffeln geben. Aufkochen, und zur gewünschten Konsistenz einkochen. Die Chilischote entfernen, wenn man wie ich nicht so gerne allzu scharf isst.

Auf einen Teller geben, mit etwas Petersilie dekorieren. Mit Dattelsoße servieren.

Tipp: Schmeckt gut mit Brot „Roti Ute-Made". – Für meine indischen Kochversuche habe ich mir kleine Glasschüsselchen gekauft (Durchmesser 4 und 6 cm). Da kann ich nach Durchlesen des Rezepts erst einmal die Gewürzgruppen zusammenstellen.

4279. Cremekaffee, September 2010

- 1 TL Carob
- 1 TL Reismehl
- 1 gestr. TL Getreidekaffee Instant
- 1/4 TL gem. Vanille
- 1 TL Honig nach Geschmack
- 2 EL Sahne
- Kochendes Wasser

Alle Zutaten bis auf das Wasser mit einem Löffel verrühren. Mit Wasser auffüllen (z. B. bis 400 ml) und gut durchrühren.

4280. Masala Dalute, September 2010

Angelehnt an ein Rezept aus dem Internet „Masala Dal" (Webseite erloschen).

- 100 g gelbe Linsen
- 300 g Wasser
- 1 EL Kokosöl
- 15 g Zwiebel netto
- 1 TL Knoblauch-Ingwer-Paste *
- 1 Prise Kurkuma
- 1 gestr. TL Rauchkräutersalz (o. Ä.)
- 1 TL Koriander gem.
- Chilipulver nach Geschmack
- 1/2-1 TL Garam Masala (Brecht)

Linsen in Wasser kochen, aber nicht ganz gar werden lassen (TM: 10 Min./100 °C/Stufe 1, sobald es kocht, auf 90 °C herunterstellen). Kokosöl in einer Pfanne heiß werden lassen. Auf hoch-mittlerer Einstellung die gehackte Zwiebel darin kurz anrösten, dann Knoblauch-Ingwer-Paste hinzugeben und schließlich Kurkuma, Salz, Koriander und Chilipulver einrühren, etwa 1 Min. kochen. Linsen mit Kochwasser hinzufügen, ebenso Garam Masala und noch ca. 5 Min. köcheln. Ich habe ohne Deckel gekocht, weil ich sehr viel Flüssigkeit hatte.

Tipp: Wer die Linsen im Topf, und nicht im Thermomix kocht, braucht vermutlich nur 250 g Wasser.

4281. Reis Roti (indisches Brot), September 2010

1 Hauptspeise.

- 50 g Basmati-Naturreis
- 1 geh. EL Kokosraspeln
- 2 TL Öl
- 1 Prise Asafoetida
- 1/4 TL gem. Chiliflocken
- 2 TL Korianderblätter gehackt & getr.
- 1 TL Kreuzkümmelsamen
- 1 gestr. TL Salz
- 1/2 gestr. TL Kurkuma
- 40 g Wasser
- Öl zum Backen

Reis fein mahlen. Kokosraspeln in einem kleinen Mixer mahlen (nicht so fein, dass es klebt). Mit den restlichen Zutaten erst verrühren und dann kneten, ergibt einen weichen Teig. Eine Weile ruhen lassen (ca. 15-20 Min). In einer Keramikpfanne den Boden mit Öl benetzen (z. B. mit einem Stück Papier von einer Haushaltsrolle). Erhitzen. Den Teig in zwei Teile teilen. Jeden Teil mit den Händen zu einer kleinen Platte drücken. In die Pfanne geben, noch ein wenig auseinanderdrücken. Jeweils drei Löcher einstechen, mit Öl füllen. Nach ca. 3 Min. wenden, auf der anderen Seite auch goldbraun backen.

Hinweis: Einer der Rotis ist mir beim Wenden zerfallen, der andere nur am Rand abgebröckelt. Man sollte sie wohl nicht zu dünn bzw. nicht zu groß machen, sodass der Pfannenwender sie noch komplett fassen kann.

4282. Karkaffee, September 2010

- 2 TL Carob
- 1,5 TL Reismehl
- 1 gestr. TL Getreidekaffee Instant
- 1 geh. TL Cashewnussmus
- 1 geh. TL Honig nach Geschmack
- 1 gestr. TL Kardamom gem.
- Kochendes Wasser

Alle Zutaten bis auf das Wasser in den Becher eines kleinen Mixers geben, 100 ml kochendes Wasser hinzufügen und gut mixen. In eine Tasse schütten und auf ca. 500 ml auffüllen.

4283. Schwarzsauerbrot, September 2010

Ansatz:
- Sauerteig (ca. 150 g)
- 280 g Roggen
- 300 g Wasser

Vorteig:
- 500 g Roggen
- 100 g Sonnenblumenkerne
- 580 g Sauerteig
- 500 g Wasser

Hauptteig:
- 150 g Roggen
- 100 g Nackthafer
- 1 EL Honig (30 g)
- 2 EL Olivenöl
- 1 gestr. EL Salz
- 25 g Wasser
- Butter für die Form

Morgen vorher: 280 g Roggen fein mahlen. Alten Sauerteigansatz, 300 g Wasser und Roggen gut verrühren. Die Schüssel in eine Plastiktüte stecken und auf der Fensterbank etwa 10-12 Std. stehen lassen.

Vorabend: Vom Sauerteig 150 g abnehmen und in einem Glas mit Schraubdeckel im Kühlschrank als neuen „Starter" aufbewahren. Roggen grob schroten (Stufe 7-8/9; Hawos Novum). Mit Sauerteig, Sonnenblumenkernen und 500 g Wasser verrühren (5 Min. in der Teigknetmaschine). Mit Plastik abdecken und über Nacht stehen lassen.

Backmorgen: 150 g Roggen und 100 g Hafer mischen, fein mahlen. Salz unter das Mehl rühren. Mehl, Honig und Öl zumm Sauerteigansatz geben und gut kneten (10 Min. in der Teigknetmaschine). Eine passende, große Brotform einfetten und den Teig hineinfüllen, einsprühen. Form mit Gärfolie abdecken und 2 Std. gehen lassen. Ofen auf 250 °C (Umluft) vorheizen, der Gitterrost ist bereits im Ofen. Auf dem Boden des Ofens steht eine ofenfeste Form mit Wasser. Teig mit einem Messer drei- bis viermal schräg einschneiden. Brot in den Ofen schieben, 15 Min. backen und auf 200 °C herunterschalten. 40 Min. backen, aus der Form nehmen (Klopfprobe). Auf ein Kuchengitter stürzen, mit Wasser einsprühen und abkühlen lassen. Erst am nächsten Tag anschneiden.

4284. Krustenreis mit Salat, September 2010

Vegan; 24 Std. Einweichzeit; + 1 Std.; 1 Hauptspeise.

Salat:
Dressing:
- 1 Tomate (65 g)
- 30 g Senfrosinen (3992 o. Ä.)
- 10 g Olivenöl
- 1 TL Zitronensaft
- 1/2 TL Kräutersalz (3/2008)
- 2 EL Wasser

Feste Salatzutaten:
- 50 g Blattsalat
- 150 g Blumenkohl
- etwas Dill

Reis:
- 100 g Basmatireis
- 250 g Wasser
- 30 g Olivenöl
- 1 TL Curry
- 20 g Pistazien geschält
- etwas Salz

Reis in 250 g Wasser ca. 24 Std. einweichen. Öl in einer Pfanne erhitzen, Curry darin anbraten. Reis abtropfen lassen (Einweichwasser auffangen) und in dem Curry anrösten. Einweichwasser aufgießen, zum Kochen bringen und auf kleiner Hitze 30 Min. dünsten. Pistazien und Salz hinzugeben und auf größerer Hitze solange braten, bis die Unterseite zusammenhängend knusprig ist (dauerte bei mir leider 25 Min.). In der Zwischenzeit Salat zubereiten und essen.

Dressingzutaten mit einem kleinen Mixer sehr gut mixen. Kopfsalat gut gewaschen kleinschneiden und in einem Kreis auf einen großen Teller geben. Blumenkohl kleingeschnitten in die Mitte geben. Salatdressing in einem Kreis um den Blumenkohl gießen und mit Dill bestreuen.

Tipp: 200 g Wasser wären für Basmatireis besser.

4285. Kalter Gepard, Oktober 2010

Teig:
- 100 g Kamut
- 50 g Nackthafer
- 100 g Dinkel
- 1 Prise Salz
- 1 gestr. TL gem. Vanille
- 50 g Mandeln
- 55 g Olivenöl
- 50 g Honig (1 geh. EL)
- 50 g Wasser

Schokoladenmasse:
- 120 g Kokosöl
- 30 g Kakaobutter
- 185 g Honig
- 1 Prise Salz
- 1/2 TL gem. Vanille
- 2 TL Rum
- 50 g Kakaopulver

Getreide mischen und in der Getreidemühle fein mahlen. Mandeln fein mahlen (z. B. in einem Mr. Magic). Mehl und Mandeln mit Salz und Vanille mischen. Öl, Honig und Wasser hinzugeben, mit dem Handrührgerät (Knethaken) zu einem mürben Teig verarbeiten, der sich ausrollen lässt. In eine Plastikschüssel mit Deckel geben und 30 Min. ruhen lassen. Auf eine Fläche von etwas unter 30 x 45 cm ausrollen; mit der Grundfläche einer kleinen Kastenform dreimal den Boden „abstechen", den Rest in Streifen (alles mit einem Teigrädchen) schneiden. In den kalten Ofen schieben und 20 Min. bei 175 °C backen. Wenn die Kekse kalt sind, die kleine Kastenform mit Haushaltsfolie auskleiden.

Für die Schokomasse Kokosöl und Kakaobutter auf kleiner Flamme erhitzen, bis sie flüssig sind. Mit einem Mixer oder auch einem Handrührgerät gut mit den restlichen Schokozutaten vermischen. Eine Lage Schokolade auf den Boden streichen, eng mit Keksstreifen belegen. Eventuelle Lücken mit Bruchstücken füllen. Darauf eine Schicht Schokoladenmasse, dann einen „Boden", Schoko, Boden usw. Kekse sollten die letzte Schicht sein.

In den Kühlschrank stellen und gut fest werden lassen. Hält sich eingepackt sehr lange. Möglichst mit einem Elektromesser schneiden.

4286. Erdnussbutter salzig, Oktober 2010

Zum Kochen ist das manchmal ganz nützlich, wenn die Erdnussbutter aus gerösteten, gesalzenen Erdnüssen besteht.
- 365 g Erdnüsse gesalzen und geröstet

Im Vitamix mit Stößelhilfe mahlen, bis es flüssig ist. Das geht vermutlich auch mit dem Thermomix, weil die öligen Nüsse sehr leicht „verflüssigen".

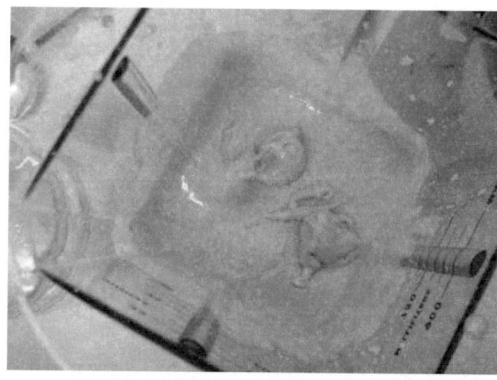

4287. Snickeria, Oktober 2010
- 1-2 TL Erdnussbutter salzig (s. o.)
- 1 TL Carob
- 1 geh. TL Honig nach Geschmack
- 200 ml Wasser

Alle Zutaten bis auf 100 ml Wasser in einen Mixer geben, auf höchster Stufe gut durchrühren. Nochmals 100 ml Wasser hinzugeben und nochmals schütteln.

4288. Dreiecksfladen Indian Style, Oktober 2010

Vegan

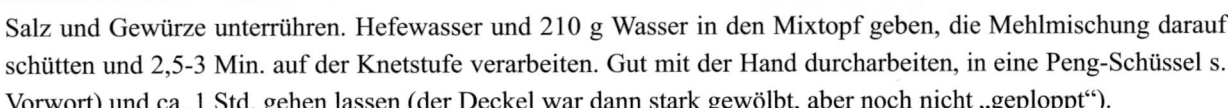

- 1/2 P Hefe (20 g)
- 100 g Wasser
- 220 g Dinkel
- 280 g Sechskorngetreide
- 2 gestr. TL Salz
- 1 TL Kurkuma
- 1/2 TL Asafoetida

- 1/2 TL Hanf-Curry (o. Ä.)
- 1 TL Cumin gem.
- 1/2 TL gem. Koriander
- 210 g Wasser
- 1-2 EL Öl
- Weißer Mohn (Khus Khus)
- Schwarzkümmel

Herstellung beschrieben im TM. Hefe mit 100 g Wasser in einer kleinen Schüssel verrühren. Getreide mischen und fein mahlen. Salz und Gewürze unterrühren. Hefewasser und 210 g Wasser in den Mixtopf geben, die Mehlmischung darauf schütten und 2,5-3 Min. auf der Knetstufe verarbeiten. Gut mit der Hand durcharbeiten, in eine Peng-Schüssel s. Vorwort) und ca. 1 Std. gehen lassen (der Deckel war dann stark gewölbt, aber noch nicht „geploppt").

Nochmals durchkneten und in 10 gleiche Teile wiegen (bei mir je 84 g). Mit jedem Teil wie folgt vorgehen: kurz durchkneten, mit den Händen in Handtellergröße auseinanderdrücken, dünn mit Öl bepinseln oder bestreichen, auf die Hälfte klappen. Oberfläche wieder mit Öl bepinseln, wiederum auf die Hälfte klappen (also jetzt 1/4 Kreis). Mit dem Teigroller dreieckig auseinanderrollen. Nebeneinander auf 2 mit Dauerbackfolie ausgelegte Backbleche legen, einsprühen und mit Gärfolie abdecken.

Ofen (Umluft) auf 250 °C vorheizen, in dieser Zeit gehen die Fladen. Auf dem Boden steht eine ofenfeste Form mit Wasser. Die Fladen zur Hälfte mit Schwarzkümmel, die anderen mit weißem Mohn bestreuen und in den Ofen schieben. 25 Min bei 175 °C backen, Klopfprobe machen. Auf ein Kuchengitter geben, einsprühen und auskühlen lassen.

Tipp: Schmecken sehr lecker in ein wenig Öl gedippt!

4289. Kokosnussbrot (Schapati Nariial), Oktober 2010

Angelehnt an ein Rezept aus dem Buch „Indische Küche" von Nariman Zeitun.

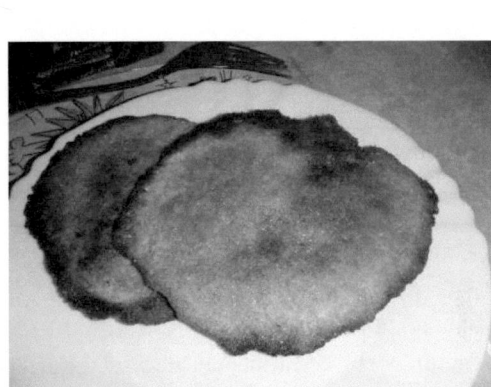

- 30 g Dinkel
- 15 g Kokosraspeln
- 25 g Wasser
- 1-2 Prisen Salz
- 1 geh. EL Kokosöl zum Backen

Dinkel fein mahlen. Kokosraspeln mit dem Wasser in einem kleinen Mixer mahlen. Mit den restlichen Zutaten erst verrühren und dann kneten, ergibt einen weichen Teig. Eine Weile ruhen lassen (ca. 15-20 Min). In einer Keramikpfanne das Öl erhitzen. Den Teig in zwei Teile teilen und dünn ausrollen (1-2 mm dick), dabei evtl. mit Streumehl arbeiten. In die Pfanne geben, auf einer Seite bräunen, dann auf der anderen Seite auch hellbraun backen. Kurz auf einem Küchenpapier das Fett abklopfen.

4290. Hot Snickeria, Oktober 2010

- 1 TL Erdnussbutter salzig (4286)
- 1 TL Carob
- 1 TL Kakao
- 1 geh. TL Honig nach Geschmack
- 400-500 ml Wasser

Erdnussbutter, Carob, Kakao, Honig und 100 g kochend heißes Wasser in einem kleinen Mixer gut verquirlen (30 Sek.). In eine Tasse umfüllen und mit kochendem Wasser auffüllen.

4291. The Champion, Oktober 2010

Angelehnt an alles, was ich an indischen Rezepten gelesen habe.

- 2 EL Distelöl

(1)
- 1 getr. Chilischote
- 1 TL schwarze Senfsamen
- 1 TL weißer Mohn
- 1 TL Urad dal (Linsen)

(2)
- 15 g Zwiebel

(3)
- 1. TL Knoblauch-Ingwer-Paste (4276)
- 1 gestr. TL Salz

(4)
- 1/2 gestr. TL Asafoetida
- 1/2 TL Cumin
- 1/2 TL Kardamom
- 1/2 TL Kurkuma
- einige gem. Chiliflocken
- 115 g Champignons
- 80 g Kartoffel
- 50 ml Wasser
- etwas Garam Masala (oder 4280)

Champignons vierteln, Kartoffeln gut unter fließendem Wasser abbürsten und in feine Scheiben schneiden. Öl auf hoch-mittlerer Einstellung (7/12) erhitzen, darin die Gewürze unter (1) kurz anbraten, bis die Senfkörner knacken. Zwiebeln (2) hinzugeben und unter Rühren glasig werden lassen. (3) Knoblauch-Ingwer-Paste gefolgt von (4) einrühren. Gemüse darin wenden, Wasser hinzugeben. Aufkochen und 10 Min. auf kleinster Einstellung köcheln. Die Chilischote entfernen, wenn man wie ich nicht so gerne allzu scharf isst. Mit Garam Masala abschmecken und zur gewünschten Konsistenz in offener Pfanne einkochen.

4292. Kalter Leopard, Oktober 2010

Vegan

Teig:
- 100 g Kamut
- 50 g Hafer
- 100 g Dinkel
- 1 Prise Salz
- 1/2 gestr. TL gem. Vanille
- 1/2 TL getr. Orangenschale
- 50 g Erdnüsse (Rohkost)
- 50 g Olivenöl
- 30 g Honig (2 geh. TL)
- 65 g Wasser

Schokoladenmasse:
- 100 g Kokosöl
- 50 g Kakaobutter
- 150 g Honig
- 1 Prise Salz
- 2 Prisen getr. Orangenschale
- 1/2 TL gem. Vanille
- 2 TL Cognac
- 50 g Kakaopulver

Kamut, Hafer und Dinkel mischen, in der Getreidemühle fein mahlen. Mandeln fein mahlen (z. B. in einem Mr. Magic). Mehl und Mandeln mit Salz und Vanille mischen. Öl, Honig und Wasser hinzugeben, mit dem Handrührgerät (Knethaken) zu einem mürben Teig verarbeiten, der sich ausrollen lässt. In eine Plastikschüssel mit Deckel geben und 30 Min. ruhen lassen.

Auf eine Fläche von etwas unter 30 x 45 cm ausrollen; mit der Grundfläche einer kleinen Kastenform dreimal den Boden „abstechen", den Rest in Streifen (alles mit einem Teigrädchen) schneiden. In den kalten Ofen schieben und 20 Min. bei 175 °C backen. Wenn die Kekse kalt sind, die kleine Kastenform mit Haushaltsfolie oder Pergamentpapier auskleiden.

Für die Schokoladenmasse Kokosöl und Kakaobutter auf kleiner Flamme erhitzen, bis sie flüssig sind. Mit einem Mixer oder auch einem Handrührgerät gut mit den restlichen Schokozutaten vermischen. Eine Lage Schokolade auf den Boden streichen, eng mit Keksstreifen belegen. Eventuelle Lücken mit Bruchstücken füllen. Darauf eine Schicht Schokomasse, dann einen „Boden", Schoko, Boden usw. Die letzte Schicht sollte aus Keksen bestehen. In den Kühlschrank stellen und gut fest werden lassen. Hält sich eingepackt sehr lange. Möglicht mit einem Elektromesser schneiden.

4293. Marinierte Champs mit Safranzitronenreis, Oktober 2010

Angelehnt an ein Rezept aus „Indische Küche" von Nariman Zeitun; Reis angelehnt an ein Rezept aus dem Buch „Indisch vegetarisch" von Sushila Issar und Mrinal Kopecky.

Marinade:
- 8 g Zwiebel (netto)
- 1 Knoblauchzehe geschält
- 3 Gewürznelken
- 3 schwarze Pfefferkörner
- 1/2 TL gelbe Senfkörner
- 1 EL Apfelessig
- 2 EL Wasser
- 1/2 TL Koriander gem.
- 1/2 TL Kurkuma gem.
- 1/2 TL gem. Zimt
- 1/2 TL gem. Piment
- 1 Prise gem. Chiliflocken
- 3 EL Wasser
- 1 EL Essig
- 1 gestr. TL Salz
- 1 EL Distelöl

Gemüse:
- 210 g Champignons
- 1 EL Distelöl
- 8 g Zwiebelscheiben
- 4 g Ingwerscheiben

Reis:
- 50 g Basmati-Naturreis
- 100 g Wasser
- 1/2 TL Safranfäden
- 1 EL warmes Wasser
- 2 EL Distelöl (o. Ä.)
- 1/2 TL (schwarze) Senfkörner
- 3 Gewürznelken
- 15 g Cashewnüsse
- 1 getr. Chilischote
- 2 EL Kokosraspeln (15 g)
- 50 ml Zitronensaft
- 1 Prise Salz

Reis in 100 g Wasser ca. 4-6 Std. einweichen. Reis abtropfen lassen, Wasser auffangen. Safranfäden im Mörser zerstoßen und mit 1 EL warmem Wasser übergießen. 2 EL Öl in einem Topf erhitzen, Senfkörner, Nelken und Cashews kurz anbraten, dann den Reis hinzufügen und rühren, bis der Reis fast trocken oder glasig ist. Kokosraspeln und Chilischote noch kurz mit erhitzen. Einweichwasser und Zitronensaft hinzugeben und zum Kochen bringen. Auf kleinster Einstellung 30 Min. quellen lassen, dann auf ausgestellter Platte nachdampfen lassen. Vor dem Essen Chilischote und Nelken entfernen.

Marinade: 8 g Zwiebel und Knoblauch hacken, mit Nelken, Pfeffer- und Senfkörnern sowie 1 EL Essig in einem kleinen Mixer verquirlen. Mit 2 EL Wasser zu einer dünnen Paste schlagen. Die gemahlenen Gewürze (Koriander, Kurkuma, Zimt, Piment, Chili) sowie 3 EL Wasser, 1 EL Essig und 1 EL Öl unterrühren.

Gemüse: Champignons in Scheiben schneiden, mit der Marinade in einer verschließbaren Plastikschüssel gut verrühren und ca. 4 Std. ziehen lassen, dabei ab und zu durchschütteln. Öl auf mittlerer Hitze erhitzen und Zwiebel- und Ingwer kurz anbraten, bis die Zwiebeln glasig sind. Champignons abtropfen lassen, Marinade auffangen. Champignons in der Pfanne anbraten. Die abgetropfte Marinade hinzufügen, auf kleinster Einstellung 5 Min. köcheln lassen. Mit dem Reis servieren.

4294. Senf mit Hanfpünktchen, Oktober 2010

Vegane Rohkost.

- 200 g gelbe Senfkörner
- 50 g Hanfkörner
- 4 TL Koriander ungemahlen
- 32 g Salz
- 4 gestr. TL Kurkuma gem.

- 50 g Honig
- 130 g Apfelessig (5 %)
- 255 g Wasser
- 40 g Sonnenblumenöl

Senfkörner mit Salz, Hanf und Koriander im Vitamix sehr fein mahlen. Restliche Zutaten hinzufügen und sehr gut durchmixen. In passende saubere Gläschen füllen, 12-24 Std. offen stehen lassen (fermentieren), dabei gelegentlich umrühren.

4295. Cashewnussmus im Vitamix, Oktober 2010

Nussmus geht im Vitamix viel schneller als im TM, wenn die Nüsse ölig genug sind. Cashewnüsse sind im Thermomix viel „flüssiger", aber es dauert lang und wird sehr heiß. Im Vitamix muss ich dann Öl hinzugeben, was ich zwar eigentlich nicht so gerne möchte, auch wenn es hochwertiges Öl ist. Aber die Faulheit hat heute gesiegt. Es gibt auch Methoden für eine Herstellung ohne Öl, aber auch die ist langwieriger.

- 35 g Mandelöl (kalt gepresst)
- 350 g Cashewnüsse

Im Vitamix erst auf kleiner Einstellung laufen lassen, bis alle Nüsse mit Öl überzogen sind. Dann mit Stößelhilfe mahlen, bis es flüssig ist.

4296. Sonnenblumenkernmus im Vitamix, Oktober 2010

Nussmus geht im Vitamix viel schneller als im Thermomix, wenn die Nüsse ölig genug sind. Sonnenblumenkerne sind auch im Thermomix schwierig. Auch heute sind sie trotz Zusatz von reichlich Öl nicht flüssig geworden.

- 80 g Sonnenblumenöl (kalt gepresst)
- 350 g Sonnenblumenkerne

Im Vitamix erst auf kleiner Einstellung laufen lassen, bis alle Samen mit Öl überzogen sind. Dann mit Stößelhilfe mahlen, bis es ganz fein und locker ist.

4297. Senfrosinen grün, Oktober 2010

Vegan

- 1 gestr. EL Senf mit Hanfpünktchen (4294)
- 250 g Sonnenblumenöl
- 90 g grüne Rosinen

Senf und Öl in einem Mixer (z. B. Vitamix) gut mischen und in ein Glas mit Schraubdeckel gießen (etwa 450 ml Volumen). Rosinen hineingeben, bis das Glas voll ist.

Tipps: *Anderes Öl ist möglich. Wer ein Öl mit Rohkostqualität nimmt, erhält ein Rohkostrezept.*

4298. Angeblätterte Croissants mit Marzipanfüllung, Okt. 2010

Ergibt 8 Stück. – Idee: Vielleicht kann man mit Kokosöl auch einen Blätterteig herstellen, da dieses Öl ähnlich wie Butter im Kühlschrank fest wird. So war es auch, allerdings ist mir die Blätterwirkung noch nicht stark genug.

- 1/2 P-Hefe (20 g)
- 100 g Wasser
- 1/2 TL Honig
- 250 g Dinkel
- 1 Prise Salz
- 1 EL Sonnenblumenöl
- 65 g Wasser
- 1 EL Dinkelmehl zum Bestreuen der Teigkugel
- Dinkelmehl zum Ausrollen
- 100 g Kokosöl (2 x 35g, 1 x 30 g)

Hefe und Honig im Wasser auflösen. Getreide fein mahlen. In die Mitte eine Kuhle drücken, das Hefewasser hineingießen und mit etwas Mehl zu einem dicklichen Brei rühren. Mit Folie abgedeckt 15 Min. gehen lassen.

Salz, Öl und Wasser an den Rand des Mehls geben. Alles gründlich miteinander verkneten (ca. 5 Min.). Mit nassen Händen eine Teigkugel formen, mit 1 EL Mehl bestreuen. In eine Plastiktüte stecken und 30 Min. gehen lassen. Den Teig auf einer mit Mehl gut bestäubten Fläche auf ein Rechteck von etwa 18 x 40 cm ausrollen, die Ränder sollten möglichst gerade sein (in den nächsten Schritten kommt das fast automatisch). Mit Mehl bestreuen. Das untere Drittel durch einen leichten oberflächlichen Schnitt markieren.

35 g weiches Kokosnussöl auf die oberen beiden Drittel streichen. Falls sich Klumpen bilden, mit Handwärme weich werden lassen. Das untere Drittel nach oben falten, das obere darüberlegen; die Ränder mit der Teigrolle fest zusammendrücken. Das Teigstück um 90° so drehen, dass die Knickstellen an der Seite liegen. Auf ein Brettchen legen, in eine Plastiktüte stecken und 30 Min. in den Kühlschrank legen. Den Teig in Längsrichtung auf bemehlter Fläche ausrollen, wieder die oberen zwei Drittel mit 40 g Kokosöl bestreichen. Wie vorher falten, drehen, kaltstellen.

Den Teig ein drittes Mal mit Kokosöl (der dritten Portion) bestreichen usw. und 30 Min kühlen. Den Teig nochmals längs ausrollen und durch zwei Querschnitte in zwei Rechtecke teilen. Jeden Teil dünn ausrollen, sodass sich ein Quadrat ergibt. Die Quadrate durch Schnitte von Ecke zu Ecke in vier Dreiecke schneiden. Jedes Dreieck so ausrollen / ziehen, dass sich ein langgezogenes Dreieck ergibt. Auf die breite Seite ein längliches Stück Marzipan, ca. 20 g, legen. Die Dreiecke von der breiten Seite her aufrollen und die Ende zueinander hinbiegen.

Die Hörnchen nebeneinander auf mit Dauerbackfolie / Silikon ausgelegtes Backblech legen, mit Wasser einsprühen. Das Blech in eine große Plastiktüte stecken und 30 Min gehen lassen. In den letzten 20 Min. den Ofen auf 225 °C (Umluft) vorheizen, auf den Boden eine ofenfeste Form mit heißem Wasser stellen. Bei 225 °C 13 Min backen und 2 Min bei ausgestelltem Ofen ausbacken lassen. Auf ein Kuchengitter legen, noch heiß mit Wasser einsprühen und auskühlen lassen.

Tipp: Wer 10 ml Wasser weniger nimmt, bekommt einen nicht ganz so weichen Teig, vielleicht wird der dann blättriger und auch leichter auszurollen.

4299. Rosencurry hui-scharf, Oktober 2010

Ungemahlen:
- 1 geh. EL Koriandersamen (8 g)
- 1 geh. EL Kreuzkümmel (10 g)
- 1 TL schwarzer Pfeffer (4 g)
- 1 TL grüner Pfeffer getrocknet (2 g)
- 3 TL gelbe Senfkörner (4 g)
- 1 TL Bockshornkleesamen (6 g)
- 10 Gewürznelken
- 10 getr. Rote Chilischoten
- 2 EL getr. Rosenblätter

Gemahlen:
- 2 TL Kurkuma
- 1/2 TL Zimt
- 1/2 TL Ingwerpulver
- 1 MS Vanille

Die ungemahlenen Gewürze in einer beschichteten Pfanne unter Rühren auf mittlerer Einstellung (7 von 12) erwärmen, bis sie gut duften. Das dauert etwa 4-6 Min. (wer zu lange röstet, erhält ein bitteres Curry). Platte abschalten, noch 1 TL Kurkuma hinzugeben und 10 Sek. einrühren, dann 1 TL Kurkuma, Zimt, Ingwer und Vanille unterrühren. In einen tiefen Teller umfüllen und abkühlen lassen. In einem kleinen Mixer (z. B. Mr. Magic) 1 Min. lang mahlen, einige Min. abkühlen lassen. Weitere 30 Sek. mahlen. In ein kleines Gläschen umfüllen.

Hinweis: Im Original wird eine kleine Pfanne aus Gusseisen verwendet. Nach zwei oder drei Wochen hat sich meiner Erfahrung nach erst das richtige Aroma entwickelt.

Tipp: Wer keinen entsprechenden Mixer hat, kann auch einen Mörser nehmen.

4300. Shiitake-Pizza mit indischem Brotteig, Oktober 2010

15 Min. (ohne Backen); 1 Hauptspeise.

Teig:

- 100 g Dinkel
- 50-60 g Wasser
- 2 TL Olivenöl
- 1 Prise Salz
- 1 gestr. TL gem. Cumin
- 1 EL Naturreis
- Olivenöl ca. 1-2 EL zum Bestreichen

Belag:

- 6 g getr. Shiitake-Pilze
- 100 g warmes Wasser
- 1 TL Knoblauch-Ingwer-Paste (4276)
- 30 g Tomatenmark
- 2 EL Olivenöl
- 30 g Sonnenblumenkerne
- 1 EL Zitronenschaum (5/3586)
- 2 EL Olivenöl
- 1 gute Prise Salz
- 75 g Wasser (Einweichwasser der Pilze)
- 14 g Zwiebel (netto)

Dinkel fein mahlen. Mit Wasser, Öl, Salz und Cumin zu einem weichen Teig verkneten. In einer abgedeckten Schüssel 30 Min. ruhen lassen. Shiitake im Wasser 20 Min. einweichen (oder je nachdem, was auf der Packung steht.)

Paste, Tomatenmark und Olivenöl verrühren. Sonnenblumenkerne mit Zitronenschaum, Olivenöl, Salz und Wasser in einem kleinen Mixer zu einer homogenen Masse schlagen. Reis fein mahlen. Umluftofen auf 225 °C stellen, auf dem Boden steht eine ofenfeste Form mit Wasser. Beim Ausrollen je nach Teigfeuchtigkeit reichlich mit Mehl arbeiten. Auf bemehlter Fläche den Teig zu einem Kreis von ca. 20 cm Durchmesser ausrollen. Sich den Kreis längs dreigeteilt vorstellen, den mittleren Teil mit Öl bestreichen und Reismehl bestreuen. Das rechte Drittel über die Mitte klappen, mit Öl und Reismehl behandeln, linke Seite drüber klappen, es gibt jetzt einen Streifen. Diesen mit Öl & Reismehl behandeln. Oberes Drittel über die Mitte klappen, behandeln, unteres Drittel darüber klappen. Jetzt zu einem dünnen Teig etwa mit einem Durchmesser von 24 cm ausrollen. In eine dünn mit Öl eingepinselte Quicheform geben, einen kleinen Rand hochziehen. Ein paar Mal mit der Gabel einstechen und 5 Min backen.

Auf den heißen Teig die rote Paste streichen (mit einem Spatel geht das gut gleichmäßig). Mit Shiitake und feingeschnittener Zwiebel bestreuen. Sonnenblumenkernmix gleichmäßig darüber verteilen. In den Ofen schieben und 15 Min. bei 225 °C backen.

Hinweis: *Ich hatte 60 g Wasser für den Teig genommen. Das ist zu viel, er klebt dann doch etwas zu sehr. Bei einem nächsten Versuch würde ich es mit 50 g Wasser probieren.*

4301. Friesisches Flüssigschwarzbrot, Oktober 2010

Nach einem Rezept aus dem Buch „Brot & Brötchen" von Helene Weinold-Leipold (Besprechung im Blog http://vollwert.word-press.com/ am 21. Oktober 2010).

Ansatz:

- Sauerteig (ca. 150 g)
- 50 g Roggen
- 55 g Wasser

Vorteig:

- 375 g Roggen
- 250 g Dinkel
- 50 g Sauerteig
- 500 g Wasser

Hauptteig:

- 375 g Roggen
- 100 g Sonnenblumenkerne
- 1 gestr. EL Salz
- 250 g Wasser
- Butter für die Form

Morgen vorher: 50 g Roggen fein mahlen. Alten Sauerteigansatz, 55 g Wasser und Roggen gut verrühren. Die Schüssel in eine Plastiktüte stecken und auf der Fensterbank etwa 10-12 Std. stehen lassen.

Vorabend: Vom Sauerteig 50 g für das Brot abnehmen und den Rest in einem Glas mit Schraubdeckel im Kühlschrank als neuen „Starter" aufbewahren. 375 g Roggen schroten (Stufe 3/9; Hawos Novum). Dinkel fein mahlen. Mit Sauerteig, Dinkelmehl und 500 g Wasser gut verrühren. Mit Plastik abdecken und über Nacht stehen lassen.

Backmorgen: 375 g Roggen schroten (3/9). Schrot, Salz, 250 g Wasser und Sonnenblumenkerne unter den Sauerteigansatz rühren. 3 Std. gehen lassen. Eine passende, große Brotform einfetten und den Teig hineinfüllen, einsprühen. Form mit Gärfolie abdecken und 90 Min. gehen lassen. Ofen auf 250 °C (Umluft) vorheizen, der Gitterrost ist bereits im Ofen. Auf dem Boden des Ofens steht eine ofenfeste Form mit Wasser. Teig mit einem Messer einmal längs einschneiden. Brot in den Ofen schieben, 10 Min. backen und auf 200 °C herunterschalten. 50 Min. backen, aus der Form nehmen (Klopfprobe).

Auf ein Kuchengitter stürzen, mit Wasser einsprühen und abkühlen lassen. Erst am nächsten Tag anschneiden.

4302. Gefüllte indische Pfannkuchen, Oktober 2010

*   10 g Basmati-Naturreis
*   45 g Rundkorn-Naturreis
*   45 g Urud Dhal (evtl. gelbe Linsen)
*   100 g Wasser
*   1 Prise Rauchkräutersalz
*   1-2 Prisen Koriander
*   50 g Wasser
*   6 g Shiitake Pilze getrocknet
*   100 g Wasser
*   1 EL Sonnenblumenöl
*   1/2 TL weißer Mohn
*   1/2 TL schwarze Senfkörner
*   15 g Zwiebel (netto)
*   1/2 TL Knoblauch-Ingwer-Paste (4276)
*   1/2 TL Cumin gem.
*   1/2 TL Kurkuma gem.
*   1/2 gestr. TL Rauchkräutersalz (o. Ä.)
*   1/2 TL Asafoetida (s. vorher)
*   1/2 TL Mangopulver (4259)
*   Öl zum Backen (2-3 EL)

Reis und Urud Dhal im Wasser 6 Std. einweichen. 50 g Wasser, 1 Prise Rauchkräutersalz und Koriander hinzugeben und in einem kleinen Mixer mit dem hochstehenden Messer zu einem zähflüssigen Teig verarbeiten. Mindestens 30 Min stehen lassen. Shiitake-Pilze in 100 g Wasser 20 Min. einweichen.

1 EL Sonnenblumenöl auf mittel-hoher Einstellung heiß werden lassen, Mohn und Senfkörner kurz darin erhitzen, bis sie „springen". Zwiebel hacken und hinzufügen, rühren und erhitzen, bis sie goldbraun sind. Paste einrühren, gefolgt von Cumin, Kurkuma, Salz und Asafoetida. Nur wenige Sek. braten, dann die abgetropften Pilze (Einweichwasser auffangen) ebenfalls anbraten. Einweichwasser hinzugeben und bei geschlossenem Deckel (mit „Luftloch") auf mittlerer Hitze 5 Min. köcheln. Das Wasser ist fast vollständig verdampft. Mangopulver unterrühren und die Masse in eine kleine Schüssel umfüllen.

Die Pfanne rasch reinigen (z. B. mit Haushaltspapier). 2 EL Öl heiß werden lassen. Die Hälfte der Teigmasse hineingeben, glattstreichen und ca. 2 Min. erhitzen, bis eine Seite goldbraun ist. Umdrehen, und weiterbraten (auf 8/12), bis auch diese Seite goldbraun ist. Auf einen Teller geben, die Hälfte der Füllung auf ein Drittel des Pfannkuchens geben, dann halb zusammenklappen.

Mit der zweiten Teighälfte genauso verfahren. Da die Pfanne jetzt heiß ist, ist die Bratzeit vermutlich kürzer.

4303. Linsen indisch gedünstet, Oktober 2010

Mein Problem mit dem indischen Essen ist, dass sehr viel angebraten wird, das gilt auch für die Gewürze. Das ist nicht so ganz im Sinne des Vollwertlers und auch schon gar nicht im Sinne des Öls. So habe ich dann heute mal ein wenig anders zubereitet, indem ich mehr angedünstet als angebraten habe. Ergebnis? Sehr lecker.

- 1 EL Sonnenblumenöl
- 2 EL Wasser
- 1/2 TL schwarze Senfkörner
- 1/2 TL Ajowan (s. Vorwort)
- 1/2 TL Knoblauch-Ingwer-Paste (4276)
- 10 g geh. geschälte Zwiebel
- 1 frische Chilischote
- 1 TL Kurkuma
- 1 TL gem. Cumin
- 2-3 Pr. Kardamom
- 1 Prise Zimt
- 80 g rote Linsen
- 240 g Wasser
- 1/2 TL Salz
- 2 TL getr. Koriander
- 1 EL frische Petersilie

1 EL Sonnenblumenöl mit 2 EL Wasser erhitzen. Senfkörner und Ajowan darin andünsten. Zwiebeln mit der Chilischote darin andünsten, bis die Zwiebeln durchsichtig sind, gefolgt von der Knoblauch-Ingwer-Paste und dann den Gewürzen Kurkuma, Cumin, Kardamom und Zimt. Die Linsen einrühren, bis sie alle von der Masse eingedeckt sind, 240 g Wasser hinzugeben und zum Kochen bringen. Auf kleinster Einstellung 15 Min. dünsten. Salz, Koriander und gehackte Petersilie unterrühren. Mit Chapati servieren.

Tipps: *Wer mag, kann natürlich die Gewürze wie gewohnt anbraten.*

4304. Rotweizen-Chapati, Oktober 2010

Damit habe ich meine neue Pfanne eingeweiht, eine original Tava-Pfanne, antihaftbeschichtet.

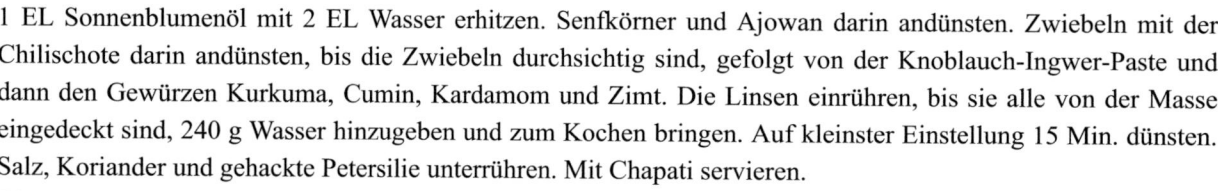

- 50 g Rotkornweizen (oder anderer Weizen)
- 10 g Dinkel
- 1 Prise Salz
- 1 TL Öl
- 35 g Wasser
- Öl zum Backen (1 EL)
- Mehl zum Ausrollen

Getreide fein mahlen. Mit Salz, Öl und Wasser gut verkneten. Zu einer kleinen Kugel formen und abgedeckt 30-60 Min. ruhen lassen. Dann halbieren (je 42 g). Eine Hälfte zu einer Kugel formen. Auf leicht bemehlter glatter Oberfläche sehr dünn ausrollen (ca. 20 cm Durchmesser).

Tava mit Öl einreiben (mache ich mit Hilfe eines weichen Papiertuchs) und auf nicht allzu großer Einstellung erhitzen (9 von 12). Den Fladen hineingeben, kurz anbraten und mit einem Holzspatel lockern. Die Oberseite mit einem TL Öl bepinseln, umdrehen. Mit dem Spatel am Rand auf die Pfanne drücken. Zweite Seite ebenfalls bepinseln und nochmals drehen. Weiter braten. Zu einem Linsengericht reichen.

Hinweis: *Ob das jetzt wirklich ein Chapati ist, weiß ich nicht - auf jeden Fall war es knusprig, sehr dünn und schmeckte zu den Linsen 4304 hervorragend.*

4305. Cashewnussmus herzhaft, Oktober 2010

- 300 g Cashewnüsse gesalzen und geröstet
- 50 g Cashewnüsse

Im Vitamix mit Stößelhilfe mahlen, bis es flüssig ist. Das geht vermutlich auch mit dem Thermomix, weil die öligen Nüsse sehr leicht „verflüssigen".

4306. Vegankakao lauwarm, Oktober 2010

Geeignet zur Reinigung des Vitamix nach Nussmusherstellung.

- 1 EL Cashewnussmus herzhaft (s. o.)
- 2 EL grüne Rosinen (oder andere, dann wird's dunkler)
- 2 EL Kakaonibs
- 100 + 250-300 ml Wasser

Im Vitamix erst auf kleiner Einstellung Cashewnussmus, Rosinen und Nibs mahlen, dann schneller stellen. Mit 100 ml Wasser wiederholen. Dann mit dem Rest Wasser auf höchster Einstellung 1 Min. laufen lassen.

4307. Champignonbällchen, Oktober 2010

Vegan; 30 Min.; 1 kleine Hauptspeise.

- 160 g Champignons
- 40 g gelbe Linsen
- 1 gestr. TL Rauchkräutersalz (o. Ä.)
- 1 EL Balsamico bianco (o. Ä.)
- 1 EL Sonnenblumenöl
- 25 g Cashewnussmus herzhaft (4305)
- 1/2 gestr. TL Senf
- 5 g Sesam ungeschält
- 4 EL Öl zum Backen

Champignons im TM auf Stufe 4 hacken. Linsen in einem kleinen Mixer fein mahlen. Alle Zutaten, bis auf das Öl zum Backen, in den TM geben und rühren bzw. verkneten (Knetstufe 2 Min.). In eine Schüssel umfüllen.

In einer kleinen (20 cm) Keramikpfanne 4 EL Öl heiß werden lassen (Stufe 10/12). Mit einem TL Bällchen von dem „Teig" abnehmen und in das heiße Fett geben. Sobald sie von unten goldbraun sind, drehen und von der anderen Seite ebenfalls gut backen. Die Hitze nicht zu weit herunterstellen, sonst tritt von den Champignons Wasser aus und das Ganze dünstet, statt zu braten. Eventuell nochmals drehen und backen, fertige Bällchen auf Haushaltspapier ablegen. Dann auf einen Teller legen.

Tipp: *Für mehrere Personen eine prima Beilage zu einem Reis- oder Kartoffelgericht; dazu passt auch Fladen-brot.*

4308. Saure Kartoffeln, Oktober 2010

- 260 g Kartoffeln
- 1 TL Gemüsebrühextrakt (3825)
- 3 EL Balsamico bianco (ohne Zusätze)
- 100 g Wasser
- 10 g Sonnenblumenkernmus
- 1/2 TL Rauchkräutersalz (o. Ä.)
- 1 EL Leinöl

Kartoffeln unter fließendem Wasser abbürsten, in Scheiben schneiden und in eine kleine Pfanne geben. Gemüsebrühextrakt, Essig und Wasser hinzufügen. Als Gemüsepfanne 15 Min. düns-ten. Sonnenblumenkernmus einrühren, aufkochen. Salz und Leinöl unterrühren und servieren.

4309. Friesisches Freischwarzbrot, Oktober 2010

Nach einem Rezept aus dem Buch Brot & Brötchen" von Helene Weinold-Leipold (Besprechung im Blog http://vollwert.wordpress.com/ am 21. Oktober 2010), diesmal mit Rotkornweizen, der sehr viel Flüssigkeit schluckt. **Hinweis:** *Ich habe noch so viel Sauerteig im Kühlschrank gehabt, dass ich kein Auffüttern benötigte. Daher „fehlt" dieser Schritt.*

Vorteig:
* 375 g Roggen
* 250 g Rotkornweizen
* 60 g Sauerteig
* 500 g Wasser

Hauptteig:
* 375 g Roggen
* 1 TL gem. Brotgewürz (4126)
* 100 g Sonnenblumenkerne
* 1 gestr. EL Salz
* 250 g Wasser
* Butter für die Form

Vorabend: Vom Sauerteig 60 g für das Brot abnehmen und den Rest weiterhin im Kühlschrank aufbewahren. 375 g Roggen schroten (Stufe 3/9; Hawos Novum). Weizen fein mahlen. Mit Sauerteig, Schrot und 500 g Wasser gut verrühren. Mit Plastik abdecken und über Nacht stehen lassen.

Backmorgen: 375 g Roggen schroten (3/9). Schrot, Salz, Brotgewürz, 250 g Wasser und Sonnenblumenkerne gut unter den Sauerteigansatz kneten. 3 Std. gehen lassen.

Eine passende, runde Brotform mit einem sauberen Küchentuch auslegen, gut mit Mehl einstäuben (wirklich gut, sonst klebt das wie der Teufel) und den Teig hineinfüllen. Form mit Gärfolie abdecken und 70 Min. gehen lassen. Den Ofen auf 250 °C (Umluft) vorheizen. Auf dem Boden des Ofens steht eine ofenfeste Form mit Wasser. Teig auf ein mit Dauerbackfolie ausgelegtes Backblech kippen, mit einem Messer ein paar Mal rautenförmig einschneiden. Brot in den Ofen schieben, 20 Min. backen und auf 200 °C herunterschalten. 50 Min. backen, aus dem Ofen nehmen (Klopfprobe). Auf ein Kuchengitter stürzen, mit Wasser einsprühen und abkühlen lassen. Erst am nächsten Tag anschneiden.

4310. Aprikosensoße, Oktober 2010

* 100 g getr. Aprikosen
* 200 g Wasser
* 1 gestr. TL Salz
* 1,5 TL Rauchkräutersalz (o. Ä.)
* 1 geh. TL Tamarinden-Paste (s. 4275)
* 2 TL gem. Cumin
* 1 TL Curry
* 1 TL Honig
* 1/2 TL Würzpfeffer (3913)

Aprikosen in 100 g Wasser 8-10 Std. einweichen. Mit den restlichen Zutaten in den Vitamix geben. Auf kleiner Stufe schlagen, dann den mittleren Knopf auf höchste Leistung drehen.

4311. Indisches Risotto, Oktober 2010

Meines Wissens gibt es kein indisches Risotto. Ich habe aber nur noch Rundkornreis im Haus, der wird entweder für süßen Reis oder Risotto verwendet.

- 50 g Rundkornnaturreis
- 125 g Wasser
- 1 EL Sonnenblumenkerne
- 1 EL grüne Rosinen
- 1/2 TL Cuminsamen ungem.
- 1 Chilischote
- 1/2 TL Rauchkräutersalz (o. Ä.)
- 1 TL Koriander

Reis in 125 g Wasser ca. 8 Std. einweichen. Kerne, Rosinen, Chilischote und Cuminsamen hinzugeben und zum Kochen bringen. Auf kleinster Einstellung 30 Min. quellen lassen, dann auf ausgestellter Platte nachdampfen lassen (in dieser Zeit zum Beispiel Fladen backen). Vor dem Essen die Chilischote entfernen.

Tipp: *Schmeckt zu Roti.*

4312. Halbgrüne Roti (indisches Brot), Oktober 2010

- 25 g Mungbohnen
- 40 g Dinkel
- 1 Prise Salz
- 1 TL Öl
- 3 EL Wasser (ca. 28 g)
- Öl zum Backen

Dinkel fein mahlen. Mungbohnen in einem kleinen Mixer mahlen. Mit Dinkel, Salz, Öl und Wasser zu einem weichen, aber nicht klebrigen Teig verkneten. Eine Weile ruhen lassen (ca. 15-20 Min.).

In einem Tava mit Antihaftbeschichtung den Boden mit Öl benetzen (z. B. mit einem Stück Papier von einer Haushaltsrolle). Heiß werden lassen. Den Teig in zwei Teile teilen. Jeden Teil mit den Händen zu einer kleinen Platte drücken, dann mit der Teigrolle zu einem Kreis mit einem Durchmesser von ca. 12 cm ausrollen. In die Pfanne geben, auf der oberen Seite mit Öl bestreichen. Nach ca. 2 Min. wenden, auf der anderen Seite auch goldbraun backen, wieder die Oberseite mit Öl bestreichen. Wenden, bis beide Seiten braune bis goldbraune Flecken haben.

Hinweis: *Ein Tava hat vor allem den Vorteil, so sehe ich das, dass der Rand sehr niedrig ist, was das Arbeiten mit flachen Gebäcken erleichtert.*

4313. Kakao 4x1, Oktober 2010

Tiereiweißfrei nach Bruker.

- 1 EL Kakaonibs
- 1 EL Haselnüsse
- 1 EL Rundkorn-Naturreis
- 1 EL Honig
- 100 g kochendes Wasser
- 400-500 g kochendes Wasser

Kakaonibs, Nüsse und Reis mit einem kleinen Mixer sehr fein mahlen. Honig und 100 g heißes Wasser hinzufügen, schaumig schlagen. In eine Tasse umfüllen und mit kochendem Wasser auffüllen.

4314. Rote Roti und grüne Linsen, Oktober 2010

Für die Roti:

- 20 g Kidneybohnen
- 30 g Rotkornweizen
- 30 g Wasser
- 1/2 TL Rote-Bete-Salz (3897)
- 50 g Ghee zum Ausbacken

Linsen:

- 80 g Grüne (Depuy) Linsen
- 200 g Wasser
- 1 gestr. TL Knoblauch-Ingwer-Paste (4276)
- 1 Chilischote
- 1 gestr. TL Salz
- 2 TL Zitronenschaum (3586)
- 2-3 Prisen Garam Masala (Brecht)

Rotkornweizen fein mahlen. Kidneybohnen in einem kleinen Mixer mahlen. Mit Mehl, Salz und Wasser zu einem nicht zu weichen Teig verkneten. Eine Weile ruhen lassen (ca. 30 Min.). Vier Teile draus machen, jedes Teil mit Hilfe von etwas Mehl auf Fladen von etwa 8 cm Durchmesser dünn ausrollen. Mit Mehl bestreuen, auf die Hälfte klappen, auf ein Viertel klappen und dreieckig ausrollen. In einer kleinen (20 cm Pfanne) 50 g Ghee erhitzen, bis sich am Stiel eines Holzlöffels, wenn man ihn hineinhält, Bläschen bilden. Die Roti hineingeben, ab und zu drehen und backen, bis sie hellgelb sind (schlecht erkennbar wegen der dunklen Farbe).

Die Linsen ca. 6 Std. vorher in Wasser einweichen. Mit Knoblauch-Ingwer-Paste und Chilischote zum Kochen bringen. Dann auf kleinster Einstellung 15 Min. köcheln (jetzt allmählich mit dem Ausrollen der Fladen usw. beginnen). Mit Salz, Zitronenschaum und Garam Masala abschmecken.

Hinweis: Ghee ist ein Test, ich halte es nicht für wirklich vollwertig. Sonnenblumenöl ersetzt es für mich perfekt, da ich auch den Geschmack von Ghee nicht besonders „aufregend" finde.

4315. Friesisches Gewürzschwarzbrot mit Nachwuchs, Oktober 2010

Ansatz:

- Sauerteig (ca. 150 g)
- 210 g Roggen
- 250 g Wasser

Vorteig:

- 400 g Roggen
- 290 g Rotkornweizen
- 460 g Sauerteig
- 600 g Wasser

Hauptteig:

- 400 g Roggen
- 1 EL Kümmel ungemahlen
- 1 EL Korianderkörner
- 125 g Sonnenblumenkerne
- 1 gehäufter EL Salz
- 50 g Wasser
- Butter für die Form

Morgen vorher: 210 g Roggen fein mahlen. Alten Sauerteigansatz, 250 Wasser und Roggen gut verrühren. Die Schüssel in eine Plastiktüte stecken und auf der Fensterbank etwa 10-12 Std. stehen lassen.

Vorabend: Vom Sauerteig 460 g für das Brot abnehmen und den Rest weiterhin im Kühlschrank aufbewahren. 400 g Roggen schroten (Stufe 4/9; Hawos Novum). Weizen fein mahlen. Mit Sauerteig, Schrot und 600 g Wasser gut verrühren (5 Min. mit der Teigknetmaschine). Mit Plastik gut abdecken und über Nacht stehen lassen.

Backmorgen: 400 g Roggen zusammen mit den Gewürzen fein mahlen. Mehl, Salz, 50 g Wasser und Sonnenblumenkerne gründlich unter den Sauerteigansatz kneten (5 Min. mit der Teigknetmaschine). 3 Std. gehen lassen. Eine passende runde Brotform und eine kleine Kastenform jeweils mit einem sauberen Küchentuch auslegen, gut mit Mehl einstäuben (wirklich gut, sonst klebt das wie der Teufel) und den Teig hineinfüllen. Formen mit Gärfolie abdecken und 70 Min. gehen lassen. Den Ofen auf 250 °C (Umluft) vorheizen. Auf dem Boden des Ofens steht eine ofenfeste Form mit Wasser. Teig auf ein mit Dauerbackfolie ausgelegtes Backblech kippen, mit einem Messer ein paar Mal rautenförmig einschneiden. Brot in den Ofen schieben, 15 Min. backen und auf 200 °C herunterschalten. 45 Min. backen, aus dem Ofen nehmen (Klopfprobe).

Auf ein Kuchengitter stellen, mit Wasser einsprühen und abkühlen lassen. Erst am nächsten Tag anschneiden.

4316. Blumenkohlsuppe mit Mung, Oktober 2010

Vegane Rohkost; 2 Tage Keimzeit; 5-10 Min.; 1 Vorspeise.

- 1 EL Olivenöl
- 1 EL Balsamico bianco (ohne Zusätze)
- 1 TL Rauchkräutersalz (o. Ä.)
- 1 Messerspitze Chili harrissari (3777)
- 150 g Blumenkohl
- 150 g Wasser
- 50 g Mungbohnensprossen

Herstellung im Vitamix. Dadurch wird es sehr glatt.

Öl, Balsamico, Salz, Chili und Blumenkohl grob zerkleinert in den Vitamix geben. Auf kleiner Stufe zerkleinern, dann höher drehen. 100 g Wasser zugeben, gut pürieren, dann weitere 50 g einarbeiten lassen, bis die Suppe wirklich cremige Konsistenz hat. Die Hälfte der Keime in einen Suppenteller geben, die Suppe darüber gießen. Die restlichen Keime am Rand auslegen.

4317. Quetschkartoffeln, Oktober 2010

- 230 g Kartoffeln
- 1 TL Gemüsebrühextrakt (3825)
- 1 TL Knoblauch-Ingwer-Paste (4276)
- 1 gestr. TL Cumin
- 1 gestr. TL Piment
- 1 TL Rauchkräutersalz
- 100 g Wasser
- 1-2 TL getr. Korianderblätter
- 2 EL Olivenöl

Kartoffeln in Scheiben schneiden und in einen Alugussstopf geben. Gemüsebrühextrakt, Paste, Gewürze, Salz und Wasser hinzufügen. Deckel auflegen, zum Kochen bringen. Auf mittlerer Einstellung 15 Min. kochen. Deckel abnehmen, Korianderblätter einrühren und so lange köcheln, bis fast alle Flüssigkeit verdampft ist. Auf einen Suppenteller geben, Olivenöl hinzufügen, mit einer Gabel zerquetschen. Mit der Gabel ein Muster hineinziehen.

4318. Feigenchutney Vitamix, Oktober 2010

Vegan.

- 290 g getr. Feigen
- 540 g Wasser
- 1 geh. TL Salz
- 2 geh. TL Tamarinden-Paste (s. 4275)
- 2 TL gem. Cumin
- 1 TL Curry
- 1 gestr. TL gem. Zimt
- 1 TL Würzpfeffer (3913)

Feigen in 540 g Wasser über Nacht einweichen. Feigen und Wasser in den Vitamix geben. Auf kleiner Stufe schlagen. Über Hochstellung des mittleren Knopfes und bis auf die höchste Leistung drehen. Die restlichen Zutaten zugeben und auf höchster Stufe eine Min. glatt schlagen. Eventuell mit dem Stößel nachhelfen, wenn sich eine Luftblase über dem Messer bildet und sich „nichts mehr tut". In Gläser mit Schraubdeckel umfüllen und im Kühlschrank aufbewahren.

4319. Blasenfladen, Oktober 2010

Vorbereitung: 6 Std. gehen lassen.

- 50 g Rotkornweizen
- 50 g Dinkel
- 25 g gelbe Linsen
- 1 TL getr. Hefe
- 60 g Wasser
- 2 TL Sonnenblumenöl
- 2 Prisen Salz

Hefe in 60 g Wasser verrühren, bis sie aufgelöst ist. Rotkornweizen mit Dinkel und Linsen mischen und fein mahlen. Mit Salz, Öl und Hefewasser zu einem festen Teig verarbeiten. In eine fest verschließbare kleine Schüssel geben und 6 Std. im Kühlschrank gehen lassen.

Teig in Kügelchen von ca. 2 cm Durchmesser aufteilen. Jede Kugel zu einem dünnen Fladen ausrollen. In einen Wok 2 cm Öl gießen und das Öl bei hoher Mitteleinstellung erhitzen, bis sich an einem Holzstück, das ins Öl gehalten wird, Bläschen bilden. Dann einen oder zwei Fladen hineingeben, leicht unter das Öl drücken, bis die Blasen sich verfestigen (die Herdplatte kann jetzt 1-2 Striche niedriger eingestellt werden). Mehrmals drehen, bis sie hellbraun sind. Wenn sie etwas fester sind, kann man auch schon den nächsten Fladen in das Öl geben. Die fertigen Fladen auf Haushaltspapier abtropfen lassen und warm servieren. Sie sind hohl und knusprig.

4320. Kartoffel-Champignon-Quiche, Oktober 2010

Vorbereitung: 6 Std. gehen lassen.

Teig:

- 50 g Rotkornweizen (oder Weizen)
- 50 g Dinkel
- 25 g gelbe Linsen
- 1 TL getr. Hefe
- 60 g Wasser
- 2 TL Sonnenblumenöl
- 2 Prisen Salz

Füllung:

- 145 g Champignons
- 115 g Kartoffeln
- 2 EL Olivenöl
- 1 gestr. TL Salz
- 3 TL Zitronenschaum (5/3586)
- 20 g Sonnenblumenkernmus

2-3 EL Öl zum Braten

Hefe in 60 g Wasser verrühren, bis sie aufgelöst ist. Rotkornweizen mit Dinkel und Linsen mischen und fein mahlen. Mit Salz, Öl und Hefewasser zu einem festen Teig verarbeiten. In eine fest verschließbare kleine Schüssel geben und 6 Std. im Kühlschrank gehen lassen.

Teig gut durchkneten und etwas wärmer werden lassen (mindestens 15 Min.). Dann dünn ausrollen, etwas größer als eine Pizzaform (für eine 24-cm Form ist es etwas zu viel Teig, wenn man eine dünne Pizza möchte; Teig dann anderweitig verwenden). Pizzaform mit Öl einpinseln, Teig hineinlegen und einen kleinen Rand hochziehen. Mit einer Gabel mehrmals einstechen. Auf dem Gitterrost in den kalten Ofen schieben, 10 Min. bei 225 °C backen.

Kartoffel unter laufendem Wasser gut abbürsten. Die Zutaten für die Füllung miteinander fein raffeln (Thermomix 1 Min Stufe 4, einige Sek. Stufe 8). Auf dem vorgebackenen Teig gleichmäßig verteilen, mit etwas Öl besprenkeln. In den heißen Ofen geben und 25 Min. backen.

4321. Einfachstes Brot der Welt

30-cm- Kastenform. – Das Originalrezept für dieses Brot stammt mindestens aus den 80er Jahren des letzten Jahrhunderts und findet sich in zahlreichen Foren unter Titeln wie „Einkrümelbrot" usw. Die Menge ist jedoch für einen Haushalt, der nicht auf Brotbacken eingestellt ist, zu groß. Außerdem wird frische Hefe verwendet. Für Anfänger ist es manchmal schwierig, an frische Biohefe zu kommen. Ich habe das Rezept auf eine 30-cm-Kastenform heruntergerechnet und mit Trockenhefe (natürlich Bioqualität) gebacken, das klappte wunderbar. Das Brot erfordert keine Maschinen, keine besondere Knetkunst. Nicht einmal eine Getreidemühle, denn fast jedes Reformhaus und jeder Bioladen mahlt Getreide für die Kunden. Sicher klappt das auch mit fertig abgepacktem Vollkornmehl aus dem Supermarkt.

- 1/2 knapper TL Trockenhefe (4 g)
- 600 g kaltes Wasser
- 660 g Dinkel (oder Weizen)
- 120 g Buchweizen (oder Gerste)
- 60 g Sonnenblumenkerne
- nach Wunsch 1 TL Brotgewürz (4126)
- 3 flach gestr. TL Salz
- 20 g Leinsamen
- Butter zum Fetten der Form
- Leinsamen zum Ausstreuen der Form

Vorabend: Hefe mit dem Wasser mit einem Löffel gut verrühren, bis sich die Hefe gelöst hat. Getreide mischen und fein mahlen. Mit Brotgewürz, Salz, Sonnenblumenkernen und Leinsamen mischen, zu dem Hefewasser geben und mit einem Löffel verrühren, bis kein trockenes Mehl mehr zu sehen ist. Die Schüssel in eine Plastiktüte stecken und auf der Fensterbank etwa 10-12 Std. stehen lassen.

Backmorgen: Ofen (Umluft) auf 250 °C vorheizen, auf dem Boden steht eine ofenfeste Form mit Wasser. In dieser Zeit mit der Hand durchkneten, bis alle Luft entwichen ist. Brotform einfetten und den Teig hineinfüllen, Gut einsprühen, mit einem Messer kreuzweise 1-2 cm tief schräge Rillen einschneiden und ruhen lassen, bis der Ofen 250 °C erreicht hat. Brot in den Ofen schieben, Temperatur auf 225 °C stellen und 50 Min. backen. Auf ein Kuchengitter stürzen (Klopfprobe), mit Wasser einsprühen und abkühlen lassen.

Tipp: *Da der Teig sehr stark geht, ist die Teigschüssel großzügig zu wählen.*

4322. Sauerteigflädle, Oktober 2010

Vorbereitung: 30 Min. ruhen lassen.

- 50 g fast völlig trockenes Sauerteigbrot
- 25 g Rundkornnaturreis
- 80 g Wasser
- 1 MS Vindaloopaste (4261)
- 20 g Cashewnusscreme

Brot in Stücke brechen, wenn das noch geht. Mit dem Reis im Vitamix ganz fein schlagen. In eine Schüssel umfüllen. Mit den restlichen Zutaten zu einem weichen Teig verarbeiten. Abdecken und ruhen lassen.

Eine beschichtete Pfanne mit Öl einreiben und heiß werden lassen (ein Tropfen Wasser muss „springen"). Zwischen den immer wieder mit Wasser benetzten Händen ca. 3-4 mm dicke kleine Fladen bilden und in die Pfanne legen. Die obere Seite mit Sonnenblumenöl einpinseln, drehen und nach einer Weile auch die andere Seite einpinseln und wieder drehen.

Braten, bis sie auf beiden Seiten dunklere Stellen haben.

4323. Erdnussmus herzhaft, Oktober 2010

- 200 g Erdnüsse gesalzen und geröstet
- 200 g Erdnuüsse ungesalzen, ungeröstet
- 20 g Kokosöl

Im Vitamix mit Stößelhilfe mahlen, bis es flüssig ist. Das geht vermutlich auch mit dem Thermomix, weil die öligen Nüsse sehr leicht „verflüssigen".

4324. Salatcreme mit indischem Hauch, Oktober 2010

Die Soße ist dicklich und lässt sich gut mit geschlagenen saftigen Früchten, Wasser oder Sahne verlängern; ca. 5 Min.

- 2 TL schwarze Pfefferkörner
- 4 gestr. TL Korianderkörner
- 2 gestr. EL Salz
- 8 TL Asiakräuter (gekauft)
- 2 TL getr. Orangenschale
- 2 TL Cuminsamen
- 425 g Sonnenblumenöl
- 425 g Apfelessig
- 2-3 EL Honig (100 g)
- 2 TL Senf (20 g)
- 1 TL Vindaloopaste (4261)

Pfeffer, Salz, getr. Salatkräuter, getr. Orangenschale, Cuminsamen und Koriander im Vitamix fein mahlen. Die restlichen Zutaten hinzugeben und sehr gut durchschlagen (auf der höchsten Stufe). In Gläser mit Schraubdeckel geben, verschließen und in den Kühlschrank stellen.

Tipp: *Jedes andere hochwertige Öl eignet sich genauso. – Wer Pfeffer und Koriander nur gemahlen hat, nimmt die entsprechende Menge so.*

4325. Sesamschwarzbrot, Oktober 2010

Ansatz:
- Sauerteig (ca. 150 g)
- 200 g Roggen
- 200 g Wasser

Vorteig:
- 375 g Roggen
- 250 g Rotkornweizen
- 400 g Sauerteig
- 500 g Wasser

Hauptteig:
- 375 g Roggen
- 2 TL gem. Brotgewürz (4126)
- 100 g Sesamsamen
- 1 EL Salz
- 200 g Wasser
- Mehl für die Form

Morgen vorher: 200 g Roggen fein mahlen. Alten Sauerteigansatz, 200 Wasser und Roggen gut verrühren. Die Schüssel in eine Plastiktüte stecken und auf der Fensterbank etwa 10-12 Std. stehen lassen.

Vorabend: Vom Sauerteig 400 g für das Brot abnehmen und den Rest weiterhin im Kühlschrank aufbewahren. 375 g Roggen schroten (Stufe 4/9; Hawos Novum). Weizen fein mahlen. Mit Sauerteig, Schrot und 500 g Wasser gut verrühren. Mit Plastik abdecken und über Nacht stehen lassen.

Backmorgen: 375 g Roggen schroten (3/9). Schrot, Salz, Brotgewürz, 200 g Wasser und Sesamsaat unter den Sauerteigansatz gründlich einkneten. 3 Std. gehen lassen. Ein sauberes Küchentuch großzügig mit Mehl bestreuen. Eine passende, runde Brotform mit dem Küchentuch auslegen, und den Teig hineinfüllen. Form mit Gärfolie abdecken und 70 Min. gehen lassen. Ofen auf 250 °C (Umluft) vorheizen. Auf dem Boden des Ofens steht eine ofenfeste Form mit Wasser. Teig auf ein mit Dauerbackfolie ausgelegtes Backblech kippen, mit einem Messer ein paar Mal rautenförmig einschneiden. Brot in den Ofen schieben, 15 Min. backen und auf 200 °C herunterschalten. 50 Min. backen, aus dem Ofen nehmen (Klopfprobe). Auf ein Kuchengitter stürzen, mit Wasser einsprühen und abkühlen lassen. Erst am nächsten Tag anschneiden.

4326. Kartoffeln mit Bratensoße, Oktober 2010

20-25 Min.; 1 kleine Hauptspeise. – Natürlich ist das keine Bratensoße, es war auch nicht so geplant. Nur als das Essen fertig war, roch das schon so... und schmeckte dann auch so wie eine Bratensoße. Lustig :-)

- 2 TL Gemüsebrühextrakt (3825)
- 1 TL Paprikaflocken (oder mehr Pulver)
- 1 TL Paprikapulver edelsüß
- 1 TL Rauchkräutersalz (o. Ä.)
- 100 g Wasser
- 220 g (z. B. rote) Kartoffeln
- 20 g Erdnussmus salzig (4286 o. Ä.)
- 2 TL Zitronenschaum (5/3586)
- 30 g Wasser
- 1 EL Sonnenblumenöl

In einer 20-cm-Pfanne Gemüsebrühextrakt, Paprikaflocken und -pulver sowie Rauchkräutersalz mit 100 g Wasser verrühren. Kartoffeln unter fließendem Wasser abbürsten, in Scheiben schneiden und in die Pfanne geben. Deckel auflegen, zum Kochen bringen, bis Dampf unter dem Deckel austritt. Dann auf kleinster Einstellung 15 Min. dünsten. Erdnussmus, Zitronenschaum und 30 g Wasser einrühren und zum Kochen bringen. Dann Öl einrühren.

4327. Shiitaki-Hirse mit Erdnusssoße, November 2010

3 Std. einweichen + 20-25 Min.

Hirse:
- 100 g Hirse
- 300 g Wasser
- 8 g getr. Shiitaki-Pilze

Für die Soße:
- (1) je 1 TL schwarzer Senf, weißer Mohn, schwarze Zwiebelsamen
- (2) 6 g geh. Zwiebeln, 1 rote Chilischote
- (3) je 1 TL Rauchkräutersalz, Knoblauch-Ingwer-Paste (4276)
- (4) je 1 gestr. TL Kurkuma, gem. Koriander
- 3 EL Sonnenblumenöl
- 2 TL Zitronenschaum (5/3856)
- 15 g Erdnussmus salzig (4286)
- 100 g Wasser

Hirse in 300 g Wasser ca. 3 Std. einweichen. In den letzten 20 Min. die Pilze hinzugeben. Zum Kochen bringen. Sobald alles gut kocht, Herdplatte abstellen und 20 Min. quellen lassen, ohne den Deckel anzuheben.

In einer kleinen Keramikpfanne 3 EL Öl stark erhitzen. Die Zutaten 1-4 jeweils in Gruppen nacheinander einrühren, wobei die Zwiebeln gerührt werden, bis sie bräunen. Zum Schluss Erdnussmus, Zitronenschaum und Wasser gründlich einrühren. Ohne Deckel bis zur gewünschten Konsistenz einkochen lassen, dabei die Chilischote herausnehmen, sobald die Soße scharf genug schmeckt. Einen Teller mit Hirse füllen (reicht für 2 Teller) und mit der Hälfte der Soße übergießen.

4328. Indische Rose (Drink), November 2010

- 1 EL Nackthafer
- 4 Kardamomschoten
- 1 LS gem. Kurkuma
- 1 TL Honig
- 1 geh. TL Cashewnussmus (4295)
- 1 EL Rosenwasser
- 100 g kochendes Wasser
- 400-500 ml kochendes Wasser

Nackthafer, Kardamom und Kurkuma mit einem kleinen Mixer sehr fein mahlen. Honig, Rosenwasser und 100 g heißes Wasser hinzufügen, schaumig schlagen. In eine Tasse umfüllen und mit kochendem Wasser auffüllen.

4329. Gerstenbrot mit einem Hauch Hefe, November 2010

Eine große 35 cm-Profiemail-Backform.

- 1 knapper TL Trockenhefe (4 g)
- 1000 g kaltes Wasser
- 700 g Rotkornweizen (oder Weizen)
- 350 g Dinkel
- 250 g Gerste
- 1 EL gem. Brotgewürz (4126)
- 1 geh. EL Salz
- 60 g Sesam
- Butter zum Fetten der Form

Vorabend: Hefe mit dem Wasser in die Knetteigmaschine geben und mit einem Löffel verrühren, bis sich die Hefe gelöst hat. getreide mischen und fein mahlen. Mit Brotgewürz, Salz und Sesam mischen, zu dem Hefe-wasser geben und 3 Min. kneten lassen. Die Schüssel in eine Plastiktüte stecken und auf der Fensterbank etwa 10-12 Std. stehen lassen.

Backmorgen: Ofen auf 250 °C vorheizen. In dieser Zeit: Noch einmal gut kneten lassen (3 Min.), bis alle Luft entwichen ist. Brotform einfetten und den Teig hineinfüllen; gut einsprühen, mit einem Messer 1-2 cm tief schräge Rillen einschneiden und ruhen lassen, bis der Ofen 250 °C erreicht hat (waren bei mir etwa 10 Min.). Brot in den Ofen schieben, Temperatur auf 225 °C stellen und 50 Min. backen.

Auf ein Kuchengitter stürzen (Klopfprobe), mit Wasser einsprühen und abkühlen lassen.

Tipp: Der Teig lässt sich auch ohne Maschine herstellen: am Vorabend nur einmal gut durchrühren, am nächs-ten Morgen kneten, bis die Luft entwichen ist.

4330. Linoffeln mit wildem Zahn, November 2010

Vegan; ca. 25 Min.; 1 Hauptspeise.

Salat:

Feste Zutaten:
- 55 g Kopfsalat
- 1 Apfel (95 g)
- 1 Handvoll Löwenzahn (12 g)
- 35 g Möhre

Dressing:
- 2 EL Rosmarinöl (20 g) (5/3617)
- 1 kl. Zweig Rosmarin aus Rosmarinöl
- 1 TL Apfelessig
- 3 EL Wasser
- 10 g Sonnenblumenkerne

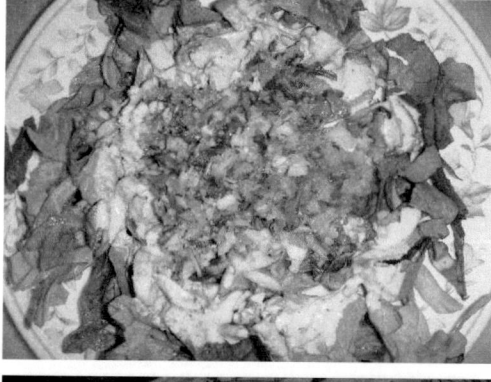

Linoffeln:
- 50 g rote oder gelbe Linsen
- 175 g Kartoffeln
- 150 g Wasser
- 2 EL Olivenöl
- 1 gestr. TL Kräutersalz
- 1 EL geh. Dill

Kartoffeln unter fließendem Wasser abbürsten, in Scheiben schneiden. Mit Linsen und Wasser in einen kleinen Topf geben.

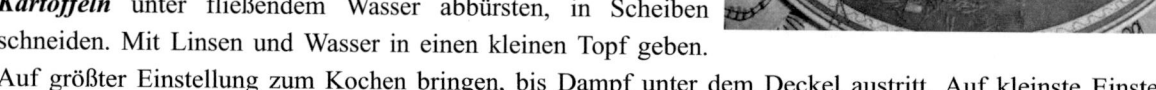

Auf größter Einstellung zum Kochen bringen, bis Dampf unter dem Deckel austritt. Auf kleinste Einstellung drehen und 14-15 Min. dünsten. Öl und Salz unterrühren. Auf einen Teller füllen und mit Dill bestreuen.

Salat und Löwenzahn waschen und gut trockenschleudern. Salat in Streifen schneiden, einen breiten Ring auf einen großen Teller legen. Apfel, Löwenzahn und Möhre vorschneiden, zusammen fein raffeln (z. B. im Zerklei-nerer). In die Mitte des Tellers legen. Dressingzutaten mit einem kleinen Mixer gut verquirlen. Den Apfel-Salat damit umrunden.

4331. Rotpooris, November 2010

- 250 g Rotkornweizen
- 100 g Dinkel
- 1 gestr. TL Cumin
- 1 gestr. TL Koriander
- 130 g Wasser
- 2 EL Sonnenblumenöl
- 1 TL Rauchkräutersalz (o. Ä.)

Rotkornweizen mit Dinkel mischen und fein mahlen. Mit Salz, Öl, Gewürzen und Wasser zu einem festen Teig verarbeiten. In eine fest verschließbare kleine Schüssel geben und mindestens 15 Min. stehen lassen. Ein Rest kann im Kühlschrank auch 24 Std. aufbewahrt werden.

Teig in Kügelchen von ca. 2 cm Durchmesser aufteilen. Jede Kugel zu einem dünnen Fladen ausrollen. In einen Wok 2 cm Öl gießen und das Öl bei hoher Mitteleinstellung erhitzen, bis sich an einem Holzstück, das ins Öl gehalten wird, Bläschen bilden. Einen oder zwei Fladen hineingeben, leicht unter das Öl drücken, bis die Blasen sich verfestigen (die Herdplatte kann jetzt 1-2 Striche weniger eingestellt werden). Sobald sich Blasen bilden, mit einem Holzlöffel gut nach unten drücken, damit sich die Blasen nicht wieder schließen. Mehrmals drehen, bis sie hellbraun sind. Wenn sie etwas fester sind, kann man auch schon den nächsten Fladen in das Öl geben. Die fertigen Fladen auf Haushaltspapier abtropfen lassen und warm servieren.

4332. Kartoffel-Linsensuppe (à la India), November 2010

25-30 Min.; 1 kl. Hauptspeise.

- 1 Kartoffel (95 g)
- 50 g gelbe Linsen
- 1 TL Knoblauch-Ingwer-Paste (4276)
- 1 Lorbeerblatt
- 1 TL weißer Mohn
- 1 TL schwarze Zwiebelsamen
- 300 ml Wasser
- 1 EL Zitronenschaum (5/3586)
- 1 TL Rauchkräutersalz (o. Ä.)
- etwas glatte Petersilie

Kartoffel waschen, kleinschneiden. Mit Linsen, Paste, Lorbeerblatt, Mohn, Zwiebelsamen und Wasser in den Mixtopf des TM geben. Bei 20 Min./100 °C/Stufe 1 kochen (sobald es gut kocht, auf 90 °C herunterstellen). Zitrone und Salz hinzugeben, auf Stufe 10 einige Sek. pürieren. In einen Teller gießen und mit glatter Petersilie dekorieren.

4333. Gersten-Walnussbrot, November 2010

Eine große 35 cm-Profiemail-Backform.

- 1 knapper TL Trockenhefe (4 g)
- 1000 g kaltes Wasser
- 600 g Rotkornweizen
- 450 g Dinkel
- 250 g Gerste
- 1 EL gem. Brotgewürz (4126)
- 1 geh. EL Salz
- 100 g Walnusskerne
- Butter zum Fetten der Form

Vorabend: Hefe mit dem Wasser in die Knetteigmaschine geben und mit einem Löffel verrühren, bis sich die Hefe gelöst hat. Getreide mischen und fein mahlen. Mit Brotgewürz, Salz und in den Händen zerdrückten Walnusskernen mischen, zu dem Hefewasser geben und 3 Min. kneten lassen. Die Schüssel in eine Plastiktüte stecken und auf der Fensterbank etwa 10-12 Std. stehen lassen.

Backmorgen: siehe 4329.

4334. Kartoffel-Brotsalat nach Bärenschüssel, November 2010

Ca.. 30 Min.; 1 Hauptspeise, 2 Desserts.

Feste Zutaten:
- 200 g junge Kartoffeln (3 Stück)
- 75 g Brot
- 1 Knoblauchzehe geschält
- 20 g Pinienkerne
- 2 EL Olivenöl

Soße:
- 2 EL Sesamöl
- 1 EL Zitronensaft
- 1 TL Salz
- 1 EL Wasser (nicht nötig!)

Bärenschüssel:
- 50 g Schwarze Johannisbeeren
- 125 g Waldbeeren
- 125 g Rote Johannisbeeren (netto)
- 145 g Erdbeeren (netto)
- 165 g Honigmelone (netto)
- 35 g Honig
- 1 EL Zitronensaft
- 4-5 Blätter getr. (oder frische) Zitronenmelisse

Kartoffeln unter fließendem Wasser gründlich abbürsten und als Ganzes kochen. Abkühlen lassen. Soßenzutaten mit einer Gabel verschlagen. Heiße Kartoffeln (wenn frisch, ungeschält) in Scheiben schneiden, gut vermischen mit der Soße vermischen und mindestens 1 Std. durchziehen lassen.

Knoblauch in Scheiben schneiden, Brot würfeln und beides in heißem Olivenöl rösten. In den letzten Min. die Pinienkerne mitrösten. Abkühlen lassen und erst kurz vor dem Servieren zu den Kartoffeln geben.

Bärenschüssel: Obst putzen, Erdbeeren je nach Größe kleinschneiden, Honigmelone würfeln. Honig, Zitronensaft und zerriebene Zitronenmelisse verrühren, über das Obst geben und alles vorsichtig miteinander mischen. Mindestens 2 Std. in den Kühlschrank stellen.

4335. Rote Bete-Suppe vitamixisiert, November 2010

10 Min.; 3 Vorspeisen oder 1 Hauptspeise.

- 375 g Rote Bete (netto)
- 1 kleiner Apfel (90 g)
- 1 TL Salz
- 1-2 MS Vanille *
- 1-2 MS Zimt *
- 2 EL Olivenöl
- 20 g Sonnenblumenkernmus (2/1480)
- 1 TL Zitronenschaum (5/3586)
- 1 TL Meerrettich in Öl
- 350 g Wasser

Deko: glatte Petersilie, Kokosstreifen

Herstellung im Vitamix. Es geht auch mit anderen Püriergeräten - da wird es aber nicht so glatt, hatte die Konsistenz leicht geschlagener Sahne!

Alle Zutaten außer dem Wasser in den Vitamix geben. Auf kleiner Stufe zerkleinern, dann höher drehen. Das Wasser hinzugeben, auf höchster Stufe gründlich pürieren. Auf drei Suppenteller verteilen, mit etwas glatter Petersilie und ein paar Kokosstreifen dekorieren.

* Ergänzung: Vanille und Zimt sind keine Rohkost. Umgerechnet auf die Gesamtmenge halte ich das für vertretbar, wer jedoch ganz genau sein möchte, sollte diese Gewürze nicht verwenden.

4336. Mungtopf, November 2010

12 Std. einweichen + 12 Std. keimen; + ca. 30 Min.;
3 Hauptspeisen.

Vorbereitung:
- 200 g Mungbohnen
- 600 g Wasser

Gemüse:
- 250 g Kartoffeln
- 50 g gelbe Linsen
- (1) je 1 TL schwarze Senfkörner, weißer Mohn, Ajowan
- (2) 1 TL Knoblauch-Ingwerpaste (4276)
- (3) 30 g Zwiebeln (netto), 1 Chilischote, 2 Lorbeerblätter
- 30 g Kokosöl
- 250 g Wasser
- 1 TL Rauchkräutersalz (o. Ä.)
- 1 TL Garam Masala

Mungbohnen am Vorabend in Wasser einweichen. Am nächsten Morgen abspülen, in eine Schüssel geben, mit einem Tuch bedecken und bis zum Kochen keimen lassen. Kartoffeln abbürsten und in Scheiben schneiden.

Kokosöl in einem Edelstahltopf erhitzen. Die Gewürzzutaten (1)-(3) nacheinander darin anbraten. Dann erst die Kartoffeln, die Linsen und die Mungbohnenkeime mit anbraten. 250 g Wasser hinzugeben, zum Kochen bringen. Auf kleinster Einstellung 20 Min. köcheln. Mit Salz und Garam Masala abschmecken. Lorbeerblätter und Chilischote entfernen.

Ergänzung: Ich fand das Essen zu trocken und nicht salzig genug. Einer meiner Gäste hätte es gerne mehr gewürzt gehabt. Daher meine Empfehlung: Die Zutaten (1) und (2) verdoppeln. Die Wassermenge auf 350 g erhöhen und zum Schluss mit einem Nussmus binden.

4337. Roh-Kräutersalz mit Pfiff, November 2010

2 leere Honiggläser.
- Etwa 60 g getr. Kräuter
  (Hier: 18 g Sellerieblätter; 16 g Petersilie; 1 TL Thymian; 16 Lorbeerblätter; 5 g Pfefferminze; 2 g Koriandersamen; 500 g Meersalz).

Alles zusammen im Vitamix (oder Thermomix; für kleine Mixer wie den Magic Maxx o. Ä. wesentlich kleinere Mengen nehmen) fein pulverisieren, angefangen auf der kleinsten Stufe bis zur Höchststufe. In zwei leere Honiggläser füllen.

4338. November-Würze, November 2010

2 leere Honiggläser.
- Etwa 130 g Kräuter gemischt frisch aus dem Garten, ein großer Anteil davon Kerbel
- 200 g Olivenöl
- 150 g Mandeln
- 30 g Salz

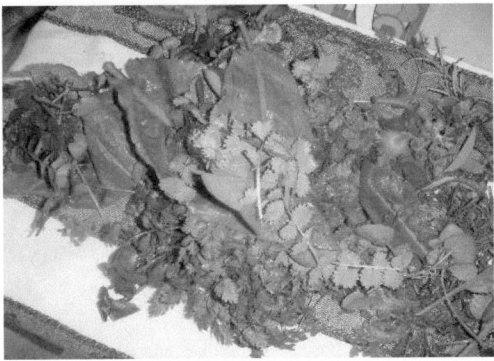

Kräuter gut waschen und trocknen. Mandeln und Öl mit dem Salz im Vitamix (oder s. 4337)), auf kleiner Stufe vermengen, dann auf höchster Stufe pürieren. Kräuter hinzugeben, mit dem Stößel arbeiten und alles zu einer glatten Masse verarbeiten. In zwei leere Honiggläser füllen. Die Oberfläche gut mit Olivenöl abdecken.

4339. Scharfe Soße, November 2010

Leere 500-ml-Flasche.

- Etwa 100 g November-Würze (s. 4338)
- 370 g Rosmarinöl (5/3617; inklusive Rosmarin, 10 eingelegter Chilis und eingelegtem Knoblauch)

Alles sehr gut vermixen in einem ganz schnellen Küchengerät, sodass die Kräuter usw. unsichtbar sind. In eine leere Flasche (500 ml) geben.

4340. Grüne Knoblauch-Ingwer-Paste, November 2010

1 leeres Honigglas.

- Etwa 140 g Scharfe Soße *
- 50 g Ingwer ungeschält
- 100 g Mandeln
- 30 g Knoblauch geschält

Alles sehr gut vermixen in einem ganz schnellen Küchengerät, sodass alle Bestandteile sehr fein gehackt, aber noch krümelig vorhanden sind. In ein leeres Honigglas geben und mit Olivenöl abdecken.

4341. Mailänder Sterne, November 2010

Angelehnt an ein Rezept aus dem Buch: Backen mit Erfolg (ADAC Verlag); ergibt zwei Bleche.

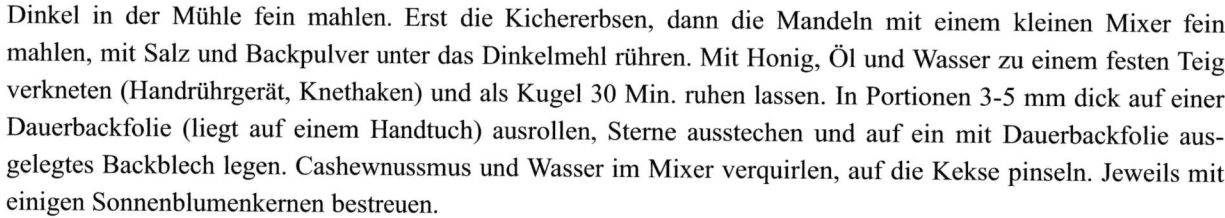

- 250 g Dinkel
- 20 g Kichererbsen
- 20 g Mandeln
- 1/2 gestr. TL Backpulver
- 1/2 TL Zitronensalz (3/1859)
- 120 g Honig
- 75 g Öl
- 1 EL Wasser
- 20 g Cashewnussmus /4295)
- 40 g Wasser
- 1-2 EL Sonnenblumenkerne

Dinkel in der Mühle fein mahlen. Erst die Kichererbsen, dann die Mandeln mit einem kleinen Mixer fein mahlen, mit Salz und Backpulver unter das Dinkelmehl rühren. Mit Honig, Öl und Wasser zu einem festen Teig verkneten (Handrührgerät, Knethaken) und als Kugel 30 Min. ruhen lassen. In Portionen 3-5 mm dick auf einer Dauerbackfolie (liegt auf einem Handtuch) ausrollen, Sterne ausstechen und auf ein mit Dauerbackfolie ausgelegtes Backblech legen. Cashewnussmus und Wasser im Mixer verquirlen, auf die Kekse pinseln. Jeweils mit einigen Sonnenblumenkernen bestreuen.

In den auf 180 °C vorgeheizten Ofen (Umluft) schieben. Bei 175 °C etwa 10-15 Min. backen. Auf einem Kuchengitter auskühlen lassen.

Hinweis: Leider habe ich nicht früh genug nachgeschaut, bei mir waren sie nach 15 Min. schon recht dunkel; etwa ein Viertel bis ein Drittel ungenießbar schwarz!

4342. Kartoffeln in Koriander, November 2010

20-25 Min.; 1 kleine Hauptspeise.

- 5 EL Erdnussöl
- 250 g Kartoffeln
- 1 TL gelbe Senfkörner
- 1 TL Koriandersamen *
- 2 TL Thai-Paste *
- 1 MS Chili harrissari (3777)
- 1 gestr. TL Salz
- 20 g Erdnussmus herzhaft (4286 o. Ä.)
- 2 EL Zitronenschaum (5/3586)
- 60 g Wasser
- 2 EL gehackte glatte Petersilie

* Ich hatte das Glück, frisch getr. Koriandersamen aus dem Garten von Freunden zu bekommen. Unvergleichbares Aroma! Ich weiß nicht, ob es mit gekauftem Koriander auch so extrem lecker ist. – Thaipaste ist ein Geschenk einer Freundin, mit Pepperoni, Ingwer und allerlei, was ich nicht weiß. Als Ersatz Knoblauch-Ingwer-Paste (4276).

In einer 20-cm-Pfanne Erdnussöl heiß werden lassen. Senfkörner und Koriandersamen einrühren, Deckel auflegen, wenn der Senf zu springen anfängt. Thaipaste einrühren. Schließlich Kartoffeln (gebürstet, in Scheiben geschnitten) und Chili hinzugeben. Auf höchster Einstellung zum Kochen bringen, bis Dampf unter dem Deckel austritt. Auf kleinster Einstellung 13 Min. dünsten lassen (Zeit richtet sich danach, wie dick die Kartoffelscheiben sind, meine waren so ca. 3-4 mm). Salz, Erdnussmus, Zitronenschaum und Wasser einrühren, unter Rühren zum Kochen bringen. Dann Petersilie unterrühren und servieren.

4343. Lebkuchengewürz, November 2010

Dies ist ein Vorschlag für Lebkuchengewürz. Das lässt sich mannigfaltig variieren, und zwar entweder durch andere Gewichtsverhältnisse oder auch durch Weglassen einiger Dinge und Ersetzen durch andere. Wobei Nelken, Muskatnuss und Zimt die drei Hauptbestandteile zu sein scheinen, wie mir das Studium verschiedener Zusammensetzungen zeigt. In anderen Rezepten kommen auch noch Koriander und Piment hinzu.

Wer alles bereits fertiggemahlen besitzt, hat es einfacher. Und wer alles noch selbst mahlt, hat es frischer. Was ich hier angebe, ist einfach die Zusammenstellung, wie ich sie in meiner Küche vorgefunden habe. Geriebene Orangen- und Zitronenschale stammen aus meiner eigenen Herstellung,

Gemahlen/gerieben (trocken):
- 10 g Orangenschale
- 6 g Zitronenschale
- 4 g Ingwer
- 4 g Muskatnuss
- 2 g Kardamom

Ungemahlen:
- 6 g Zimtstangen
- 4 g Gewürznelken
- 4 g Anissterne
- 2 g Fenchel

Die gemahlenen Gewürze mit einem Löffel miteinander verrühren. Die ungemahlenen Gewürze im kleinen Becher eines Mr. Magic (Magic Maxx, Personal Blender usw.) 45 Sek. lang mahlen. Die gemahlenen Gewürze hinzufügen und alles nochmals 15 Sek. miteinander mahlen. Möglichst in ein Braunglasgefäß mit Schraubdeckel oder einen anderen luft- und lichtdichten Behälter geben. Reicht für ca. 3 kg Mehl.

4344. Sahniges Mandelmus, November 2010
- 70 g Mandelöl
- 350 g Mandeln ungeschält

Im Vitamix mit Stößelhilfe mahlen, bis es flüssig ist. Aufpassen, dass es nicht heiß wird.

4345. Topinambur-Rosen-Brot roh, November 2010

Vegane Rohkost; ca. 20 Min. + Trocknen; 2 Excalibur-Einschübe.

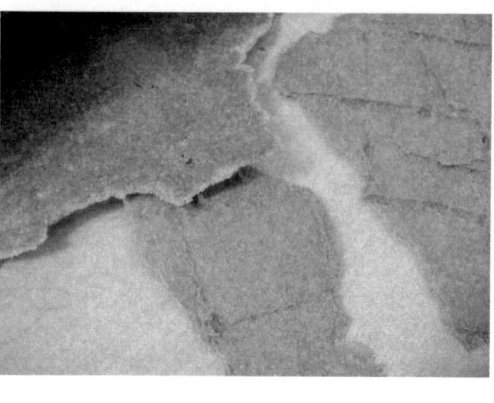

- 50 g Sonnenblumenöl
- 2 EL scharfe Soße (4339)
- 50 g gemahlenen Dinkel
- 45 g Leinsamen braun
- 55 g Sonnenblumenkerne
- 150 g Rosenkohl netto
- 40 g glatte Petersilie mit Stängeln
- 205 g Topinambur
- 1 gehäufter TL Roh-Kräutersalz mit Pfiff (4337)
- 1 gestr. TL Koriander

Rosenkohl: Waschen, äußere Blätter entfernen; Topinambur: Erde unter fließendem Wasser abbürsten. In der angegebenen Reihenfolge in den Vitamix geben, erst langsam, dann schnell vermischen. Glatte Masse auf Excalibur-Folie ausstreichen, Stücke vorschneiden. 24 h bei 40 °C.

4346. Salatsinfonie in beige-grün, November 2010

Vegane Rohkost; 48 Std. Keimzeit; + ca. 20 Min.
Feste Zutaten:

- 165 g Eisbergsalat
- 75 g Mungbohnensprossen
- 80 g Topinambur
- 50 g Rosenkohl (netto)

Dressing:

- 1 EL Salatcreme (4015 o. Ä.)
- 50 g Wasser
- 2 kleine Clementinen (80 g netto)
- 15 g Walnüsse
- 50 g Wasser
- 1 TL Rohkost-Kräutersalz mit Pfiff (4337 o. Ä.)
- Etwas glatte Petersilie

Gemüse: Rosenkohl: Waschen, äußere Blätter entfernen; Topinambur: Erde unter fließendem Wasser abbürsten. Eisbergsalat in Streifen schneiden, auf einem Essteller ausbreiten. An eine Seite die Mungbohnen häufeln.

Dressing zubereiten: Alle Zutaten in einen kleinen Becher geben, ca. 45 Sek. in einem kleinen Mixer durchschlagen. Topinambur mit dem Rosenkohl im Zerkleinerer raffeln, auf die andere Seite des Tellers häufeln. In die Mitte glatte Petersilie legen. Einen Dressingkranz auf dem Eisbergsalat ziehen, Restdressing getrennt reichen.

4347. Bananen-Schoko-Schake, November 2010

Vegane Rohkost; Herstellung im Vitamix; alternativ: TM; portionsweise im kleinen Mixer.

- 1 Banane (112 g netto)
- 20 g Mandeln
- 2 große weiche Datteln, entsteint (45 g netto)
- 1 EL Kakaonibs (12 g)
- 480 g Wasser

Banane schälen. Alle Zutaten in den Vitamix geben, solange auf Höchststufe laufen lassen, bis die Masse völlig glatt ist (ca. 45 Sek.). Aufpassen, dass es nicht zu warm wird. Wer es lieber kalt möchte, sollte den „Schake" eine Std. in den Kühlschrank stellen.

Tipp: Wer nicht den Vitamix nimmt, sollte die Mandeln erst mahlen und dann die Zutaten mit einem Teil des Wassers pürieren, sonst wird das Getränk nicht „glatt" genug.

4348. Schwarzbrot mit Fallzahl 62, November 2010

In dem Brot habe ich Dinkel von Getreideanbauer Hermann Kleider verarbeitet, das er mir als Backprobe zugeschickt hatte. Der Dauerregen hat zu schlechter Ernte geführt, dass Getreide habe allenfalls noch Fallzahl 62 und tauge als Schweinefutter. Das kann ich überhaupt nicht teilen! Es keimt herrlich, eignet sich zum Flocken zum Frühstück. Ich habe das Brot noch nicht aufgeschnitten, aber von außen sieht es perfekt aus! Keimt auch sehr gut.

Ansatz:
- Sauerteig (ca. 150 g)
- 190 g Roggen
- 200 g Wasser

Vorteig:
- 500 g Roggen
- 300 g Dinkel (Fallzahl 62)
- 800 g Wasser
- 390 g Sauerteig

Hauptteig:
- 400 g Roggen
- 100 g Dinkel (FZ 62)
- 1 EL gem. Brotgewürz (4126)
- 1 geh. EL Salz
- 60 g Sonnenblumenkerne
- 60 g Leinsamen
- 125 g Wasser
- Butter für die Form

Morgen vorher: 190 g Roggen fein mahlen. Alten Sauerteigansatz, 200 g Wasser und Roggen gut verrühren. Die Schüssel in eine Plastiktüte stecken und auf der Fensterbank etwa 10-12 Std. stehen lassen.

Vortag: Vom Sauerteig 400 g für das Brot abnehmen und den Rest weiterhin im Kühlschrank aufbewahren. 500 g Roggen mit 300 g Dinkel schroten (Stufe 6/9; Hawos Novum). Mit Sauerteig und 800 g Wasser gut verrühren (5 Min. in einer Teigknetmaschine). Mit Plastik gut abdecken und über Nacht stehen lassen.

Backmorgen: 400 g Roggen und 100 g Dinkel fein schroten (2/9). Schrot, Salz, Brotgewürz, 125 g Wasser und die Saaten gründlich unter den Sauerteigansatz einkneten (10 Min. mit der Maschine). Eine große Brotform (30 x 11 cm) mit Butter gut einfetten, den Teig hineingeben, glattstreichen und einsprühen. In einer großen Plastiktüte 2 Std. gehen lassen. Kreuzweise 1-2 cm tief einschneiden.

Den Ofen auf 250 °C (Umluft) vorheizen. Auf dem Boden des Ofens steht eine feuerfeste Form mit Wasser. Form auf einen Gitterrost setzen. Brot in den Ofen schieben, 15 Min. backen und auf 200 °C herunterschalten. 45 Min. backen, aus der Form nehmen (Klopfprobe). Auf ein Kuchengitter stürzen, mit Wasser einsprühen und abkühlen lassen. Erst am nächsten Tag anschneiden.

4349. Peperonipaste Fingerschleck, November 2010

Vegane Rohkost.
- 20 g Ingwer (nicht schälen)
- 4 Knoblauchzehen (15 g)
- 10 g Salz
- 2 rote frische Peperoni (20 g)
- 1 TL gem. Koriander
- 1 TL gem. Kreuzkümmel
- 1 TL gem. Piment
- 1 EL Apfelessig (15 g)
- 20 g grüne Rosinen
- 75 g Olivenöl

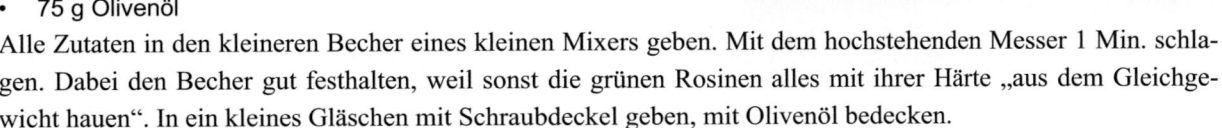

Alle Zutaten in den kleineren Becher eines kleinen Mixers geben. Mit dem hochstehenden Messer 1 Min. schlagen. Dabei den Becher gut festhalten, weil sonst die grünen Rosinen alles mit ihrer Härte „aus dem Gleichgewicht hauen". In ein kleines Gläschen mit Schraubdeckel geben, mit Olivenöl bedecken.

Hinweis: *Ich bin ja sonst nicht so für die ganz scharfen Sachen. Ich weiß nicht, ob es daran liegt, dass ich momentan Rohkost esse oder dass es wirklich so lecker ist. Ich könnte das Zeugs löffeln.*

4350. Rohpizza indisch, November 2010

Vegane Rohkost. 36-48 Std. keimen + 20-25 Min.; 1 Hauptspeise.

Teig:

- 100 g Pastinake (netto)
- 50 g Roggenkeime
- 1/2 EL Olivenöl
- 1 gute Prise Salz
- 2 TL Zitronensaft

Belag:

- 50 g Rosenkohl (netto)
- 50 g Möhre
- 110 g Eisbergsalat

Guss:

- 30 g Peperonipaste Finger-
  schleck (4349 o. Ä.)
- 20 g Sonnenblumenkerne
- 20 g Olivenöl
- 50 g Wasser

Pastinake mit Keimen, Öl, Salz und Zitronenschaum in einem Zerkleinerer fein hacken und in einer 24-cm-Quicheform mit den Händen auf dem Boden der Form verteilen.

Rosenkohl putzen (äußere Blätter entfernen), halbieren. Möhren in größere Scheiben schneiden. Zusammen im Zerkleinerer fein hacken und über den Pastinakenboden streuen. Eisbergsalat kleinschneiden, damit die Rosenkohlschicht abdecken.

Peperonipaste, Kerne, Öl und Wasser in einem kleinen Mixer glatt schlagen, auf der Salatschicht mit einem EL verteilen. Nach Belieben und zur Dekoration noch Kleckse der Peperonipaste auf den Salat setzen.

4351. Kicherkartoffeln in Soße, November 2010

Kichererbsen 36-48 Std. Keimzeit; + 20-25 Min.;
1 kleine Hauptspeise.

Gemüse:

- 50 ml Wasser
- 130 g gekeimte Kichererbsen
- 60 g Kartoffeln (1 kleine)
- 1 EL Cashewnüsse

Soßenzutaten

- 2 TL Zitronenschaum (5/3586)
- 1 TL Thai-Paste *
- 30 g Cashewnussmus salzig (4295 o. Ä.)
- 1 EL Scharfe Soße (4339 o. Ä.)
- 10 g Sesamöl
- 1 TL Rauchkräutersalz (o. Ä.)
- 2 TL Apfelessig
- 1 EL glatte Petersilie

* Die Thaipaste ist ein Geschenk einer Freundin, mit Peperoni, Ingwer und allerlei, was ich nicht weiß. Als Ersatz Knoblauch-Ingwer-Paste (4340) nehmen.

In eine 20-cm-Pfanne Wasser, Kichererbsen und Kartoffeln (gebürstet, in Scheiben geschnitten) geben. Deckel auflegen und auf höchster Einstellung zum Kochen bringen, bis Dampf unter dem Deckel austritt. Auf kleinster Einstellung 15 Min. dünsten lassen. Soßenzutaten im kleinen Mixer gut verquirlen und unterrühren. Zum Kochen bringen, 5 Min. köcheln lassen. Einen Teller füllen und am Rand mit Petersilie dekorieren.

4352. Lauwarmer Schlemmerkakao, November 2010

- 2 EL Cashewnüsse
- 1 EL Nackthafer
- 1 geh. TL Kakaopulver
- 2 große entsteinte Datteln (40-50 g)
- 400 ml Wasser

Alle Zutaten im Vitamix auf höchster Geschwindigkeit 1 Min. laufen lassen. Der Kakao ist warm. Wer ihn heiß trinken möchte, lässt das Gerät bis zu 5 Min. laufen.

Ohne Vitamix: Datteln im Teil des Wassers vorher einweichen.

4353. Winterkekse 62, November 2010

Angeregt von einem Plätzchenrezept von einer Webseite, die es nicht mehr gibt: Die Verfasserin erkrankte schwer und ich weiß leider nicht, was ihr Schicksal geworden ist.

- 200 g Dinkel zum Flocken (Fallzahl 62)
- 75 g Dinkel zum Mahlen (Fallzahl 62)
- 100 g Haselnusskerne
- 1/2 TL gem. Vanille
- 1 gestr. TL Delisweeta (4056 o. Ä.)
- 1 Prise Salz
- 1 TL Weinsteinbackpulver
- 100 g Honig
- 65 g Sonnenblumenöl
- 50 g Wasser

* *„Fallzahl" ist ein Begriff für die Qualität von Getreide beim Verbacken.*

200 g Dinkel flocken. 75 g Dinkel fein mahlen. 100 g Haselnusskerne im kleinen Mixer (großer Becher, hochstehendes Messer) mahlen. Alle trockenen Zutaten in eine Rührschüssel geben, mit einem Löffel verrühren.

Öl, Honig und Wasser hinzufügen, mit einem Handrührgerät / Rührbesen sehr gut verkneten, bis sich eine homogene Masse ergibt. Schüssel mit Wasser bereitstellen. Finger und Handflächen zwischendurch immer damit benetzen. Zwei Backbleche mit Dauerbackfolie auslegen. Zwischen den feuchten Händen Kugeln formen (etwas kleiner als walnussgroß), nebeneinander auf die Bleche setzen, nicht zu dicht, denn sie „laufen" auseinander.

In den kalten Ofen (Umluft) schieben, bei 175 °C 12-15 Min. backen. Auf einem Kuchengitter auskühlen lassen.

4354. Chapati happy 62, November 2010

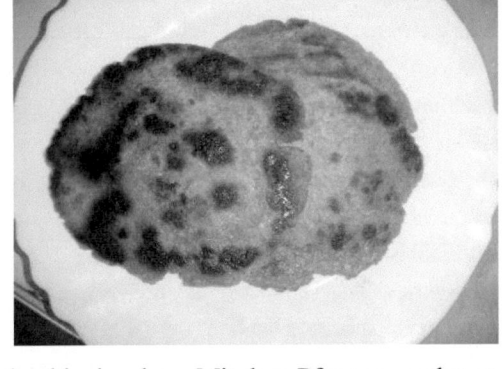

- 50 g Dinkel Fallzahl 62
- 1/2 TL Rohkräutersalz mit Pfiff (4337 o. Ä.)
- 1 EL Sonnenblumenöl
- 2 EL Wasser
- 1 EL Erdnussöl zum Backen

Dinkel fein mahlen. Mit dem Salz vermischen, dann Öl und Wasser hinzugeben. Erst mit einem Löffel verrühren, dann zwischen den Händen 5 Min. kneten. Einmal zwischendurch die Hände nass machen. Abgedeckt mit Plastik ca. 25 Min. im Kühlschrank ruhen lassen. Auf glatter Fläche 2-3 mm dick ausrollen.

Erdnussöl in einer flachen Pfanne (Tava) heiß werden lassen, Fladen hineingeben. Mit dem Pfannenwender an den Boden drücken. Auf jeder Seite 2 Min. backen, dabei die Hitze nicht allzu weit herunterstellen.

4355. Kichererbsensuppe im Eiltempo, November 2010

Ca. 20-25 Min.; 2 Teller.

- 1 TL Knoblauch-Ingwer-Paste (4276 o. Ä.)
- 1/2 TL Kurkuma
- 1 TL gem. Cumin
- 50 g Kichererbsen
- 1 Topinambur (65 g)
- 400 ml Wasser
- 1 TL Rauchkräutersalz (o. Ä.)
- 2 TL Zitronenschaum (5/3586)
- Etwas glatte Petersilie

Paste und Gewürze in den TM geben. Kichererbsen im kleinen Mixer fein mahlen. Topinambur kleinschneiden, mit Gewürzen und Wasser im TM kurz auf Stufe 10 laufen lassen (3-4 Sek.). 15 Min./100 °C/Stufe 1 kochen bzw. wenn die Suppe deutlich blubbert, auf 90 °C herunterstellen. Mit Zitronensaft und Salz abschmecken, einen Teller füllen und mit etwas Petersilie dekorieren.

Hinweise: *Man kann die Kichererbsen auch im TM mahlen. Da es aber nicht so viele waren, staubt es 1. nur die Wand hoch und 2. klumpt es, wenn ich Wasser hinzufüge bzw. ich muss umfüllen. — Wer keinen TM hat, kann die Suppe im normalen Topf kochen - da ist aber häufiger Umrühren angesagt, damit die Suppe nicht ansetzt.*

4356. Schwarzbrot Haselmung, November 2010

Zu Fallzahlen siehe 4348.

Ansatz:
- Sauerteig (ca. 150 g)
- 200 g Roggen
- 210 g Wasser

Vorteig:
- 500 g Roggen
- 300 g Dinkel (FZ 62)
- 800 g Wasser
- 400 g Sauerteig

Hauptteig:
- 400 g Roggen
- 100 g Dinkel (FZ 62)
- 1 EL Kümmel ganz
- 1 EL Koriander ganz
- 2 gestr. EL Kräutersalz
- 125 g Haselnüsse
- 80 g gekeimte Mungbohnen
- 150 g Wasser
- Butter für die Form

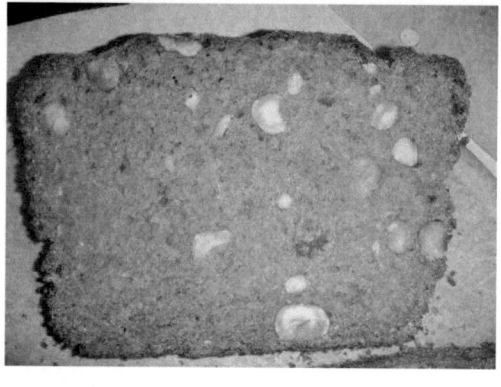

Morgen vorher: 200 g Roggen fein mahlen. Alten Sauerteigansatz, 210 g Wasser und Roggen gut verrühren. Die Schüssel in eine Plastiktüte stecken und auf der Fensterbank etwa 10-12 Std. stehen lassen.

Vorabend: Vom Sauerteig 390 g für das Brot abnehmen und den Rest weiterhin im Kühlschrank aufbewahren. 500 g Roggen mit 300 g Dinkel schroten (Stufe 6/9; Hawos Novum). Mit Sauerteig und 800 g Wasser verrühren (10 Min. in einer Teigknetmaschine). Mit Plastik abdecken und über Nacht stehen lassen.

Backmorgen: 400 g Roggen und 100 g Dinkel zusammen mit Kümmel und Koriander (mit dem ersten Getreide, damit das Restgetreide die Mühle „saubermahlen" kann) fein mahlen. Schrot, Salz, Haselnüsse, Mungbohnensprossen und 150 g Wasser unter den Sauerteigansatz kneten (10 Min. mit der Maschine). Eine große Brotform (30 x 11 cm) mit Butter einfetten, den Teig hineingeben, glattstreichen und einsprühen. In einer großen Plastiktüte 100 Min. gehen lassen. Kreuzweise 1-2 cm tief einschneiden. Ofen auf 250 °C (Umluft) vorheizen. Auf dem Boden des Ofens steht eine ofenfeste Form mit Wasser. Form auf einen Gitterrost setzen.

Brot in den Ofen schieben, 15 Min. backen und auf 200 °C herunterschalten. 45 Min. backen, aus der Form nehmen (Klopfprobe). Auf ein Kuchengitter stürzen, mit Wasser einsprühen und abkühlen lassen. Erst am nächsten Tag anschneiden.

4357. Gefüllte Hörnchen, November 2010

Vegan; etwa 60 Stück.

Teig:
- 50 g Kamut
- 150 g Rotkornweizen oder Weizen
- 100 g Dinkel
- 1/2 TL gem. Vanille
- 1/2 TL Zimt
- 1/2 TL Kardamom
- 1 Prise Salz
- 50 g Honig
- 100 g Sonnenblumenöl
- 100 g Wasser (mehr wegen Rotkornweizen!)

Füllung (nicht gewogen, etwa in gleichen Teilen)s:
- Haselnüsse
- Mandeln
- Erdnussmus
- Cashewnussmus herzhaft (4305 o. Ä.)
- Cashewnussmus
- (Grüne) Rosinen

Getreide mischen, fein mahlen. Mit Vanille, Zimt, Kardamom und Salz verrühren. Honig, Öl und 50 g Wasser hinzugeben und unterkneten. Wenn der Teig noch bröckelt, mehr Wasser hinzugeben. Rotkornweizen „schluckt"

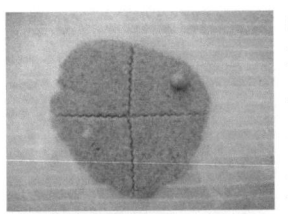

sehr viel Wasser, bei anderen Getreiden reichen also vielleicht 50 g. Sehr gut verkneten, zu einer Kugel formen und abgedeckt 90 Min. ruhen lassen.

Jeweils ein Tischtennisball-großes Stück Teig nehmen, zu einer Kugel formen und dann zu einem dünnen Kreis, Durchmesser etwa 12-14 cm, ausrollen. Mit einem Teigrad vierteln, auf die lange Seite jedes Viertels eine Nuss oder ein nussgroßes Stück Nussmus bzw. 4 Rosinen legen und von der langen Seite her aufrollen.

Zu Hörnchen formen und dicht nebeneinander (der Teig geht nicht mehr) auf zwei mit Dauerbackfolie ausgelegte Backbleche legen. In den kalten Ofen schieben. Bei 175 °C (Umluft) 20-25 Min. backen (die letzten 3-5 Min. bei ausgeschaltetem Ofen).

Ergänzung: *Das Gebäck ist nicht sehr süß. Die Testesser schrien bis auf eine Ausnahme plus mir alle: Oh das ist nicht süß genug! Daher sei eine Marzipanfüllung denen ans Herz gelegt, die es lieber etwas süß(er) mögen.*

4358. Pilzvindaloo, November 2010

Vegan; ca. 20-25 Min.; kl. Hauptspeise.

- 210 g Champignons
- 155 g Kartoffeln
- 12 g Zwiebel (netto)
- 30 g Kokosöl
- 1 TL Knoblauch-Ingwer-Paste (4276)
- 1 geh. TL Vindaloopaste (4261)
- 1 TL Rohkräutersalz mit Pfiff (4337)
- 80 g Wasser
- 1 TL Petersilienwürze (4250 o. Ä.)
- 2 TL Tomatenmark
- 1 knapp gestr. TL Kardamom
- Evtl. etwas gehackte Petersilie

Champignons säubern (Schmutz nur abpinseln, Pilze nicht waschen). Kartoffel unter fließendem Wasser gut abbürsten, in 3 mm dicke Scheiben schneiden. Geschälte Zwiebel würfeln.

Kokosöl in einer 24-cm-Pfanne heiß werden lassen (Herd: 12/12). Zwiebel und Knoblauch-Paste mit Kartoffeln und Champignons 3-4 Min. darin anbraten (8/12). Vindaloopaste und Salz dazugeben, unterrühren. Wasser und Petersilienwürze hinzugeben, Deckel auflegen. Sobald Dampf entweicht, auf kleinster Stufe insgesamt 14 Min. köcheln lassen. Nach 7 Min. Tomatenmark und Kardamom unterrühren. Auf einen Teller füllen und mit etwas Petersilie dekorieren.

4359. Pfiffige Kartoffeln, November 2010

Vegan; ca. 40 Min.; 1 Hauptspeise.
- 215 g Kartoffeln (5 kleine)
- 125 g Pfifferlinge
- (etwas Mehl)
- 3 EL Olivenöl
- Salz
- 1/2 TL Ras el Handout (oder Pfeffer)

Kartoffeln unter fließendem Wasser gründlich abbürsten und als Ganzes kochen (z. B. im TM, 20 Min./Varoma/Stufe). Die Pfifferlinge in einem Sieb mit Mehl bestäuben, dann abwaschen und vorsichtig in einem Tuch trocken tupfen.

Öl in einer 24-cm-Pfanne heiß werden lassen, Pilze und Kartoffeln hineingeben. Auf jeder Seite 5 Min. braten (auf 9 von 12 herunter stellen). Mit Salz und Ras el Hanout bestreuen, nochmals kurz durchbraten, dann ist es fertig.

Tipp: *Wem das Kartoffelgericht zu trocken ist, verquirlt 30 g Nussmus mit 100 g Wasser, 2 TL Zitronensaft und etwas Salz und rührt es in der Pfanne ein und kocht noch einmal auf.*

4360. Heißhaferkakao, November 2010

Vegan

- 2 EL Nackthafer
- 1 EL Kakaonibs
- 2 große entsteinte Datteln (40-50 g)
- 600 ml kochendes Wasser

Alle Zutaten im Vitamix auf höchster Geschwindigkeit 2 Min. laufen lassen.

Hinweis: *Ohne Vitamix geht es wie folgt: Hafer fein mahlen. Datteln möglichst vorher in 100 ml Wasser einweichen. Dann alles zusammen gut mixen.*

4361. Garam Masala, November 2010

Angelehnt an ein Rezept aus dem Buch „Indiens vegetarische Küche" von Monisha Bharadwaj.

- 1 TL schwarze Pfefferkörner
- 1 TL Kreuzkümmel
- 1 dünne kleine Zimtstange
- Samen von 3 grünen Kardamomkapseln
- 4 Gewürznelken
- 1 geh. TL Granatapfelsamen

In einer kleinen Keramikpfanne alle Gewürze einige Min. ohne Fett auf Stufe 10/12 rösten, bis sie gut duften. Kurz abkühlen lassen und in einem kleinen Mixer (oder mit einem Mörser) zu feinem Pulver vermahlen.

4362. Gelber Nussstollen 2010, November 2010

- 2 P frische Biohefe (= 76 g)
- 300 g Wasser
- 500 g Gelbweizen
- 250 g Dinkel
- 6 Gewürznelken
- 1 TL Salz,
- 1 EL Lebkuchengewürz (4343)
- 250 g Honig
- 125 g Öl
- 250 g Rosinen
- 85 g Mandeln
- 55 Haselnüsse
- 110 Cashewnüsse
- 100 g Orangeat
- 250 g Honigmarzipan

Beschreibung mit der Teigknetmaschine: Hefe zerbröckeln und in der Teigknetmaschine mit 300 ml lauwarmem Wasser 3 Min. verrühren. Getreide mit den Nelken fein mahlen, Lebkuchengewürz und Salz untermischen. Zu dem Hefewasser geben, Öl und Honig hinzufügen und 8 Min. kneten lassen. Rosinen und ganze Nüsse weitere 4 Min. unterkneten lassen.

Teigschüssel in eine große Plastiktüte stecken und 4 Std. gehen lassen. Nochmals 4 Min. durchkneten. Zwei Kastenformen (eine 30-cm, eine 25 cm) mit Butter einfetten und mit Teig auslegen. Marzipan in Streifen schneiden und eine Schicht damit legen. Mit Teig abschließen. Mit der nassen Hand glattstreichen. Beide Formen unter Plastikabdeckung eine Std. gehen lassen.

Ofen (Umluft) auf 250 °C vorheizen. Stollen in den Ofen schieben und 45 Min. bei 175 °C backen. Stollen auf ein Gitterrost legen. Wer unbedingt will, kann Butter zerlassen und die heißen Stollen damit bestreichen. Abgekühlt in Alufolie wickeln. Sollte ein paar Tage ziehen. Backtemperatur: 45 Min: 175 °C (Umluft)

4363. Goda Masala, November 2010

Angelehnt an ein Rezept aus dem Buch „Indiens vegetarische Küche" von Monisha Bharadwaj.

- 1 TL Sonnenblumenöl
- Samen von 3 grünen Kardamomkapseln
- 1 dünne kleine Zimtstange
- 2 Gewürznelken
- 1 Lorbeerblatt
- 10 schwarze Pfefferkörner
- 1 TL Koriander
- 1 TL weißer Mohn
- 2 EL Kokosraspeln

Öl in einer kleinen Keramikpfanne erhitzen. Alle Zutaten bis auf Mohn und Kokosraspeln darin rösten, bis die Gewürznelken „saftig" aussehen. Kokosraspeln hinzugeben und unter Rühren bräunen. In einen kleinen Mixbecher (Mr. Magic o. Ä.) umfüllen, abkühlen lassen. Fein mahlen und luftdicht verschlossen aufbewahren.

4364. Sambhar-Pulver, November 2010

Angelehnt an ein Rezept aus dem Buch „Indiens vegetarisch Küche" von Monisha Bharadwaj.

- 1 knapper TL schwarze Senfsamen
- 1 TL Hanfsamen
- 1 TL Bockshornkleesamen
- 2 TL Kreuzkümmel
- 1 getr. Peperoni (oder 1-3 Chilischoten, je nach gewünschter Schärfe)
- 1 TL schwarze Pfefferkörner
- 1 TL Koriander
- 1 TL gem. Kurkuma
- 1/2 TL Asafoetida
- 3 TL Sonnenblumenöl
- 3 TL Urad dal (halbierte geschälte (weiße) Uradbohnen)
- 3 TL rote Linsen

In einer kleinen Keramikpfanne Senf, Hanf, Bockshornklee, Kreuzkümmel, geviertelte Peperoni (mit Kernen), Pfeffer und Koriander ohne Fett unter Rühren bei schwacher Hitze rösten, bis es kräftig duftet. Kurz Kurkuma und Asafoetida einrühren, umfüllen. Die Pfanne mit einem Küchenpapiertuch auswischen, Öl erhitzen und die Hülsenfrüchte bei etwas stärkerer Temperatur darin rösten, bis sie rotbraun sind. Mit den gerösteten Gewürzen mischen und abkühlen lassen. In einem kleinen Mixer fein mahlen. In einem Schraubglas aufbewahren.

Hinweis: 2 TL Öl hätten genügt.

4365. Peperonipaste Trockenfrucht, November 2010

- 2 große rote getr. Peperoni
- 2 Lorbeerblätter
- 1 TL Koriander
- 1 TL Kreuzkümmel
- 1 TL gem. Piment
- 20 g Ingwer (ungeschält)
- 15 g Knoblauchzehen (netto)
- 10 g Salz
- 1 EL Apfelessig (15 g)
- 20 g Rosinen
- 75 g Olivenöl

Alle trockenen ungemahlenen Zutaten in den kleineren Becher eines kleinen Mixers geben und mit dem flachen Messer fein mahlen. Die anderen Zutaten hinzufügen und mit dem hochstehenden Messer 1 Min. schlagen. Den Becher gut festhalten. In ein kleines Gläschen mit Schraubdeckel geben und im Kühlschrank aufbewahren.

4366. Brotschnitzel mit Champignon-Rahm

Vegan; 2-3 Std. einweichen + ca. 30 Min.; 1 Hauptspeise.

Pilze:
- 125 g Champignons
- 50 g Wasser
- 1 TL Petersilienwürze (4250)
- 1 geh. TL Erdnusspaste
- 1 TL Sambharpulver (4364)
- 1/2-1 TL Rohkräutersalz (4337)
- 30 g Wasser

Brot:
- 100 g altes Brot
- 220 g Wasser
- 1 EL Olivenöl
- 1/2 TL Salz
- 1 gestr. TL Cumin
- 8 g Zwiebel gehackt
- 2 EL Erdnussöl zum Backen

Brot in kleine Stücke schneiden, mit kochendem Wasser übergießen und gut abgedeckt 2-3 Std. einweichen. Mit den Händen zerdrücken. Wenn dennoch feste Stücke überbleiben, die Masse im Mixer zubereiten; bei mir war das nicht nötig. Olivenöl, Salz, Cumin und Zwiebel gut unterrühren. In einer kleinen Pfanne Erdnussöl erhitzen, EL-große Stücke Teig hineingeben und flachdrücken. Kross braten und nach einer Weile umdrehen. Auf beiden Seiten knusprig braten.

Champignons reinigen, eventuell halbieren oder vierteln. Mit 50 g Wasser und Petersilienwürze zum Kochen bringen, auf kleiner Einstellung 10 Min. köcheln. Erdnusspaste, 30 g Wasser, Sambharpulver und Salz unterrühren, aufkochen lassen.

Hinweis: Es war vermutlich ein Fehler, den Brotteig in dieser Konsistenz herzustellen. Zu dick für Pfannkuchen, zu dünn für Bratlinge. Eventuell für Bratlinge noch 50 g Mehl unterkneten bzw. für Pfannkuchenteig 20 g Mehl plus 100 g Wasser hinzufügen.

4367. Drei-Generationen-1-Krümel-Brot, November 2010

Eine große 35 cm-Profiemail-Backform und eine kleine Kastenform. – Drei Generation: Die Großmutter ist das „alte" eingearbeitete Brot, die Mutter das große und die junge Generation das kleine Brot.

- 150 g altes Brot
- 800 g Wasser
- 1 knapper TL Trockenhefe (4 g)
- 200 g kaltes Wasser
- 500 g Gelbkornweizen
- 550 g Dinkel
- 150 g Gerste
- 1 EL gem. Brotgewürz (4126)
- 2 gestr. EL Kräutersalz (4337)
- 40 g Sonnenblumenkerne
- 40 g Leinsamen
- 40 g Sesam ungeschält
- Butter zum Fetten der Form

Vortag, ca. 3-4 Std. vor der Teigzubereitung: Altes Brot in dünne Scheibchen schneiden, in 800 g warmem Wasser einweichen.

Vorabend: Hefe mit 200 g Wasser und dem eingeweichten Brot in die Knetteigmaschine geben und 3 Min. kneten lassen. Getreide mischen und fein mahlen. Mit Brotgewürz, Salz und den Saaten mischen, zu dem Hefewasser geben und 4 Min. kneten lassen. Die Schüssel in eine Plastiktüte stecken und auf der Fensterbank etwa 10-12 Std. stehen lassen.

Backmorgen: Ofen (Heißluft) auf 250 °C stellen, er muss 20 Min. vorheizen. In dieser Zeit: Nochmal gut kneten lassen (3 Min.), bis alle Luft entwichen ist. Brotformen einfetten und den Teig hineinfüllen, Gut einsprühen, mit einem Messer 1-2 cm tief schräge Rillen einschneiden und ruhen lassen, bis der Ofen 250 °C erreicht hat (waren bei mir noch etwa 10 Min.). Brot in den Ofen schieben, Temperatur auf 225 °C stellen und 45 Min. backen, die kleine Form herausnehmen und die große noch 5 Min. im ausgestellten Backofen nachbacken lassen. Auf ein Kuchengitter stürzen (Klopfprobe), mit Wasser einsprühen und abkühlen lassen.

4368. Mohnknäcke-Wafers, November 2010

- 200 g Emmer
- 1 Prise Salz
- 1 EL Sonnenblumenöl
- 85-90 g Wasser
- 3-4 EL Sonnenblumenöl
- 1-2 EL Mohn

Emmer fein mahlen, mit Salz mischen. 1 EL Öl und 75 g Wasser einarbeiten (kneten), 5 Min lang kneten, dabei vorsichtig das restliche Wasser einarbeiten, der Teig soll nur ganz leicht klebrig sein. Abgedeckt 45-60 Min. ruhen lassen.

Auf einer Dauerbackfolie dünn (max. 1 mm) ausrollen (wenn es verrutscht, unter die Folie ein Küchenhandtuch auslegen). Mit Öl bepinseln und Mohn bestreuen. Ofen (Umluft) auf 250 °C vorheizen, dann bei 200 °C 10 Min. backen.

4369. Emmer-Nudeln mit Goda-Masala-Champs, Nov. 2010

Vegan; ca. 30 Min.; 1 Hauptspeise.

Champignons

- 150 g Champignons
- 40 g Wasser
- 10 g Cashewnussmus
- 2 TL Zitronenschaum
- 2 EL Sonnenblumenöl
- 1 gestr. TL Salz
- 1 geh. TL Goda Masala (4363)
- einige Safran- oder Chilifäden

Nudeln

- 200 g Emmer
- 1 Prise Salz
- 1 EL Sonnenblumenöl
- 85-90 g Wasser

Emmer fein mahlen, mit Salz mischen. 1 EL Öl und 75 g Wasser einarbeiten (kneten), 5 Min lang kneten, dabei vorsichtig das restliche Wasser einarbeiten, soll nur ganz leicht klebrig sein. Abgedeckt 3-4 Std. ruhen lassen. Mir reichte 1/4 der Teigmenge für 1 kleine Portion Nudeln. Mit Hilfe von etwas Mehl sehr dünn ausrollen und mit einem Teigrädchen in schmale Streifen schneiden. 1 Liter Wasser mit 1 TL Salz zum Kochen bringen, die Nudeln locker hineingleiten lassen. 4 Min. kochen, dann in einem Sieb abtropfen lassen.

Die Champignons reinigen, eventuell halbieren oder vierteln. Mit 40 g Wasser zum Kochen bringen, auf kleiner Einstellung 10 Min. köcheln. Cashewnussmus, 100 g Wasser, Goda Masala und Salz mit dem kleinen Mier verquirlen. Unterrühren, aufkochen lassen.

Die Hälfte der Nudeln auf einen Teller geben, dazu die Hälfte der Champignons. Mit ein paar Safranfäden bestreuen.

4370. Salatsoßencreme vegan, Dezember 2010

5 Min.; die Soße ist ein bisschen dicklich und lässt sich gut mit geschlagenen saftigen Früchten, Wasser oder Sahne (dann natürlich ist sie nicht mehr vegan) verlängern.

- 10 g getr. Gemüsereste (z. B. Kohlrabiblätter)
- 10 g Pipali (s. Vorwort)
- 1 gestr. TL Harissa (trocken)
- 2 EL Salz
- 100 g Rosinen
- 315 g Sonnenblumenöl
- 320 g Apfelessig
- 300 g Wasser

Herstellung im Vitamix. Wer keinen Hochleistungsmixer besitzt, sollte die Rosinen vorher einen Tag in der Wassermenge einweichen. Für einen kleinen Mixer ist die Menge mindestens zu vierteln. Die trockenen Zutaten etwa 1 Min. auf höchster Stufe mahlen. Rosinen und Flüssigkeiten hinzugeben, 90 Sek. auf höchster Stufe laufen lassen. In Gläser mit Schraubdeckel geben, verschließen und in den Kühlschrank stellen.

4371. Süße Safranhirse, Dez. 2010

Ca. 25 Min.; 1 Hauptspeise oder 3-4 Desserts.

- 80 g Hirse
- 205 g Wasser
- 2 EL Mandelöl
- 35 g Honig
- 1 Pr. Safranfäden
- 1 EL Sahne
- 50 g Wasser
- 30 g (grüne) Rosinen
- 25 g Cashewnüsse
- 1 TL gem. Kardamom

Hirse in einem Topf mit 205 g Wasser zum Kochen bringen, auf kleinster Einstellung (Deckel geschlossen) 10 Min. erhitzen. Safran zwischen den Fingern zerkrümeln und mit der Sahne verrühren. Öl und Honig unter die Hirse rühren; Safran mit Sahne und 50 g Wasser vermischen. Eine Min. erhitzen, dann Rosinen, Cashewnüsse und Kardamom unterrühren. Unter ständigem Rühren 5 Min. erhitzen (eventuell die Hitze ein kleines bisschen vergrößern.

Hinweis: *Mir war es etwas sehr süß. Die Hälfte Honig tut es bestimmt auch, also ca. 15-20 g. Braune Rosinen oder klein geschnittene Datteln eignen sich ebenfalls.*

4372. Kartoffel-Pfifferlingsteller nach Spinatsalat, Dez. 2010

30 Min. Arbeit; 1 Hauptspeise.

Kartoffeln:
- 210 g junge Kartoffeln (3 Stück)

Soße:
- 20 g Sonnenblumenkerne
- 1 gestr. TL Salz
- 1 gestr. TL Paprikaflocken
- 12 g Zitronensaft
- 20 g Sonnenblumenöl
- 40 g Wasser

Pilze:
- 100 g Pfifferlinge
- (etwas Mehl)
- 1 EL Sonnenblumenöl
- 2-3 Prisen Salz
- frisch gemahlener Pfeffer
- 4-5 Blättchen Basilikum

Salatzutaten fest:
- 100 g frischer Spinat
- 1 Tomate (95 g)
- 10 g Zwiebel (netto)

Dressing:
- 1 gestr. TL Sumach
- 4-5 Blatt getr. Zitronenmelisse
- 2 EL Sonnenblumenöl
- 1 EL Essig
- 1 gestr. TL Salz
- etwas frisch gem. Pfeffer

Kartoffeln unter fließendem Wasser gründlich abbürsten und als Ganzes kochen (z. B. TM: 20 Min./Varoma, Stufe 1). Abkühlen lassen. Aus den Soßenzutaten mit einem kleinen Mixer eine homogene Creme schlagen. Kartoffeln (wenn frisch, ungeschält) in Scheiben schneiden, gut vermischen und mindestens 1 Std. durchziehen lassen.

Die Pfifferlinge in einem Sieb mit Mehl bestäuben, abwaschen und vorsichtig in einem Tuch trocken tupfen.

Öl in einer 20-cm-Pfanne heiß werden lassen, Pilze hineingeben. Jede Seite 5 Min. braten (auf 9 von 12 herunter stellen). Mit Salz und Pfeffer bestreuen, auf lauwarm abkühlen lassen. In die Mitte eines großen Tellers schütten, den Kartoffelsalat im Kreis darum legen. Basilikum in Streifen schneiden und über die Kartoffeln streuen.

Spinat putzen, d.h. die Wurzeln abschneiden. Waschen und trockenschütteln, dann in Streifen schneiden. Die Tomate würfeln. Beides in eine Schüssel füllen. Zwiebel schälen, fein schneiden und zum Spinat geben.

Aus Essig, Sumach, Zitronenmelisse (zwischen den Fingern zerdrücken), Salz, Pfeffer und Öl mit der Gabel eine Sauce anrühren und zu dem Salat geben. Gut mischen.

Tipp: *Ein schönes Gericht für heiße Tage!*

4373. Vanillige Scheibchen, Dezember 2010

- 100 g Buchweizen
- 100 g Emmer
- 100 g Mandeln
- 1 Prise Salz
- 1 geh. TL gem. Vanille
- 75 g Sonnenblumenöl
- 100 g Honig
- 1-2 EL Wasser

Getreide mischen, in der Getreidemühle fein mahlen. Mandeln fein mahlen, z. B. in 2 Portionen in einem kleinen Mixer. Alle Zutaten zusammen verkneten, dabei darauf achten, dass die Vanille nicht klumpt. Erst einmal ohne Wasser beginnen, nur wenn der Teig bröselt, vorsichtig mehr hinzugeben. In Plastik gewickelt 1 Std. im Kühlschrank ruhen lassen.

Rollen von 2-3 cm Länge formen (nicht einfach, da Teig recht brüchig ist). In Scheiben schneiden und nebeneinander auf ein mit Dauerbackfolie ausgelegtes Backblech legen. Blech in den kalten Ofen schieben und 20-25 Min bei 175 °C (Umluft) backen.

4374. Marzipanaugen, Dezember 2010

- 200 g Dinkel
- 50 g Emmer (oder Dinkel
- 1 gestr. TL Salz
- 1 geh. TL gem. Zitrone oder Orange
- 100 g Honig
- 100 g Kokosöl
- 2 EL Wasser
- 140 g Honigmarzipan

Getreide mischen, fein mahlen. Mit den anderen trockenen Zutaten vermischen. Alle Zutaten zusammen verkneten, dabei darauf achten, dass das Kokosöl nicht klumpig bleibt. Erst einmal ohne Wasser beginnen, nur wenn der Teig bröselt, vorsichtig mehr hinzugeben. In Plastik gewickelt 1 Std. im Kühlschrank kühlen.

Teig vierteln. Aus jedem Viertel eine ca. 40 cm lange Rolle formen und plattdrücken. Ein Viertel des Marzipans zu einer Rolle in gleicher Länge formen, auf den Teig legen und die Teigrolle wieder schließen. In Scheiben schneiden und nebeneinander auf ein mit Dauerbackfolie ausgelegtes Backblech legen und in den kalten (Umluft-)Ofen geben. 20-25 Min. bei 175 °C backen.

4375. Orangeat-P-natur, Dezember 2010

- Schalen von drei mittelgroßen Apfelsinen (120 g)
- Schale einer Pampelmuse (70 g)
- 240-300 g Honig

Beschrieben für den TM. Schalen auf Stufe 4-6 einige Sek. mixen, bis sie klein genug sind (je nach Wunsch). Honig auf der Rückwärtsstufe (2) einige Sek. unterrühren. Leere Schraubgläser mit kochendem Wasser ausspülen, Fruchtstücke hineinfüllen. Oben sollte mindestens 1 cm frei sein. 2-3 EL Honig pro Glas oben auf die Schalenstücke geben. Gut verschließen und auf den Kopf drehen. Einige Tage so stehen lassen, im Kühlschrank aufbewahren.

4376. Panchphoran, Dezember 2010

- 3 TL Kreuzkümmelsamen
- 2 TL Fenchelsamen
- 3 TL Schwarzkümmel
- 1 TL schwarze Senfkörner
- TL gelbe Senfkörner
- 3 TL Bockshornkleesamen

Gewürze in ein Gläschen geben, mit einem Löffel umrühren. Bei Bedarf entnehmen und rösten.

4377. Kichererbsen süßsauer mit Steinpilzen, Dezember 2010

48 Std. Keimzeit.

- 50 g Kichererbsen
- 20 g getr. Steinpilze
- 125 g Wasser
- 1/2 TL Kurkuma
- 1 TL Honig
- 1 TL Rohkräutersalz (4337)
- 2 EL Erdnussöl
- 2 TL Panchphoran (4376)
- 1 frische grüne Chilischote (oder 1 getr. rote)
- 1/2 Lorbeerblatt
- 1 TL Mangopulver (42599
- 1 geh. TL Rosinen

Kichererbsen 12 Std. in Wasser einweichen, dann keimen lassen. Steinpilze mindestens 20 Min. in 125 g Wasser einweichen. Mit dem restlichen Einweichwasser zu den Kichererbsen geben und 30 Min. auf kleiner Einstellung köcheln. Kurkuma, Salz und Honig untermischen. Öl in einer kleinen Pfanne erhitzen. Panchphoran darin rösten, bis es knackt. Chili aufschneiden, Kerne entfernen. Mit Lorbeer, Mangopulver und Rosinen in die Pfanne geben. Hitze reduzieren und die Mischung zu den Kichererbsen geben. Aufkochen und auf einen Teller füllen.

4378. Emmertest-Schwarzbrot, Dezember 2010

Ungereinigter Emmer im Test.

Ansatz:
- Sauerteig (ca. 150 g)
- 200 g Roggen
- 220 g Wasser

Vorteig:
- 500 g Roggen
- 300 g Emmer
- 800 g Wasser
- 400 g Sauerteig

Backmorgen:
- 400 g Roggen
- 100 g Emmer
- 1 EL gem. Brotgewürz
- 2 geh. EL Salz
- 150 g Mandeln
- 50 g Sojabohnen
- 150 g Wasser
- Butter für die Form

Morgen vorher: 200 g Roggen fein mahlen. Alten Sauerteigansatz, 220 g Wasser und Roggen gut verrühren. Die Schüssel in eine Plastiktüte stecken und auf der Fensterbank etwa 10-12 Std. stehen lassen.

Vorabend: Vom Sauerteig 400 g für das Brot abnehmen und den Rest weiterhin im Kühlschrank aufbewahren. 500 g Roggen und 300 g Emmer schroten (Stufe 6/9; Hawos Novum). Mit Sauerteig und 800 g Wasser verrühren (10 Min. in einer Teigknetmaschine). Mit Plastik abdecken und über Nacht stehen lassen.

Backmorgen: 400 g Roggen und 100 g Emmer fein schroten (Stufe 3 von 9). Sojabohnen in einem kleinen Mixer fein mahlen. Schrot, Brotgewürz, Sojamehl, Salz, Mandeln und 150 g Wasser unter den Sauerteigansatz kneten (10 Min. mit der Maschine). Eine große Brotform (30 x 11 cm) mit Butter einfetten, den Teig hineingeben, glattstreichen und mit Wasser einsprühen. In einer großen Plastiktüte 1 Std. 40 Min. gehen lassen. Kreuzweise 1-2 cm tief einschneiden. Ofen auf 250 °C (Umluft) vorheizen. Auf dem Boden des Ofens steht eine ofenfeste Form mit Wasser. Form auf einen Gitterrost setzen.

Brot in den Ofen schieben, 15 Min. backen und auf 200 °C herunterschalten. 45 Min. backen, aus der Form nehmen (Klopfprobe). Auf ein Kuchengitter stürzen, mit Wasser einsprühen und abkühlen lassen. Erst am nächsten Tag anschneiden.

4379. Topinambur in Kokos, Dezember 2010

- 20 g Kokosraspeln
- 10 g Cashewnüsse
- 2 TL schwarzer Mohn
- 80 g Wasser
- 1 EL Erdnussöl
- 1/2 TL schwarze Senfsamen
- 2 frische grüne Chilischoten (oder 1 rote getr.)
- 1 geh. TL getr. Curryblätter
- 1/2 TL gem. Kurkuma
- 100 g Topinambur
- 50 g Hirse
- 35 g Sahne
- 115 g Wasser
- 2 TL Honig
- 1 TL Rohkräutersalz mit Pfiff (4337)
- 1 TL Goda Masala (4363)

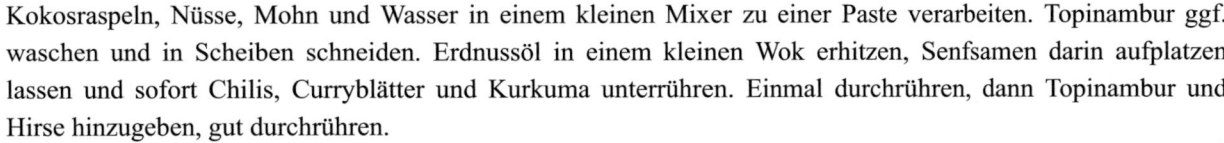

Kokosraspeln, Nüsse, Mohn und Wasser in einem kleinen Mixer zu einer Paste verarbeiten. Topinambur ggf. waschen und in Scheiben schneiden. Erdnussöl in einem kleinen Wok erhitzen, Senfsamen darin aufplatzen lassen und sofort Chilis, Curryblätter und Kurkuma unterrühren. Einmal durchrühren, dann Topinambur und Hirse hinzugeben, gut durchrühren.

Sahne, Wasser, Honig und Salz zugeben. Deckel auflegen, zum Kochen bringen und 20 Min. auf kleinster Einstellung köcheln. Goda Masala unterrühren und servieren.

4380. Poori / Luchi

Ballonfladenbrot:

Dieses Rezept habe ich nur im Video gezeigt. Die Videos habe ich aber alle gelöscht. Damit die Nummerierung aber korrekt weiterläuft, ist dieses Rezept einfach leer.

Eines aus vielen Rezepten im Internet findet sich bei:
https://joyandmeal.com/de/Gerichte/poori-bhaji-2/

4381. Zitronenhirse mit Nuss, Dezember 2010

Ca. 20-25 Min.; 1 Hauptspeise.

- 90 g Hirse
- 220 g Wasser
- 15 g Erdnussöl (1,5 EL)
- 1 TL schwarze Senfsamen
- 2 zerbröselte Lorbeerblätter
- 1 gestr. TL Urad dal (oder gelbe Linsen, die dann aber 15 Min in Wasser eingeweicht)
- 1 EL Cashewnüsse
- 1 EL Erdnüsse (ungeröstet, ohne Schale)
- 1 TL Kurkuma
- 1 TL Rohkräutersalz mit Pfiff (4337)
- 1,5 EL Zitronensaft

Hirse mit Wasser in einem kleinen Topf zum Kochen bringen, auf kleinster Einstellung 15-16 Min. dünsten. Öl in der Pfanne auf höchster Einstellung sehr heiß werden lassen, Senfsamen hinzugeben und Deckel auflegen. Auf mittlere Einstellung drehen. Warten, bis die Senfsamen aufgesprungen sind. Lorbeer, Urad dal und Nüsse hinzugeben und unter Rühren erhitzen, bis die Cashewnüsse goldbraun sind. Kurkuma und Salz unterrühren, vom Herd nehmen und Zitronensaft einrühren. Dann die gegarte Hirse hinzufügen und vorsichtig unterziehen.

4382. Leichte Gemüsesuppe, Dezember 2010

Vegan; Zubereitung 30 Min.; Arbeit 10 Min.; 6 Hauptspeisen.

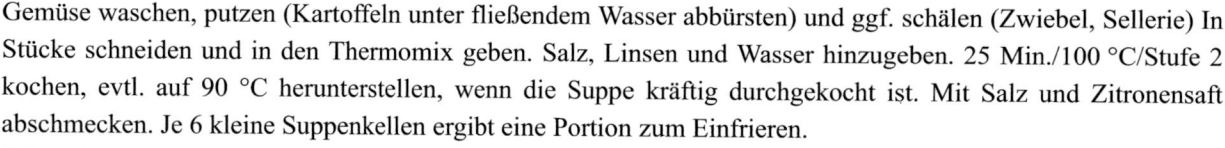

- 1 kleine Zwiebel (35 g netto)
- 1 große Knoblauchzehe (10 g)
- 1 mittelgroße Kartoffel (90 g)
- 1 große Möhre (165 g)
- 30 g Petersilienwurzel
- 125 g Sellerie (netto)
- 100 g Chinakohl
- 2 EL gelbe Linsen
- 1000-1250 g Wasser
- 2 gestr. TL Rohkräutersalz mit Pfiff (4337)
- 2 TL Zitronensaft

Gemüse waschen, putzen (Kartoffeln unter fließendem Wasser abbürsten) und ggf. schälen (Zwiebel, Sellerie) In Stücke schneiden und in den Thermomix geben. Salz, Linsen und Wasser hinzugeben. 25 Min./100 °C/Stufe 2 kochen, evtl. auf 90 °C herunterstellen, wenn die Suppe kräftig durchgekocht ist. Mit Salz und Zitronensaft abschmecken. Je 6 kleine Suppenkellen ergibt eine Portion zum Einfrieren.

Hinweis: *Die Wassermenge richtet sich danach, wie „dick" die Suppe sein soll. Mit 1250 g ist sie im frischen Zustand eher dünn & leicht.*

4383. Dosa (indische Pfannkuchen), Dezember 2010

- 30 g Rundkorn-Naturreis
- 30 g Mungbohnen
- 120 g Wasser
- 1-2 Prisen Salz
- 3-4 EL Erdnussöl

Reis, Bohnen und Wasser über Nacht einweichen. Morgens salzen, im kleinen Mixer zu einem glatten Teig schlagen (hochstehendes Messer) und mindestens 4 Std. zum Fermentieren stehen lassen. Eine Pfanne mit Antihaftbeschichtung erhitzen und 1 TL Öl hineingeben. Teig nochmals durchschütteln, eine Schöpfkelle voll Teig in die Mitte der Pfanne geben und zu einem kleinen runden Pfannkuchen verstreichen. Etwas Öl in die Pfanne geben, Deckel auflegen und bei kleinerer Hitze einige Sekunden backen. Den Pfannkuchen mit einem Pfannkuchenwender drehen und auf der anderen Seite ebenfalls backen.

Hinweis: *In indischen Kochbüchern werden Reis und Bohnen getrennt eingeweicht. Vielleicht hat das seinen Grund, mir war es zu lästig. Bei der Wassermenge kann man noch sparen, der Teig war ziemlich dünnflüssig.*

4384. Brot-Tarte, Dezember 2010

Teig
- 100 g altes/trockenes Brot
- 65 g Wasser
- 2 EL Sonnenblumenöl
- 20 g Sonnenblumenkerne
- 1 Knoblauchzehe
- 1 TL Cumin
- 1 TL Goda Masala (4363)

Deko: etwas Petersilie

Belag
- 45 g Sonnenblumenkerne
- 50 g Sonnenblumenöl
- 1,5 TL Rohkräutersalz (4337)
- 1 EL Zitronensaft
- 20 g Tomatenmark
- 1 TL Sumach (Zitronensaft)

Brot vorschneiden, alle Teigzutaten in den Vitamix geben und auf höchster Einstellung mit dem Stößel verarbeiten, bis sich ein Teig ergibt. Eine 24-cm-Quicheform mit Sonnenblumenöl einpinseln. Teig mit einem immer wieder in Wasser getauchten Teigschaber gleichmäßig verteilen. Belagzutaten im Vitamix auf höchster Stufe cremig schlagen. Auf den Teig gießen. In den kalten Ofen auf den Gitterrost stellen, bei 200 °C (Umluft) 20-22 Min. backen. Mit etwas Petersilie dekorieren.

Tipp: Ohne Vitamix Brot vorher ein paar Std. in 100 g heißem Wasser einweichen.

4385. Lockeres Mohnbrot, Dezember 2010

- 1 P Hefe (42 g)
- 150 g Wasser
- 630 g Dinkel
- 370 g Emmer
- 1 gestr. EL Salz
- 1 gestr. EL geschrotetes Brotgewürz
- 30 g Brotkrumen
- 50 g Mohn
- 15 g Leinsamen
- 600 g Wasser
- Butter für die Form

Hefe in 150 g Wasser verrühren. Dinkel und Emmer zusammen fein mahlen, einen Teil Mehl (ca. 8 EL) mit dem Hefewasser so verrühren, dass sich ein Brei ergibt. Hefe-Mehlmischung abdecken und 20 Min. ruhen lassen.

Rest Mehl mit den anderen trockenen Zutaten vermischen. 600 g Wasser in die Teigknetmaschine geben, darauf die Mehlmischung, obenauf die Hefe. 6 Min. kneten lassen (bis sich ein schöner „Teigkloß" ergibt). Zu einer Kugel unter Spannung formen. Die Teigschüssel in eine große Plastiktüte stecken, 90 Min. gehen lassen. Nochmals 2-3 Min. kneten lassen.

Eine große Zenker-Brotform (ca. 30 x 11 cm) mit Butter einfetten. Teig hineingeben, mit der nassen Hand herunterdrücken. Form in die Plastiktüte stecken, 30 Min. gehen lassen. Ofen auf 250 °C (Umluft) vorheizen, auf den Boden eine ofenfeste Form mit Wasser stellen. Brot kreuzweise einschneiden und mit Wasser einsprühen. Einschieben, 15 Min auf 250 °C, dann 40 Min auf 200 °C backen. Auf ein Gitterrost stürzen, Klopfprobe machen und mit Wasser einsprühen.

4386. Augenbohnen-Klößchen in saurer Soße, Dez. 2010

Klößchen

- 85 g Augenbohnen
- 1 gestr. TL gem. Koriander
- eine Prise gem. Chili
- 1 gestr. TL Koriander
- 1 Prise Rohkräutersalz (4337)
- 1 EL Sonnenblumenöl
- 2 EL + ggf. 1 TL Wasser

Soße

- 30 g Sonnenblumenkerne
- 1 EL Sonnenblumenöl
- 1 Prise Rohkräutersalz mit Pfiff *
- 1 gestr. TL Petersilienwürze *
- 1 EL Zitronensaft
- 1 gute Prise Kreuzkümmel (Cumin)
- 125 g Wasser

Klößchen: Augenbohnen fein mahlen (kl. Mixer). Mit den restlichen Klößchenzutaten zu einem festen Teig verkneten. Dritteln und zu dünnen Rollen formen, wenn sie brechen, ist das nicht so schlimm, dann gibt es eben sechs Stück oder so ähnlich. In einem Topf Wasser zum Kochen bringen, die Rollen hineingeben und 7 Min. kochen (Hitze etwas herunter stellen). Dann in einem Sieb abtropfen und leicht abkühlen lassen. In Stücke von 1-2 cm Größe schneiden.

Soßenzutaten im Mr. Magic schaumig schlagen. In eine kleine Keramikpfanne geben und vorsichtig erhitzen. Die Klößchen hineingeben, zum Köcheln bringen und dann 5 Min. köcheln. Dazu passt Brot.

Ergänzung: *Andere Hülsenfrüchte eignen sich hier ebenso, eventuell ist dann die Wassermenge für den Teig etwas anders.*

4387. Scharfe Basilikumpaste, Dezember 2010

- 20 g Knoblauchzehen, geschält
- 15 g Ingwer, ungeschält
- 2 grüne Chilis
- 50 g Basilikumkonzentrat
- 1,5 TL gem. Cumin
- 1/2 TL gem. Koriander
- 2 entsteinte Datteln (40 g netto)
- 1/2 TL Salz
- 85 g Sonnenblumenöl

Die größeren Zutaten grob vorschneiden. Alle Zutaten in den kleineren Becher eines kleinen Mixers geben und mit dem hochstehenden Messer 1 Min. schlagen. Dabei den Becher gut festhalten. In ein kleines Gläschen mit Schraubdeckel geben. Im Kühlschrank aufbewahren.

4388. 1-Sauce-2-Gedanken-Kartoffellinsen, Dezember 2010

Vegan; ca. 25 Min.; 1 Hauptspeise.

Salat:
- 2 EL Wasser
- etwas frisch gem. Pfeffer
- 1 Tomate (90 g)
- 25 g Möhre
- 35 g Zucchini
- 50 g grüner Salat

Kartoffeln:
- 10 g Kokosöl
- 100 g Wasser
- 1 Kartoffel (135 g)
- 30 g gelbe Linsen)

Deko: Möhrenscheiben, Petersilie

Soße:
- 30 g Sonnenblumenkerne
- 30 g Sonnenblumenöl
- 1/2 TL Salz
- 3 TL Zitronensaft
- 1 kleine Knoblauchzehe
- 60 g Wasser
- 10 g Petersilie
- 10 g Dill (Stängel)

Öl und Wasser in einer Pfanne verrühren. ***Kartoffeln***, waschen, halbieren oder in Scheiben schneiden, mit den Linsen in die Pfanne geben. Deckel auflegen, auf höchster Einstellung erhitzen, bis Dampf unter dem Deckel austritt. Auf kleinster Einstellung 15-16 Min. dünsten, ohne den Deckel anzuheben.

Die ***Soßenzutaten*** in einem kleinen Mixer ganz glatt quirlen, die Hälfte davon in der Pfanne mit der Kochflüssigkeit verrühren und einmal aufkochen. Auf einen Teller geben und dekorieren.

Erst den ***Salat*** zubereiten und essen: Die andere Hälfte der Soße mit Wasser und Pfeffer gut verquirlen. Kohlrabi und Fenchel kleinschneiden, mit Mungbohnensprossen bestreuen. Mischen, auf einen Teller legen, mit Dressing begießen.

Tipps: Das Verhältnis Kartoffeln-Linsen lässt sich variieren - allerdings muss man dann auch die Wassermenge entsprechend anpassen (etwa 3mal so viel Wasser wie Linsen).

4389. Orangensonnen, Dezember 2010

- 50 g Kakaobutter
- Geriebene Schale von 1 Orange
- 65 g Honig
- 1 EL Kakaopulver (12 g)
- 1 gestr. TL Kardamom
- Ca. 65 g Sonnenblumenkerne

Kakaobutter zerlassen (auf kleinster Einstellung in einer kleinen Pfanne). Mit den anderen Zutaten außer den Sonnenblumenkernen mit einem kleinen Mixer kurz durchschlagen und mit den Kernen verrühren. In Papierförmchen füllen und im Kühlschrank kalt werden lassen.

Hinweis: *Das Fett sollte nicht zu heiß werden, sonst gerinnt die Schokolade im Kühlschrank. Das schmeckt zwar immer noch, sieht aber nicht so appetitlich aus.*

4390. Veganer Haferdrink, Dezember 2010

- 1 EL Nackthafer
- 1 geh. TL Cashewnussmus
- 1 EL (grüne) Rosinen
- 300-400 g kochendes Wasser

Hafer in einem kleinen Mixer fein mahlen. Nussmus, Rosinen und 100 g kochendes Wasser hinzufügen, mit dem Löffel gründlich durchrühren, die Rosinen sind dann nicht mehr ganz so hart. Mit dem hochstehenden Messer im kleinen Mixer cremig schlagen und in eine große Tasse / Becher umgießen. Mit kochendem Wasser auffüllen und gut durchrühren.

Hinweis: *Jedes andere Nussmus oder Trockenobst geht auch. Dabei ändert sich jeweils der Geschmack - ein bisschen oder auch ein bisschen mehr.*

4391. Mung-Kartoffeln, Dezember 2010

24 Std. einweichen + keimen.

- 50 g Mungbohnen
- 175 g Kartoffeln
- 100 g Wasser
- 1 TL Petersilienwürze (4250 o. Ä.)
- 1 TL Knoblauch-Ingwerpaste (4276)
- 1 TL grüner Pfeffer eingeweicht in Essig
- 1 TL Goda Masala (3463)
- 1 MS Asafoetida (s. Vorwort)
- 1 gestr. TL Rohkräutersalz mit Pfiff
- 1 TL Viernussmus (4257 o. Ä.)
- 2 TL Apfelessig
- 100 g Wasser

Bohnen am Vorabend in Wasser einweichen. Morgens abschütten, durchspülen und keimen lassen. Abends in eine Pfanne geben. Kartoffeln gut unter fließendem Wasser abbürsten, in Stücke schneiden und mit 100 g Wasser, Petersilienwürze, Paste und Pfeffer hinzugeben. Zum Kochen bringen und auf kleinster Einstellung 15 Min. dünsten. Die restlichen Zutaten (ab Goda Masala) hinzugeben und unter Rühren aufkochen.

4392. Ultimativer Pfannkuchen, Dezember 2010

Dieser Pfannkuchen steht für alles: vollwertig, vegetarisch, vegan, tiereiweißfrei, glutenfrei.

- 2 EL Nackthafer
- 1 EL Rundkorn-Naturreis
- 1/2 TL Rohkräutersalz mit Pfiff (4337)
- 2 TL Sonnenblumenöl
- 3 EL Wasser
- 1 TL Paprikapulver edelsüß gem.
- 1 TL Paprikaflocken (kann wegfallen)
- Zum Braten: 1 EL Erdnussöl

Hafer und Reis mittelfein schroten. Mit den übrigen Zutaten verrühren. In einer kleinen Pfanne Erdnussöl erhitzen, die Pfannkuchenmasse hineingeben und mit dem Löffelrücken ausstreichen. Auf jeder Seite ca. 2-3 Min. backen, bis der Pfannkuchen goldbraun ist. Nach der ersten Seite die Hitze etwas reduzieren.

Hinweis: *Mir reißen Pfannkuchen eigentlich fast immer , daher liegt das hier nicht am Teig. :-)*

4393. Goldenes Emmerbrot, Dezember 2010

Ansatz:

- Sauerteig (ca. 150 g)
- 250 g Roggen
- 250 g Wasser

Teig:

- 500 g Sauerteig
- 400 g Wasser
- 350 g Roggen
- 300 g Emmer
- 1 TL gem. Kardamom
- 1 gestr. EL Salz
- 50 g goldener Leinsamen
- Butter für die Form

Morgen vorher: 250 g Roggen mahlen. Sauerteigansatz, 250 g Wasser und Roggen gut verrühren. Die Schüssel abgedeckt auf der Fensterbank etwa 10-12 Std. stehen lassen.

Vorabend: Vom Sauerteig 500 g für das Brot abnehmen und den Rest weiterhin im Kühlschrank aufbewahren. 350 g Roggen und 300 g Emmer fein mahlen. Mit Sauerteig und 300 g Wasser verrühren (5 Min. in einer Teigknetmaschine). Mit Plastik abdecken und über Nacht stehen lassen.

Backmorgen: Nochmals 2 Min. mit der Maschine kneten. Eine große Zenker-Brotbackform (30 x 11 cm) mit Butter einfetten, den Teig hineingeben, glattstreichen und einsprühen. In einer großen Plastiktüte 4 Std. gehen lassen. Kreuzweise 1-2 cm tief einschneiden. Ofen auf 250 °C (Umluft) vorheizen. Auf dem Boden des Ofens steht eine ofenfeste Form mit Wasser. Form auf einen Gitterrost setzen. Brot nochmals einsprühen, in den Ofen schieben, 15 Min. backen und auf 200 °C herunterschalten. 45 Min. backen, aus der Form nehmen (Klopfprobe).

Auf ein Kuchengitter stürzen, mit Wasser einsprühen und abkühlen lassen. Erst am nächsten Tag anschneiden.

4394. Kartoffeln e Olio, Dezember 2010

- 65 g Wasser
- 1 TL Petersilienwürze (4250 o. Ä.)
- 250 g Kartoffeln
- 1/2 TL Rohkräutersalz mit Pfiff (4337)
- 2-3 EL Olivenöl

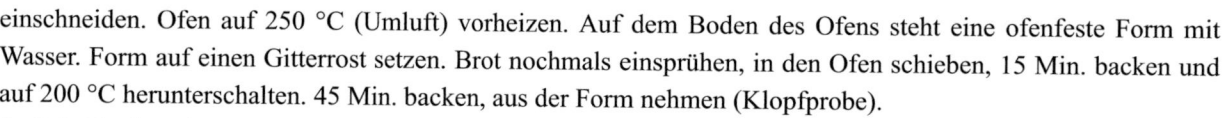

Wasser und Petersilienwürze in einer kleinen Pfanne vermischen. Kartoffeln unter fließendem Wasser gut abbürsten, in Scheiben schneiden und in die Pfanne geben. Mit aufgelegtem Deckel bei höchster Einstellung zum Kochen bringen, dann Hitze reduzieren und auf kleinster Einstellung ca. 15 Min. dünsten. Olivenöl hinzufügen, durchrühren.

4395. Scharfe Basilikumpaste Nr. 2, Dezember 2010

- 15 g Knoblauchzehen, geschält
- 35 g Ingwer, ungeschält
- 2 grüne Chilischoten
- 50 g Basilikumkonzentrat (3742 o. Ä.)
- 35 g Honig
- 10 g Salz
- 2 EL Apfelessig
- 1/2 TL eingelegte grüne Pfefferkörner
- 60 g Olivenöl

Die größeren Zutaten etwas vorschneiden. Alle Zutaten in den kleinen Becher eines kleinen Mixers geben und mit dem hochstehenden Messer 30 Sek. schlagen. Dabei den Becher gut festhalten. In ein kleines Gläschen mit Schraubdeckel geben und im Kühlschrank aufbewahren.

4396. Grüne Chilipaste, Dezember 2010

- 1 TL Koriandersamen
- 1 TL Kreuzkümmelsamen
- 1 TL getr. Granatapfelsamen
- 2 Gewürznelken
- 1/2 Lorbeerblatt
- 4 frische grüne Chilischoten (ca. 8-10 g)
- 2 große Knoblauchzehen (20 g geschält)
- 20 g Ingwer (nicht schälen)
- 10 g Salz
- 1 EL Apfelessig (20 g)
- 25 g (grüne) Rosinen
- 80 g Sonnenblumenöl

Alle trockenen ungemahlenen Zutaten in den kleineren Becher eines kleinen Mixers geben und mit dem hochstehenden Messer fein mahlen. Die anderen Zutaten hinzufügen und mit dem hochstehenden Messer 1 Min. schlagen. Dabei den Becher gut festhalten.

4397. Gelbweizenbrötchen, Dezember 2010

- 320 g Wasser
- 1 P Trockenhefe
- 500 g Gelbweizen
- 2 TL Salz
- 1 EL Leinöl
- 2-3 EL Mohn oder Sesam

Wasser und Trockenhefe in den TM geben und auf kleiner Stufe 10 Sek. verrühren.

Weizen mahlen, ca. 7 EL zum Hefewasser geben und 10 Sek. auf der Knetstufe verarbeiten, dann 20 Min. stehen lassen. Restmehl mit Salz vermischen und zusammen mit dem Leinöl in den Mixtopf geben, 2 Min. 30 Sek. kneten lassen.

Mit der Hand kurz nacharbeiten, eine Kugel unter Spannung formen und in eine Plastikschüssel geben. Abgedeckt eine Std. gehen lassen, bis das Teigvolumen sich deutlich vergrößert hat. Noch einmal durchkneten. 3 Teigstücke zu je ca. 280-290 g abwiegen, jeweils zu einer Kugel unter Spannung formen, zwei unter Folie ruhen lassen. Jedes Drittel wieder dritteln (je etwa 92-96 g) und jeweils zu einer Kugel unter Spannung formen. Dann jede einzelne Teigkugel nochmals durchkneten, mit einem Kaiserbrötchenformer eindrücken. Erst in Wasser, dann in Mohn tauchen und nebeneinander auf ein mit Dauerbackfolie ausgelegtes Backblech legen, mit Folie abdecken. 20 Min. gehen lassen, in dieser Zeit den Backofen auf 250 °C vorheizen, auf dem Boden steht eine feuerfeste Form mit Wasser.

Brötchen mit Wasser einsprühen, in den Ofen schieben. Temperatur auf 200 °C herunterstellen und die Brötchen 20-25 Min. backen lassen (Klopfprobe machen - wenn man mit dem Finger auf die Unterseite klopft, muss es hohl klingen). Auf ein Gitterrost geben, mit Wasser einsprühen und auskühlen lassen.

Hinweise: Auf der Trockenhefe steht ausdrücklich drauf: Nicht in Wasser auflösen, sondern direkt mit dem Mehl verarbeiten. Meiner persönlichen Erfahrung nach, werden die Hefeteige so mit Trockenhefe besser. – Ich bin übrigens nach wie vor Anhängerin der Bio-Frischhefe, experimentiere jedoch zurzeit auch schon mal mit Trockenhefe. Einmal möchte ich für „Notzeiten" gewappnet sein - wenn der Bioladen mal einen Engpass hat, und hier im Ort gibt es keine Bio-Frischhefe zu kaufen - und außerdem finde ich das auch für Leser dieser Seite wichtig. Im Ausland, so höre ich nämlich gelegentlich, gibt es keine Bio-Frischhefe. Mein Fazit: In Wasser auflösen, dann wir frische Hefe verwenden, eventuell länger gehen lassen. Dann werden die Teige wirklich genauso locker wie mit frischer Hefe.

4398. Apfel-Bananen-Eis, Dezember 2010

- 1 Mandarine (45 g netto)
- 1 EL Zitronensaft (10 g)
- 20 g Viernussmus (4257)
- 1 Banane (110 g netto)
- 150 g Apfelstücke, tiefgekühlt
- 150 g Bananenscheiben, tiefgekühlt
- 100 g Eiswürfel
- Zur Dekoration:
- 30-40 g Ananasstücke

Geschälte Mandarine, Zitronensaft, Nussmus und die geschälte Banane auf kleiner Stufe im Vitamix pürieren. Die gefrorenen Apfel- und Bananenstücke und die Eiswürfel mit dem Stößel auf höchster Stufe einarbeiten, bis sich oben vier Quadrate in der Masse abzeichnen. In Schüsseln füllen und mit Ananasstücken dekorieren.

4399. Shepherd's Pie Indian Style, Dezember 2010

Augenbohnen 12 Std. einweichen, 24 Std. keimen lassen.

- 50 g Augenbohnen
- 50 g Wasser
- 190 g Kartoffeln
- 40 g Sellerie (netto)
- 15 g Kokosöl
- 50 g Wasser
- 1 gestr. TL Rohkräutersalz mit Pfiff (4337)
- 1 TL Garam Masala (4361)
- 1 TL Scharfe Basilikumpaste Nr. 2 (4387 o. Ä.)
- 20 g Sonnenblumenkerne
- 20 g Sonnenblumenöl
- 1 gestr. TL Rohkräutersalz mit Pfiff *
- 70 g Wasser
- 1/2 TL Kurkuma

Augenbohnen am Morgen des Vortags 24 Std. in Wasser einweichen, ab dem Morgen keimen lassen. Augenbohnen mit 50 g Wasser zum Kochen bringen, dann auf kleinster Einstellung 30 Min. köcheln.

Kartoffeln unter fließendem Wasser abbürsten, in Scheiben schneiden. Sellerie würfeln. Kokosöl und Wasser in eine kleine Keramikpfanne geben, Kartoffeln und Sellerie hinzufügen. Mit aufgelegtem Deckel zum Kochen bringen, bis Dampf entweicht. Dann auf kleinster Einstellung 15 Min. dünsten. 1 TL Salz, Garam Masala und Paste unterrühren. Auf einen flachen Teller geben und mit einem Kartoffelstampfer pürieren, das muss nicht sehr fein sein. Sonnenblumenkerne mit Öl, Salz, 70 g Wasser und Kurkuma im kleinen Mixer glatt schlagen. Unter die Augenbohnen rühren und aufkochen. Eine kleine Auflauf-/Lasagneform mit etwas Öl einpinseln. Augenbohnen hineingeben. Mit dem Kartoffelpüree bedecken. In den kalten Ofen schieben, 10 Min. bei 225 °C backen, dann noch 5-6 Min. grillen.

4400. Champignon-Quiche, Dezember 2010

Teig:
- 100 g Dinkel
- 1 gute Prise Salz
- 2 EL Olivenöl
- 50 g Wasser

Belag:
- 120 g Champignons
- 1 kleine Knoblauchzehe

Soße:
- 30 g Pekanusspaste (o. Ä.)
- 20 g Olivenöl
- 1 gestr. TL Salz
- 1/2 TL gem. Kreuzkümmel
- 2 Prisen getr. Minze
- 2 TL Zitronenschaum (5/3586)
- 200 g Wasser (besser 150 g)

Dinkel fein mahlen, mit den anderen Teigzutaten zu einem weichen Teig verkneten. 24-cm-Form dünn mit Öl bestreichen, Teig darin dünn ausrollen, Rand hochziehen. Mit der Gabel ein paar Mal einstechen. In den kalten Ofen schieben, 10 Min. bei 200 °C (Heißluft) backen. Champignons und geschälten Knoblauch in Scheiben schneiden und auf dem Teig verteilen. Soßenzutaten im kleinen Mixer sehr gut mixen, darüber gießen. 35 Min. bei 200 °C backen.

4401. Kleiner Weißkohlsalat, Dezember 2010

Vegan.

- 150 g Weißkohl
- 50 g Porree
- 2 EL Wasser
- 1 EL Olivenöl
- etwas Salz
- 5 kernlose grüne Oliven

Weißkohl und Porree zusammen mit Wasser, Öl und Salz fein raffeln (Zerkleinerer). Oliven in Scheiben schneiden und unterziehen. Etwa 5-10 Min. ziehen lassen.

4402. Bird Eye Chilis in Öl, Dezember 2010

- Ca. 20-25 g Bird Eye Chilis (grün)
- 100-200 g Sonnenblumenöl

Stängelansatz und „Kappe" von den Chilis abschneiden, in ein kleines Gläschen mit Schraubverschluss geben. Mit Öl auffüllen. Im Kühlschrank aufbewahren und nach Bedarf entnehmen.

4403. Red Pepper in Vinegar, Dezember 2010

- Ca. 20-25 g Red Pepper (rote Peperoni)
- 100-200 g Apfelessig

Stängelansatz und „Kappe" von den Peperoni abschneiden, in ein

kleines Gläschen mit Schraubverschluss geben, größere vorher durchschneiden. Mit Essig auffüllen. Im Kühlschrank aufbewahren und nach Bedarf entnehmen.

4404. Indisch gewürzte Fladen, Dezember 2010

Gibt 12 viereckige Fladen.

- 1/2 Würfel Bio-Hefe (21 g)
- 330 g Wasser
- 250 g Emmer
- 250 g Gelbkornweizen
- 1 TL Koriandersamen
- 1 TL Kreuzkümmelsamen
- 2 TL Salz
- 2 EL Arganöl aus gerösteten Nüssen (o. Ä.)
- 1 gestr. TL Kurkuma
- 1-2 EL schwarze Zwiebelsamen

efe zerkrümeln, mit dem Wasser in den Mixtopf des TM geben und auf niedriger Stufe 1 Min. verrühren. Getreide mischen, mit den Samen mahlen. Die Samen in die erste Portion Getreide geben, damit der Rest Getreide das Aroma „auswaschen" kann. Salz und Kurkuma unterrühren; Mehlgemisch und Öl in den Mixtopf geben und auf der Knetstufe 2 1/2 Min. kneten lassen. In eine Peng-Schüssel geben, mit der nassen Hand nochmals durchkneten, zu einer Kugel unter Spannung formen und in der geschlossenen Schüssel ca. 1 Std. gehen lassen.

Mit nasser Hand nochmals durchkneten, auf ein mit Dauerbackfolie ausgelegtes Backblech geben und mit nassen Händen auseinanderdrücken. Der Teig sollte ca. 0,7-1 cm hoch sein, das Blech ist also nicht ganz voll. Mit den Zwiebelsamen bestreuen. Mit einem Teigschaber 12 möglichst gleichgroße Teigstücke „schneiden". Mit Wasser besprühen, Blech in eine große Plastiktüte schieben und 20 Min. gehen lassen. In dieser Zeit den Ofen auf 250 °C (Umluft) vorheizen; auf dem Boden steht eine feuerfeste Form mit Wasser.

Mit Wasser besprühen, in den Ofen schieben und 25 Min. backen (Klopfprobe). Auseinanderbrechen und auf einem Kuchengitter auskühlen lassen.

Meine Bücher

Ratgeber
- Spiele mit ChatGPT und Bard: Zeitvertreib mit künstlicher Intelligenz. Norderstedt (BoD) 2023.
- Wie erkenne ich KI-generierte Texte? – Ein Ratgeber. Norderstedt (BoD) 2023.
- Rette dein Seelenheil mit ChatGPT: Ein Ratgeber. Norderstedt (BoD) 2023.

Belletristik
- Iphorismen II: Nachfolger der Iphorismen. Norderstedt (BoD) 2024.
- Iphorismen: Kritische Ausgabe unter Mitwirkung der Professoren Ptaček, Bardeloni und Sibingskin. Norderstedt (BoD) 2024.
- Zitatezirkus: Erkenne den Fake. 2. Bd. der Reihe Textcollagen. Norderstedt (BoD) 2023.
- Wilkesmann von A bis Z – Ein Leben in 26 Buchstaben. Norderstedt (BoD) 2023.
- Freundschaft als Installation. Norderstedt (BoD) 2023.
- Fantastisches Tagebuch. (mit Janina Schmiedel). Norderstedt (BoD) 2023.
- Kriminalalphabet. Norderstedt (BoD) 2023.
- Bernadette K. – Das Leben einer Königin. 1. Bd. Der Reihe Textcollagen. Norderstedt (BoD) 2023.
- Die Iden des Jumi: Ein archäologischer Bestseller. Norderstedt (BoD) 2023.
- Gedanken zum Gedenken: Gedenk-, Aktions- und Feiertage. Norderstedt (BoD) 2023.
- Wer steckt hinter Spam? Ein Roman. Norderstedt (BoD) 2023.
- Chimären: Was Menschen bisher nicht wussten. Norderstedt (BoD) 2023.
- Seite 22, Zeile 22 (mit Janina Schmiedel.) Norderstedt (BoD) 2022.
- Märchen von heute: 61 wundersame Geschichten. Norderstedt (BoD) 2022.
- Präpositionen. Norderstedt (BoD) 2022.
- Eine Hand greift die andere. Norderstedt (BoD) 2022.
- Iphorismische Short Stories. Norderstedt (BoD) 2022.
- Iphorismen. Norderstedt (BoD) 2021.
- OneBBO's Castle lädt ein. Schau uns über die Schulter. Norderstedt (BoD) 2007.

Reihe: Meine Rezeptebibliothek:
- Band 1: 1998 bis März 2006, Rezepte 1-769. Norderstedt (BoD) 2024
- Band 2: März 2006 bis April 2007, Rezepte 770-1503. Norderstedt (BoD) 2024
- Band 3: April bis November 2007, Rezepte 1504-2163. Norderstedt (BoD) 2024.
- Band 4: November 2007 bis September 2008, Rezepte 2164-2913. Norderstedt (BoD) 2024.
- Band 5: September 2008 bis August 2009, Rezepte 2914-3676. Norderstedt (BoD) 2024.

Anderes zu Ernährung
- Am besten vegetarisch mit der Thermo-Küchenmaschine. Potsdam (Dort-Hagenhausen) 2016.
- Hartz IV in aller Munde. Norderstedt (BoD) 2013.
- Indisch inspiriert. München (Dort-Hagenhausen) 2013.
- Jetzt wird gesnackt! Norderstedt (BoD) 2013.
- Immer öfter vegetarisch. München (Dort-Hagenhausen) 2012.
- Rohkost statt Fasten Teil 2: Rezepte für ein Rohkostjahr. Norderstedt (BoD) 2011.
- Mein Kollege kocht Vollwert. Norderstedt (BoD) 2010.
- Schokolade. Norderstedt (BoD) 2010.
- Gemüse in aller Munde. Norderstedt (BoD) 2009.
- Hartz IV in aller Munde. Norderstedt (BoD) 2009.
- Schrot statt Schrott. Norderstedt (BoD) 2008.
- Vollwert? Gold wert! Norderstedt (BoD) 2008.
- Brötchen statt Brot. Norderstedt (BoD) 2007.
- Konfekt statt Sünde. Norderstedt (BoD) 2007.
- Rohkost statt Fasten. Norderstedt (BoD) 2007.

Stichwortverzeichnis